Eberhard Cyran
Taj Mahal

Eberhard Cyran

TAJ MAHAL

Die Erinnerungen
des Kaisers Shahjahan

Eugen Salzer-Verlag Heilbronn

Übersetzung der Hafis-Gedichte von
Cyrus Atabay
Verlag Eremiten-Presse

© Eugen Salzer-Verlag, Heilbronn 1993
Umschlaggestaltung: Klaus Pohl – die Vorderseite zeigt eine Originalaufnahme des Taj Mahal, umrahmt von Einlegearbeiten aus Halbedelsteinen im Díwan-i-khas zu Delhi;
die Rückseite zeigt Kaiser Shahjahan im Alter von 25 Jahren mit einem Turbanjuwel in der Hand (Gemälde von Abul Hassan, 1617).

Gesamtherstellung: Wilhelm Röck, Weinsberg
Gedruckt auf chlor- und säurefreiem Werkdruckpapier
Printed in Germany · ISBN 3 7936 0320 2

Laß diese eine Träne, dieses Taj Mahal, für immer glänzen auf der Wange der Zeit!
O König, du suchtest mit dem Zauber der Schönheit den Ablauf der Tage zu betören und eine Girlande zu flechten, den gestaltlosen Tod mit einer unsterblichen Form zu verbinden. So trägt der Kurier deiner Liebe unermüdlich und unberührt durch den Aufstieg und Fall der Reiche wie von Ebbe und Flut in Leben und Tod die zeitlose Botschaft deiner Zuneigung von einem Zeitalter ins andere.

Gurudeva Rabindranath Tagore

I
DER WEG INS LEBEN

Im Namen Allahs, des Gnädigen und Barmherzigen.

Wir, Shahjahan, der Schatten Allahs, Herr von Hindustan, Eroberer, Beherrscher der Welt, Herr der Flüsse und Meere, Bewohner des Paradieses, Padishah und Großer Mogul.
In Erwartung meines Endes auf dieser Welt, mein Lieblingsbauwerk vor Augen, das ich als Lebender nicht mehr betreten werde, will ich die wechselvolle Geschichte meines Lebens für spätere Generationen aufzuzeichnen versuchen.

Mein Leben – das sind meine Gedanken, die ich rückblickend zu sammeln bemüht bin, da mir die Gegenwart wesenlos zwischen den Fingern zerrinnt. Denn nichts besitzen wir gewiß – außer der Vergangenheit.
Erinnerungen sind die Merkzeichen der wahrhaft gelebten Stunden, sei es im schönen, sei es im schrecklichen oder schmerzlichen Sinn – Merkzeichen unserer Taten, seien es uns gut erscheinende, seien es Irrtümer oder Verbrechen. Wie wenig wissen wir doch von uns in der Gegenwart! Erst das dämmernde Licht des Tagesendes läßt das eine und das andere so oder so aufleuchten.
Solche Stunden des Erinnerns sind in ihrer Rätselhaftigkeit manchen Epochen der Geschichte verwandt: Ein Volk, das jahrhundertelang innerhalb seiner Grenzen gehaust, gegessen, geschlafen, Nachkommen gezeugt und nichts anderes geschaffen hat, als sich selbst zu erhalten, tritt unvermittelt ins Licht der Geschichte, versetzt in wenigen Generationen die Welt in Erstaunen, begeht vielleicht die wildesten Verbrechen oder schafft Denkmäler von unvergänglicher Größe und Schönheit. Es scheint die Welt erobern zu wollen und geht am Ende im Leiden unter. Es ersteigt ungeahnte Höhen, die überglänzt sind von edelsten Werken der Kunst und aller schöpferischen Phanta-

sie – bis die Vision verblaßt, böse oder unfähige Herrscher die Zerstörung einleiten und Überdruß und Trauer die Seelen packt und zuletzt wieder das Einerlei der Zeugung und Selbsterhaltung, das das Dasein der vielen immer bestimmt, im Dahinfließen der Zeit weiterrinnt ...

Den Umständen und meinem Alter gemäß bin ich zu der Erkenntnis gelangt, daß das Leben, was es auch bringt, zuletzt in der großen Niederlage endet. Daß unsere Tage immer gezählt waren, bedeutete mir früher wenig. Jetzt weckt dieser Gedanke in mir ungewohnte Regungen. Die Aussicht, durch Gift oder Dolch oder im Kampf zu enden, wird immer geringer. Durch die Abenddämmerung schimmert schon der Schatten des dunklen Engels ...
Zuweilen denke ich an den Hüter jenes Grabes des weißen Propheten aus dem Norden in Srinagar. Der bescheidene Mönch erläuterte mir die Lehre des Gautama Buddha, die den ›Auferstandenen‹ der Christen beeinflußte, wie man sagt.
Und obwohl als Muslim weder Hindu noch Buddhist, finde ich einen gewissen Trost in dem Bewußtsein, daß es weder Himmel noch Hölle gibt, sondern, wenn wir unser hiesiges Dasein abgebüßt haben, nur das wundervolle Nichtwissen des Nirwana. Ich sehe vor mir die Inschrift meines Großvaters Akbar auf dem Riesentor seiner Palaststadt Fatehpur Sikri, dem ich das Eingangsgebäude meines Taj Mahal nachgebildet habe. Und ich lese die für diesen Ort seltsamen Worte:

Jesus sagt: Die Welt ist eine Brücke; gehe darüber, aber baue kein Haus.

Doch was war mein Leben anderes, als nach meinen Bauten in Agra oder Delhi zu streben? Mein Traumpalast, dessen Idee ich von meiner Jugend an in mir trug, wurde zum Totenhaus, das einmal mich, wie ich hoffe, an der Seite meiner Gemahlin aufnehmen wird. Aber auch ihr Bild – wie alle Bilder der von mir geliebten, begehrten oder genommenen Menschen – beginnt zu verblassen.
Wie wohltätig ist die Natur! Die Gebrechen, die sie dem Alter gewährt, sind eine Gnade. Vergessen schenkt sie uns, Taubheit manchmal und schwache Augen, wenn wir alt werden; ein bißchen Verwirrung auch, kurz vor dem Tode. Die Schatten, die sie vorausschickt, sind kühl und tröstlich.
Ich habe die Menschen weder geliebt noch verachtet. Für das erste habe ich der Vielen von ihnen kennenlernen müssen – soweit man

Menschen kennenlernen kann – und für das Zweite weiß ich zuviel von mir selbst. Ich trage Schuld nicht nur am Tod meiner nächsten Verwandten, solange ich glaubte, daß sie mir im Wege standen, sondern auch meines Bruders, den ich vergiften ließ. Der Begriff ›Familie‹ hat für mich niemals gegolten. Sogar mein Großvater Akbar, dem ich meinen Glauben an mich selbst verdanke, war für mich vor allem ein verehrungswürdiger, älterer Freund. Mein Vater Jehangir, für den ich anfangs der Lieblingssohn und zuletzt der bi-Daulat – der Schuft – war, bedeutete für mich vor allem der Kaiser, dem nachzu*folgen* – nicht nachzu*streben* – ich mich berufen fühlte. Von meinen überlebenden sieben Kindern – von insgesamt vierzehn – habe ich zwei geliebt: den ältesten Sohn als den gedachten Kronprinzen und meine älteste, mir treueste Tochter, die meine Gefangenschaft mit mir teilt und mir, wie ich hoffe, auch in der letzten Stunde nahe sein wird ...

Ich habe, seit ich denken kann, kämpfen müssen. Meine Schule war das Militärlager – und doch liebte und ersehnte ich nichts mehr als das Schöne – in der Musik, in den Menschen, in den von mir erträumten, erdachten, entworfenen Bauten, Gärten und Räumen. Sie werden – vorerst – bleiben, wenn nichts von mir selbst übrig ist – außer vielleicht einem Namen auf einem Marmorkatafalk. Ich habe Juwelen geliebt und kostbare Kleider, ich besaß einen Hofstaat, wie ihn die größten Kulturstaaten der Weltgeschichte kaum gekannt haben. Ich hatte Sklaven, Diener und einen Harem von unzähligen Frauen, Eunuchen, Sängern und Musikern, Köchen und Künstlern, Wichtigtuern und stolzen Höflingen. Meine Elefanten waren nicht nur die klügsten und best erzogenen, sondern auch die am reichsten geschmückten, die Indien oder Persien jemals kannte. Meine Kampfrosse waren die edelsten und temperamentvollsten, die Arabien hervorbrachte, meine Pagen die am kostbarsten gekleideten. Wenn ich gelegentlich meine Paläste schildern werde, mag man erkennen, daß ihre erlesene Eleganz die der römischen Kaiser oder der großen Kalifen, der türkischen Sultane oder des Shahs von Persien übertrifft. Selbst der Hofprunk meiner Mogul-Vorfahren versinkt hinter dem meinen. Ich rühme mich dessen nicht, denn er erschien mir nur gemäß. Reichtum ist kein Wert an sich, wenn er nicht geadelt wird durch Kultur und Geist. Jeder Mächtige auf dieser Welt, noch dazu, wenn er Talent besitzt, hat zwei Feinde: die Bewunderung und den Neid. Mitleid erhalten wir umsonst – den Neid müssen wir uns erkämpfen.

Was ich noch geschenkt bekam, war der Haß. Es ist der Haß meines Sohnes, der mein Leben zerstört. Aber habe ich mich nicht selbst gegen meinen eigenen Vater aufgelehnt – ?

*

Doch es geht hier nicht um die Klage eines Greises. Ich bin nur ein Glied in der endlosen Kette der Generationen. Bei der Erinnerung an meine Vorfahren muß ich mich vor allem denen zuwenden, die das Mogulreich schufen – oder besser: die als erste den Weg nach Indien antraten.
Und da steht am Anfang der Mazedonierkönig Alexander, der von Norden her den Indus-Strom überquerte und vielleicht den ganzen indischen Subkontinent erobert hätte, wenn ihn seine Generale nicht im Stich gelassen hätten.
Der andere Eroberer, auf den sich meine Ahnen gern beriefen, war Dschingiskhan – und sein Urenkel Timur, den die Europäer mit Schrecken *Tamerlan* nennen und von dem wir, die Moguln, uns ableiten. Drei Jahrhunderte sind ja erst vergangen, seit die Moguln über ihr Reich gebieten ...

Was nun meine Person angeht, so stellen die fast siebeneinhalb Jahrzehnte, die meine bisherigen Erdentage umschließen – und ich weiß, daß nicht mehr viele folgen werden – vielleicht ein Festmahl dar für die so eifrigen wie frommen Chronisten, die in jeder menschlichen Affäre die Hand Gottes zu erkennen glauben.
Die charismatischsten Gestalten der Weltgeschichte waren vor allem geprägt durch ihre Fehler. Auch ich besitze genügend Makel, um mich, wie ich überzeugt bin, zu den nach außen hin glänzendsten Fürsten aller Zeiten rechnen zu dürfen.
Ist mein Sohn Aurangzeb grausam durch seinen religiösen Fanatismus, so wurde ich fromm durch die Grausamkeit, mit der auch ich mir den Thron sicherte. Für mich war das Überleben der legitimste aller menschlichen Triebe. Wie die Geschichte aller Reiche und aller Religionen voll von Beispielen grotesker Verbrechen ist, habe ich einen langen, bitteren Kampf um das führen müssen, was nach meiner Überzeugung mir gehörte. Das Schwert war und ist das unanfechtbare Mittel aller Jahrhunderte – nicht nur in Asien, sondern auch im christlichen Europa. Daß ich mich seiner bediente, sehe ich nicht als Makel meiner Person. Ich besaß einen Willen wie kaum ein anderer,

und das Volk segnete mich für meine Regierung, wie es keinen Mogul-Herrscher zuvor gesegnet hat. Die drei Abschnitte meiner Herrschaft waren gekennzeichnet durch lange Perioden des Friedens und beständigen Reichtums. Die Künste und die Literatur blühten unter meiner Regierung und schwangen sich zu neuen Höhen auf.

Die Rebellion gegen meinen Vater wie meine Kriege im Dekkan, in Rajastan und in den entfernten Regionen Afghanistans entsprangen meiner Sehnsucht, als der größte Mogulherrscher in die Geschichte einzugehen. Mein Ehrgeiz kannte keine Grenzen und mein Ich-Gefühl war unendlich. Die Vorstellung, die Eroberungen meines Großvaters Akbar und des fernen Ahnen Timur in den Schatten zu stellen, erhob meine Phantasie über die Realitäten und die Loyalität meiner Söhne und meiner Generale. Der Preis, den ich für meine Fehleinschätzungen zu zahlen hatte, ist das Ende meiner Geschichte, das zu erzählen ich noch in der Lage zu sein hoffe.

In den Tagen meines Kaisertums strömten die Gebildeten überall aus Hindustan an meinen Hof zu Agra und Delhi. Das Studium der materiellen und geistigen Wissenschaften erreichte eine neue Höhe, und das Streben nach Lernen regte den Geist des Volkes im praktischen wie im sozialen Verhalten an.
Regenten kann man in zwei Klassen einteilen: für *ihre* Zeit oder für *alle* Zeiten. Ich habe darum gebetet, zu den letzteren zu gehören. Ja, ich habe gebetet. Doch niemand darf so beschränkt sein zu behaupten, daß die Religionen in einer oder einer anderen absoluten ›Wahrheit‹ die Weltgeschichte bestimmen können.

Die Schmerzen beim Schreiben eines Buches sind süßer als alle Vergnügungen des Fleisches und des Geistes. Es wäre müßig zu leugnen, welches Glücksgefühl ich trotz allem bei der Rückschau auf mein Leben empfinde. Möge es meine Leser, wenn es solche jemals gibt, anregen, ihr eigenes Leben zu genießen oder es wenigstens zu ertragen, wie ich es auch in diesem Werk für meine Person zu bestätigen versuche.
Obwohl ich mir keiner absichtlichen Fehler bewußt bin, hoffe ich, daß diese Aufzeichnungen mit Anteilnahme gelesen werden – nicht nur von meinen Nachfahren wie auch von denen, die mehr zu wissen suchen von ihrer eigenen Herkunft, ihrem Streben und ihrem Irren.

Geboren zu werden ist ein schreckliches Abenteuer. Das galt besonders für die Prinzen unserer Mogul-Dynastie, was die direkte Thronfolge anging.
Immer versuchten die Hof-Astrologen erwartungsvoll im geheimen Buch ihrer Schicksale zu lesen, doch es geschah nur selten, daß sie auch nur einen Bruchteil des Auf und Ab eines Lebenslaufes wirklich voraussehen konnten. Andererseits wurden sie zu gut bezahlt, um sich der Gefahr auszusetzen, durch unerfreuliche Voraussagen ihre hohen und höchsten Auftraggeber zu enttäuschen ...
Die Weisen unter den berufsmäßigen Deutern der Stellung der Planeten und ihrer Trabanten zogen Prophezeiungen in Form von politischen Andeutungen von geringer nachprüfbarer Aussagekraft vor. Im großen und ganzen war es ihre Absicht, zu unterhalten und zu schmeicheln und Hoffnungen zu erwecken. Die besten von ihnen verbanden astronomische Kenntnisse mit ihrem eigenen psychologischen Wissen.

Prinz Salim, mein Vater, war unter wenig Aufwand sechs Jahre zuvor mit der Tochter des Rana von Jodhpur, Rani Balmati, die man in Lahore Jodha Bai nannte, verheiratet worden. Ihr erstes Kind, eine Tochter, starb im darauffolgenden Jahr.
Als zum Ende des Jahres Fünfzehnhunderteinundneunzig – mein Vater war damals zweiundzwanzig Jahre alt – bekannt wurde, daß seine Frau bald wieder gebären würde, nahmen die Hofastrologen ihre Jahrbücher zur Hand und begannen eingehende Betrachtungen darüber anzustellen, ob der neue Erdenbürger ein Prinz oder eine Prinzessin sein würde.
Der besonders hochgeschätzte Astrologe Gobind Rai aus Jodhpur gab dem Kaiser Akbar zu verstehen, daß die Verbindung von zwei der nobelsten Familien des Orients unzweifelhaft Ruhm bedeute. Für

ihn stand fest, daß es ein Sohn sein müsse, der, wie er sich ausdrückte, »strahlender als die Sonne«, dem Hause Baburs größeren Glanz brächte als jeder andere Prinz, der das Licht der Welt seit diesem großen Ahnen erblicken würde.
Gobinds Worte waren Musik in den Ohren meines Großvaters. Er hatte in den letzten Jahren nicht nur seine besten Berater und Freunde verloren, sondern auch zwei seiner Söhne, und fühlte, daß seine Tage gezählt waren. Auch Prinz Salim, mein Vater, war den berauschenden Tränken ergeben, aber seine starke Gesundheit zeigte noch keine Zeichen von Schwäche.
Der Brahmanen-Sterndeuter wurde großzügig durch Geld und Geschenke belohnt. Jeder im Palast zu Lahore erwartete begierig den neuen Erdenbürger.

Später vernahm ich die Geschichte, daß sich am Abend des vierten Januar des Jahres Fünfzehnhundertzweiundneunzig ein wunderbarer, mächtiger Wind erhoben habe, der in der Morgendämmerung noch stärker wurde, als die Nachricht kam, daß die Rani in wenigen Stunden ihr Kind gebären würde. Dies geschah vier Stunden und vierundzwanzig Minuten nach Mitternacht. Gobind Rai soll der erste gewesen sein, der gerufen und beauftragt wurde, für mich ein umfassenderes Horoskop zu erstellen. Weihrauch und Blumen, so erzählte mir später meine Mutter, begrüßten das jüngste Mitglied der kaiserlichen Familie. Die Vorhersage des Astrologen befeuerte meinen Großvater; er bestand darauf, daß die Ankunft seines Enkels mit Fanfarenstößen begrüßt wurde.
Sowohl das Jahr wie der Monat meiner Geburt waren nach islamischer Einschätzung von großer Bedeutung. Die Geburt im gleichen Monat, in dem der Prophet das Licht der Welt erblickt hatte, wird allgemein als glückliche Vorbedeutung angesehen, gleichsam als ein sicherer Passierschein für die Lustgärten des Paradieses.
Im Palast von Lahore wurden große Vergnügungen angesetzt. Endlich war mein Großvater Akbar wieder in seinem Element. In seiner Dankbarkeit ordnete er öffentliche Gebete in allen Moscheen und die Austeilung großzügiger Almosen in seinen Ländern an. Außerdem sollten sieben Tage lang in Lahore und im ganzen Punjab morgens und abends die Armen gespeist werden. Der freundliche Astrologe wurde in Silber aufgewogen; Silber galt ja

als wertvoller denn Gold. Niemals war ein Sterndeuter üppiger belohnt worden. Die Hofschreiber verfertigten endlose Schwärmereien über die Bedeutung dieses Jahres im allgemeinen und über meine persönlichen Daten von Monat und Jahr im besonderen, die zuletzt in der Feststellung gipfelten, daß der Neugeborene bestimmt sei,

> die Zitadelle des Ruhmes glorreich zu erobern.

Ein anderer Astrologe schrieb, daß alle Planeten ihre besten Einflüsse auf das Leben des Sohnes von Rani Jodha Bai beisteuerten, und daß dieses Kind nicht für die Rolle eines gewöhnlichen Prinzen bestimmt sei. Er stellte fest, daß ich

> alle Tugenden Alexanders des Großen und der bedeutendsten Herrscher seitdem

in mir vereinige. Als Lohn erhielt der kluge Mann einhundert Goldstücke. Meiner Mutter hingegen versicherte ein persisches Gedicht, daß ihr Kind

> eine Quelle der Ehre und ein hell strahlendes Licht für die Reichen wie die Armen aller Regionen

sein werde.

Es gab ja noch ältere Söhne meines Vaters: Khusrau, geboren von Man Bai, und Parvez, geboren von der Haremsdame Jahabri Jamal. Dennoch betrachtete mein Großvater Akbar mich als ein besonderes Geschenk für die Timuriden-Dynastie.
Ein glänzendes Aufgebot des Weltlichen und des Geistlichen Rates erhob feierlich die Hände im Gebet für ein langes Leben des Kindes. Danach wandte sich der Kaiser zu der goldenen und silbernen Wiege, nahm mich in meiner schweren Robe in die Arme und bat den Obersten Mullah, den Segen auf den Sultan Khurram, wie ich genannt wurde, herabzuflehen. Dann wurde dieser Name von dem Priester mit lauter Stimme ausgerufen, und der Hof zitierte Verse aus dem Heiligen Koran, um die Einmaligkeit dieses Anlasses zu betonen...
Meine Mutter berichtete mir, als ich ein Knabe war, alles mit großer Begeisterung, und ebenso, daß mein Großvater darauf ins Vorzimmer hinüberging, um ihr, die als Frau der Zeremonie nicht beiwohnen durfte, einen unschätzbaren Schmuck von Perlen und Rubinen zu

überreichen. Danach zeigte man ihr die Geschenke der ältesten Damen des Hofes und pries sie als die Mutter des kommenden großartigsten Monarchen aller Zeiten.

*

Obgleich äußerlich voller Frieden mit sich und der Welt, lebte im Herzen meiner Mutter Angst. Ihr Kind sollte ihr nicht länger gehören. Nach alter Tradition und gemäß kaiserlichem Gesetz wurde ich von einer kinderlosen Tochter Akbars, Ruqiah Sultan Begum, adoptiert. Man glaubte allgemein, daß dieser für meine Mutter so grausame Akt einer Voraussage des Astrologen Gobind Rai entsprach, nach der das Kind unter der Obhut dieser vertrauenswürdigen Verwandten des Kaisers, der ein heiligmäßiger Ruf vorausging, glücklicher aufwachsen würde. Es hieß, daß mein Großvater seine Zustimmung zu dieser Adoption nach eingehenden Beratungen mit meinen Eltern gegeben habe. Wahrscheinlicher ist, daß diese Entscheidung vor allem von den orthodoxen Mullahs beeinflußt wurde, denen meine Stiefmutter blind ergeben war.
Bis ich in das Alter der Beschneidung kam, wurde meine Erziehung und Übung im höfischen Anstand des Mogul-Hofes den Angehörigen des Haushalts von Begum Ruqiah anvertraut. Nur bei einigen wenigen Gelegenheiten erlaubte man meiner Mutter, ihr Kind bei den Audienzen meiner Stiefmutter zu sehen; doch wurde ihr niemals ein längeres Verweilen in der Residenz der Rani gestattet. Das Herz meiner Mutter war gebrochen; die längste Zeit des Tages flüchtete sie sich ins Gebet.
Die Begum war weder streng noch gütig – sie war ›fromm‹, aber anders als meine Mutter, die wirklich wußte, was ein Gebet war. Meine Stiefmutter erfüllte die große Form der unnahbaren Autorität, gestützt auf Mullahs und Imame. Sie kommandierte mich niemals, aber sie liebkoste mich auch niemals, was ich als Kind schmerzlich vermißte, ohne mir freilich darüber ganz klar zu sein. Begum Ruqiah blickte niemals mit einem Hauch von Güte oder Mütterlichkeit auf mich. Sie gab mir nur mit ihrer Kühle zu verstehen, daß ich ihr ›anvertraut‹ sei, was immer das bedeuten mochte. So wundere ich mich heute auch nicht, daß sie in meinem kindlichen Leben kaum eine Rolle spielte. Die Gesichter und Stimmen meiner Amme, der Dienerinnen und sogar des Türsklaven sind mir noch stark in Erinnerung – und das sehr frühe Bewußtsein, daß ich ›Ich‹ und damit ganz auf mich

selbst gestellt war. Alles änderte sich dann, als mein Großvater, der Kaiser Akbar, in mein Gesichtsfeld trat.

Wie man mir später erzählte, wuchs ich auf als ein kräftiger Junge von körperlicher Gesundheit und gutem Menschenverstand. Meine Spielkameraden wurden sorgsam unter den Kindern des Hofadels ausgewählt, doch nur zu oft genügten sie nicht meiner überschäumenden Lust, alles zu untersuchen. Als einmal eine durch einen Pfeilschuß verwundete Taube zu meinen Füßen herunterfiel und sie hilflos herumflatterte, bestand ich darauf, daß Balsam auf ihre Wunde gestrichen und ihr ein Kräuterauszug zum Trinken verabfolgt wurde, worauf ich sie zur weiteren Behandlung dem Palast-Tierarzt übergab. Sieben Tage mußte der Vogel im Käfig in meinem Schlafgemach bleiben, wo ich ihn mit großer Sorgfalt beobachtete und pflegte. Mein Großvater Akbar war erfreut, von meiner Anteilnahme an dem Tier zu erfahren und beauftragte den obersten Jagdaufseher, sich selbst um das Weitere zu kümmern. Als der Vogel wieder gesund war, wurde er feierlich in die Freiheit entlassen. Bevor ich die Käfigtür öffnete, legte ich einen goldenen Ring um den Hals des Tieres – eine Abschiedszeremonie, die dem Hof noch für Jahre Gesprächsstoff gab. Shah Baba – so nannte ich verehrungsvoll meinen Großvater – erzählte den Vorfall oft weiter, um meine Liebe zur Kreatur und zu den Menschen zu loben ...

Meine beiden Brüder Khusrau und Parvez, die mir altersmäßig um sieben, beziehungsweise um drei Jahre voraus waren, kamen selten, um mit mir zu spielen, weder im Palast noch außerhalb. Ihre Erziehung und Ausbildung in Körperübungen war verschieden von der meinen. Bei festlichen Anlässen begegneten wir uns in Anwesenheit unserer kaiserlichen Verwandten, wobei ich immer ein wenig abseits von ihnen stehen mußte, da ich darauf bedacht war, den Anwesenden im Hinblick auf ihr Alter und ihre Stellung Respekt zu erweisen.
Mein Großvater Akbar wie meine Mutter Jodha Bai sprachen mir offenbar mehr Tugenden zu, als ich wirklich besaß. Ebenso zeigten meine Brüder schon früh ihre Eifersucht wegen meiner deutlichen Bevorzugung durch den Kaiser und die anderen Mitglieder unserer Familie. Als Jüngster der drei Kaiser-Enkel stand ich unveränderlich in ihrer Gunst – vielleicht weil sie spürten, daß ich dazu bestimmt sei, einmal die Krone zu tragen und dem Mogul-Thron mehr Glanz zu

verleihen, als es mein Vater zu versprechen schien. Dabei fuhr der kluge Gobind Rai fort, den Hof mit nebelhaften Vorhersagen über meine zukünftigen Taten zu erfreuen.

Entsprechend der Tradition unserer Sippe ging ich im Alter von vier Jahren, vier Monaten und vier Tagen zum ersten Mal zur Schule. Die Große Moschee war für dieses Ereignis mit Fahnen und kostbaren Lampen festlich geschmückt. Die Mitglieder der kaiserlichen Familie wie eine Gruppe des Geistlichen und Weltlichen Rates, an ihrer Spitze der berühmte Sufi Mullah Kasim Beg Tabrizi, versammelte sich kurz nach dem Morgengebet im Palasthof. Der Kaiser, begleitet von mir und einigen hochrangigen Höflingen, erschien kurz vor dem Zeitpunkt, der von Gobind Rai als aussichtsreich für den offiziellen Beginn der prinzlichen Erziehung bestimmt worden war.
Als die verkündete Stunde kam, erhob sich ein Gesang von Hymnen und Gebeten. Danach nahm mich der Kaiser an der Hand und schritt hinüber zur Gebetsnische, wo ihm Mullah Kasim ein von ihm meisterhaft gestaltetes Buch überreichte. Akbar nahm die Gabe mit hohem Respekt entgegen und forderte mich auf, die Füße meines ersten Lehrers mit den Lippen zu berühren. Doch bevor ich dazu kam, hob mich der Mullah auf und schlug mich sanft zuerst auf die rechte, dann auf die linke Schulter. Dann schrieb er den ersten Buchstaben des persischen Alphabets auf eine Sandelholztafel und forderte mich auf, den gleichen Buchstaben darüber zu kritzeln. Ich tat vertrauensvoll, was man von mir verlangte und wartete auf den nächsten Schritt der Zeremonie.
Der Mullah erschien mir wie die Verkörperung eines hellen Wintertages, freundlich und frostig. Er verabreichte mir einen neuerlichen Klaps auf den Kopf und schenkte mir eine, wie er hinzufügte, zweihundert Jahre alte Kopie des Heiligen Korans, die ursprünglich seiner eigenen berühmten Sufi-Familie Tabrizi gehört hatte.
Nun forderte mich der Kaiser auf, das heilige Buch auf meinen Kopf zu legen und vor meinem Lehrer in Dankbarkeit für die kostbare Gabe niederzuknien. Daraufhin rezitierte der Mullah einige heilige Verse und wies mich mit leiser Stimme an, immer den Vorschriften des Propheten getreulich zu folgen.
Der Kaiser beschenkte darauf den Mullah mit einem reichen Landlehen auf Lebenszeit und einem Ehrenkaftan des höchsten geistlichen Ranges. Der Tag endete mit der üblichen Almosenspende und der

Speisung der Armen. Meine Mutter, Rani Balmati, wie sie jetzt wieder genannt wurde, durfte an der Zeremonie nicht teilnehmen. An ihrer Stelle spielte Ruqiah Sultan Begum ihre erhabene Rolle.

Wie ich schon sagte, gehörte Mullah Kasim der persischen Bruderschaft der Sufis an, der Weisen, deren Lehre auf der Wissensvermittlung durch Liebe gegründet ist, wie es schon der griechische Philosoph Plato gelehrt hatte. Die Sufis sind keine Mystiker, die sich nach der Vereinigung mit ihrem Gott sehnen. Sie lehren einen Weg der Erkenntnis des eigenen Ich. Die Mullahs verlangen, daß man sein Leben nach den Lehren des Propheten ausrichtet. Die Sufis aber glauben zu wissen, daß man zu sich selbst nur über die Liebe zu Gott gelangen kann. Ein reines Leben bedeutet für sie wenig. Gebete, die pflichtgemäß fünfmal am Tag gesagt werden, bleiben nichts als Worte, wenn ihnen die Tiefe der Liebe fehlt.

Kasim wies mich an, durch Versenkung in mich selbst die Vereinigung mit dem Schöpfer zu erlangen. Offenbar stand hinter der Wahl meines Großvaters für diesen meinen ersten Lehrer die Absicht, daß ich im frühesten Alter die menschlich-sozialen Ziele erkannte und in mich aufnahm, die er für sich als heilig ansah. Er war überzeugt, daß die Zukunft des Mogul-Reiches in der Zusammenführung aller Religionen zu einer Einheit jenseits der Traditionen und Rituale lag.

Für seine beiden anderen Enkel Khusrau und Parvez hatte der Kaiser Lehrer mit dem gleichen hochsinnigen Liberalismus ausgewählt. Doch verdroß sein offenbarer Gleichmut gegenüber den Zielen der Fundamentalisten die einflußreichen muslimischen Herren in- und außerhalb des Hofes. Sie scharten sich um meinen Vater als den kommenden Herrscher, wobei er sie nicht weniger brauchte, als sie ihn zu benutzen gedachten. Mullah Kasim war mit seiner reinen Lehre ein Dorn im Fleisch der Orthodoxen.

Es vergingen Monate, bis mein Vater Hakim Gillani als meinen maßgeblichen Lehrer durchsetzte. Das erstaunte den Hof, da dieser Mann tief im islamischen Fundamentalismus verwurzelt und in seiner Anschauung das gerade Gegenteil des Mullah Tabrizi war. Offensichtlich hatte der Kaiser dieser Wahl aus Klugheit zugestimmt, um mich nicht in den Strudel der verschiedenen Glaubensrichtungen geraten zu lassen. Dafür erfreute die Bestellung des Fundamentalistenvertreters die Gegner von Akbars Versöhnungspolitik, mit deren Hilfe wieder mein Vater, Prinz Salim, seine Stellung zu stärken glaubte.

So wuchs ich heran unter den aufmerksamen Augen meiner Erzieher und der älteren Familienmitglieder. Als ich sechs Jahre, sechs Monate und sechs Tage alt war, fand im Palast meiner Stiefmutter Ruqiah Sultan Begum die Beschneidungszeremonie statt. Die Aufzählung der mir aus diesem Anlaß zugedachten Geschenke der Damen aus der Familie und dem Adel füllten viele Seiten der Hofchronik. Am liebsten war mir ein juwelenbesetztes Schwert samt Dolch, Flinte, Bogen und Pfeilen, die ich von meiner Rajputen-Großmutter Salima Sultan erhielt. Meine Mutter Rani Balmati, die diesmal zugegen sein durfte, schenkte mir eine Miniatur-Kopie der Waffen aus den Jugendtagen ihres Vaters Raja Udai Singh. Der Hof-Astrologe Gobind Rai ließ mein Horoskop in silbernen Buchstaben ausarbeiten und überreichte es meiner Stiefmutter Ruqiah Sultan Begum. Darin hieß es:

Er wird im Krieg ein Schrecken für seine Feinde und im Frieden ein Vorbild für Recht, Großzügigkeit und guten Willen gegenüber jedermann sein. Prinz Khurram wird nicht nur dem Volk von Hindustan, sondern der ganzen Menschheit Freude bringen. Seine Sterne stehen in einer einmaligen astronomischen Konstellation. Ich, Gobind Rai, werde nicht mehr Zeuge des Aufstieges seines Schicksals zu den Gipfelhöhen des Himalayas sein können. Ich, Gobind Rai, bin wahrhaft kein Schmeichler, sondern ein Sucher.

Meine Stiefmutter übersandte das kostbare Geschenk an den Kaiser. Wieder belohnte er den Sterndeuter mit einem Landlehen, das ihm jährlich fünfundzwanzigtausend Rupien einbrachte. Akbar glaubte jedes Wort Gobinds; seine Voraussagen schienen die geheimen Wünsche und Gedanken meines Großvaters zu bestätigen.
Einmal erlaubte ich mir ihm gegenüber die Frage, ob er wirklich meine, daß eine solch freundliche Prophetie ohne jede eigentliche Bestätigung derart hohe Belohnungen verdiene. Ich selbst war ein Kind und mir über mich selbst in keiner Weise sicher, obgleich ich von großen Taten träumte.
Mein Großvater lobte lächelnd meine Bescheidenheit. Dann sagte er: »Ich will dir eine Geschichte erzählen, wie sie in den alten Büchern der Inder verzeichnet sind. Also höre:

Als vor langer Zeit der König von Cathai einmal seine Ratgeber um sich versammelt hatte, trat zu ihm ein Mann, der, wie er sagte, dem Herrscher ein Geschenk überreichen wollte. Für das Geschenk, das aus einem unscheinbaren hölzernen Napf bestand, forderte er eine Gegengabe. Der König von Cathai war aller Welt bekannt für seine Hochherzigkeit; also nahm er den Napf an und überreichte dem Mann tausend Goldstücke als Gegengabe. Da aber am Abend desselben Tages der König sich schlafen gelegt hatte, erschien ihm im Traum eine wundersam schöne Frau, die sich ihm näherte und zu ihm sprach: ›Ich bin die Fee deines Reichtums und komme, um von dir Abschied zu nehmen, denn du achtest nicht meinen Wert, sondern verschenkst und verschleuderst mich an Unwürdige. Wie konntest du tausend Goldstücke geben für einen Napf, der auf dem Basar für eine Kupfermünze zu haben ist? Dieses Stück Holz ist doch wahrhaftig nicht besonders schön, ist auch kein Kunstwerk, keine Meisterarbeit, die vielleicht eine so große Gegengabe wert gewesen wäre! Ich will hinfort nichts mehr mit dir zu schaffen haben und gehe nun zu einem anderen.‹ – In der Tat verringerten sich von da an die Einnahmen des Königs von Tag zu Tag, und sein Reichtum schmolz dahin wie der Schnee vor der Sonne.
Bald darauf hatte er abermals einen Traum. Er sah einen Mann, der kam auf ihn zu, begrüßte ihn und sprach: ›Ich bin die Kraft deines Körpers. Aber bald werde ich es gewesen sein; denn du verkennst meinen Wert und deshalb verlasse ich dich jetzt. Nicht länger mehr kann ich bei dir sein.‹
›Tue, wie du willst‹, antwortete darauf der König und ließ ihn ziehen. Wieder nach einigen Tagen erschien dem König ein dritter Traum. Ein freundlicher Jüngling, von Gesicht ein Engel, trat vor seine Augen, verneigte sich und sprach: ›Ich bin deine Hochherzigkeit; auch ich verlange meine Entlassung.‹
Wie aber der König dies hörte, griff er nach dem Gewand des Jünglings und rief mit flehender Stimme: ›Übe Gnade mit mir! Verlaß du mich nicht!‹
Da wandte sich der Jüngling um und antwortete: ›O König, ich sehe, wie hoch du meinen Wert achtest; so will ich auch nicht von dir weichen, sondern bei dir bleiben. So lange aber soll dich kein Verlust kümmern. Hab und Gut finden sich schon wieder, auch die Gesundheit wird dein Körper zurückerlangen. Und weiter bedarfst du nichts.‹

Damit erwachte der König. Er fühlte sich neu gestärkt, und seine Einkünfte mehrten sich von Stunde an, bis er die früheren Schätze wieder besaß.«

Ich hatte aufmerksam zugehört. Nachdem mein Großvater die Geschichte beendet hatte, blickte er mich gütig an.
»Da ist noch ein anderer Rat, den ich dir auf deinen Lebensweg mitgeben möchte, mein Sohn. Bereue niemals eine Großherzigkeit. Mag sie der andere auch nicht immer wert sein, so hast du doch der Welt ein Stück Schönheit und Güte geschenkt. Eigensucht, Neid und Geiz prägen die Herzen vieler Menschen. Wenn dir diese Eigenschaften – vielleicht auch bei deinen eigenen Söhnen – einmal begegnen, vergelte nicht Gleiches mit Gleichem. Sei dir deiner Großmut auch vor dir selbst bewußt. So wirst du die Enttäuschungen, die einen Teil jedes Menschenlebens ausmachen, überstehen und dir deine innere Sicherheit bewahren.«
»Ich danke dir, Shah Baba«, sagte ich und nahm seine Hand in die meine. Sie war alt und runzlig, und ich bemühte mich, daran zu denken, daß meine Hand nach einem rätselvollen Gesetz vielleicht auch einmal so aussehen würde, obgleich ich es nicht ganz zu begreifen imstande war.
Als habe er meine Gedanken erraten, fügte mein Großvater nachdenklich hinzu:
»So wie wir ausatmen müssen, haben wir alles im Leben einmal zurückzugeben, was wir empfangen haben.«

*

Unter den liebevoll wachenden Augen des großen Akbar durfte ich ohne besondere Unarten oder Auswüchse in friedlicher Geborgenheit in mein eigenes Leben hineinwachsen. Die meiste Zeit widmete ich den Leibesübungen wie Bogenschießen, Fechten, Schießen, Ringen und Reiten. Mit sieben Jahren war ich körperlich bereits gut entwickelt. Mein Tag begann nach dem Ruf des Muezzins zum Morgengebet und endete bei Sonnenuntergang.
Der sechsundfünfzigjährige Hakim Gillani, streng und helläugig, lehrte mich Sprachen und Geisteswissenschaften. Er zeigte mir auch den Weg zur Überwindung der Erdenschwere und zur Fröhlichkeit. Obwohl ein überzeugter orthodoxer Muslim, war er – gleichsam ein Bruder des Sufi Tabrizi – beweglich genug, in mir den Begriff der

Allmacht von Liebe, Wahrheitssuche und Menschenfreundlichkeit zu wecken. Doch ich muß ergänzen: Er liebte mich. Anderen gegenüber konnte er diese überirdischen Begriffe vergessen. So mißtraute er zum Beispiel der Toleranz des Kaisers tief.

Begabt mit kühner Vorstellungskraft, gefiel ich mir darin, mich als mit dem Balsam des Heldentums gesalbten Eroberer zu sehen, wie ich es an meinem Großvater bewunderte. Ich war stolz darauf, daß mein geübter Körper keinen Makel kannte. Mit sieben Jahren bezwang ich die kräftigsten Ringer, die älter und schwerer waren als ich. Der Kaiser war entzückt von meiner unbefangenen Beherztheit, mit der ich die stärkeren Gegner anging.
Seit dem sechsten Lebensjahr nahm ich das Mittagsmahl bei meiner Stiefmutter ein. Schon früh bevorzugte ich – entsprechend der einfachen Mogul-Küche – Gemüse, Geflügel und Reisgerichte, die ich bis heute zu mir nehme. Die heißen Sommer-Nachmittage verbrachte ich in den kühlen Unterräumen des Palastes mit ihren wedelnden Fächern, die von Eunuchen bedient wurden. Des Abends trafen sich die Familienmitglieder in den Gemächern der älteren Damen; ein- oder zweimal im Monat nahmen auch mein Großvater und mein Vater, Prinz Salim, daran teil. Diese Gelegenheit wurde offiziell gefeiert als

das Bad im leuchtenden Schein der Anwesenheit des Königs der Könige, des Schatten Allahs auf Erden.

Als Lieblingsenkel meines Großvaters durfte ich an den Abenden mehrere Stunden mit ihm im Gespräch verbringen, wobei es zumeist um die neuen Flinten, Pferde und Elefanten wie um meine Übungen für Körper und Geist ging. Am liebsten aber lauschte ich seinen Erzählungen von den Kämpfen meiner Ahnen, deren Aufzeichnungen der große Akbar selbst – obwohl des Lesens nicht kundig – aus den Vorträgen seiner Sekretäre fast auswendig kannte.
Auf seinen Rat hin ließ auch ich mir aus der Hofbibliothek die umfangreichen, zum Teil schon vergilbten, zum Teil kunstvoll geschriebenen Aufzeichnungen heraussuchen, die ich in meinen freien Stunden mit heißen Wangen studierte.
Sie wurden zu den Begleitern meines eigenen Weges ...

II

DER WEG NACH INDIEN

Es begann inmitten der endlosen, von den Mongolen beherrschten Steppen Asiens. Dort lag ein grünes Tal und darin die Ortschaft *Kesch* – und einen Tagesritt nördlich davon die Zauberstadt Samarkand. Hinter ihren zwölf Meter hohen Mauern stapelte man chinesische Seidenballen, chinesisches Porzellan und alle Gewürze Asiens.
Im Tal von Kesch träumte man von der Eroberung Samarkands. Dort regierten seit einiger Zeit turkmenische Herren. Einer von ihnen hieß Taragay, dem am achten April Dreizehnhundertsechsunddreißig ein Knabe geboren wurde, der den Namen *Timur* erhielt.
Als Timur heranwuchs und er sich entschloß, den Ruhm seines Stammes zur Weltgeltung zu erhöhen, erkannte er die Notwendigkeit, mit der Festlegung seiner eigenen Vorfahren zu beginnen. Und so entschied er, daß sein Stammbaum über den Mongolen Dschingiskhan bis zu dem alten Noah reichte. Obgleich zu Timurs Zeit das Mongolenreich bereits in viele schwache Khanate zerfallen war, bedeutete die Hochzeit mit einer Mongolenprinzessin noch immer einen Zuwachs an Macht und Bedeutung. Für Timurs Vater Taragay aber galt dies nicht, und sein Sohn Timur, der spätere *Schrecken der Welt*, war ein reinblütiger Turkmene, auch wenn er sich selbst als Nachkomme Ogotais, des zweiten Sohnes Dschingiskhans, bezeichnete.

Der junge Timur erhielt die Erziehung eines wohlhabenden Nomadensohnes. Für vier Jahre schickte ihn sein Vater zu einer als besonders gelehrsam bekannten Sippe, wo sich die künftigen Stammesführer gleichsam auf der Schulbank kennenlernten. Timur war auch der erste, der später großen Wert auf die von ihm selbst aufgezeichnete Lebensgeschichte legte. Darin schrieb er:

Ich versuchte immer, auf dem ersten Platz zu sitzen und die anderen Jungen zu kommandieren. Eines Tages fragte uns der Lehrer, wie man am besten sitze. Ich antwortete: ›Auf den Knien, denn diese Haltung hat der Prophet auch für das Gebet empfohlen.‹
Natürlich bekam ich daraufhin die beste Zensur. Nach der Schule spielten wir wie andere Kinder, und ich hatte das Kommando. Von einem Erdhaufen aus teilte ich meine Kameraden in zwei Armeen ein. Drohte eine Partei zu verlieren, sandte ich ihr Hilfe. So hatte ich immer Freunde.
Mit siebzehn erkannte ich, daß es keine Person auf Erden gibt, die mir überlegen ist, und keine Schwierigkeit, die ich nicht meistern konnte. So wußte ich auch, daß mich Gottes Wille zur Herrschaft über die Welt berufen hatte.

Der Zwanzigjährige begab sich zielbewußt an den Hof des reichen Emirs von Samarkand. Auch dieser, er hieß Kurgan, hatte als Räuber angefangen und holte sich den vielversprechenden Jungen an seinen Hof.

Der hochgewachsene Timur überragte seine Kameraden um Hauptesänge. Seine Erfolge auf militärischem Gebiet bewogen den Emir, ihm seine Enkeltochter zur Frau zu geben und den offiziellen Titel zu verleihen: ›Schwiegersohn eines Fürsten‹. Bald darauf wurde aus dem Schwiegersohn der Vizekönig eines ausgedehnten Steppenlandes zwischen Aralsee und Kaspischem Meer. Trotz vieler Widrigkeiten nach dem Tod des Schwiegervaters festigte Timur so die Herrschaft in Khawarezm, daß er mit seinem vierundzwanzigsten Lebensjahr den Titel Emir annehmen konnte. In seinen Aufzeichnungen berichtete der gläubige Muslim:

Immer gehorchte ich Gott und seinen Geboten. In meiner Hand hielt ich die Waage der Gerechtigkeit und behandelte alle Menschen gleich, denn ich betrachtete mich nur als Verwalter des Eigentums Gottes. Und so gewann ich die Liebe der Welt.

In diesem Bewußtsein ernannte sich Timur zum Gouverneur von Samarkand. Natürlich kam es zu Kämpfen, nicht nur mit dem legitimen Sohn des Emirs Kurgan, sondern auch mit den Mongolen aus Karakorum, die sich noch immer als die Oberherren der Steppe betrachteten. So ging auch sein kleines Königreich Khawarezm verloren. Von diesen Kämpfen bemerkte er:

Damals schwor ich mir, niemals jemanden selbst gefangenzunehmen.

Wie Timur dieses Wort gehalten hat, sollte allgemein in der Erinnerung bleiben. Kurz danach traf ihn ein Pfeilschuß ins rechte Bein. Das Knie blieb steif und er erhielt den Namen, unter dem die Welt erzittern sollte: *Timur-i-lenk* – der Lahme.

> *Festung um Festung erobernd machte ich mich daran, meinen Jugendtraum zu verwirklichen: Herr der strahlenden Stadt Samarkand zu werden.*

Nachdem Timur dies geschrieben hatte, beschloß er, Samarkand in einem nächtlichen Handstreich zu nehmen.
In seinem fünfunddreißigsten Lebensjahr – nach dem persischen Sonnenjahr war es das dreiunddreißigste – fand er einen neuen Namen für seine aus vielen Stämmen bestehenden Truppen, den er von den Mongolen entlehnte und der unsere Dynastie noch heute ziert: die *Moguln*.

Als er den Thron von Samarkand bestieg, hielt Timur eine Rede, die er sorgsam niederschrieb:

> *Diese herrliche Stadt ist nun unser. Doch warum sollen wir von unseren eigenen Schätzen nehmen? Überall ringsum sind reichere Länder. Was hält uns davon ab, ihre Reichtümer hierher zu holen?*

Ein Jahr danach rief er sich in Balch zum Padishah – zum Kaiser – aus.
Timur-i-lenk liebte Samarkand, das er zur herrlichsten Stadt der Welt zu erheben gedachte. Dort sammelte er nicht nur Elefanten und Steinmetze, sondern auch persische Maler, Kalligraphen und Architekten, danach Seidenweber und Glasbläser aus Damaskus wie Silberschmiede aus der Türkei. Während es der Nomade Timur vorzog, auch in seiner eigenen Hauptstadt im Zelt zu leben, legte er nicht nur herrliche Gärten an, sondern benutzte die Steinmetzen und Elefanten auch für den Bau seines prächtigen Grabmals mit der hohen, persischen Türkiskuppel. Er berichtete von sich selbst:

> *Ich bestieg den Thron wie ein Tiger.*

Es heißt, daß, wer einen Tiger reitet, nicht absteigen darf. Timur beschloß, seinem mittlerweile eine halbe Million Mann starken Heer als neue Beute Persien anzubieten. Er sammelte die Kronen und Schätze der erbeuteten Länder und zog weiter. Von seinen Märschen verzeichnete er nebenbei:

Man häufte zweitausend lebende Gefangene mit Schlamm und Ziegelsteinen aufeinander, um daraus einen Turm zu errichten.

Oder:

Unsere Soldaten machten einen Berg aus den toten Körpern, und aus den Schädeln bauten sie Türme.

In den folgenden drei Jahren, während sich Timur vor allem in Persien aufhielt und er die eroberten Landstriche verwüsten ließ, bauten seine Leute nicht weniger als einhundertvierzig solcher Türme. Dazu gab es genaue Angaben: Siebzigtausend Schädel aus Isfahan, Fünfundvierzigtausend aus Schiras, Dreiundfünfzigtausend aus Täbris...

Nachdem Timur Moskau niedergebrannt und Litauen verwüstet hatte, folgte Georgien. Doch da geriet er mit den Mongolen zusammen, mit denen er sich zunächst vorsichtshalber verbündete. Im Jahr Dreizehnhundertneunzig nach der christlichen Zeitrechnung vermerkte er:

Ich entschloß mich nun, diese Steppenwölfe endgültig zu vernichten und sammelte meine Armee in voller Größe.

Nachdem er zuerst ins Leere gestoßen war, kam es an der Wolga zur Schlacht. Seine siegreiche Armee konnte fast einen Monat lang im prächtigen Lager des Mongolenkhans feiern.
Im Jahr danach überfiel Timur Asow an der Mündung des Don, die wichtigste Handelsniederlassung der europäischen Christen. An die neuntausend Italiener gerieten in die Sklaverei. Mittlerweile war auch Bagdad von den Mongolen zerstört worden, die anschließend die genuesischen Kolonien auf der Krim plünderten.
Nach dem Mongolensturm versetzte Timur der alten Welt des christlichen Mittelalters den Todesstoß, während sich Frankreich und England im Hundertjährigen Krieg um die Vormacht in Westeuropa stritten und die See-Republik Venedig von der Weltbühne Abschied nahm.

Timurs nächstes, wichtigstes Ziel: Indien. Er schrieb:

In jener Zeit wurde es mein Herzenswunsch, einen Krieg gegen die Ungläubigen zu führen und ein Glaubenskämpfer zu werden.

Timur zählte bereits zweiundsechzig Jahre, und erstaunlicherweise

schien er nicht zu wissen, daß Nord- und Mittelindien bereits seit Jahrhunderten unter islamischer Herrschaft standen.
Er schickte einen Brief an die Regierenden Hindustans:

> *Es ist bekannt, daß ich der Schatten Allahs auf Erden und der mächtigste aller Herrscher bin. Daher ordne ich an, daß bei meinem Besuch in Indien alle dortigen Gebieter ihre Reiche und Reichtümer abliefern. Dafür erweise ich ihnen die Ehre, den Boden vor meinen Füßen zu küssen. Solltet Ihr Euch aber weigern, die hehre Straße des Gehorsams zu betreten, so habt Ihr mit einem schrecklichen, zu allem entschlossenen Feind zu rechnen. Mit dem Segen Allahs, des Allerbarmenden, Allmilden, bleibe ich Timur.*

Nachdem er den Indus überquert hatte, brach sein Heer von hunderttausend Mann wie ein Orkan über Indien herein. In seinem Gefolge gab es noch ein anderes Heer – von ebenfalls hunderttausend Gefangenen. Der Grund für die Schnelligkeit des Zuges war nach seinem Bericht

> *die Anhäufung von Leichen, die, wo immer ich durchzog, die Luft verpesteten.*

In der Regel wurden sämtliche Männer niedergemacht, ausgenommen die Kunsthandwerker. Nur Frauen und Kinder führte man in die Sklaverei.

*

Es war Anfang Dezember, als Timur die Umgebung Delhis erreichte. Dort waren gerade zwei Fürstenhäuser in Thronstreitigkeiten verwickelt.
Timurs erster Angriff auf die Sultansstadt wurde zurückgeschlagen; er kostete fünfzigtausend Indern das Leben. Zugleich befahl Timur seinen Gefolgsleuten, alle erwachsenen männlichen Gefangenen zu töten. Um die gegnerischen Elefanten kampfunfähig zu machen und sie zu bewegen, umzukehren und ihr eigenes Heer zu zertrampeln, ließ er mit Metalldornen versehene Pfähle in den Erdboden rammen. Die Reiterei wurde mit stählernen Fußangeln ausgestattet, die, mit scharfen Zacken versehen, den Elefanten auf den Weg gestreut wurden. Auch befestigte man auf den Rücken zahlreicher Kamele und Büffel Heubüschel, die im letzten Augenblick, wenn sich die Elefanten näherten, diesen brennend entgegengetrieben wurden ...

Als dann die Streitmacht der Verteidiger aus den Toren Delhis hervorbrach, zählte man neben zehntausend Pferden und vierzigtausend Fußsoldaten eine Phalanx mit stählernen Rüstungen geschützter Elefanten, deren Stoßzähne mit Schwertern verlängert waren. Auf ihrem Rücken trugen sie in wehrhaften Türmen neben Bogen- und Armbrustschützen besonders ausgebildete Krieger, die einfache Raketen und Vorrichtungen bedienten, aus denen sie heißes Pech herausschleuderten.

All dies aber war den heranstürmenden Mogul-Heeren nicht gewachsen. Am nächsten Tag zog der siegreiche Timur in Delhi ein. Noch am gleichen Abend stand die Stadt in Flammen, während gemeine Soldaten, mit Gold und Geschmeide beladen, die Häuser plünderten und jeder für sich kaum weniger als zwanzig Sklaven vor sich hertrieb. Timur feierte in seinem prächtigen Feldlager außerhalb der Stadt.

Zehn Tage verweilte er in der Nähe von Delhi, um die für ihre Kunstfertigkeit berühmten Steinmetzen und die besten Elefanten zu sammeln und sie nach Samarkand zu schicken. Benachbarte Fürsten mußten Tributzahlungen entrichten. Dann machte sich Timur mit der größten Beute, die jemals zusammengeraubt worden war, auf den Heimweg. Nach der gründlichen Verwüstung von Lahore überquerte er wieder den Industrom und ließ ein Leichenfeld hinter sich, das in der Geschichte Indiens ohne Beispiel ist. Die Folge waren Hungersnöte und der Ausbruch der Pest. Wie es hieß, regte sich in Delhi zwei Monate lang kein Leben, nicht einmal ein Vogel. Für Delhi blieb es ein Glück, daß die Stadt für ein Jahrhundert keinen der Mogul-Herrscher mehr sah.

Abgesehen von Timurs Ehrgeiz, Schlachten zu gewinnen, hatte er eine Vorliebe für Gelehrte und einen leidenschaftlichen Hang, seine Hauptstadt Samarkand zu verschönern. Der Wunsch, schöpferisch zu wirken, gewann in seiner Familie mehr und mehr eine alles überragende Bedeutung.

Timurs Nachfolger brachten die persischen Bauideen nach Indien, wo sich die architektonischen Traditionen der Perser und der Inder mit ihren Kuppelbauten zum Ruhm der Moguln vereinigen sollten. Während der ›Lahme‹ die Welt das Fürchten lehrte, verdankt ihm das islamische Indien die größte Prachtentfaltung seiner Geschichte.

Was nichts daran änderte, daß Timur nach der Eroberung Delhis noch die türkischen Ländereien und den Irak verheerte. Sicherheitshalber zerstörte er noch einmal das gerade wieder aufgebaute Bagdad, fiel dann in Syrien ein und stieß bis nach Ägypten durch. In Samarkand entstand in dieser Zeit die, wie man sagte, größte Moschee der Welt, erbaut von persischen, türkischen und ägyptischen Künstlern. Allein ihre herrlich geschmückten Portale sollen über hundertachtzig Fuß hoch sein. Hundertzwanzig Fuß ragen die Portale seines Riesenpalastes, der eigentlich nur aus einem überwältigenden Gewölbe bestehen soll, empor. An der Prachtstraße ließ Timur Gärten anlegen, von denen er schrieb:

... wie dergleichen noch kein menschliches Auge gesehen, mit allen Früchten und Blüten, die wohl schon das Paradies geziert haben.

Bevor Timur-i-Lenk noch daranging, wie er selbst äußerte, den ›Rest der Welt‹ zu erobern, wandte er sich zunächst nach Osten, um endlich die ›Ungläubigen Chinas‹ zu bezwingen, was er bereits schon einmal versucht hatte. Da traf den Neunundsechzigjährigen im sibirischen Otra die Hand Allahs. Drei Tage lang lag er gelähmt in seinem Zelt. Seine Augen sprühten noch wildes Feuer, bevor er zu seinen Ahnen einging. Der gewaltige Grab-Palast, den er für sich selbst geplant hatte, war bei seinem Tod noch nicht einmal begonnen. Der ›Schrecken der Welt‹ wurde zunächst in einem kleinen Grabmal beigesetzt, das für seinen Neffen vorgesehen war. Und so ruht er heute noch. Der auf seinem offiziellen Grabmal in Samarkand eingemeißelte Stammbaum beginnt mit seinem Ahnen Dschingiskhan, der von einer Jungfrau abstammen soll, die ein Mondstrahl vergewaltigt hatte ...

Geblieben ist die von Timur selbst aufgezeichnete Lebensgeschichte, die ich – gerade, weil sie so sachlich und schmucklos geschrieben ist – als Knabe mit glühenden Wangen gelesen habe. Vielleicht verfaßte mein Ahne diese Memoiren, weil er wohl wußte, daß kaum ein späterer Geschichtsschreiber und schon gar kein Hofchronist es hätte wagen können, die grausamen Wahrheiten in so deutlicher Offenheit wiederzugeben. Ein von Timur in Damaskus erbeuteter hochgebildeter Sklave namens Ibn Arabi wagte es danach, seinen Herrn mit eigenen Aufzeichnungen schonungslos darzustellen. Beide Niederschriften stellen für den später Geborenen eine lehrreiche Lektüre dar. Zusammen geben sie ein gutes Beispiel, nach dem sich auch meine

Vorfahren, besonders aber mein Vater Jehangir, in ihren Memoiren richteten – wohlgemerkt im Stil, nicht mit ihren Taten. Die Unrast, mit der es sich Timur angelegen sein ließ, die Welt zu entvölkern und Kultur zu erzwingen, läßt darauf schließen, daß er sich wirklich für den von Gott Auserwählten hielt. Doch damit steht er nicht allein in der Weltgeschichte. Man hat errechnet, daß sich der Preis seiner ›Auserwähltheit‹ auf das Opfer von sieben Millionen Menschen belief – was mehr war als ein Drittel der Gesamtbevölkerung aller von ihm eroberten Länder ...

Nicht zuletzt treibt es mich noch immer, der Geschichte meiner Vorfahren nachzugehen, weil sich heute, zum Ende meines Lebens, auch das Ende der Mogul-Herrschaft in Indien abzuzeichnen beginnt. Längst haben sich ja die Eindringlinge aus dem fernen Europa an unseren offenen Küsten festgesetzt.

Jeder von uns geht rückwärts in die Zukunft.

Timurs Erbe, so lernte ich, übernahm sein vierter und Lieblingssohn Rukh, der als milder Herrscher galt. Er verließ Samarkand mit seinen Riesenbauten und zog ins abgelegenere Herat, das bald als schönste Stadt Afghanistans gelten sollte. Von Timurs grausamen Eroberungen blieb nichts als ein bunter Haufen von Kleinfürstentümern. Auch Timurs Kernland Transoxanien war in acht unbedeutende Kleinstaaten zerfallen. Der östlichste Timuridenstaat war das winzige Fürstentum Fergana, dessen Sheikh mit einer direkten Nachkommin von Dschingiskhans zweitem Sohn verheiratet war. Sein Sohn wurde Zairuddin genannt, was soviel heißt wie: ›Rückhalt des Glaubens‹.

Als der Vater starb, war der kleine Zairuddin elf Jahre alt. Die üblichen Kämpfe um sein Erbe überlebte er nur dank seiner wunderbaren Zähigkeit.

Timur, ›der Schrecken der Welt‹, war eineinhalb Jahrhunderte nach seinem Tod längst zur Legende geworden, als der siebzehnjährige Zairuddin seine wenig glänzende Hochzeit feierte. Die fünfzehnjährige Braut hieß Aisha und war die Tochter eines seiner vielen Onkel. Auch Zairuddin schrieb seine – erstaunlich aufrichtigen – Memoiren. Darin gestand der Jüngling:

> *Ich ging nur zu ihr, wenn meine Mutter mich schickte, einmal im Monat oder alle vierzehn Tage, und auch dann nur nach Schieben und Drängen, Streit und vielem Zureden.*

Zairuddins Herz ging andere Wege:

> *Damals wurde ich verrückt nach einem Jungen im Lagerbasar, dessen Name Baburi – Tigerchen – war. Nun begann ich plötzlich, Verse zu schreiben. Als Verliebter wanderte ich, in der Dummheit meiner Jugend, bar-*

häuptig und barfuß über Straßen und Wege, Hügel und Weingärten. Sehnsucht quälte mich, der ich nicht wußte, daß es Liebhabern von Märchengesichtern so ergeht.

Die Liebe des kleinen Prinzen zu dem Krämerjungen hinterließ jedenfalls in Zairuddins Leben ein Ergebnis: Von nun an nannte man ihn *Babur*, den ›Tiger‹.
Der junge Held wäre in seiner Eigenliebe tief verletzt gewesen, wäre ihm ganz klargeworden, daß die von seinem Ahnen Timur gegründete Dynastie der Moguln von dem persischen Wort für ›Mongolen‹ abgeleitet war. Er betrachtete seinen berühmt-berüchtigten Ahnen Timur stolz als Türke. Zu seiner väterlichen Abkunft kam die ebenbürtige seiner Mutter von Dschingiskhan. Der Name ›Mongole‹ war inzwischen gleichbedeutend geworden mit ›barbarisch‹ und galt vor allem für die wilden Nomadenstämme nördlich und östlich von Transoxanien, während die kultivierten Höfe von Timurs Nachfolgern in Afghanistan und Usbekistan den sogenannten Türken Glanz verliehen. Timur selbst kam ja aus einem Stamm, der als ›Barlas-Türken‹ bezeichnet wurde.
Babur indes hatte mit achtzehn Jahren Samarkand bereits zweimal erobert und wieder verloren. An seinem dreiundzwanzigsten Geburtstag bereitete ihm Allah eine überraschende Möglichkeit: Babur erfuhr, daß in der afghanischen Hauptstadt Kabul gerade der Thron frei und die Stadt von einem Nomadenhäuptling aus Kandahar im Handstreich eingenommen worden war. Der junge ›Tiger‹ zögerte nicht lange:

Ich beschloß, Kabul seinem rechtmäßigen Eigentümer zuzuführen – nämlich mir selbst.

In kürzester Zeit gelang es ihm, seine bescheidene Truppenstärke auf das Zehnfache zu steigern, und nachdem er in die wenig zivilisierte Schar durch Opferung etlicher Köpfe ein wenig Ordnung gebracht hatte, konnte er ohne besonderen Widerstand die von den braungebrannten Höhen des Hindukush-Gebirges umgebene Stadt Kabul besetzen. Die zerstrittenen Gegner zogen sich kampflos zurück. Babur verzeichnete selbst:

So ergab es sich, daß der wichtigste Schritt meines Lebens der leichteste war.

Babur hatte ja das muslimische Wein-Verzicht-Gelübde ablegen müssen. Darum trank er in späteren Jahren nur noch Schnaps. Er ließ sich gern porträtieren und beschäftigte dazu die besten Maler seiner Zeit. Wie sein Ahne Timur war er von beträchtlicher Körpergröße, dazu schlank und gepflegt. Ein feiner schmaler Bart umrahmte sein Gesicht.

Da der ›Tiger‹ in Kabul nicht den ihm gemäß erscheinenden glänzenden Hof halten konnte, begnügte er sich vorerst weiterhin mit der Tätigkeit eines Viehräubers bei den benachbarten Kleinfürsten; er soll dabei bis zu hunderttausend Schafe heimgebracht haben.

Dem Shah von Persien schien der ›Tiger‹ von Nutzen sein zu können. Er versprach dem Mogul eine Invasionsarmee zur Rückgewinnung von Samarkand und Fergana zu leihen – wenn Babur zum schiitischen Glauben übertrete. Die Schiiten kennen nur Mohammeds Schwiegersohn und dessen Nachkommen als Imame an. Der Schiismus ist seit dem Jahr Fünfzehnhunderteins persische Staatsreligion. Die Türken selber waren und sind fromme Anhänger der *Sunna*, die sich auf die ersten vier Kalifen berufen. Beide sind treue Muslime, doch wie in Europa die katholischen Christen gegen die sogenannten Protestanten Krieg führten, sind auch unsere beiden Glaubensrichtungen untereinander verfeindet. Babur war da großzügiger; als er mit seinen persischen Hilfstruppen gegen Buchara und Samarkand zog, setzte er ohne zu zögern die spitze Schiiten-Kappe auf. Sein Einmarsch in Samarkand wurde ein Triumphzug – bis die aufmerksamen Mullahs den freundlichen Schwindel durchschauten und gegen den ›Ungläubigen‹ in den Moscheen ihre Anhänger aufhetzten. Babur schrieb:

So geriet ich allmählich in trübe Stimmung, bis wie ein klärendes Unwetter die Usbeken kamen und Samarkand erneut eroberten.

Babur verzichtete auf die alte Märchenstadt.

Für den Rest seiner Tage blieb Kabul der wichtigste Stützpunkt des ›Tigers‹. Hier gab es heitere Gärten, die durch Quellen und Kanäle bewässert wurden, Früchte, Honig und gutes Weideland. Auch das Klima gefiel ihm. Wie das südlicher gelegene Kandahar war Kabul ein wichtiger Umschlagplatz für den Handel an den Karawanenrouten, die Indien nach Westen hin mit Persien, dem Irak und den türkischen Ländern verbanden, und nach Norden, über Samarkand, auch nach China. Hier wurden Sklaven gehandelt, Zucker, Baumwolle,

Gewürze und die Luxusgüter Persiens, Indiens und Chinas. Auf den Märkten klangen mindestens zehn Sprachen durcheinander: Hindu vom Osten, Turki und Mongolisch vom Norden und alle lokalen Idiome aus der Umgegend.
Kabul sollte Babur immer als seinen eigentlichen Heimatort bezeichnen. Er richtete eine kultivierte Hofhaltung ein und beschäftigte sich nach den unruhigen Vorjahren mit dem Ackerbau. Er führte die Banane und das Zuckerrohr ein und frönte seiner großen Liebe zur Gartenkunst. Von den vielen Gärten, die er schuf, blieb einer am Berghang von Kabul sein liebster; hier sollte man auf seinen Wunsch auch später seinen Leichnam beisetzen. Seinen Neffen Haidar ließ er die Kunst der Kalligraphie, des Verseschmiedens, des Briefeschreibens, des Malens und der Illustration lehren, dazu das Handwerk der Siegelgravour, der Juweliere und der Goldschmiede, der Sattler und der Harnischmacher wie die Herstellung von Pfeilen, Speerspitzen und Messern. Früh lernte der Jüngling den Einblick in die Staatsangelegenheiten, das Planen von Feldzügen und räuberischen Überfällen, das Bogenschießen und die Jagd, das Abrichten von Falken – kurz alles, was zum Regieren eines Königreiches von Nutzen ist.

In Kabul widmete sich Babur einer neuen Wunderwaffe, die er bei der persischen Armee kennengelernt hatte: Ein an einem Ende abgedichtetes Metallrohr, das nur ein winziges Loch enthielt, das zu einem Teil mit einem Gemisch von Salpeter, Holzkohlenstaub und Schwefel gefüllt und dann mit einem Stein und etwas Lehm gestopft wurde. Ein brennendes Holzscheit, das man an das kleine Loch hielt, ließ mit Getöse den Stein in die gewünschte Richtung fliegen – wobei man allerdings nicht immer wußte, was vorteilhafter war: sich vor oder hinter dem Zauberding aufzuhalten ...
Inzwischen haben wir von den Portugiesen nützliche Gewehre und Kanonen erhalten, ohne die man keinen Krieg mehr führen könnte. Nachdem die Europäer den kurzrohrigen Mörser erfanden, waren es die Türken, die lange, schlanke Kanonen zum ersten Mal zum Einsatz brachten.
Von jetzt an nannte sich der ›Tiger‹ *Babur Pascha Padishah, Eigentümer der ersten Artillerie im Königreich Kabul.*

Baburs Begabung für die Dichtkunst verschaffte ihm dazu einen Ruf, der dem der Poeten in der Turki-Sprache nicht nachstand. In die

Mauer der Zitadelle, die er zur Residenz erkor, ließ er den Vers einmeißeln:

Trink Wein im Schloß von Kabul und laß den Becher kreisen, denn Kabul ist Bergland, ist Fluß, ist Stadt und ist Garten zugleich.

Obwohl der Prophet den Genuß des Weines für die Muslime verboten hat, kann nicht geleugnet werden, daß sich in der Mogul-Dynastie der Alkohol immer größerer Beliebtheit erfreute. Auch Babur trank gern und viel. Schließlich ist *Alkohol*, wie ich mir sagen ließ, ein arabisches Wort, das soviel heißt wie ›das Edelste‹. Von den Turki lernte Babur zuerst den Apfelwein und danach den Wein aus Trauben zu genießen.
So wenig der ›Tiger‹ mit Frauen zu tun haben wollte – obwohl sein Harem immerhin dreißig davon beherbergte – um so hingebender widmete er sich, wie gesagt, nach Obst- und Traubenwein den stärkeren Getränken: Branntwein, Reisschnaps, Palmwein, Dattelschnaps und Rum, bis zu den aus China eingeführten süßen Likören und allerlei selbst hergestellten Mischungen ...
Ungeachtet dessen kümmerte sich mein Ahne sorgsam um seine pflichtschuldig gezeugten Söhne. Der älteste hieß Humayun, der zweite Kamran. Nach sieben Jahren folgte Askari und wieder drei Jahre später der Jüngste, Hindal. Sobald die Knaben laufen konnten, nahm sie ihr Vater auf seine Feldzüge mit.

*

Im selben Jahr, in dem die osmanischen Heere des Sultans Suleiman Ungarn eroberten und den Weg in den Westen Europas antraten, begab sich Babur auf den Marsch nach Indien.
Die Berge, die Kabul umgeben, heißen wohl nicht zufällig Hindukush – *Tod der Inder*. Babur wußte von der Bedeutung der engen, gefährlichen Paßstraße, die sich in schwindelnder Höhe über die von wilden Wassern tosenden Abgründe emporwindet. Er erkannte:

Wer den Kabul-Paß hält, besitzt den Schlüssel zu Indien.

Und:

Indien gehört mir von Rechts wegen schon lange.

Das Recht leitete er von Timurs Indienzug ab. Allmählich hatte sich der ›Tiger‹, ohne wesentlichen Widerstand zu finden, Lahore gesichert. Dann zog er weiter nach der ›Goldenen Stadt‹ Amritsar, wo er sofort – obwohl er sonst grundsätzlich unnötiges Blutvergießen vermied – gleichsam als Warnung gegenüber dem Sultan von Delhi ein eindrucksvolles Beispiel gab, indem er hundert Kriegsgefangene mit seinen neuen Musketen erschießen ließ.
Dazu vermerkte er:

> Um des lieben Friedens willen sandte ich dem Sultan einen Hühnerhabicht und erbat als Gegenleistung die Länder, die seit altersher meiner Familie zugehörig waren.

Dann verschanzte sich Babur in der weiten Ebene nordöstlich von Delhi. Hinter einer aus Ochsenkarren errichteten Barrikade baute er seine Kanonen auf und erwartete den Angriff des Sultans Ibrahim. Doch trotz seiner den Gegner ständig mit einem Pfeilhagel herausfordernden Kavallerieattacken dauerte es eine gute Woche, bis Ibrahim den großen Angriff befahl. Als sich die Masse der Inder heranwälzte, feuerte Babur seine Kanonen ab ...

Damit war die Schlacht entschieden. Babur schickte seinen mittlerweile waffenfähigen Sohn Humayun nach Agra, um sich der Hauptstadt der dortigen Lodi-Dynastie zu bemächtigen. Baburs Begründung:

> Ich nahm an, daß Ibrahim dorthin geflüchtet war, und wollte verhindern, daß er sich mit dem Staatsschatz davonmachte.

Indessen wurde der Sultan von Delhi noch am selben Abend unter einem Haufen von Toten gefunden. Außer ihm waren alle seine Brüder und Söhne gefallen, dazu sämtliche Kommandeure und mehr als zwanzigtausend Inder.
Der ›Tiger‹ war jetzt dreiundvierzig Jahre alt, sein ältester Sohn Humayun zwanzig. Bevor Humayun von dem besiegten Agra Besitz ergriff, besichtigte Babur die nach der Verwüstung durch Timur wiedererstandene Stadt Delhi und feierte seinen Triumph mit viel Arrak auf einer Bootsfahrt auf dem Jamunafluß.

Babur wäre nicht er selbst gewesen, hätte er nicht sogleich einen neuen Titel angenommen: ›Kaiser von Hindustan‹ – und ebenso hätte er sich nicht gründlich mit dem Zustand der Bewohner wie der dort lebenden Tiere beschäftigt. Insgesamt war er mit dem riesigen Land wenig zufrieden:

Einzig die Mangos sind gut, und selbst die nur selten.

Und von den Hindu-Bauern bemerkte er:

Die meisten von ihnen gehen splitternackt herum und es mangelt ihnen schrecklich an Herzlichkeit ... Hindustan ist ein sehr reizloses Land. Die Leute sind häßlich, haben kaum sozialen Kontakt untereinander, eine schlechte Zahlungsmoral, wenig Intelligenz, überhaupt keine Manieren, in ihren Arbeiten keinen Sinn für Symmetrie und Qualität, keine guten Pferde, keine guten Hunde, keine Weintrauben, keine guten Melonen, kein Eis, kein gutes Wasser, keine Dampfbäder, keine Hochschulen und nicht einmal Kerzen oder Fackeln, sondern nur Öllämpchen. Zur Regenzeit ist die Luft ganz angenehm, aber so feucht, daß ein anständiger Bogen schnell aus dem Leim geht. Manchmal wird es auch heiß, aber nicht so sehr wie in Kandahar ...

Auch Baburs Soldaten hielten von dem indischen Klima so wenig wie von den Bewohnern. Noch aber war der ›Tiger‹ durchaus nicht unumstrittener Herr des Landes. Im mittelwestlichen Rajastan hatten sich trotz islamischer Herrschaft noch immer die Hindufürsten halten können, die über ein mit portugiesischen Kanonen ausgerüstetes Herr von hunderttausend Mann verfügten. Bei der unumgänglichen Schlacht siegte wieder der ›Tiger‹ mit kluger Strategie und Diplomatie auch gegenüber den eigenen Soldaten. Von nun an war er bemüht, opferreiche Kämpfe zu vermeiden und seine Heerführer mit weiten Ländereien zu belohnen, von deren Einkünften sie – nachdem sie sie erobert hatten – die Hälfte behalten durften.

Dann zog Babur selbst nach Agra, wo sein Sohn Humayun noch immer die Festung mit dem Staatsschatz belagerte. Dabei wurde die sich dort aufhaltende Familie des vor Delhi gefallenen Rajas von Gwalior gefangengenommen. Sie besaßen einen berühmten Diamanten von unschätzbarem Wert, von dem es hieß, daß sein Verkauf geeignet sei, die ganze Welt zu einem zweitägigen Festschmaus einzuladen. Babur vermerkte in seinen Aufzeichnungen:

Humayun bot mir den Stein dar, als ich in Agra ankam. Ich gab ihn gleich zurück.

Heute heißt dieser Stein ›Großmogul‹ oder ›Kohinoor‹.

In Agra ließ Babur sogleich nach seiner Ankunft nicht weniger als sechs riesige Gärten anlegen, in denen er, heimwehkrank nach seinem geliebten Afghanistan, selbstgezogene Weintrauben und Melonen pflanzen und wassergekühlte Ruhe-Pavillons anlegen ließ. Zur gleichen Zeit versäumte er aber auch nicht, den Guß großer Geschütze anzuregen und selbst zu kontrollieren.
Ebenso neugierig versuchte es der ›Tiger‹ mit den verschiedenen Drogen.

Ich nahm auch einmal Opium, einesteils, weil ich Ohrenschmerzen hatte, andererseits weil der Mond so schön schien. Am nächsten Tag aber fühlte ich mich gar nicht wohl. Wahrscheinlich habe ich zuviel genommen.

Babur begleitete die Raja-Familie in ihre Residenz Gwalior. Im dortigen Palast fand er Gelegenheit, die Reichtümer der Hindu-Kultur zu bewundern. Weniger gefielen ihm die riesigen Götterfiguren der Jainas aus dem zwölften Jahrhundert:

Sie sind gut fünfzehn Meter hoch und ganz nackt. So ließ ich sie zerstören.

Obgleich Babur befohlen hatte, Hindu*tempel* grundsätzlich zu verschonen, befahl er als gläubiger Muslim, die Gesichter und Geschlechtsteile der Statuen zu verstümmeln.
Von der Architektur des Palastes in Gwalior hingegen war er tief beeindruckt. Hier kündigte sich bereits der Baustil meines Großvaters Akbar an, der später in seiner prächtigen Schöpfung von Fatehpur Sikri verwirklicht werden sollte. Von Gwalior übernahm Akbar das reichverzierte Balkenwerk aus rotem Sandstein und weißem Marmor – so wie ich die Fliesenverkleidungen der Außenseite der Festung Lahore oder die goldenen Kuppeln meines Roten Forts in Agra ...

Und immer war Babur bemüht, seine Gedanken und Eindrücke aufzuzeichnen. Seine Memoiren sind in Turki geschrieben; natürlich beherrschte er auch Persisch, unsere eigentliche Bildungssprache. Seine Gedichte können es mit der besten persischen Lyrik aufnehmen. Daß er selbst Turki bevorzugte, lag an seiner immerwährenden Sehnsucht nach der Heimat jenseits des Hindukush.
Mein Ahne Babur war ein Tatmensch von hoher Würde. Er vertrat die Ansicht, daß besiegte Feinde ein Recht auf Versöhnung haben und nicht mehr als Gegner behandelt werden dürfen. Ebenso müssen die

eigenen Gefolgsleute durch straffe Disziplin daran gehindert werden, daß sie die einheimische Bevölkerung tyrannisieren.

Der ›Tiger‹ konnte über Blumen und Tiere wie ein Liebhaber schreiben; doch fühlte er sich in Indien immer als ein Fremder. Dennoch sehe ich in ihm meinen mir ähnlichsten Ahnen. Baburs künstlerisches Interesse, nicht nur an der Natur, den Tieren und Pflanzen, sondern vor allem auch an der Architektur hat mich, Shahjahan, wohl am meisten geformt. Er liebte das Leben und den Frohsinn, er wußte, was er erstrebte – und er war erfüllt von Sehnsucht nach Schönheit und Kultur, obwohl er ebenso Soldat und Kämpfer war. Er vereinigte die Eroberungssucht der turkmenisch-mongolischen Ahnen mit dem Trachten nach schöpferischem Tun.

Und gilt diese Sehnsucht nicht zugleich der Liebe in ihren unendlich vielen Formen? Wie bei meinem Ahnen Babur begann sie auch bei mir mit den Vögeln und Blumen, bei den Bauten und Brunnen, und sie endet nicht beim Menschen. Was sonst wäre unser Leben, auch als Schatten Allahs auf dieser Welt?

Das Gewebe unseres Daseins fügt sich aus so vielen Fäden. Mein Ahne Babur verlor sich in seine Sehnsucht nach jenem Krämerjungen, dem er sich kaum zu nähern wagte. Ich fand meine Frau Mumtaz Mahal, und ich durfte den Palast meiner Sehnsucht errichten. Aber auch die Vollendung unserer schönsten Werke ändert nichts an der Begrenztheit menschlichen Strebens und menschlicher Möglichkeiten. Mein Traumpalast, den ich seit Jugendtagen in mir trug, wurde zu meinem Schicksalsbauwerk. Unwiderruflich ist ja nur der Tod, und Menschen ohne Liebe haben kein Schicksal.

*

Doch zurück zu meinem Vorfahren. Wie Babur das schwierige indische Kastenwesen tolerierte und die Sozialstruktur der neuen Länder ebenso wie ihre Tiergattungen oder die Pflanzen mit fast wissenschaftlicher Gründlichkeit studierte, förderte er das Handwerk und die künstlerische Arbeit. Dazu liebte er alte Handschriften, die er zu der schönsten Sammlung der Welt zusammenfügte.

Obwohl der ›Tiger‹ erst fünfundvierzig Jahre zählte, war er oft leidend. Ursachen dafür lagen in seinen harten Jugendjahren und in dem ständigen Nomadenleben, trotz aller mitgeführten Bequemlichkeiten – aber vor allem im Alkohol, wie ja auch sein Bruder Kamran und mehrere Nachkommen an der Trunksucht starben. Hinzu kam, daß

die Krankheitsperioden seit seiner Ankunft in Hindustan immer häufiger wurden. Dann hustete er Blut; zudem quälten ihn Rheuma und Ischias, auch klagte er immer wieder über eiternde Ohren.
Und dennoch liebte Babur das heitere Leben. Größtes Vergnügen bereitete ihm ein Fest, das er nach der Eroberung von Delhi veranstaltete. In einer eigens errichteten Zeltstadt am Jamuna-Fluß unweit Agras wurden vierzigtausend Gäste aus Persien und Samarkand, Transoxanien und Afghanistan, Kashmir, Bengalen und sogar Nepal untergebracht. Auch gehörten dazu alle Veteranen und an die hundert Bauern, die dem einst mehr oder weniger heimatlosen Kämpfer in seinen ›thronlosen Zeiten‹ Unterkommen gewährt hatten.
Allein der Tisch für die Fürstlichkeiten hatte eine Länge von hundert Metern, während bei dem großen Abendessen fünfhundert Akrobaten ihre Künste darboten. Als größte und aufwendigste Belustigung galten die aufeinander gehetzten Kampfelefanten, die sich bis zum Tod des Unterlegenen hinzogen. Währenddessen ließ es sich der Kaiser nicht nehmen, an die hervorragendsten Gäste großzügige Gaben zu verteilen. Aus Anlaß dieses Festes wurde die erste Landkarte des Riesenreiches veröffentlicht.
Baburs Verhalten zu seinem ältesten Sohn Humayun war zuweilen getrübt. Nicht nur, daß sich der Sohn gelegentlich aus der Staatskasse bediente; auch hatte er oft den Anordnungen des kaiserlichen Vaters zuwider gehandelt.
Babur vermerkte dazu selbstkritisch:

> *Leider muß ich die Überzeugung gewinnen, daß ich als Vater und Erzieher gescheitert bin.*

Wieviel mehr gälte das für mich!

Der ›Tiger‹ starb im Alter von sechsundvierzig Jahren. Von seinen Söhnen kam nur Humayun, um von dem Vater Abschied zu nehmen. Am meisten aber sehnte sich Babur nach seinem elfjährigen Sohn Hindal, der ihn an jenen Krämerjungen seiner eigenen Jugendjahre erinnerte und jetzt gerade von Lahore nach Agra unterwegs war. Am Fußende seines Bettes hatte der Kaiser ein Kleidungsstück des Knaben aufhängen lassen, damit er wenigstens sehen konnte, wie groß sein Jüngster schon herangewachsen war ...
Es heißt, daß er als letzte Worte seinem Sohn Humayun zugeflüstert habe:

»Unternimm nichts gegen deine Brüder, selbst wenn sie es vielleicht verdient haben!«

Babur wurde zunächst in seinem Lieblingsgarten am Jamunafluß – gegenüber dem jetzigen Taj Mahal – bei Agra beigesetzt. Später brachte man seine Gebeine, seinem Wunsch gemäß, in einen Garten in Kabul, den er als ersten angelegt hatte. Auf den fünfzehn Terrassen plätschern dort Springbrunnen, und da sich der Kaiser jedes Bauwerk über seiner Gruft verbeten hatten, ruht er nun zwischen immergrünen Sträuchern, umgeben von den Gräbern seiner Schwester Khansada, dem Liebling Hindal und drei seiner Frauen.

Baburs schmucklosem Gartengrab in Kabul, seiner eigentlichen Heimat, fügte mein Vater Jehangir einen Gedenkstein hinzu. Ich selbst erbaute auf der tiefer gelegenen Terrasse zu seinen Ehren eine weiße Marmor-Moschee. Auf seinem Grabstein ließ ich in schwarzer Einlegearbeit den von dem ›Tiger‹ selbst verfaßten Spruch anbringen:

Hier ruht Babur Padishah, der hofft, daß Allah ihm gnädig sein möge. Gefällt dir mein Garten, so bete für mich.

Ein Obstbaum steht auf einem Berg, und die Äpfel rollen zu weit vom Stamm.

Diese Worte schrieb Babur zum Ende seines Lebens im Hinblick auf seinen ältesten Sohn Humayun – was soviel heißt wie: *Der Glückliche.*
War es das erbarmungslos harte und nicht weniger umfangreiche Erziehungsprogramm, unter dem der Knabe schon früh zu leiden hatte, war es seine eher verspielte, abergläubische Veranlagung, die ihn dazu trieb, sich nur zu gern im Harem von den zahllosen Tanten, Stiefmüttern, Schwestern und Dienerinnen verwöhnen zu lassen?
Dabei war der junge Prinz intelligent, tapfer, begabt mit staatsmännischem Verstand und zugleich das genaue Gegenbild zu seinem Vater, der vorwiegend ein kühl rechnender Realist und der einzige Herrscher seiner Zeit war, der sich keinen Hofastrologen hielt. Dafür sollten zum späteren Hofstaat seines Sohnes Humayun neben siebenunddreißig Sterndeutern noch zahllose Handleser, Traumdeuter und Kristallkugelschauer wie eine Fülle sonstiger Wundermänner gehören. Wer etwa ahnungslos mit dem linken Fuß zuerst einen Raum des Kaisers betrat, wurde sofort wieder hinausgeschickt. Hinzu kam, daß der ›Schatten Allahs‹, wie auch er sich nannte, seit seinem siebzehnten Lebensjahr dem Opium zugetan war. Die nach genau überliefertem Rezept sorgfältig hergestellten ›Kugeln in Form einer Rosine‹ pflegte Humayun täglich mindestens vierundzwanzig Mal – in Verbindung mit der entsprechenden Menge Alkohol – zu sich zu nehmen, was ihn nebenbei zu ebenso verworrenen wie verwirrenden Versen anregte ...

Kaum hatte der Zweiundzwanzigjährige den Thron bestiegen, als er das Staatswesen auf eigene, sehr persönliche Weise neu gestaltete, zu deren Grundlage er die vier Elemente bestimmte. Von nun an war für Landwirtschaft, Bauwesen und Straßenanlagen das Ministerium ›Erde‹ zuständig, für Kanäle, Dammbauten und Weinherstellung das Ministerium ›Wasser‹ und für alles Militärische das Ministerium ›Feuer‹. Für Justiz, Handel und Finanzen hingegen hatte – ebenso wie für Garderobe, Küche, Stallungen oder Fuhrpark – das Ministerium ›Luft‹ zu sorgen. Jeder Wochentag war festgelegten Tätigkeiten oder Vergnügungen vorbehalten, die von den jeweils zuständigen Planeten bestimmt wurden. Das galt auch für die Kleidung des Herrschers. So erschien der Kaiser am Sonntag, an dem die Staatsangelegenheiten erledigt wurden, in gelber Seide; am Montag, wo ›Fröhlichkeit‹ angesagt war, trug er Grün. An einem Dienstag, wo der Kaiser Rot trug, weil der Tag dem Mars gewidmet war und *Seine Majestät auf dem Thron des Zornes und der Rache saß*, mußte zum Beispiel eine Gruppe von nicht ganz makellosen Finanzbeamten gerade wegen dieses Unglückstages über Gebühr büßen ...

Mit den Brüdern, die in seinem Auftrag das Reich verwalteten – Kamran im Punjab, Askari im Osten und Hindal gleichsam als Sonderminister am Hof des Kaisers – lebte Humayun in Harmonie. Nach dem Vorbild seines Vaters Babur drängte sich der Mogul nicht nach einer Ehe und bevorzugte seinen Freundeskreis.

Ebenso pflegte er sein timuridisches Kultur-Erbe und legte selbst den Grundstein für das neue Delhi. Die künftige Kapitale sollte ›Zufluchtsstätte des Glaubens‹ heißen – zum Zeichen, daß der islamischen Welt eine neue Mitte der Toleranz, der Philosophen und Poeten geschenkt werden sollte – sehr im Gegensatz zu der Bigotterie und Unduldsamkeit der türkischen und persischen Dynastien. Mitte dieser Zufluchtsstätte für Glaubensflüchtlinge und Künstler sollte ein Hügel am Nordufer des Jamuna-Flusses sein, südöstlich des Trümmerfeldes, das einst Timur hinterlassen hatte, und südlich unweit der ersten islamischen Stadt Delhi mit dem großartigen Riesen-Minarett des *Kutub Minar*.

Die Grundsteinlegung Humayuns erfolgte *zu von den Sternen als günstig bezeichneter Stunde.*

Leider geschah es trotz der Gunst der Sterne kurz danach, daß zwei fromme portugiesische Padres, die dem Kaiser das Heil ihres Christenglaubens zuteil werden lassen wollten, vom ersten Teilstück der schweren Umfassungsmauer zusammen mit einigen Bauarbeitern begraben wurden. Auch mußte ein soeben begonnenes Tor wieder abgerissen werden, weil es *nicht in die glücksbringende Richtung* zeigte ...

Seinen Staatsrat versammelte der Kaiser auf einem *Teppich der Fröhlichkeit*, einem riesig-kostbaren Seidenkunstwerk, in das die wichtigsten Gestirne eingeknüpft waren. Während die Majestät natürlich auf der Sonne Platz nahm, saßen die Minister auf den ihnen zustehenden Gestirnen – wobei die befohlene ›Heiterkeit‹ und Toleranz allerdings der Ordnung und besonders den Finanzen nicht immer förderlich waren.

Dazu gehörte auch, daß sich im fernen Süden des Reiches, in den fruchtbaren Gefilden von Goa, mittlerweile europäische Eindringlinge im Schutz ihrer wirkungsvollen Kanonen allzu häuslich ein- oder besser: ihr christliches Schreckensregiment *auf*gerichtet hatten.

*

Genau hundert Jahre vor meiner Geburt, im Jahr Vierzehnhundertzweiundneunzig nach christlicher Zeitrechnung, hatte es sich ein fanatischer Genuese namens Colombo in den Kopf gesetzt, das Märchenland Indien zu erreichen, indem er von Spanien aus nach Westen den Atlantischen Ozean durchsegelte. Und tatsächlich erreichte er die Küste eines bisher unbekannten Kontinents, dessen ahnungslose Bewohner er ›Indianer‹ nannte. Dann wieder glaubte er in der Insel Cuba *Zipangu* – Japan – erreicht zu haben, von wo er sicher war, auf kurzem Wege *Cathai* – China – zu entdecken, wohin bereits im dreizehnten Jahrhundert venezianische Kaufleute auf dem Landweg gelangt waren.

›Indien‹ blieb das Land aller Sehnsüchte – und das hieß für einen Europäer: das Land des Goldes, der Gewürze, der Edelsteine. Während dieser Colombo in eigenwilligem Trotz darauf beharrte, *sein* besonderes ›Indien‹ gefunden zu haben, tauchte sechs Jahre später an der echten indischen Westküste der portugiesische Kapitän und Edelherr Vasco da Gama auf.

Die Portugiesen hielten nichts von dem von den Spaniern bevorzugten Seeweg nach Westen. Sie hatten schon vorher die Westküste des afrikanischen Kontinents mit ihren räubernden Caravellen beglückt und fanden den richtigen Weg nach dem indischen Subkontinent, indem sie das gefährliche Südkap Afrikas umsegelten.

Mit außergewöhnlicher Charakterstärke hatte da Gama seine immer wieder meuternde Schiffsmannschaft durchzuhalten gezwungen, bis der verkommene Haufen nach elfmonatiger Reise in Goa an der indischen Südküste landete.

Und dann stand der unbeugsame Seefahrer mit seinen armseligen ›Geschenken‹ aus Europa vor dem goldglänzenden Thron des Samorim von Calicut. Der empfing den offensichtlichen Seeräuber so wenig ehrenvoll, wie ihm der Gast seinerseits kaum etwas anderes als seinen rücksichtslosen Stolz als Portugiese und als Christ entgegenzusetzen vermochte. Doch da Gama hatte genug gesehen, um zu wissen, daß er jetzt mit seinem Häuflein nichts von dem erreichen konnte, worum es ihm und seinen Landsleuten ging: nämlich die Eroberung und Missionierung mit *allen* Mitteln.
Vasco da Gama begab sich auf den Rückweg nach Lissabon – aber nur, um drei oder vier Jahre später zum zweiten Mal in Calicut zu landen: diesmal an der Spitze einer befestigten Flotte. Die christlichen Räuber begannen die Eroberung des reichen Landes mit der gnadenlosen Beschießung und Ausplünderung von Schiffen mit arabischen Mekkapilgern, die ihnen vor der indischen Küste begegneten.
Im übrigen hatte der stolze Kapitän da Gama den wenig freundlichen Empfang von seiten des goanesischen Fürsten nicht vergessen. Noch vor Erreichen der Stadt Calicut forderte er die Austreibung aller Mauren aus dem Königreich. Es waren fünftausend Familien, die wichtigsten Kaufleute des Landes, die den Handel unterhielten. Natürlich wies der König die Forderung zurück.
Inzwischen hatten die Portugiesen bereits selbst einen großen Teil der muslimischen Bevölkerung gefangengenommen oder getötet und ihre im Hafen vor Anker liegenden Schiffe ausgeraubt. Überwältigt von seinem Sieg und der Überlegenheit seiner Religion der Menschenliebe, befahl da Gama den achthundert Gefangenen, die noch lebten, Nasen, Ohren und Hände abzuhauen und zwei Schiffe zu richten. Das eine wurde mit den abgeschnittenen Gliedern beladen, das andere mit den Verstümmelten. Im ersten saß ein solcher Verstümmelter mit einem an seinem Nacken befestigten Brief an den König. Doch dies war dem Portugiesen noch nicht genug. Den blutenden Körpern im zweiten Schiff ließ er die Füße zusammenbinden und ihnen, damit sie sich nicht mit den Zähnen befreien konnten, mit Keulen die Zähne einschlagen. Worauf man ölgetränkte Matten über sie warf und alles in Brand steckte. Während die beiden Schiffe – das eine brennend, das andere noch schrecklicher mit seiner kaum noch

kenntlichen Last – der Küste entgegentrieben, fielen die Kanonenkugeln in die wehrlose Stadt, die an allen Ecken aufflammte.

Nachdem sich der fromme Räuber dergestalt an dem Samorim von Goa gerächt hatte, zog er nach Quiloa und zwang den dortigen König zu einem – für ihn selbst – vorteilhaften Vertrag. Beladen mit Waren und Gold kehrte da Gama fürs erste wieder in sein Land und zu seinem König zurück, um dort als Held aller Helden gefeiert zu werden. Von nun an schickte sein kleines Land Jahr um Jahr Flotten in den Osten. Ohne Unterbrechung segelten die portugiesischen Schiffe an der westafrikanischen Küste hinab zum stürmischen ›Kap der guten Hoffnung‹ und an der Ostküste hinauf – immer weiter in die endlose Welt des Meeres, zu Küsten und Inseln, die eine nach der anderen niedergebrannt wurden, wo die christlichen Geschosse einschlugen und die Flammen an Masten und Segeln der einheimischen Schiffe emporwirbelten.

Nach außen hin sollte es der Handel sein, der die christlichen Seefahrer antrieb; als der Weg frei war, wurden aus dem Handel brutaler Raub und Mord. Zugleich entstanden die wehrhaften Ketten der portugiesischen Festungen von Ceylon bis in den persischen Golf oder nach China. Zu den Festungen kamen Faktoreien, die zu Handelszentren wurden, und der König von Portugal schmückte sich mit dem Titel eines *Herrn der Schiffahrt, Eroberung und des Handels von Äthiopien, Persien und Indien.*

Auf Vasco da Gama folgte der gewaltige ›Gobernador‹ Alfonso de Albuquerque, dessen Bart so lang war, daß er ihn über der Brust verknoten mußte. Auch er begann mit einem Krieg gegen Calicut. Als Vorspiel wurde an Bord seiner Schiffe den Kapitänen die kirchliche Absolution für alles versprochen, was während der künftigen Eroberung verbrochen würde. Man hörte es nur mit Ungeduld an; die Gier auf Raub war zu groß. Zuerst wurden zwanzig maurische Kauffahrer in Brand gesteckt, dann brannten die Strohhütten der Fischer an der Küste, bis sich das Feuer zu den Häusern der Stadt durchfraß.

Blut, Flammen und Gold machten die Christen blind. Sie schnitten sich selbst durch ihren Wahnsinn den Rückweg ab. Während die Angreifer in den engen Straßen vordrangen, regneten vergiftete Pfeile, Steine, brennende Holzbalken aus den Häusern auf sie herab. Den nachfolgenden Soldaten trieb der Wind den Rauch ins Gesicht. Dennoch erreichte man die Häuser der Vornehmen und der Gesandten –

und den Königspalast. Man durfte nicht aufgeben, bevor der Schatz des Königs geraubt war. Beim Durchstürmen des Palastes fand man Kisten mit Seidenstoffen, Brokate und goldene oder silberne Traggerüste für Sänften. Sie wurden zerstückelt und samt den Kisten weggeführt. Jeder christliche Edelmann trieb drei oder vier Träger mit der Beute vor sich her. Dann entdeckten die Räuber eine goldene Tür. Die Äxte schmetterten nieder, doch die Tür gab nicht nach. Der Palast wurde in Brand gesteckt, da man darin die größten Schätze vermutete.

Schließlich wagten die Einwohner den Gegenangriff. Albuquerque wurde verwundet auf seinem Schild zurückgetragen. Bevor die Portugiesen sich auf ihren Schiffen in Sicherheit brachten, wurde das Volk, das ohnmächtig den rasenden Eindringlingen ausgeliefert war, in einem letzten grauenvollen Blutbad umgebracht. Daraufhin verließ die Flotte Goa in Eile.
Zweimal eroberte Albuquerque Goa auf solche Weise. Zuletzt befestigte er die Stadt und machte sie zum Haupthafen des von ihm erträumten portugiesischen Imperiums. Die einheimischen Mauren – sozusagen die ahnungslosen ›Erbfeinde‹ der Spanier und Portugiesen – wurden mit Frauen und Kindern wie Unkraut ausgerottet. Um seine Herrschaft zu festigen und die Einwohnerzahl zu erhöhen, segnete der fromme Admiral die Heirat mit den einheimischen Indern großzügig ab. Wie sich später herausstellen sollte, stärkte er damit keineswegs die portugiesische Übermacht – im Gegenteil: Er schwächte sie glücklicherweise.
Albuquerque raste indes weiter. In Malakka raubte er wieder unermeßliche Schätze. Doch sein überladenes Schiff sank. Er wurde gerettet. Dafür erhob sich in Malakka der Aufruhr gegen seine Besatzung. Ihn trieb es nach Hormus, das wichtige Nadelöhr im Arabischen Golf. Dort empfing er den persischen Gesandten.
Auf der Rückfahrt nach Goa spürte er, daß es mit ihm zu Ende ging. Er wollte in Goa sterben. Dort erfuhr er noch, daß er die Gnade des portugiesischen Königs verloren hatte. Er schrieb: »Es ist Zeit, sich in die Kirche zu flüchten.« Er starb noch auf dem Schiff, bevor man ihn an Land tragen konnte. Er hatte die Herrscher von Goa, Cambas, Hormus, Ceylon, Cochin und zahllose kleine oder größere Machthaber an den Küsten unterworfen. Unzählige mußten dem König von

Portugal Tribut bezahlen und ›Geschenke‹ senden. Sogar in China landete eine portugiesische ›Gesandtschaft‹. Ihr wurde allerdings rechtzeitig ein wenig würdiges Ende bereitet.

Genau fünfundzwanzig Jahre, nachdem Vasco da Gama nach Lissabon zurückgekehrt war, kam er noch einmal nach Indien, Jao der Zweite von Portugal hatte ihn zum Vizekönig der eroberten indischen Provinz erhoben.
Der neue Vizekönig war mit der Vollmacht ausgestattet

> *zu richten über jeden Menschen, der jenseits des Kaps lebt.*

Jedes Unrecht müsse seine gnadenlose Strafe finden, dies sei seine Aufgabe in der Welt.
Vier Monate regierte da Gama im Schutz seiner Kanonen über Goa, als ihn eine schmerzhafte Krankheit überfiel und er in die Heimat zurückkehren mußte, ohne sein Ziel erreicht zu haben: nämlich die verhaßten Muslime auszurotten, wie es drei Jahrzehnte zuvor der spanische Großinquisitor auf seine Fahne geschrieben hatte ...

Immer wieder suchten neue Schiffe aus Portugal um Südafrika herum ihren Weg nach Indien – mit skorbuterkrankter, halb verhungerter Mannschaft und oft mit weniger als halber Besatzung. Nie wieder fanden sich Straßenräuber, Priester und Krämer in so erfolgreicher Mission zusammen.
In Rom hatte der Heilige Vater der Christen auf seiner Weltkarte die Erde großzügig zwischen Spaniern und Portugiesen aufgeteilt. In ›Westindien‹ – also Amerika – stritten die beiden katholischen Länder um die Grenzlinie zwischen Nord und Süd. ›Ostindien‹ – also Indiens Westküste – sollte portugiesischer Herrschaftsbereich sein. Wie sehr Macht, Mission und Handel ineinander verstrickt waren, bewies sehr bald der von Pulverdampf umwölkte Glaubenseifer der kämpferischen Jesuiten und Franziskaner. Immerhin verdienten sie ein Drittel am Seidengeschäft.
Goa gehörte zum Territorium des Sultans Bahadur von Gujarat. Als der tolerante Humayun den Thron bestieg, schloß er um des Friedens willen mit den lästigen Weißen einen Waffenstillstands- und Handelsvertrag ab. Das wiederum nutzte Bahadur, dem Mogul eine Festung nach der anderen abzunehmen und die geraubten Güter – vor allem Seide, Baumwolle und Halbedelsteine – bei den Christen gegen Ge-

wehre und afrikanische Sklaven einzutauschen, mit denen er seine Armee vergrößerte.
So wusch eine Hand die andere, bis sich mein Ahne Humayun zum Marsch gegen Bahadur entschloß. Mit vierzigtausend Mann, dreihundert Elefanten und dreitausend Zelten zog Humayun nach Südwesten und gewann bald die verlorenen Festungen zurück. Bahadur mußte sich an die Küste zurückjagen lassen und zuletzt bei dem portugiesischen Vizekönig ›vorübergehende Gastfreundschaft‹ erbitten, wobei sich einer des anderen zu bemächtigen suchte – schließlich verbanden sie ja allzu gleiche Ziele.
Bei dem unvermeidlichen Kampf zog Bahadur den kürzeren.

All das liegt nun ein Jahrhundert zurück. Mit Vergnügen las ich die Aufzeichnungen Humayuns, in denen er eingehend berichtet, wie er sich von den unangenehmsten Gegnern befreite und nun die Freuden des nachgekommenen Harems genießen durfte.

Aber während noch der Kopf Bahadurs auf einem Speer der Portugiesen prangte, meldete sich ein anderer, wesentlich gefährlicherer Feind des Kaisers. Im Osten des Reiches hatte sich Sher Khan, der sich später Sher Shah nannte, zum Führer der vielen Afghanen gemacht, die sich in Bihar am Ganges angesiedelt hatten. Der so fähige wie tapfere Nachkomme einer afghanischen Häuptlings-Sippe eignete sich eine Mogul-Festung nach der anderen an, bis er ganz Bengalen eroberte.

Humayun gedachte, den Aufzeichnungen seines Dieners zufolge, ›dieser Welt zu entsagen‹. Worauf der treue Chronist hinzufügte:

> Zu aller Befremden schloß sich nun der Herrscher für beträchtliche Zeit in seinem Harem ein und gab sich jeglicher Art von Luxus hin.

Angesichts solcher Meldungen gedachte des Kaisers jüngster Bruder Hindal etwas für sich selbst zu tun. Er verließ seinen Posten als Regent von Mandu und marschierte nach Agra, wo er als selbsternannter ›Kaiser von Hindustan‹ im königlichen Palast residierte.

Während sich Humayun und Sher Shah drei Monate lang in ihren stark befestigten Lagern verschanzt hatten, nutzte Humayun die Gelegenheit, die heilige Stadt Benares zu besuchen, wo der vielseitige Gott Shiva – er gilt als mann-weiblich, aufbauend und ebenso zerstörend, dem griechischen Apollo ähnlich und furchtbar zugleich – die wunderbare Reinigungskraft des Ganges entdeckt hatte.

In einer der alten Schriften fand ich die Worte:

> *Wenn sich sündige Menschen auf den Weg nach Benares begeben, oft nur, um dort zu sterben, beginnen sich alle ihre Sünden, selbst jene, die bereits mit ihrem Leib eins geworden sind, zu verflüchtigen und fallen schließlich ganz von ihnen ab.*

So machten sich während der vergangenen Jahrhunderte zahllose Pilger auf den Weg nach der heiligsten aller Städte der Hindus. Sie drängen sich in den engen Straßen und Tempeln und baden in den braungrünen Fluten des Ganges, dessen Wasser vom Himmel fiel und dessen Fluten die Seele zu reinigen vermögen. Unzählige Menschen kommen hierher, um an seinen Ufern den Tod zu erwarten. Nach ihrem Glauben verspricht das ein besseres Dasein im nächsten Leben. In und um Benares gibt es Tausende von Tempeln und anderen Heiligtümern. Im Schatten ihrer Sonnenschirme erteilen Mönche im safrangelben Gewand ihren Segen und lobpreisen singend ihre Götter. Bettler schleppen sich durch die staubigen Gassen, entblößen verstümmelte Glieder und erflehen Almosen. Mildtätigkeit verspricht hier besondere himmlische Belohnung. Heilige Kühe suchen sich ihren Weg durchs Gedränge, von ehrfürchtigen Pilgern mit Blumengirlanden geschmückt. Für den Hindu verkörpert die Kuh die ewige Fruchtbarkeit der Mutter Erde. Über Bettelmönchen und Fakiren, religiösen Besessenen und Bauern der Umgebung – über allen ertönt das feierliche Bimmeln der Tempelglöckchen und schwebt der Geruch von Blumen, Menschen und der Rauch von den Sandelholzstößen, auf denen bei Sonnenuntergang die Leiber der Verstorbenen verbrannt werden. Der heilige Fluß nimmt ihre Asche auf wie die ihr nachgeworfenen Blüten und unzählige sich in seiner trägen Flut reinigende Menschen ...

Humayun bewunderte diesen Sammelpunkt der Gläubigen aller Religionen als Beweis für die allgemeine Duldsamkeit. Allerdings fand er an Einzelheiten – wie dem in allen Hindu-Tempeln aufgestellten Phallus-Symbol des *Lingam* wenig Gefallen.

> *Diese Ungläubigen beten zu den obzönsten Götzenbildern und beschmutzen sie immer wieder mit Öl und Farbe, um ihr abstoßendes Aussehen noch zu verstärken. Wie man derlei Götzendiener zu den Menschen zählen kann, begreife ich nicht.*

Sher Shah besuchte Benares zwei Wochen später. Seine schriftliche Bemerkung zeigte eine praktischere Einstellung:

Mir gefiel der ganze Ort nicht. So ließ ich ihn durch meine Truppen ein wenig plündern.

Endlich kam es zu einer Versöhnungskomödie zwischen den beiden Herrschern, die in einer grausamen Tragödie enden sollte. Während sich Humayun bei der Friedensfeier seiner geliebten Droge hingab, veranstaltete Sher Shah ein furchtbares Gemetzel. Was von Humayuns Armee überlebte, wurde in die Fluten des Ganges getrieben. Auch der Harem war in die Hände des Feindes gefallen.

Der geschlagene Humayun zog sich nach Agra zurück, wo sich die vier feindlichen Brüder am Grabe ihres Vaters Babur friedvoll versammelten und Humayun als Familienhaupt *unter Tränen der Rührung allen verzieh*, wie der Chronist berichtet.

*

Dazu erzählte man mir eine kleine Geschichte, die so töricht wie unglaublich klingt, aber dennoch charakteristisch zu sein scheint für das im Grund weiche und immer mehr oder weniger vom süßen Opiumduft umwölkte Wesen meines Ahnen Humayun.

Als der Mogul – wie die meisten seiner muslimischen Untertanen Nichtschwimmer – nach dem Verrat Sher Shahs hilflos am Flußufer stand, rettete ihm ein Wasserträger namens Nisam das Leben, indem er seine zwei Lederschläuche, die eigentlich Wasser enthalten sollten, mit Luft aufblies. Mit ihrer Hilfe gelang es dem Kaiser, das andere Ufer zu erreichen.

Der Witz der Geschichte liegt aber weniger darin, daß der Herrscher seine Wasserscheu überwand; überwältigt von der ungewöhnlichen Rettung gelobte er sofort in aller Öffentlichkeit: Er, Humayun, wolle diesen Wasserträger ›als Dank für seine einmalige Erfindung‹ auf den Kaiserthron setzen.

Als Humayun dann in Agra, nach Beilegung der bösen Familienfehde den verräterischen Brüdern großzügig Verzeihung gewährte, bestand er darauf, sein Versprechen zu erfüllen und den Wasserträger Nisam tatsächlich auf seinen – allerdings recht unsicheren – Thron zu setzen. Obgleich die Lage andere Taten erfordert hätte – schließlich stand Sher Shah noch immer vor der Tür –, mußte der arme Wasserträger, der nicht wußte, wie ihm geschah, das Spiel mitmachen. Seine ersten und einzigen Herrscherworte, die er hervorbringen konnte, ehrten ihn dennoch:

»Sagt mir, was ich sagen soll!«
Da Humayun offenbar dazu auch nicht in der Lage war, mußte der Unglückswurm zwei Tage und zwei Nächte in Verzweiflung auf seinem Thron verharren, der nicht sein Thron war, bis er sich endlich davonmachen durfte ...

Doch das Seltsamste an dieser Geschichte ist: Sie durfte später noch eine Fortsetzung erfahren.
Kultur und Ermüdung sind wohl im Grunde einander sehr nahe Begriffe. Ich, Shahjahan, wollte, wie mein Ahne Humayun, im eigentlichen nicht ›herrschen‹. Ich wollte mein ICH leben – und das hieß: ich wollte dort lieben, wo ich wollte. Ich las in frühen Jahren das schriftliche Geständnis Baburs, der als Jüngling sein Leben wegen eines Trödlerjungen zum Opfer bringen wollte, ohne zu wagen, ihn auch nur anzusprechen. Und ich habe viel darüber nachgedacht, daß das Leid eines jungen Menschen ein Teil jener wunderbaren Krankheit ist, die wir Leben nennen ...

*

Nach all dem Mißgeschick Humayuns, und vor allem: da zu jeder Stunde mit einem neuen Angriff Sher Shahs zu rechnen war, schlug des Kaisers zweiter Bruder Kamran ihm jetzt großmütig vor:

Vereinige die Reste deines Heeres mit dem meinen und gib mir das Kommando, deinen Thron zu retten.

Beim darauffolgenden Kampf um den Rest des Reiches gegen Sher Shah flohen schon in den ersten zwei Stunden zwei Drittel des Kaiserlichen Heeres. Diesmal flüchtete Humayun auf dem Rücken eines bereitgehaltenen Elefanten über den Ganges. Die vereinigten Truppen der drei Brüder zogen in Eilmärschen nach Agra. Die Nachricht von der Niederlage hatte sich schon so weit herumgesprochen, daß, wie es der Hofchronist vermerkte,

selbst die schmutzigsten Bewohner der kleinsten Dörfer es wagten, den Troß zu plündern.

In Agra wurden die Familie und der Staatsschatz zur Flucht nach Lahore auf den Weg gebracht. Von den Truppen waren es noch siebenhundert Mann, die Lahore erreichten.
Das Klima dieser schönen Stadt bedeutet im Sommer feuchte Treib-

haushitze und im Winter eisige, trockene Winde. Der schmale Bach Attar bildet die Grenze zwischen den Muslimen im Westen und eine von Muslimen beherrschte gewaltige Hindu-Mehrheit im Osten. Drei Stunden Fußmarsch östlich von Lahore leuchtet der aus dem Fünfzehnten Jahrhundert stammende Goldene Tempel von Amritsar, das Hauptheiligtum der stolzen Sikhs, deren ›Lehre von dem einen Gott‹ ursprünglich der friedlichen Vermittlung zwischen Hinduismus und Islam diente, bis sie wegen der Verfolgung ihrer Gurus durch die muslimischen Herrscher in Delhi zu einer durchaus kriegerischen wurde. Ihr Kampfeswille verstärkte sich noch, als mein Vater Jehangir einen ihrer wichtigsten Gurus wegen ›Aufsässigkeit‹ hinrichten ließ . . .

Was den Bruderzwist im Kaiserhaus anging, so war auch er keineswegs beigelegt. Humayun hatte gehofft, daß ihm sein Bruder Kamran wenigstens Afghanistan nach all den Verlusten gönnen würde. Doch er mußte einen Vertrag unterschreiben, nach dem er nur über das – ohnedies verlorene – Hindustan herrschen dürfe und dafür alle Ansprüche auf die muslimischen Gebiete westlich des Flüßchens Attar aufgab. So schien das Reich Baburs, der verfügt hatte, daß es keine Teilungen geben dürfe, verspielt.
Jetzt meldete sich auch wieder Sher Shah, der auf Lahore zumarschierte. Humayun machte ihm ein freundliches Angebot: Habe er, der Mogul, dem Afghanen nicht ganz Hindustan überlassen? Dafür möge er ihm in Lahore Ruhe gönnen. Sher Shah antwortete: »Ich habe dir Kabul überlassen. Gehe doch dorthin!«
Zugleich schlug der liebende Bruder des Kaisers, Kamran, dem Eroberer vor, er möge ihm den Punjab übergeben und den machtlosen Bruder Humayun

in die Wüste jagen, oder wohin auch immer Eure Herrlichkeit wünscht!

Der ob aller Intrigen ›traurige‹ – das hieß tatenlose – Noch-Kaiser suchte Trost bei um so üppigeren Festen. Bei einem solchen, das besonders den Damen des kaiserlichen Harems gewidmet war, fiel Humayuns verliebter Blick auf

die Zierde aller Frauen, die zweite Jungfrau Maria, Hamida Banu.

Die gerade Vierzehnjährige war die Tochter des Haushofmeisters von Prinz Hindal. Dieser aber war wütend – er bevorzugte das Mädchen für sich selbst.

Auch der keineswegs ebenbürtige Schwiegervater zeigte sich wenig beglückt: Immerhin war Humayun neunzehn Jahre älter als seine Braut, dazu selten nüchtern und ohne große Zukunftsaussichten. Zuletzt waren es wieder einmal die Sterndeuter, die die Sache unterstützten und den günstigsten Zeitpunkt für die Hochzeit ermittelten.

Währenddessen ging der Kampf gegen Sher Shah weiter, der nun wieder in Lahore Einzug hielt. Wieder bedeutete das für Humayun: Flucht.
Auf den ewigen Märschen, die die mittlerweile hochschwangere Hamida mitmachen mußte, war nicht einmal ein Pferd für die Herrin aufzutreiben. Der Kaiser sah sich genötigt, von seinem eigenen Schimmel zu steigen, um ihn der nun fünfzehnjährigen Gemahlin anzubieten, und bestieg den Packesel seines Dieners – bis nach einer langen Woche ein Unteroffizier

durch vorübergehendes Verlassen seines Pferdes das kaiserliche Gesicht wiederherstellte.

In dem Provinzstädtchen Umarkot gebar Hamida einen Sohn, der nach ihrem Vater Akbar genannt wurde. Nach dem Bericht des Chronisten Abu Fazl wurde

Die Perle des Vertreters Gottes auf Erden von den Händen schattenliebender, Sonnenstrahlen aussendender, keuscher, herrlich gestalteter Nymphen gebadet und geschmückt. Dann wurden die Honiglippen an die fruchtbaren Brüste gelegt und der majestätische Mund saugte die Süße des lebensspendenden Trankes.

Humayun war nun vierunddreißig Jahre alt. Jedenfalls galt das Ereignis als unerhört – nannte man die Majestät doch augenzwinkernd an seinem eigenen Hof ›verschnittener Hahn‹, der, meist im Opiumrausch auf seinem ihn ständig begleitenden Thron mehr oder weniger teilnahmslos vor sich hin schwankte.

Immerhin reichte Humayuns Bewußtsein zu der Erkenntnis, daß er sich einen Kampf – sei es gegen seine ewig feindlichen Brüder, sei es gegen Sher Shah – nicht mehr leisten konnte und ihm nichts als die Hoffnung auf Asyl in Persien blieb. Es war eisiger Dezember, als er in Begleitung seiner Frau Hamida und weniger Getreuer aufbrach. Den gerade vierzehn Monate alten Sohn Akbar, der den Weg über das verschneite Gebirge nicht überlebt hätte, übergab der Kaiser seinem zweiten Bruder, dem ›bösen Onkel Askari‹, der das Lager Humayuns sogleich besetzte. Den Säugling aber nahm er in seine Arme

und herzte ihn, bevor er ihn der eigenen Frau an die Brust legte.

wie Abu Fazl berichtete. Mochten sich die Väter auch bekämpfen – bei den Nachkommen Timurs genossen Kinder nach ungeschriebenem Gesetz ›göttlichen Schutz‹.

Während Humayun und sein Häuflein in Persien mit großzügiger Gastfreundschaft empfangen wurden, erwies sich Sher Shah in Indien als bedeutender Staatsmann, wohl als der erste seit der islamischen Eroberung vor nun sieben Jahrhunderten. Obgleich ein Feind des Kaisers, wurde der Afghane zum geistigen Schöpfer des Mogul-Reiches – und jedenfalls zum ersten Muslim-Fürsten, der Indien nicht nur als auszubeutendes Feindesland ansah. Vierundzwanzig Millionen Menschen wohnten in seinem Gebiet. In Delhi erbaute er sich ein riesiges Palast-Areal, dessen Sher Shah-Moschee das vollendetste Beispiel des ›afghanischen Stils‹ in Indien wurde. Doch der Palast sah seinen Herrn selten; immer war er unterwegs. Sher Shah war ein unermüdlicher Herrscher, der nicht nur stets nach Vergrößerung, sondern auch nach einer möglichst vollkommenen Kontrolle des Reiches trachtete. Er führte neue Verwaltungsbezirke und feste Gehälter ein – und ein gutes Postsystem. Seine Arbeitszeit soll am Tag achtzehn Stunden betragen haben. Doch die ihm gegebene Zeitspanne blieb zu kurz, daß er seine Erfolge noch selbst erleben durfte. Als der Fünfzigjährige gerade die Rajputenfestung Kalandschar belagerte, machte – während einer Beratung mit seinen Offizieren über die Verbesserung der Feuerwaffen – eine gut gezielte Kanonenkugel seinem rastlosen Streben ein Ende.

Humayun konnte in seinem persischen Exil aufatmen. Es war für ihn noch nicht zu spät, wie sein Vater Babur die kulturelle Überlieferung seines timuridischen Erbes in ihrer Verfeinerung zu erkennen und zu fördern. Am persischen Hof von Täbris und Teheran lernte Humayun hervorragende Künstler kennen und lud sie ein, mit ihm in sein Reich zu kommen. Bei ihnen nahmen der Kaiser wie auch sein Sohn Akbar Unterricht im Zeichnen. Die Perser leiteten die große Entwicklung der Malerei in der neu gegründeten Mogul-Schule ein, der auch ich, Shahjahan, in meiner künstlerischen Entwicklung Wesentliches verdanke.

*

Die Feindschaft zwischen dem Kaiser und seinem aufsässigen Bruder Kamran zog sich noch über die nächsten acht Jahre hin. Zweimal eroberte Kamran die afghanische Hauptstadt Kabul, und zweimal mußte Humayun sie zurückgewinnen. Hinzu kam, daß sich Kamran trotz seiner Begabung als Dichter bei der Bevölkerung durch seine Grausamkeit verhaßt machte. Während der jüngste Bruder, Hindal, seit der ersten Versöhnung treu zum Kaiser hielt und für ihn in den ständigen Kämpfen fiel, geriet Kamran durch Verrat in die Hände Humayuns, der den Unversöhnlichen jahrelang in Ketten mit sich schleppte. Zuletzt wurde Kamran geblendet und auf eine Pilgerreise nach Mekka geschickt. Er starb in Arabien.

Nach dem Vorbild Sher Shahs konnte sich Humayun jetzt der Verwaltung des Reiches widmen. Nach dem erneuten Einzug in Delhi residierte er wieder auf seinem Thron, den Sher Shah von Agra nach Delhi hatte bringen lassen.
Kurz nach seinem Regierungsantritt hatte Humayun in Delhi mit dem Bau einer eigenen Hauptstadt und vor allem einer eigenen Zitadelle begonnen. Doch kaum war Sher Shah an die Macht gekommen, ließ er die fast fertige Zitadelle Humayuns niederreißen und an ihrer Stelle einen eigenen befestigten Palast errichten. Nach seiner Rückkehr aus dem Exil zerstörte Humayun wiederum grundsätzlich alles, was der afghanische Usurpator gebaut hatte – bis auf das Bethaus, das mein Ahne aus religiöser Rücksicht stehen ließ. Das andere Gebäude, das Humayun in seinen Palast einfügte, ist der achteckige Turm, den er als Bibliothek einrichtete.

Wenige Monate nach seiner Rückkehr nach Delhi saß der Kaiser Humayun an einem Januar-Freitag des Jahres Fünfzehnhundertsechsundfünfzig in dem Marmorpavillon über dem Sher-Shah-Turm und plauderte mit den allgegenwärtigen Astrologen über den zu erwartenden Aufgang der Venus, aus welchem Anlaß er eine Versammlung abzuhalten gedachte. Humayun, der einiges getrunken hatte, erhob sich und schritt zu der Treppe, die in den Turm hinabführt, als von der benachbarten Moschee der Ruf des Muezzins erscholl. Der Kaiser

wandte sich um, dem Gesetz gemäß das Knie zu beugen. Dabei verfing er sich in seinen Mantel und stürzte fünfzehn Meter die Stufen hinab.
Am nächsten Tag erfuhr sein Volk, daß – wie es der Hofberichterstatter Abu Fazl ausdrückte –

> *der Kaiser Humayun sein letztes Glas aus der Hand des Todesengels getrunken hatte.*

*

Wer einen Menschen verurteilt, kann irren. Wer ihm verzeiht, irrt niemals.
Für mich bleibt Humayun, der ›Glückliche‹, mit seinem Aberglauben und seiner friedfertigen Verrücktheit, die ihn allerdings in die unglaublichsten Lagen brachte, einer meiner liebsten, weil menschlichsten Vorfahren.
Und ebenso bleibt das Grabmal Humayuns in Delhi, das im Auftrag der ältesten Witwe, Hamida Begum, und durch Vermittlung des Großwesirs Mirza Ghiyas Beg von persischen Baumeistern errichtet wurde, für mich eins der kostbarsten und wichtigsten Gebäude, das sich nicht nur für den von mir geplanten Marmorpalast in Agra, sondern auch für die Entwicklung der Mogul-Architektur meiner Tage und darüber hinaus als unsterblich erweisen wird.
Mag die Größenordnung des Mausoleums dem darin Ruhenden vielleicht nicht ganz gemäß erscheinen und mögen manche Architekten einzelne Proportionen kritisieren, so bleibt es mit seinem von Minaretts flankierten quadratischen Untergeschoß und den umliegenden Gärten das Vor-Bild für alle Mogul-Grabbauten und eine erlesene, majestätische Bauschöpfung. Mit diesem Werk erhielt Indien seine erste Kuppel in der persischen Tradition, die auch Timurs Grab in Samarkand auszeichnet.
Die Hindus kannten keine Kuppeln bei ihren Tempel- und Palastbauten, und was es bisher in Indien an muslimischen Kuppeln gab, war flach wie eine halbe Orange – im Gegensatz zu der hohen Kuppel der Perser, die sich wie über einem schlanken Hals erhebt. Um andererseits die Schönheit der Form mit einem nicht allzu unverhältnismäßig hohen Innenraum zu vereinen, hat die persische Kuppel gewöhnlich zwei Dächer, zwischen denen ein mehr oder weniger großer Hohlraum liegt. Abgesehen von dem in der Nähe von Humayuns Grab-

mal gelegenen viel kleineren Grabmal des afghanischen Fürsten Atka Khan, das dieselben Handwerker schufen, wurde diese Art des Kuppelbaues in Indien nicht mehr beachtet, bis ich sie ein halbes Jahrhundert danach in meinem Sehnsuchtspalast von Agra zur Vollendung zu bringen entschlossen war.

Humayuns ältester Sohn, der Prinz Akbar, war jetzt dreizehn Jahre alt und galt als ein schwieriges Kind. Von seiner Mutter Hamida verzeichnete der Hofchronist Abu Fazl:

Ihre sehnsuchtsvollen Augen wurden erfreut durch die das Erdenrund schmückende Schönheit des Padishah.

Akbar erlebte als kleines Kind die Flucht seiner Eltern. Er wurde gleichsam als Faustpfand im Harem seines Onkels Kamran gehalten und verbrachte seine weitere Jugend auf ständig neuen Feldzügen. Der Knabe wuchs fast nur unter Soldaten auf. Mit neun Jahren erhielt er das Oberkommando des Heeres seines gefallenen Onkels Hindal. Mit zwölf zeichnete er sich bei Vorhutsgefechten aus. Sein Vater wollte ihn in allen Wissenschaften erziehen lassen, aber Akbar weigerte sich standhaft, ›etwas Nützliches‹ zu lernen. So kam es, daß der Kaiser Indiens, den man später den Großen nannte und der aus einem Fürstenhaus stammte, das Kultur und Gelehrsamkeit höher schätzte als jede andere Dynastie, ein Analphabet blieb.

Akbar lernte früh, in der Diskussion durch Abwägen aller Umstände nicht nur sein Urteil zu bilden; er entwickelte auch ein außerordentliches Gedächtnis, das seine eigenen Hofbeamten und Wesire nicht weniger in Erstaunen setzte als die an seinem Hof lebenden Jesuiten, die ihn mit gründlicher Hinterhältigkeit ausspionierten.

Der junge Akbar ritt am liebsten wilde Kamele und beteiligte sich selbst an den lebensgefährlichen Elefantenkämpfen, bei denen die wild gemachten Bullenkolosse aufeinander gehetzt wurden. Als Kaiser trieb Akbar einmal seinen Elefanten durch die Mauer in ein Haus, in dem sich Rebellen eingenistet hatten. Ein anderes Mal nahm er zu Pferd den Kampf mit einer Tigerin auf, die ihre fünf Jungen verteidigte.

Durch die göttliche Gnade und in einem Augenblick himmlischer Vorbedeutung, beschützt durch die guten Genien und beträufelt vom Balsam der Unverwundbarkeit, wurde er der Bestie Herr,

wie Abu Fazl stolz verzeichnete.
So besaß Akbar als leidenschaftlicher Jäger die richtigen Voraussetzungen für einen Soldatenkaiser.
Zugleich neigte mein Großvater zur Mystik und zu ›rätselhaften Verfinsterungen‹ – was wohl durch seinen ererbten Hang zu Rauschmitteln zu erklären ist, zumal er seinen Vater aufrichtig liebte. Wie dieser bevorzugte Akbar täglich wechselnde, den jeweiligen Planeten angepaßte Kleidung und setzte sich selbst gern mit den Propheten gleich. Dennoch galt sein Interesse grundsätzlich allen Religionen. Er ließ sich von den Jesuiten über das Gottesgnadentum der christlichen Fürsten berichten und sah sich selbst zum Ende des islamischen Jahrtausends als ›Vollender des Zeitalters‹, bis ihn die Muslime für einen Hindu, die Hindus für einen Christen und zuletzt nur noch die Christen für einen Muslim erklärten ...
Mit zeitgemäß rücksichtsloser Grausamkeit sicherte der junge Kaiser seine Stellung. Der Jüngling stotterte und galt als linkisch. Er hatte gebogene Reiterbeine und mußte sich zunächst seinem Wesir auch im Staatsrat unterordnen.
Akbars Mutter Hamida lebte nach Humayuns Tod zurückgezogen in Delhi. Später trat sie eine Mekka-Wallfahrt an und ging anschließend nach Agra, wo sie zur unumschränkten Herrscherin im Harem wurde.

Vielleicht erinnert sich der Leser dieser Aufzeichnungen noch an die seltsame Geschichte jenes Wasserträgers Nisam, der den Kaiser Humayun damals vor dem Ertrinken rettete. Sie durfte jetzt jene wundersame Fortsetzung erfahren, die wieder nur aus Akbars Liebe zu seinem Vater erklärbar ist.
Nach langem Suchen fand man den bescheidenen Alten in seiner Hütte am Ganges, und Akbar verlieh ihm den Titel *Shams-ud-din-Khan*, während seine Ehefrau zur kaiserlichen Amme aufstieg. Als ›kaiserlicher Pflegevater‹ wurde der also Geehrte Zivilgouverneur von Kabul, ob er wollte oder nicht. Im übrigen blieb das nicht mehr als eine freundliche Formsache, denn Kabul unterstand grundsätzlich einem Militär-Gouverneur. Nisams Sohn wurde mit dem Ehrentitel

›Milchbruder des Kaisers‹ ausgezeichnet und brachte es als General Asis Koka zu einem der fähigsten Offiziere im Heer des Herrschers. Und bald bekleideten auch sämtliche Sippenangehörigen des ehemaligen Wasserträgers eindrucksvolle Ämter am Hof.

Nach Überwindung aller gefährlichen Intrigen war die erste politische Unternehmung des jetzt neunzehnjährigen Herrschers seine Hochzeit mit der

> *von Lieblichkeit strotzenden Braut, bei deren Anblick die Natur stets ihr Blütenkleid anlegte, die Rose aller Frauen.*

Die ›von Lieblichkeit strotzende Braut‹ war die Tochter des Rajputenfürsten von Amber, einer der mächtigsten Rajas im Südwesten des Reiches. Akbars Begründung für die Verbindung: ›Eine Heirat erspart zehn Kriege‹. Und in der Tat sollte sich diese Feststellung im Hinblick auf die stolzen Hindu-Potentaten oftmals bewähren.
In der Tat waren und sind die Reichtümer dieser Fürsten märchenhaft. So hörte ich, daß bei einem Empfang des Raja von Jaipur als Schmuck der Gäste ›selbstverständlich‹ nur Diamanten zugelassen waren, wobei lediglich ihre Größe den Unterschied in der Bedeutung der Gäste ausmachte. Nebenbei durften die Schweine, die sich der Raja hielt, nur mit besonderen Kuchen aus Buttermilch und kleingehacktem Zuckerrohr gefüttert werden – als Belohnung dafür, daß sie in der Arena einige Tiger erlegt hatten ...

Eine der wichtigsten Bestrebungen meines Großvaters Akbar ging dahin, die sagenhaften Besitztümer der Rajputenfürsten für die Mogul-Herrschaft nutzbar zu machen. Endlich gelang es ihm nicht nur, die stolzen Herren offiziell zur ›Zierde und Stütze seines Thrones‹ zu erhöhen, wie es der Kaiser formulierte, sondern auch die Schwester des Herrschers von Jodhpur in den Kreis seiner Gemahlinnen aufzunehmen. Sie wurde eine einflußreiche Persönlichkeit am Hof zu Agra, die es sogar zustande brachte, den muslimischen Gemahl von dem Verzehr von Rindfleisch, Lauch und Zwiebeln wie dem Tragen eines Bartes abzubringen. Ich vermute allerdings, daß es ihr dabei möglicherweise weniger um die hinduistische Frömmigkeit als vielmehr um die Dinge ging, die ihr beim intimen Verkehr der Gatten hinderlich waren ...

*

Dem ersten Ehebund meines Großvaters Akbar mit der ›von Lieblichkeit strotzenden‹ Rajputenbraut sollten nicht weniger als weitere siebzehn Verbindungen mit Hindu-Prinzessinnen folgen, um zu zeigen, was er anstrebte: ein über-religiöses Großreich.

Als zarte Hinweise auf seine Unbeirrbarkeit im Falle etwaigen Widerstandes der eifersüchtigen Muslime veranstaltete Akbar seine berühmten ›Jagdausflüge‹, die nach ihren Regeln der Einkreisung des Wildes im Grunde rein militärische Unternehmungen waren.

Im übrigen liebte es der Kaiser, mindestens zweimal im Monat Hochzeit zu feiern, sei es mit Töchtern von ihm wichtig erscheinenden indischen wie auch afghanischen Fürsten. In seinem Harem von dreihundertachtundzwanzig Frauen gab es türkische Prinzessinnen, eine tibetische Königstochter, russische Fürstinnen – und als Besonderheit ein portugiesisches Mädchen, das man dem Kaiser als ›Prinzessin‹ anbot. Insgesamt kam Akbar auf fast fünftausend Frauen. Als ihn die Hofpriester darauf aufmerksam machten, daß der Prophet nur vier Frauen erlaubt habe, entließ Akbar die frommen Männer fristlos. Später allerdings riet er seinen Untertanen als Ideallösung zu einer einzigen Frau.

Wichtiger als der Frauenreichtum im Harem erschien Akbar eine neue Residenz, die eindeutig erkennen lassen sollte, daß das Mogulreich ein Militärstaat war. Der Herrschersitz sollte dort entstehen, wo sich einst das sagenhafte Schloß Badalgarh erhob. In seinen Memoiren schrieb mein Vater Jehangir:

> *Agra ist eine der alten großen Städte an den Ufern des Flusses Jamuna. Es stand dort ein altes Fort; es wurde schon vor meiner Geburt von meinem Vater Akbar niedergerissen, und er ließ es neu erstellen mit behauenen roten Steinen, dergleichen die Reisenden, die in der Welt herumkommen, noch nie gesehen. Es wurde während sechzehn oder siebzehn Jahren daran gebaut.*

Der Jamuna-Fluß ist wie der Ganges einer der heiligen Flüsse der Hindus. Schon in sehr alter Zeit war die Vereinigung der beiden Flüsse, wo heute Allahabad liegt, ein Wallfahrtsort. Wie Benares am Ganges und Mathura am Jamuna-Fluß soll auch das alte Agra für die Inder ein Platz von kultischer Bedeutung gewesen sein. Im Mahabharata-Epos wird die Stadt *Agraban* genannt. Der Name deutet auf früheren Salzhandel hin ...

Eigentlicher Gründer der jetzigen Stadt Agra am rechten Ufer des Flusses wurde nun mein Großvater Akbar. Er schuf das Rote Fort, dessen Umfassungsmauern dreieinhalb Kilometer lang, einundzwanzig Meter hoch und zwölf Meter stark sind und die sich wie ein riesiger Bogen hinschwingen, dessen Sehne der Fluß ist.
Dieser gewaltige Festungswall gilt als die schönste Mauer der Welt. Aus leuchtend rotem Sandstein und mit feinsten Steinmetzarbeiten verziert, bedeuten sie wie die riesigen Empfangsgebäude auf einem künstlichen Hügel am Jamuna-Ufer vor allem eine Darstellung der kaiserlichen Macht. Mörtel oder besondere Verbindungsteile wurden dabei überflüssig: Das natürliche Gewicht der gewaltigen Steinblöcke sorgt für vollkommene Stabilität.
Entsprechend Akbars Toleranz zeigt sein Baustil eine harmonische Verbindung von charakteristischen Hindu-Bauten mit islamischen Grundformen, wie auch ich es bei meinen Bauten angestrebt habe. Akbars Chronist vermerkte über die Arbeiten:

Fünfhundert Gebäude in Mauerwerk im schönen Stil von Bengalen und Gujarat entstanden unter Mitarbeit der erfahrensten Formkünstler.

Dazu gehörten auch die Haremspavillons auf den Dächern der Palastanlagen, zu deren Füßen sich die geräumigen, mit Blumen und Bäumen bepflanzten Gartenhöfe breiteten. Goldene und silberne Springbrunnen spendeten angenehme Kühle, und darüber spannten sich Sonnensegel aus hauchdünner farbiger Seide. Hinter den Fensteröffnungen gab es durchsichtige Seidenvorhänge, durch die die Haremsdamen alles Geschehen verfolgen konnten, ohne selbst gesehen zu werden. Nur die Treppen, die Akbar anlegen ließ, waren unerträglich steil, sodaß es schien, als habe er das traurige Ende seines Vaters vergessen.
Von den Palastbauten mit seinen Pavillons und Erkern hoch über den Mauern konnte man die üblichen Elefantenkämpfe auf den offenen Flußwiesen am Jamuna-Ufer beobachten. Der Platz war zudem so gewählt, damit die wütenden Kolosse, wenn es nottat, ins kühle Wasser getrieben werden konnten. Auf dem besonderen, von einem Baldachin überkrönten *Jarokha*-Balkon pflegte sich der Kaiser jeden Morgen seinem Volk zu zeigen. Dieser Pavillon sollte auch für mich eine besondere Bedeutung erlangen ...

Seit alters her standen Elefanten, die zu den intelligentesten und kräftigsten Tieren dieser Welt zählen, im Dienst indischer Fürsten. Man liebte es, sie mit kostbaren Schabracken zu schmücken und ihnen kunstvoll verzierte *Howdahs* – Sitze oder Sänften – auf den Rücken zu schnallen. Doch nicht nur das kostspielige Zubehör erfordert ein fürstliches Vermögen, sondern auch der Erwerb und Unterhalt der Tiere. Elefanten vermehren sich in der Gefangenschaft nur selten, sodaß immer wieder Jäger ausgeschickt werden, um neue zu fangen, die dann mühsam von Helfern und Treibern gezähmt und abgerichtet werden müssen. Erst mit neunzehn Jahren ist ein Elefant reif genug, um nützliche Dinge verrichten zu können, während er täglich fast eine halbe Tonne Futter benötigt. Schon Timur und Babur hatten ihre Kampfelefanten mit langen, an den Stoßzähnen befestigten Schwertern im Krieg eingesetzt, um die Feinde auseinanderzutreiben oder Angriffsstellungen und Stadttore niederzuwalzen.

Vor den Mauern seiner Metropole Agra ließ mein Großvater Akbar eine Vergnügungsstadt mit herrlichen Gärten anlegen, wo er es liebte, seine arabischen Hunde Wettrennen laufen oder abgerichtete Vögel aller Art fliegen zu lassen. Dort übte er sich auch in einer neuen Erfindung, nämlich Polo zu spielen, wobei er sich einen leuchtenden Ball aus glimmendem Pals-Holz ausdachte, um nicht auf die Hitze des Tages angewiesen zu sein, da die großen Feste ohnedies grundsätzlich nur in der Nacht stattfanden ...

*

Angesichts der Belastung der Staatskasse durch die ungeheuren Kosten der Palastbauten von Agra erinnerte sich mein Großvater an die naheliegendste und ergiebigste Einnahmequelle: nämlich das Mogulreich ständig zu vergrößern. Das bedeutete nebenbei, daß er in den nächsten Jahren weder für seinen Harem noch für seinen Palast viel Zeit aufbringen konnte.
Leider erwies sich Akbars Feststellung nach seiner Hochzeit mit der reizenden Rajputen-Prinzessin, daß eine Heirat zehn Kriege erspare, nicht immer als zutreffend. Gerade sein Schwiegervater, der Rajputenfürst Udai Singh, blieb trotz aller Aufforderungen zur friedlichen Unterwerfung unerschütterlich. Er war der Repräsentant der Hindus, wie es Akbar für die Muslime war, und er beherrschte die stärkste Festung Indiens: Chitor. Wie die Rajputen berühmt waren für ihren Stolz und ihre Tapferkeit, berief sich der Raja auf seine seit Jahr-

hunderten regierenden Ahnen wie seinen Stammbaum, der bis zu dem Gott Rama und der Sonne zurückging. Zur Eigenart der Rajputen gehörte neben ihrem Ungestüm, ihrer Ritterlichkeit und ihrer Rachsucht und einem gewissen Maß an Doppelzüngigkeit auch die Gewohnheit, äußerlich vom Opium berauscht, aber kaltblütig und ohne Rücksicht auf ihr Leben in die Schlacht zu ziehen.

Die Festung von Chitor war seit je die Mitte des reichen Herrschaftsgebietes von Mewar. Im siebenten Jahrhundert auf einem tafelförmigen Felssporn erbaut, wurde sie im fünfzehnten gewaltig verstärkt und zur uneinnehmbaren Burg ausgebaut.
Dreimal fiel Chitor in die Hände muslimischer Truppen: Dreizehnhundertdrei, Fünfzehnhundertfünfunddreißig und Fünfzehnhundertsiebenundsechzig. Und jedesmal hatten es die Frauen der Festung, angeführt von den Fürstinnen und ihren Töchtern, vorgezogen, sich am Fuß der Wälle in Feuergruben zu stürzen, als in die Hände der Feinde zu fallen. Allein bei einer der Belagerungen sollen sich dreizehntausend Frauen auf diese Weise geopfert haben. Dann stießen die Krieger in ihren safrangelben Gewändern, dem Zeichen der Selbsthingabe, die Tore auf und stürzten sich in den Kampf, bis sie durch den überlegenen Feind niedergemetzelt wurden. Der letzte der Eroberer war mein Großvater Akbar, der durch zwei besonders mutige Verteidiger so beeindruckt war, daß er sie zu beiden Seiten seines Palasteinganges in Agra in Statuen verewigte.

Dennoch ging der Widerstand weiter. Udai Singh, der letzte Raja, der sein Land von Chitor aus regierte, floh kurz vor der Belagerung und begann an den Ufern eines abgelegenen Gewässers, das er durch einen Damm zu einem riesigen künstlichen See anstaute, eine neue Hauptstadt zu erbauen. Er nannte sie nach sich selbst: Udaipur.
Im Jahr Sechzehnhundertvierzehn einigten sich die Moguln mit Mewar und schlossen einen wenn auch halbherzigen Frieden. Die Herrscher von Udaipur wurden Vasallen der Moguln – doch sie blieben von der Verpflichtung befreit, am Kaiserhof zu erscheinen, wie es den anderen Rajputenfürsten auferlegt war.
Kaum eine indische Stadt entwickelte sich prächtiger als Udaipur – die ›Stadt der aufgehenden Sonne‹. Auf den Hügeln rund um den blauen See wuchsen Festungen und Paläste, Landhäuser und Lustgärten. Überall schimmert blendendweißer Marmor durch das Grün der

Bäume und Büsche. Das prächtigste Gebäude ist der Stadtpalast von Udaipur – wohl das größte Heim, das jemals für eine indische Fürstenfamilie erbaut wurde. Hinter den hohen, turmbewehrten Mauern verbirgt sich eine eigene Stadt in der Stadt mit Kuppeln und Gärten, mit Blumenteppichen und plätschernden Brunnen, in denen grüne Papageien über Granatäpfel- oder Orangenbäume streichen und Pfaue ihre prächtigen Räder schlagen.

Der Kriegszug meines Großvaters Akbar gegen Rajastan, wo er bereits durch so viele Heiraten Fuß gefaßt zu haben glaubte, wurde zu einem der bedeutsamsten in der Geschichte Indiens.
Als sich das zweihunderttausend Mann starke Mogulheer näherte, ließ der Raja achttausend Rajputen in der Festung Chitor und zog sich auf den schönsten und sichersten Platz seines Reiches zurück: eine Insel in dem künstlichen See zu Füßen von Udaipur, wo er sich später einen Palast aus Tausendundeiner Nacht baute ...
Monatelang kämpfte Akbar um Chitor. Zuerst ließ er unterirdische Minen legen, um das Fort von seinem Bergrücken zu sprengen. Danach sollte sich ein verdeckter Gang durch den Felsen zur Festungsmauer emporschlängeln. Dennoch starben trotz der massiven Deckung täglich an die zweihundert seiner Soldaten im Kugelhagel der Belagerten. Als dann endlich die entscheidende Bresche in die mächtigen Mauern geschlagen war, befahl Akbar unerbittlich ein allgemeines Morden, um nicht

jene tausend Musketiere entkommen zu lassen, die durch ihre Scharfschüsse den Allerhöchsten Zorn erregt hatten.

Gerade diese tapferen Rajputen entkamen, indem sie ihre gefesselten Frauen und Kinder vor sich hertießen und im Durcheinander der Eroberung für die Soldaten des Kaisers gehalten wurden. ...
Chitor blieb für Akbar ein Symbol, von dem er sich über jede Vernunft hinaus herausgefordert fühlte. Es wurde zum ungeschriebenen Gesetz für seine Nachfolger, daß die gewaltigen Festungen dieser Stadt für immer zerstört bleiben sollten.

*

Der Kaiser war nun unumstrittener Herr über den größten Teil des indischen Subkontinents. Einer noch machte ihm den Thron streitig: sein Bruder Hakim, den Humayun in Kabul als Vizekönig eingesetzt

hatte. Hakim erhob nun ebenfalls Anspruch auf die Mogul-Herrschaft, indem er darauf hinwies, daß Akbar gerade das fehlte, was nicht nur für einen Muslim den Mann, sondern einen auf Thronfolge bedachten Kaiser zum vorsorgenden Regenten macht: ein Sohn.
Trotz seines reichen Vorrats an Frauen war der Herrscher mit siebenundzwanzig Jahren noch immer ohne Erben; die verschiedenen Kinder, die sie ihm geboren hatten, waren alle im Säuglingsalter gestorben. Es half auch nicht, daß der Kaiser jeden Morgen pulverisiertes Rhinozeroshorn schluckte. Und so unternahm er alljährlich eine Wallfahrt nach der berühmten Stadt Ajmer zum Grab des persischen Sufi Moin-ud-Din Chishti. Dieser Wundertäter galt vor allem als Apostel der Impotenten. Leider erwies sich – neben dem nicht zu leugnenden Mißerfolg – zudem der weite Weg nach der schönen Stadt Ajmer doch als allzu anstrengend, da schließlich auch der gesamte Hofstaat bei diesen strapaziösen Pilgerzügen fasten mußte. Da erfuhr der unermüdliche Kaiser von einem fast ebenso heiligen Nachfolger Chishtis, der unweit von Agra hausen sollte.
Voll gläubiger Hoffnung begab sich mein Großvater mit seiner rajputischen Gemahlin zu dem kleinen Dorf Sikri, um den Segen des frommen Sheikhs Selim zu empfangen, damit sein sehnsüchtiger Wunsch in Erfüllung ginge.
Und wirklich wurde dem Kaiser am dreißigsten August fünfzehnhundertneunundsechzig ein Kind geboren. Es erhielt den Namen Salim; später, als Kaiser, sollte der Prinz den Namen Jehangir annehmen.
Eine andere schwangere Gemahlin wurde ebenfalls zu dem heiligen Sheikh nach Sikri gesandt, und sie gebar Akbars zweiten Sohn Murad. Und zwei Jahre später, als sich der Hof nahe der Eremitage eines dortigen Heiligen namens Daniyal aufhielt, kam noch ein Sohn des Kaisers zur Welt, dem er den Namen des hilfreichen Wundermannes gab.

Akbar war angesichts der glücklichen Lösung seiner Familiensorgen von solcher Dankbarkeit erfüllt, daß er beschloß, zu Ehren des Sheikhs Selim Chishti eine neue Hauptstadt in Sikri zu erbauen.
So widmete sich mein Großvater jetzt – noch vor Vollendung der Festung in Agra – ganz dem noch großartigeren Vorhaben, dem Bau einer prächtigen neuen Residenzstadt auf einem Hügel nahe der Hütte des frommen Selim. Dem Namen des Dorfes Sikri fügte der

Kaiser nun das Wort *Fatehpur* hinzu, das soviel wie ›Sieg‹ bedeutet. Während die Palastbauten und die Große Moschee auf dem Gipfel liegen, entstand die eigentliche Hauptstadt am Fuß des Hügels. Hier bauten sich die Höflinge und die große Zahl von Anhängern aus dem ursprünglichen kaiserlichen Zeltlager ihre Wohnstätten, während Tausende von Künstlern und Handwerkern ihr Meisterwerk oben auf der Höhe schufen.
Über der Stadt türmt sich das Tor, das Akbar zur eigenen Ehre errichtete, das *Buland Dawarza*. Es sollte das größte Tor der Welt werden. Aus den gewaltigen Treppenanlagen zwischen zwei Wasserbecken ragt dieses sechzig Meter hohe Triumphtor empor. Das Dach schmücken kleine Kuppelpavillons – *Chatris* –, die ich auch für das Hauptor meiner Palastanlage am Jamunafluß übernahm. Später, als Fatehpur Sikri bereits eine bedeutende Großstadt war, ließ Akbar auf dem Siegestor die für seine religiöse Toleranz charakteristischen Worte einmeißeln:

> *Jesus, sein Name sei gepriesen, sagte: Die Welt ist eine Brücke – gehe darüber, aber baue kein Haus.*

Wahrscheinlich war es nicht nur dieser für einen muslimischen Herrscher überraschende Spruch, der einen Jesuitenpater, der hier das erste Mal zu Besuch erschien, zu dem Ausruf veranlaßte: »Wahrlich, solche Herrlichkeit und Pracht hat die Welt noch niemals gesehen!«

Jenseits des Tores breitet sich der Hof der Freitagsmoschee, und im Hof leuchtet der von mir erbaute weiße Marmorpavillon für den Sheikh Selim mit den filigranfein gestalteten Ornamenten. In seiner Nähe ruhen Vertraute Akbars, darunter auch sein Erster Hofhistoriker Abu Fazl wie an die dreihundert Damen aus dem Harem des Kaisers. Auch hier gibt es einen *Jarokha*-Balkon, auf dem sich die Majestät jeden Morgen bei Sonnenaufgang zeigte.
Charakteristisch für alle diese Bauten ist, daß sie in der Konstruktion und Ornamentierung genau denen entsprechen, die die indischen Handwerker sonst bei Holz anwendeten. So entstanden die kostbaren marmornen oder roten Sandstein-Portale, Fensterstürze, Treppengeländer, Stützbalken ganz in der Weise, mit der ein Zimmermann seine Bauten erstellt. Die Einzelteile wurden zuvor auf vollkommene Weise ausgearbeitet und fertig zur Baustelle geschafft, was die Ausfüh-

rung eher beschleunigte. Das Innere des *Diwan-i-Khas* – der ›Halle der Privataudienzen‹ – ist für seine architektonische wie ideelle Vollkommenheit berühmt, die dem Charakter und dem Selbstverständnis meines Großvaters Akbar entsprachen.

Bei seinen Audienzen und Beratungen pflegte der Kaiser auf einer stämmigen, sich nach oben kunstvoll verbreiternden Säule zu thronen. Wer an den Aussprachen beteiligt war, saß auf den Balkonen an den Seiten der doppelstöckigen Halle, und wenn nötig, konnte sich ihm ein Bittsteller, oder wer dem Herrscher etwas zu überreichen hatte, auf einer der schön gefügten Brücken nähern.

Von dieser kostbaren architektonischen Anlage Akbars gingen alle Anregungen der Kunst und Kultur seiner Zeit aus. Hier erdachte mein Großvater seine Religion und sein Verwaltungssystem, während unzählige Maler damit beschäftigt waren – entgegen den Anweisungen des Korans! – das Leben des Hofes in köstlichen Buch-Illustrationen festzuhalten. Abu Fazls Darstellungen befaßten sich vor allem auch mit den inneren Reformen des Kaisers. Obwohl er Akbar vieles zuschrieb, was bereits zuvor eingerichtet oder verändert worden war, bleiben das Verbot der Kinderheiraten und der Witwenverbrennung der Hindus, die Vereinheitlichung der Maße und Gewichte, die Steuerfestlegungen wie der strategische Straßenbau, die Errichtung der Karawansereien wie die Kontrolle des Glücksspiels oder der käuflichen Liebe unvergängliche Leistungen der Staatskunst.

Die Jahre, die mein Großvater in dieser Märchenstadt verbrachte, bleiben die erfülltesten und schöpferischsten nicht nur seiner Regierungszeit. Dort festigte er den Lebens- und Kulturstil, der unsere Moguldynastie bis heute weitgehend bestimmte.

Und doch sollte die prächtige neue Hauptstadt Fatehpur Sikri nur vierzehn Jahre bewohnt bleiben. Als ich sieben Jahre alt war, verlegte mein Großvater seinen Hof in den Punjab und residierte in Lahore, um danach nicht mehr nach Fatehpur Sikri, sondern nach Agra zurückzukehren. Obgleich ein Teil der neuen Hauptstadt auch weiterhin bewohnt blieb, erreichte sie nie wieder ihre Großartigkeit, da mit den Höflingen auch die meisten wichtigen Einwohner abwanderten. Die herrlichen Palastgebäude wurden zur Gespensterstadt, während die Wohnbauten der früheren Residenz verfielen. Einer der Gründe für die Aufgabe Fatehpur Sikris lag in dem ungünstigen Klima, das der Kaiser nicht vertrug, und vor allem in einer Dürreperiode, die den nahegelegenen See, der die Wasserversorgung sicherstellte, vom Austrocknen bedrohte.

So schien sich hier das vom Kaiser über seinem majestätischen Eingangstor von Fatehpur angebrachte Wort des Propheten Jesus auf seltsame und geheimnisvolle Weise zu bestätigen:

> Die Welt ist eine Brücke. Gehe darüber – aber baue kein Haus ...

*

Unter den zahlreichen, ihn stets umgebenden Gelehrten versammelte der Kaiser Hindus, Jainas, Christen, Anhänger Zaroasters und sogar Juden. Buddhisten lernte er nicht kennen, da sie zu dieser Zeit in Indien größtenteils von den Brahmanen verdrängt waren; doch nahm Akbar an dem dem Buddhismus nahestehenden Glauben der Jainas großen Anteil.

Der Jaina-Glaube mit seinen bunten Götterbildern geht von der umfassenden, vielfach verflochtenen Natur der Menschen aus, die für das Universum, für das Göttliche und die unendliche Vielfalt der Schöpfung verschiedene Deutungsmöglichkeiten zuläßt. Diese klassische Schule der indischen Philosophie deutet, wie ich zu erkennen glaube, auf das Wesen einer über die Enge der Bekenntnisse hinausgehende Weisheit hin.

Eines Tages erging auch ein kaiserliches Schreiben an die Portugiesen in Goa. Der Kaiser lud sie ein,

> einige Vertreter ihrer Religion samt den Hauptbüchern des Alten und des Neuen Testaments dem kaiserlichen Studium zuzusenden.

Dieses Allerhöchste Interesse galt allerdings weniger der Religion der Christen, als ihrem schwungvollen Handel und der jeden Muslim entsetzenden Intoleranz und Vertragsbrüchigkeit, wie sie nicht einmal die indischen Unberührbaren und Shudras in ihren wüstesten Gebräuchen kannten. Auf der einen Seite hoffte mein Großvater, aus der Gier der Weißen nach Gewürzen, Seide und Edelsteinen Nutzen zu ziehen. Zu diesem Zweck hatte er den Außenhandel zum Kaiserlichen Monopol erklärt. Andererseits gab er sich der schönen Hoffnung hin,

> diese wilde Rasse durch freundlichen Umgang zu bändigen,

wie sein Hofchronist Abu Fazl schrieb.

Da die Antwort auf die kaiserliche Einladung der Jesuiten ungebührlich lange auf sich warten ließ, schickte Akbar endlich einen Abgesandten nach Goa – mit dem Auftrag, ›ein Rudel Missionare‹ an den Mogulhof zurückzubringen. Als dann drei der würdigen Väter in Fatehpur Sikri erschienen, wurden sie noch am Abend vor den Kaiser geführt, der sich ihnen bis in den frühen Morgen widmete.

Am dritten Tag ihres Besuches überreichten ihm die auserwählten Kuttenträger eine Prachtausgabe des heiligen Buches der Christen, die für den König Philipp von Spanien gedruckt war. Mein Großvater geruhte, den Turban zu lüften und den schweren Band auf sein Haupt zu legen, wie man es in Asien mit heiligen Schriften zu tun pflegt. Er zeigte sich sogar bereit, auf die Bitte der Padres hin den Ledereinband zu küssen. Die ihm ebenfalls überreichten Bilder von Christus und Maria ließ er sogleich von seinen Hofmalern kopieren; auch mußte für einen kleinen Märtyrerknochen, den man ihm anbot, eine besondere goldene Kapsel angefertigt werden ...

Einer der frommen Väter schrieb einen Bericht über die Erscheinung meines vierzigjährigen Großvaters, in dem er sich besonders von dem mehrreihigen, aus Perlen und Edelsteinen gefertigten Stirnschmuck des Kaisers beeindruckt zeigte. Und wörtlich las ich später in der von unseren Schreibern angefertigten geheimen Kopie:

Die kaiserliche Majestät kann sehr aufgeschlossen und heiter sein, ohne seine Herrscherwürde einzubüßen. Er erkennt die Tugend an und ist allen Fremden wohlgeneigt, vor allem Christen, von denen er immer einige um sich haben wollte.

Einer der Padres wurde sogar beauftragt, den gerade zehnjährigen Prinzen Murad zu unterrichten,

der von guter Veranlagung zu sein scheint.

Andererseits

hören unsere Ohren nichts als diesen häßlichen und verrückten Namen Mohammed, der hier alles zu sein scheint. Diesem infernalischen Monstrum zu Ehren beugen sie die Knie, werfen sie sich nieder, heben sie die Arme, geben Almosen und machen überhaupt alles. Wir aber können nicht die Wahrheit sagen, denn wir würden das Leben des Kaisers gefährden, wenn wir zu weit gingen.

Immerhin gingen die Herren so weit, daß ein Mullah vorschlug, ein Gottesurteil zu wagen. Er wollte mit dem Koran durchs Feuer gehen, wenn einer der Padres das gleiche mit der Bibel täte.
Da der Kaiser anschließend dem Muslim offenbar etwas Verdächtiges zuflüsterte – gewiß lag ihm daran, daß der Jesuit verbrannte – gaben die christlichen Padres den Plan als zu gottlos auf...
Als dann nach Goa die Nachricht der Jesuiten abging, der Kaiser gedenke sich zu Ostern taufen zu lassen, verloren die orthodoxen Muslime in seiner Umgebung die Geduld. Sie versuchten, Akbars Halbbruder Muhammed Hakim, den Vizekönig von Afghanistan, zur offenen Rebellion zu überreden. Mein Großvater antwortete mit der unverzüglichen Besetzung Kabuls, worauf er nach Hakims Unterwerfung auf weitere Unternehmungen verzichtete und im Land wieder Ruhe einkehrte.

Eine ergiebige Einnahmequelle für die handelstüchtigen portugiesischen Seefahrer war die Verschiffung der muslimischen Pilger nach der heiligen Stadt Mekka. Als die nicht weniger frommen Padres nun die Überfahrtkosten rücksichtslos erhöhten, drohte der Kaiser mit einem Angriff auf die portugiesische Niederlassung von Daman.
Im selben Jahr verkündete mein Großvater seine eigene Religion der Toleranz. Er nannte sie *Din Illahi* – ›Religion Gottes‹, was nichts daran änderte, daß in Akbars Reich auch weiterhin völlige Glaubensfreiheit herrschte, während im christlichen Abendland lodernde Scheiterhaufen, Hexen-Verbrennungen und Ketzerverfolgungen wüteten.
Die enttäuschten Jesuitenpadres reisten empört nach Goa zurück. Als einer der sich als Märtyrer-Verehrer rühmenden Väter bald danach einen ›Heiden‹-Tempel zerstören wollte und ihn die Wächter des Heiligtums erschlugen, wurde er – obgleich er selbst nichts mehr davon hatte – vom Herrn der Christenheit in Rom seliggesprochen. Man sagte mir, daß dies eine der höchsten Auszeichnungen für einen frommen Anhänger seines Glaubens sei.

*

Was die Hofberichte meines Großvaters angeht, so legte er allergrößten Wert auf ihre Zusammenstellung und Nachforschungen in allen Provinzen seines Reiches. Zu diesem Zweck richtete der unermüdliche Abu Fazl eine eigene Abteilung für das Hofarchiv ein, in der immer zwei Schreiber Dienst taten, die nicht nur die abgewickelten Regierungsgeschäfte, sondern auch Einzelheiten aus dem täglichen Leben des Kaisers, bis zu seinen Mahlzeiten oder seinen Aufenthalten im Harem, im einzelnen festhalten mußten. So konnte ich nachlesen, daß mein Großvater nur eine Mahlzeit am Tag einnahm und daß seine Speisen, bevor er sie selbst aß, dreimal auf Gift hin vorgekostet wurden, wonach sie mit dem Siegel des Küchenmeisters versehen wurden. Erst dann konnte sich der lange, feierliche, von Wächtern begleitete Zug zur kaiserlichen Tafel bewegen.

Schon als Kind lernte ich, daß fast das ganze Jahr hindurch Karawanen mit Melonen und Trauben eintrafen und Schiffsladungen vom Punjab und aus den Bergen von Kashmir frisches Eis heranbrachten und daß mein Großvater grundsätzlich Wasser aus dem heiligen Gangesfluß trank. Nur zum Kochen durfte Regenwasser verwendet werden, wobei er auf strengster Sauberkeit bestand, um Seuchengefahren zu vermeiden.

Aus Persien ließ der Kaiser berühmte Maler an seinen Hof kommen, während die ihnen unterstehenden Künstler, deren Arbeiten die Perser überwachten, Inder waren. So schuf die berühmte Malerschule in Gujarat auch wieder eine Verbindung von persischen mit indischen Traditionen – wobei sich zum Glück weder die Perser noch meine Mogul-Vorfahren wie ich selbst an jene Sure des Korans gehalten haben, die bekanntlich jede figürliche Darstellung verbietet. Hatte der Prophet doch verkündet, daß jeder, der die Schöpfermacht Allahs durch das Bildnis eines Lebewesens nachmache, am Tag des Gerichts diesem Bild Leben verleihen müsse; und wenn dies nicht gelang, habe er ihm sein eigenes Leben abzutreten. Stellten Architektur und Malerei zur Zeit meines Großvaters auch schon einen bedeutenden Anfang dar, so darf ich sagen, daß ihr eigentlicher Höhepunkt erst unter meinem Vater Jehangir und während meiner eigenen Regierungszeit erreicht wurde.

*

Über die Justiz zur Zeit Akbars vermerkte sein Hofchronist Abu Fazl:

> *Der Grundsatz des Kaisers war, in jedem Fall der Gerechtigkeit zum Sieg zu verhelfen; aber er war sehr vorsichtig im Verhängen von Strafen, vor allem der Todesstrafe. Jedes Todesurteil mußte dem Kaiser vorgelegt werden, manche sagen sogar: dreimal. Für gewöhnlich verhängte er keine grausamen Strafen, aber es gab auch Fälle, etwa wenn man ihm nach dem*

Leben getrachtet hatte, in denen er die Betreffenden von Elefanten zertrampeln oder nach türkischem Muster pfählen ließ. Einem Räuber oder Piraten schlug man, wenn er niemanden getötet hatte, eine Hand ab. Mörder, Straßenräuber und Ehebrecher wurden aber je nach Schwere ihrer Verbrechen gehenkt, gekreuzigt oder geköpft. Missetäter mit leichteren Vergehen peitschte man aus und ließ sie laufen.

Von diesem Herrscher strahlte Milde und Schonung aus, auch wenn seine eigene Person betroffen war. Einen hohen Offizier, der sich einer Verschwörung schuldig gemacht hatte, begnadigte er zweimal. Als er seinen Anschlag jedoch zum dritten Mal wiederholte, ließ er ihn kreuzigen.

Mit der Eroberung seines Geburtsortes Umarkot hatte der Kaiser nun das ganze Gebiet von Sind unter Kontrolle, womit sein Reich die natürlichen Grenzen erhielt: Im Südwesten das Meer und Belutchistan, im Westen das Hindukush-Gebirge, im Norden den Himalaya – wofür aus dem kleinen Nepal eine Prinzessin seinem Harem einverleibt wurde – im Osten wieder das Meer und im Süden das zerklüftete Gebirgsland des Dekkan, wo sich unsere Mogul-Dynastie bis in meine, Shahjahans, Tage die Zähne ausbeißen sollte.

Jetzt schickte der Kaiser seinen zweiten Sohn Murad zur Sicherung des Dekkans auf den Weg. Doch sollte Murads ungehemmte Trunksucht den Feldzug zum gefährlichen Mißerfolg werden lassen.

Mit seinen Söhnen hatte mein Großvater überhaupt wenig Freude. Das lag zum guten Teil an seiner eigenen autokratischen Herrscherart. Er duldete keinen Widerspruch, sodaß mein Vater Jehangir schon sehr früh aufschrieb:

Als Allererstes lernte ich, auch bei der unbefriedigendsten Antwort keine weitere Frage zu stellen.

Die harte Erziehung der Prinzen schien eine Art Flucht vor dem übergroßen Vater zu erzwingen – und Flucht bedeutete in diesem Fall: Flucht in die Sucht und den Rausch, der die Sippe schon immer gefährdet hatte. Mein Großvater, der alte Kriegsmann, war dieser Gefahr weniger ausgeliefert; seine Söhne waren es dafür um so mehr. Murad, der während des Dekkan-Feldzuges ständig vom Kaiser gemaßregelt wurde, griff schon morgens beim Erwachen zum Branntweinbecher; und als sich der Kaiser genötigt sah, einen neuen Befehlshaber an seiner Stelle auf den Weg zu schicken, kam dieser gerade an, als Murad an seiner Trunksucht starb.

Der Nachfolger des Prinzen als Feldherr war der Hofchronist Abu Fazl, der zum engsten Vertrauten des Kaisers geworden war und dessen größter Ehrgeiz seltsamerweise in der ›Bewährung auf dem Schlachtfeld‹ lag, wie er selbst dem Kaiser gestand. Seine Hauptaufgabe war nun, die Übernahme des Kommandos auf den dritten Sohn des Kaisers, den Prinzen Daniyal, vorzubereiten.

Zwischen dem Kaiser und seinem ältesten Sohn Salim, meinem Vater, dem späteren Kaiser Jehangir, kam es schon im sechzehnten Lebensjahr des Prinzen zu ernsten Spannungen. Der Prinz hatte eigenmächtige Hinrichtungen vorgenommen und war vom Kaiser vor dem Hof gerügt und im Harem geohrfeigt worden. Der Prinz wiederum weigerte sich, auf entlegene Kommandoposten im Reich abgeschoben zu werden, um im Falle des Thronwechsels nicht allzu entfernt zu sein. Als ich acht Jahre alt war, kam es zur offenen Rebellion meines Vaters, in deren Verlauf er sich in Allahabad zum Kaiser ausrufen ließ. Mein Großvater nahm die Sache indes nicht übermäßig ernst, obwohl ihm sein pflichteifriger Diener Abu Fazl heftig zusetzte.
Die diplomatische Vermittlung zwischen Vater und Sohn fiel nun den zwei wichtigsten Damen des Harems zu. Die eine war die einstige kindliche Braut des Kaisers Humayun, Hamida, die nun sehr tatkräftige Herrscherin im Harem, die andere eine Cousine des Kaisers Akbar, die nicht weniger angesehene Herrin Salima. Mein Vater, Prinz Salim, vermerkte in seinen Aufzeichnungen:

> *In dieser Zeit war mein Vater böse mit mir, und ich erfuhr, daß Abu Fazl aus dem Dekkan zurück an den Hof versetzt worden war. Das hätte jede Möglichkeit einer Versöhnung zerstört. Da er aber seinen Weg durch das Gebiet des Rajas von Orcha nehmen mußte, der sich gegen meinen Vater auflehnte, sandte ich diesem einen Brief: Falls er Abu Fazl auflauerte und ihn umbringe, könne er mit reicher Belohnung rechnen. Und der Himmel war uns gnädig ...*

Als meinem Vater, dem Prinzen Salim, der Kopf Abu Fazls nach Allahabad geschickt wurde, zuckte dieser nur mit den Schultern. »Der gute Mann wollte eben unbedingt als Held sterben.«
Und er schrieb in seinem Lebensbericht:

Obwohl mir mein Vater anfangs grollte, konnte ich nun ohne Belästigungen zu ihm gehen, und allmählich schwand seine schlechte Meinung über mich.

So kam es dann im Harem von Agra zur großen Versöhnungsszene, wobei der Kaiser am meisten über das Geschenk seines rebellischen Sohnes erfreut war: Dreihundert Kampfelefanten, durch deren Verzicht sich der Prinz selbst seiner besten Waffen beraubte.

Akbars dritter Sohn, der Prinz Daniyal, hatte sich an dem seiner Sucht erlegenen Bruder Murad ein trauriges Beispiel genommen, das den Kaiser zwang, ihn unter Hausarrest zu stellen. Dabei wurde streng darauf geachtet, daß Daniyal keine Möglichkeit fand, sich Alkohol zu beschaffen. Was nicht hinderte, daß ihn seine Diener in Gewehrläufen oder in weniger appetitlicher Weise – nämlich in unter dem Gewand verborgenen Kuhdärmen, die allerdings größere Mengen enthielten – mit dem unerläßlichen Trost zu versorgen. So kam es dazu, daß ein ausgiebiger Schluck doppelt gebrannten Dattelschnapses aus einem verrosteten Gewehrlauf zum letzten Genuß meines Onkels wurde ...

Nach Daniyals Tod brach der Konflikt zwischen dem Kaiser und meinem Vater, dem Prinzen Salim, von neuem auf. Es bildete sich eine einflußreiche Gruppe am Hof, die meinen ältesten Bruder Khusrau auf den Thron zu bringen gedachte. Wieder rebellierte mein Vater, Prinz Salim, und wurde im Harem unter Arrest gestellt. Auch ihm wurden Alkohol und Opium strengstens vorenthalten. Auf Fürsprache seiner Mutter ließ ihn der Kaiser nach zwei Wochen wieder frei.

Trotz seiner zeitweisen Unbeherrschtheit und einer gewissen Gefühlskälte, die man dem Kaiser Akbar vor allem seinen Söhnen gegenüber nachsagte, war mein Großvater zweifellos der bedeutendste Staatsmann seiner Zeit und, wie man in den Kreisen ausländischer Diplomaten feststellte, wesentlich weitblickender als etwa der spanische König Philipp oder dessen Gegenspielerin, die englische Königin Elizabeth.
Unter Akbar dem Großen wurde Indien zum wohlhabendsten Land der Welt. Er versammelte um sich die fähigsten Künstler, Architekten, Gelehrten und Militärs, und wie er überlebte Traditionen zugun-

sten des Wohles seiner Untertanen beseitigte, dienten auch seine Feldzüge vor allem der Sicherheit der Grenzen des Mogulreiches.

Die letzten Lebensjahre meines Großvaters wurden von den Enttäuschungen innerhalb seiner Familie umdüstert. Seine Gebete um einen Sohn waren dreimal erhört worden, und er selbst hatte mehr erreicht, als er sich je erhoffen konnte. Jetzt mußte er erkennen, daß keiner seiner Söhne fähig oder wert schien, sein Erbe anzutreten, obgleich er alles getan hatte, sie zu guten Herrschern zu erziehen. Die schmerzlichste Zuneigung hat Kaiser Akbar wohl neben seiner Mutter, der Begum Hamida, mir als seinem Lieblingsenkel zugewandt.

Und so mag es nun an der Zeit sein, daß ich mit der Aufzeichnung meiner eigenen Geschichte fortfahre.

III

DER WEG ZUM THRON

Wenn ich die Reihe meiner Vorfahren noch einmal übersehe und mir ein Urteil erlauben darf, so würde ich sagen: Babur war ein mutiger Soldat und Humayun ein gutherziger Mensch, wohl mehr als alle anderen. Mein Großvater Akbar war ein furchtloser Visionär mit sicherem Verstand und Instinkt, während man meinen Vater Jehangir einen vergnügungssüchtigen Sklaven seiner eigenen Schwäche nannte. Das aber ist nur die eine Seite. Zugleich war er einer der in kultureller Hinsicht fähigsten Mogul-Kaiser. Sein hinterlassenes Tagebuch ist ebenso frisch, klug und unmittelbar wie die Autobiographie seines Urgroßvaters Babur. Abgesehen von der Tatsache, daß die Hofmalerei unter Jehangirs direkter Anleitung unübertroffene Meisterleistungen vollbrachte, verband dieser Kaiser eine starke ästhetische Haltung dem Leben gegenüber mit einer leidenschaftlichen Besessenheit, das, was er sah, zu sezieren, zu analysieren und aufzuzeichnen.

Was wird man einst von mir sagen? Wie würde ich über diesen ›Eroberer der Welt‹, wie mein Name als Kaiser lautet, selbst urteilen? Vielleicht: Ein überehrgeiziger, nach Unsterblichkeit strebender Egoist – eigentlich aber ein Architekt, der in einem einzigen Werk die Schöpfungen seiner asiatischen Vorfahren und des indischen Kontinents zu einsamer Höhe zu vervollkommnen suchte ...
Die Mogul-Herrscher vor mir bezogen sich auf Gott in ihrer Selbstverwirklichung. Der stärkste Antrieb in ihrer aller Leben kann in einem Wort zusammengefaßt werden: Leidenschaft. Ihre aufs höchste gesteigerte Anbetung des Lebens war vielleicht die Wurzel ihrer Tugenden wie ihrer Taten und Untaten als Alleinherrscher. Ihr Leben war eine heroische Legende, wenigstens bei einigen von ihnen, und ihre Handlungen stellten eine Symphonie ihres Glaubens, ihrer Hoffnung und ihrer Furcht dar. Der Tadel hat tausend Zungen – das Lob nur eine.

Die Welt ist immer das, was *ich* gerade bin.

So sehe auch ich meinen Aufstieg, Fall, Wiederaufstieg und meinen letzten, tiefsten Sturz als eine Geschichte, die die Phantasie mancher Dichter oder Philosophen beflügeln und den Beweis erbringen könnte, daß ein Menschenleben mehr ist als die Summe seiner Gefühle, Sehnsüchte, Handlungen oder Versäumnisse.
Das war es, was ich schon früh aus dem Studium meiner Ahnen gelernt zu haben glaubte. Und hier traf ich mich mit allen Gedanken und Fragen mit meinem Großvater Akbar.
Ich kannte nun auch die Geschichte der Entscheidungsschlacht um die Rajputenfestung von Chitor und erkundigte mich einmal, wie er sie trotz der verzweifelten Gegenwehr gewonnen hatte. Er sagte nachdenklich:
»Ich war es nicht, der sie gewann. Allah schenkte mir den Sieg.«
Diese Antwort beeindruckte mich tief. Viele Jahre später fiel sie mir noch ein, als ich meine eigenen Erfolge meinen Söhnen erklären sollte.
Eine der Pflichten eines Herrschers sei, sagte der Kaiser ein anderes Mal, das Volk vor den Übeln des Hungers und des Alterns zu bewahren.
»Wie kann man das am besten?« fragte ich.
Shah Baba nahm mich in seine Arme, streichelte meinen Kopf in tiefer Zuneigung und sagte:
»Mein lieber Sohn, die inbrünstigen Gebete und die daraus erwachsenden Gedanken und Taten eines rechtschaffenen Fürsten können von großem Nutzen sein.«
Nach einer Pause, in der er sich bedacht hatte, fügte er hinzu: »Gebete ohne Taten sind tot. Allah antwortet nur auf Taten, nicht auf Worte.«

Langsam lernte ich selbst zu denken. Mein Großvater liebte es, mir Fragen zu stellen, um meine Kenntnisse zu prüfen. So forderte er mich einmal auf:
»Sage mir die Grenzen und die Flüsse Indiens.«
Ich antwortete, wie ich es gelernt hatte:
»Indien ist so groß wie Westeuropa. Es wird im Norden durch das Himalaya-Gebirge und im Osten, Süden und Westen vom Meer begrenzt. Die drei Hauptströme, die das Land mit Wasser versorgen, sind der Indus, der Ganges und der Brahmaputra.«

Der Kaiser nickte.
»Und wer bewohnt dieses große Land?«
»Die Inder – ?« fragte ich zweifelnd.
Er lächelte.
»Es ist eine schwere Frage, die auch wohl nur von wenigen richtig beantwortet werden kann. Dieses Land, das wir ›Indien‹ nennen, beheimatet so viele Stämme und Völkerschaften, daß es noch keinem Herrscher gelungen ist, es ganz unter seiner Souveränität zu vereinen. Trotz dieser Zerrissenheit aber gibt es eine große Gemeinsamkeit. Kannst du sie mir nennen?«
Ich sagte:
»Der Islam?«
Er schüttelte den Kopf.
»Der Islam kam erst sehr spät. Die große einigende Kraft für Indien war der Hinduismus. Es war im fünfzehnten Jahrhundert vor der christlichen Zeitrechnung, als aus Persien hellhäutige Hirtenvölker über die Bergpässe in die nordwestlichen Ebenen Indiens einsickerten. Sie nannten sich ›Arier‹ oder Edle und drängten die dunkelhäutigen Ureinwohner nach Süden ab. Die geheiligten Lehren der Eindringlinge verehrten die Naturgötter, zu denen für sie auch Sonne, Mond und der Sternenhimmel zählten. Diese Lehren verschmolzen mit den Kulturen der Ureinwohner zum Hinduismus mit seinen vielen Gottheiten.«
»Sie kannten nicht den Propheten Mohammed?« fragte ich.

»Der Hinduismus«, erklärte mein Großvater, »ist – trotz seiner fast unzählbaren Göttlichkeiten – weniger eine Götterverehrung, als vielmehr eine Lebensform, die den Menschen von der Geburt bis zum letzten Atemzug strengen Regeln unterwirft. Die Hindus gehen von der Anschauung aus, daß jede Seele schon in der Vergangenheit eine Vielzahl von Leben durchlaufen hat, wie es auch in der Zukunft sein wird. So kann man im nächsten Leben als Ameise oder als Weiser, als Frosch oder als König wiedergeboren werden. Nur wenn man eine Vielzahl von Wiedergeburten läuternd durchlebt hat, kann man von der menschlichen Existenz erlöst werden. Dann geht man im Weltgeist des Brahman auf, der mit Vishnu, dem Welterhalter und Shiva, dem Weltzerstörer, die hinduistische Dreieinigkeit bildet.«

Der Kaiser schwieg und blickte mich forschend an. Als er spürte, daß ich, obwohl mir vieles fast unbegreiflich fremd war, aufmerksam zuhörte, fuhr er fort:
»Die hinduistische Gesellschaft folgert aus dieser Seelenwanderung die Einteilung der Menschen in verschiedene Kasten. An ihrer Spitze stehen die Brahmanen als höchste Kaste; zu ihnen gehören die Gelehrten und die Priester, Dichter und Denker. Doch gibt es darunter auch Schreiber, Bauern, Kaufleute und Soldaten, die aber innerhalb der obersten Kaste auf tieferer Rangstufe stehen. Die Brahmanen gelten als heilig und unverletzlich, und Vergehen gegen sie werden mit schwersten Strafen geahndet. Ihnen folgt die Kaste der Könige, des Adels und der Krieger. Dann kommen die Bauern und zuletzt die niedersten Kasten der ›Shudra‹. Heiraten können nur Angehörige der gleichen Kaste.«
»Und die Menschen richten sich danach?« fragte ich zweifelnd.
»Der gläubige Hindu bejaht dieses Gesetz widerspruchslos. Denn die Zugehörigkeit zu einer bestimmten Kaste wird durch die guten oder bösen Taten der vorausgegangenen Leben bestimmt.«
»Ist es nicht sehr, sehr schwer, als muslimischer Herrscher ein Volk mit so verschiedenen Traditionen gerecht zu regieren?« erkundigte ich mich ein wenig ratlos, und der Kaiser erklärte mir:
»Die indische Kultur zeichnet sich durch die besondere Fähigkeit aus, fremde Einflüsse aufzunehmen. Immer brachen vom Nordwesten her neue Invasionswellen über Indien herein. Doch die vielen, die zunächst als Eroberer kamen, wie die Baktrier, die Skythen oder Perser, vereinten sich bald mit den überlieferten Gebräuchen der Unterworfenen.«
»Und wie verhielt es sich mit dem Islam?« beharrte ich. Schließlich handelte es sich um die Religion der Mogulherrscher, zu denen ich einmal gehören sollte.
Mein Großvater erwiderte ernst:
»Kein Zwang sei in der Religion, sagt der Koran. Das Rechte ist deutlich genug unterschieden vom Falschen.«
»Aber ist Eroberung nicht Zwang?« fragte ich.
»Die Gefolgsleute des Islam waren in der Tat die gefährlichsten Eroberer. Sie dehnten im siebenten christlichen Jahrhundert ihre Streifzüge bis nach Indien aus«, sagte der Kaiser. »Sie sollen indirekte Nachkommen der Skythen gewesen sein. Die ersten Muslime aber

waren Araber, gefolgt von Stammeskriegern aus den zentral-asiatischen Ebenen. Ihre Gier nach Gold erklärten sie damit, daß die Ureinwohner Ungläubige und Götzendiener seien und es daher nach Anweisung Allahs und seiner Propheten ihr gutes Recht sei, sie auszuplündern und zu unterwerfen.«

Er fügte hinzu: »Bis der letzte und mächtigste Eroberer aus dem Norden mit fünfundzwanzigtausend Mann im Jahr Fünfzehnhundertsiebenundzwanzig im zentralasiatischen Turkistan aufbrach, um in Indien einzufallen.«

Ich dachte einen Augenblick nach, dann fragte ich:

»Babur?«

Mein Großvater nickte.

»Der indirekte Nachkomme des großen Dschingiskhan war der erste, der Agra zur Hauptstadt seines indischen Mogul-Reiches machte. Während dieser muslimischen Invasion hatte Indien keine entschlosseneren Verteidiger als die Rajputen. Einer ihrer Fürsten ist im Kampf nach dem Verlust eines Armes und mit, wie es heißt, achtzig Wunden noch einmal aufs Schlachtfeld zurückgekehrt, um sich Babur entgegenzuwerfen. Doch im Jahr Fünfzehnhundertzweiundsechzig unterwarf sich der Herrscher des Rajputenreiches von Amber und bot dem Großmogul Akbar seine Tochter als Gattin an. So hast du, mein Sohn Khurram, von deiner Großmutter wie von deiner Mutter her Rajputenblut in deinen Adern.«

Ich antwortete nicht. Ich dachte an die Einsamkeit meiner Mutter, nicht an ihre Herkunft. Mir fielen die europäischen Christen ein, die Portugiesen und die Engländer, von deren Besitzergreifungen in Indien und ihren Handelsbeziehungen ich immer wieder hörte. Ich sagte:

»Sind die Europäer früher auch schon mit ihren Göttern nach Indien gekommen?«

Mein Großvater gab bereitwillig Auskunft. Den Religionen in ihrer Vielfalt galt ja immer sein Interesse.

»Es ist gut, daß du fragst, mein Sohn«, nickte er. »Die Europäer hatten bereits ihren Einfluß in Indien, als sie noch keine Christen waren. Hast du einmal von den alten Griechen gehört?«

»Nein«, sagte ich ehrlich und ein wenig gelangweilt. Es war sehr viel, was mir mein Großvater zumutete. Dennoch wartete ich höflich und aufmerksam auf das, was er mir sagen wollte. Einmal, wenn ich selbst Kaiser sein würde, mußte ich alles wissen. Wer sonst hatte solche Kenntnis von fremden Religionen und Kulturen?

»Noch bevor der große Mazedonierkönig Alexander zu Beginn des vierten Jahrhunderts den Indus überschritt, kam der Mythos des griechischen Gottes Dionysos nach Indien«, begann der Kaiser von neuem, ohne meine Hilflosigkeit zu beachten. »Dionysos ist ja gleichsam ein Verwandter des indischen Gottes Shiva. Nicht nur, daß der indische Lingam dem Phallus des fruchtbarkeitsspendenden Dionysos entspricht, auch der *Nandi*-Bulle Shivas ist dem heiligen Tier des Dionysos verwandt. Wir dürfen uns sogar fragen, ob nicht auch der schwarze Ziegenbock *Durgas*, der mächtigen Gattin Shivas, dem Opfertier des Dionysos entspricht. Den alten Mythen nach hat Dionysos den Indern Saatgut und Wein gebracht und sie das Säen und Pflügen gelehrt – und das würde bedeuten, daß mit ihm die Kultivierung unseres Landes begann. Ebenso galt ja der griechische Gott Dionysos für die Verbindung des Männlichen mit dem Weiblichen. Wer denkt da nicht an die Shivadarstellung in dem alten Höhlenheiligtum auf der Insel Elephanta bei Bombay, wo der indische Gott als halb männliche, halb weibliche Gestalt, nämlich als *Ardhanarisvara* dargestellt ist? Und will man nicht auch wissen, daß der hellenistische Einfluß in der indischen Plastik mit der Darstellung des menschlichen Körpers, wie im Bild des Buddha, unverkennbar ist? Daß gerade diese ›nackten‹ Bildwerke bei den muslimischen Eiferern als ›obszön‹ verrufen sind, steht dabei auf einem anderen Blatt.«

Als der Kaiser geendet hatte, atmete ich unbewußt tief auf. Er war über das, was mich der kluge Hakim Gillani lehrte, weit hinausgegangen. Mein Großvater, der es spürte, fragte mich lächelnd, ob mich von dem, was er soeben gesagt hatte, etwas besonders interessiere?
»Ja«, sagte ich. »Ich meine den Wein, den der griechische Gott nach Indien gebracht haben soll. Hat aber der Prophet Mohammed seinen Gläubigen nicht den Wein verboten?«
Der Kaiser zog wieder lächelnd die Augenbrauen hoch.
»Obwohl der Prophet immer recht hat, tun wir zuweilen unrecht. Schließlich kommen die Moguln aus Persien. Oder besser: Wir verdanken den Persern unsere Sprache und vieles von unserer Kultur. So auch den Genuß des Rebensaftes, dessen Folgen der Prophet sehr

wohl kannte, obwohl wir ihn ungern entbehren.«
Ich schwieg und dachte an meinen Vater, den ich ja schon in dieser Zeit oft berauscht sah.

*

Die Zeit meines Heranwachsens fiel bei dem Prinzen Salim mit einem Zustand glühender Unruhe zusammen. Er sehnte die Stunde seines eigenen Herrschertums herbei. Für sein ungeduldiges, eigensüchtiges Ich schien mein Großvater Akbar bereits jenseits der Schwelle zu stehen – eine Einbildung, die sich bei meinem Vater in Unzufriedenheit und dadurch hervorgerufene Sucht nach Vergnügungen der Sinne und Flucht in den Rausch auswirkte. Immer mehr verrannte er sich in das eine Ziel: so bald wie möglich den Thron zu erringen – entweder durch das von ihm in Anspruch genommene Gesetz der Nachfolge – oder mit Hilfe militärischer Macht.
Im Hinblick auf seinen inneren Konflikt war für ihn die Sorge um seine Kinder zweitrangig und, wenn nicht überflüssig, so doch ganz außerhalb seiner Gedanken. Der Rausch gab ihm die Illusion des Selbstvertrauens. Sein Humanismus kam erst zum Vorschein, als er sich selbst der Krone bemächtigt und sich von der Furcht befreit hatte, daß sein übermächtiger Vater zuletzt doch der Macht des Todes weichen mußte.

Der alte Kaiser hingegen war wie ein guter Hirte bereit, sein Leben für das Wohl seiner Herde bis zum Schluß einzusetzen. Den Ungehorsamen und Unloyalen gewährte er keine Gnade. Diese Regel hatte er rücksichtslos sein Leben lang befolgt. Einmal sagte er zu mir, und es klang, als spräche er mit einem mündigen Nachfolger:
»Der wahre Herrscher muß seinen Untertanen Gelegenheit geben, zu ertrinken, damit sie schwimmen lernen.«
Tatsache war, daß es sowohl mein Onkel Murad wie auch Prinz Daniyal, der Vizekönig in Allahbad, an Ergebung und Disziplin fehlen ließen. Längst war deutlich geworden, daß ihnen beiden mehr an der Stärkung der eigenen Macht lag als an der notwendigen Festigung des Reiches. Auch mein Vater, Prinz Salim, hatte sich den Zorn des Kaisers wegen seiner Unfähigkeit zugezogen, die ständig schwelende Rebellion im Süden zu unterdrücken.
Mein Onkel Murad, offizieller Oberkommandierender der kaiserli-

chen Armee im Dekkan, war bekannt durch die Verschwendung seiner Kräfte in einem liederlichen und aufrührerischen Leben. Seine Art der Kriegsführung war der Hauptgrund für die nachlassende Moral aller Dienstgrade in seinem Heer, bis sich der alte Kaiser selbst aufmachte, um mit den Sultanen im Süden des Reiches grundsätzliches Einvernehmen zu erzielen. Im besonderen aber gedachte Akbar die längst durchschauten, allzu eigennützigen Pläne und Erwartungen seiner Söhne und ihrer Anhänger zu durchkreuzen. Während er seine Frauen und Enkelkinder in Lahore zurückließ, bestand der Kaiser darauf, daß ich, der Sechsjährige, ihn begleite. Er wollte sich auch für kurze Zeit von mir nicht trennen. Fürchtete er den Neid meines Vaters und meiner selbstsüchtigen Onkel? Im letzten Augenblick entschloß er sich, auch meinen zweitältesten Bruder Parvez mitzunehmen.

Für einen jungen Prinzen gibt es keine bessere Schule als ein Militärlager. Während des dreiundachtzigtägigen Marsches durfte ich den Kaiser auf mancher aufregenden Jagd begleiten und wurde ebenso zu religiösen und philosophischen Diskussionen hinzugezogen, die mein Großvater mit dem Geistlichen Rat in seinem Gefolge abhielt.
Vornehme Geburt pflegt gewöhnlich den Fleiß zu vermindern. Das sollte für mich nicht gelten. Ich strengte mich mehr als nötig an, um nicht nur in der Kunst der Kriegsführung, sondern auch auf religiösem, philosophischem wie mathematischem Gebiet zu lernen. Ich wuchs heran als gesetzestreuer Muslim. Mogul-Prinzen waren in der Regel frühreif, und das Lagerleben half mir, meinen Körper und meinen Geist in der richtigen Gesellschaft zu stärken, zumal mir mein Großvater hervorragende Offiziere aus seiner Umgebung als Schutz zur Seite gegeben hatte.

Nach der im Dekkan wiederhergestellten Ruhe traten wir den Rückmarsch an, der diesmal nicht nach der alten Residenz Lahore, sondern nach Agra führte. Diese Stadt begeisterte mich vom ersten Augenblick an, als hätte ich sie längst gekannt. Die Paläste und Moscheen, die alten Bauten und das von Akbar geschaffene Rote Fort, die Gärten wie die Flußlandschaft mit ihrer frischen Luft des Himalaya-Vorgebirges schenkten mir einen Einblick in die Weite und Schönheiten des Reiches.
Berittene Wachen drängten sich durch enge Straßen, Ochsenkarren und umherstreunendes Volk, dunkelhäutige Träger im Lendenschurz

und verschleierte Frauen, die schwere Messinggefäße auf den Köpfen balancierten. An den Seiten der Gassen hockten oder saßen auf den Türschwellen zerlumpte Bettler oder bärtige Kaufleute im Schatten der Vordächer, die mit flinken Augen den Vorübergehenden zuwinkten, um sie zum Betreten ihrer Basare oder Gewölbe zu bewegen. In runden Pfannen zischten Fladen über Ölfeuern und handgedrehte Teigkugeln brodelten in rauchendem Öl. Die heiße Luft war erfüllt von Staub und Gerüchen nach Gewürzen. Zwischen den offenen Läden führten durch verzierte Eingänge schmale Treppen zu Balkonen empor, auf denen hinter geschnitzten Gittern Frauen mit wedelnden Fächern in der Hand neugierig auf das bunte Treiben zu ihren Füßen herabblickten ...

Mein Großvater war nach vierzehn langen Jahren wieder nach Agra zurückgekehrt, und die Vergangenheit schien ihn zu überwältigen. Obwohl die Entwicklung der Lage ihn nach Burhanpur rief, entschloß er sich, länger als vorgesehen in seiner Lieblingshauptstadt zu bleiben. Er hoffte, daß seine Söhne Vernunft annehmen und sich ihm in Pflicht und Gehorsam unterordnen würden, bevor er gezwungen war, Gewalt anzuwenden. Auch gab er sich der Erwartung hin, daß eine eigene diplomatische Offensive eine schnellere Verbesserung der Zustände bewirken könnte.
Der Himmel strafte diese Hoffnung Lügen. Prinz Murad starb, bevor er das aufsässige Burhanpur erreichte. Mein Großvater nahm die Nachricht mit Bestürzung auf. Ich selbst trauerte um das Hinscheiden meines Onkels, von dem ich so verschiedene Dinge gehört hatte. Ich fragte den Kaiser, ob der Tod im neunundzwanzigsten Lebensjahr ein gewöhnliches Ereignis sei, und er sagte mir die unverhüllte Wahrheit: »Dein Onkel starb nicht eines natürlichen Todes. Er tötete sich selbst durch den Mißbrauch allzu vieler und allzu gefährlicher Getränke.«
Diese Bemerkung hinterließ in mir einen tiefen Eindruck. Ich dachte an meinen Vater, dessen Leben von Rausch und Aufsässigkeit gezeichnet war. Bis zu meinem dreißigsten Lebensjahr trank ich überhaupt keinen Alkohol und selbst danach nur selten und wenig.

Drei Monate nach meiner Ankunft in Agra warf mich ein Anfall von Blattern auf das Krankenbett. Der kaiserliche Hofarzt Abul Fateh stand mir zur Seite. Im Sinn indischer Medizin versuchte man die Heilung mit schwachen Medikamenten. Vollkommene Ruhe und strenge Diät sollten mir helfen, die ansteckende Krankheit zu überwinden. Hakim Gillani verschrieb mir eine Salbe gegen die Schorfe am Körper und im Gesicht. Nach achtundzwanzig Tagen war ich vollkommen wiederhergestellt. Der Kaiser erließ eine Verlautbarung, in der es hieß:

> *Durch Gottes, des Ordners der Ordnung Gnade, blieb keine Entstellung, kein Makel auf dem sonnengleichen Antlitz des Prinzen.*

Meine Genesung wurde mit den üblichen Almosen und Armenspeisungen gefeiert.

Im Dekkan ernannte der Kaiser meinen Onkel Daniyal anstelle des verstorbenen Murad zum Gouverneur. Leider litt Daniyal an den gleichen Schwächen wie sein älterer Bruder. Wein, Frauen und eine übersteigerte Eigenliebe hinderten auch ihn daran, die Sultanate zu befrieden. Er ging seinen Vergnügungen nach, während in den Ländern Widerwille und Aufruhr brodelten. In Agra trafen dringende Hilferufe um Truppenverstärkungen ein mit der Versicherung, daß nur die persönliche Anwesenheit des Kaisers die Moral wiederherstellen könnte.

Akbar entschloß sich, eine Hilfsarmee mit den notwendigen schweren und leichten Feuerwaffen selbst anzuführen. Wieder war ich an seiner Seite und durfte nicht nur an den Versammlungen des Kriegsrates wie an den späteren Siegesfeiern teilnehmen, sondern auch meinen Onkel Daniyal zuerst als neuen Vizekönig des Dekkan beglückwünschen.

Ich zählte nun zehn Jahre und war also in einem Alter, da die meisten Prinzen unseres Hauses bereits mit Verwaltungsaufgaben betraut wurden. Immer deutlicher schien man der Ansicht zu sein, daß der Kaiser für mich noch größere Dinge im Auge habe.

Eines Abends erklärte bei einer Sitzung des Geistlichen Rates der oberste Sunniten-Mullah: Es gäbe vier Pfeiler einer guten Regierung: die Religion, Gerechtigkeit, den Hohen Rat und das Geld.

Akbar begnügte sich nicht mit dieser Vereinfachung und fragte mich nach meiner Meinung. Ich antwortete:

»Verehrungswürdiger Herr, Gerechtigkeit und Geld sind zweifellos Grundlagen einer guten Regierung und einer gesunden Verwaltung. Doch erlaube ich mir kein Urteil über die anderen beiden Fragen.

Sheikh Abu Fazl, Euer kluger Ratgeber, sagte mir einmal, daß Religion gut sei für uns selbst, nicht für den Staat. Soweit es den Rat betrifft, seht Ihr mich verwirrt.«
Ich erhob mich respektvoll und wartete auf die Stellungnahme meines Großvaters. Er sagte:
»Mein Sohn, ich habe keine Bücher studiert, nur die Menschen. Deine Zweifel verraten Weisheit. Wir werden diese Dinge ein anderes Mal weiterverfolgen.«

In diesen Tagen erschreckte den Kaiser die Nachricht von der offenen Rebellion meines Vaters, des Prinzen Salim. Er überließ die weitere Entwicklung im Dekkan meinem Onkel Daniyal und Khan-i-Khan Abdur Rahim und eilte von Burhanpur nach Agra zurück, um das Feuer des Aufstandes auszutreten, bevor es sich zum großen Brand ausweiten konnte.
Die Stadt Agra war durch den Einsatz des treuen Gouverneurs vor der Eroberung durch meinen Vater bewahrt worden. Trotz hoher Bestechungssummen hatte sich der Gouverneur geweigert, die Tore zu öffnen. Der rebellische Prinz Salim floh nach Allahabad und legte sich feierlich den Titel eines unabhängigen Monarchen zu. Akbar betraute die noch immer einflußreiche Salima Sultan Begum mit der Aufgabe, meinen Vater vom gefährlichen Weg des Revolutionärs abzubringen – mit Erfolg.
Prinz Salim kehrte zurück, erbat und erhielt erstaunlicherweise großmütige Vergebung und die Erlaubnis, wieder die früheren Ehrenkleider zu tragen.
Wie zu befürchten, war die Unterwerfung von kurzer Dauer. Wieder verstieg sich der Ehrgeiz des Prinzen; er wies das ihm übertragene Kommando im Feldzug gegen das wieder einmal unbotmäßige Mewar – also gegen Udaipur, woher seine Mutter stammte – zurück. Nachdem er sich erneut nach Allahabad in Sicherheit gebracht hatte, wiederholte er offen die vermessene Hoffnung, daß sein starrköpfiger alter Vater aus dem Weg geräumt werde und er, Prinz Salim, endlich, sei es direkt oder mit Hilfe seiner Anhänger, auf den ihm zustehenden Thron gelangen könne.

Ich blieb ein schweigender Beobachter der Umtriebe am Hof, ohne mit irgendjemandem darüber zu sprechen. Es genügte mir das Vertrauen des Kaisers, der mich wieder mit sich nahm, als er Agra mit

der erklärten Absicht verließ, die Revolte nun mit Gewalt zu unterdrücken.
Da traf die Nachricht von einer ernsthaften Erkrankung seiner Mutter Hamida Banu Sultan ein. Mein Großvater bestimmte, daß ich und Hakim Gillani zu ihr reisten, ihren Zustand zu prüfen und ihm so bald wie möglich Bericht zu geben. Wir fanden die alte Dame in tiefer Bewußtlosigkeit. Als der Kaiser unseren Eilboten empfing, schickte er eine letzte ultimative Warnung an meinen Vater. Wieder gab Prinz Salim klein bei und entschied sich in feierlichen Worten, ›die kaiserliche Schwelle zu küssen‹ – offensichtlich, um sein Beileid zum Tod der hochverehrten Großmutter zu bezeugen, ohne darum die eigenen Ziele aufzugeben.

Mein Großvater hatte die Schlange besänftigt, aber nicht unschädlich gemacht. Eine von ihm einberufene Ratsversammlung erklärte den Prinzen Salim als der Thronfolge unwürdig und wählte an seiner Stelle meinen ältesten Bruder Khusrau. Akbar stimmte zu, doch mit halbem Herzen. Es fiel ihm schwer, sich gegen mich zu entscheiden, aber ich war noch ein Kind – andererseits liebte er meinen Vater trotz seiner vielen Fehler und noch mehr Sünden. Der Gedanke an die Nachfolge bedrückte ihn, und diese Unsicherheit zwischen Wollen und Nichtwollen gab ihm den Wunsch ein, die Lösung einem ›Zeichen des Himmels‹ zu überlassen.
Mein Vater war nun siebenunddreißig Jahre alt, Khusrau gerade siebzehn, und er wurde von den beiden mächtigsten Adligen des Reiches unterstützt, seinem Onkel Man Singh von Jaipur und dem ›Milchbruder‹ des Kaisers, Asis Koka.
Akbar beschloß, die Entscheidung durch einen Elefantenkampf zwischen den stärksten Bullen der Prinzen Salim und Khusrau herbeizuführen.

*

Der Kaiser thronte auf seinem berühmten *Jarokha*-Balkon hoch über den Mauern des Roten Forts, zu dessen Füßen sich die freie Fläche zwischen dem Festungsgraben und dem Jamuna-Fluß breitete – dem Platz, wo seine Lieblingssportart, der Elefantenkampf, stattzufinden pflegte. Jetzt sollte der siegreiche Dickhäuter einen Hinweis geben, welchen Weg ihm Allah vorschrieb. Als die Frage nach dem obersten

Schiedsrichter zur Sprache kam, erschrak ich: Der Kaiser bestimmte mich, den gerade Dreizehnjährigen, für dieses Amt.
Neben dem kaiserlichen Baldachin hatte ich meinen Platz einzunehmen. Der bevorstehende Kampf der grauen Kolosse in Anwesenheit des Kaisers hatte Tausende von Menschen an die grünen Flußufer gezogen. Der Kaiser stand in seinem dreiundsechzigsten Lebensjahr und war von Krankheit gezeichnet, doch blickten seine dunklen Augen unter den schweren, zusammengewachsenen Brauen in höchster Aufmerksamkeit auf die beiden abgerichteten Riesen, die gleich russischen Bären im tödlichen Ringen aufeinander zutrampelten. Akbar trug einen juwelenbesetzten roten Turban mit einem in die Stirn hinein hängenden riesigen Diamanten, der im späten Licht des Tages Funken sprühte. Sein noch immer kräftiger, schlanker Körper war in einen purpurnen, mit Goldfäden durchwirkten Umhang gehüllt, dessen Ärmel mit Perlen besetzt waren. Um den Hals trug er eine doppelreihige Kette aus taubeneigroßen Perlen, die bis zur Taille reichte, und Ohrringe, die aus einer einzigen Perle bestanden. Der Kaiser thronte mit überkreuzten Beinen auf dem hohen Prunksessel und konnte, je mehr sich die Elefantenbullen ineinander verbissen, seine Erregung kaum mehr verbergen.
Ich selbst richtete meine Augen in unverhüllter Neugier auf meinen Großvater, als Khusraus Koloß, der den Namen Abrupa trug, in tödlicher Pein tobte und trompetete, nachdem ihm sein Gegner Giranbar gnadenlos zugesetzt hatte. Als die Verwirrung unübersehbar zu werden schien, bestimmte ich, daß ein anderer bereitgehaltener Elefant, er trug den Namen Ranthanbor, in den Kampf geschickt werde, um dem leidenden Unterlegenen zu Hilfe zu kommen. Die Anhänger meines Vaters Salim schleuderten Steine auf das sich einmischende Tier. Von allen Seiten ertönten anfeuernde oder mißbilligende Schreie durcheinander. Der Kaiser zeigte seinen Unmut über den wachsenden Aufruhr, bei dem bereits Felsstücke geworfen wurden, um die kämpfenden, brüllenden Kolosse zu trennen. Abrupa versuchte, dem Kampffeld zu entfliehen, heiß verfolgt von Salims Giranbar. Das Drama fand damit ein Ende, daß sich die beiden Elefanten in das Wasser des Jamuna-Flusses stürzten. Daraufhin erkärte ich meinen Vater, Prinz Salim, zum Gewinner.

Die Zweifel meines Großvaters schienen teilweise beseitigt. Allah war gegen Khusraus Ernennung. Ich schickte mit strahlenden Augen

sprachlose Glückwünsche zu meinem Vater hinüber; auf meinen Onkel Khusrau blickte ich halb betrübt, halb mitleidig.
Ich hatte meine Rolle zur Zufriedenheit des Kaisers gespielt und spürte, daß er, wäre ich ein wenig älter gewesen, schon jetzt die offizielle Thronfolge auf mich übertragen hätte. Jedenfalls war es schwer zu sagen, ob ihn dieses ›Zeichen des Himmels‹ erfreute. Wieder in seine Gemächer zurückgekehrt, äußerte der Kaiser zu meiner Stiefmutter: »Das erste Gesetz des Mogul-Stammes heißt: Duldung.«
Dann fügte er lächelnd hinzu: »Recht zu behalten ist die größte Freude der Menschen. Deshalb sollte man sie anderen gönnen.«

In der darauffolgenden Woche verschlimmerte sich die Krankheit meines Großvaters. Seine Därme bluteten, und er lag bewegungslos unter dem weißen Baumwolltuch. Tagelang hielt ich an seinem Lager Wache und beobachtete jede Bewegung in seinen Gesichtszügen mit unendlicher Angst. Umsonst flehte ich meine Stiefmutter Ruqiah Begum an, das Krankenzimmer zu verlassen, als der Oberhofarzt den Tod des Kaisers verkündete. Ich wollte ihm keinen Glauben schenken und versicherte ihr, daß mein geliebter Shah Baba niemals sterben und mich allein lassen könne. Erst als man seinen Körper zur Verbrennung hinaustrug, zog ich mich verzweifelt und einsam in meine Räume am anderen Ende des Palastes zurück.
Akbar der Große starb nach dreiwöchigem Ringen mit einer tödlichen Krankheit, deren Kennzeichen blutiger Durchfall war. Er hatte sich jeder ärztlichen Hilfe widersetzt. Als mein Vater, Prinz Salim, ihn noch einmal aufsuchte, hatte ihm der Sterbende bedeutet, er solle den kaiserlichen Purpur-Turban aufsetzen und sich mit dem Schwert unseres Ahnen Humayun umgürten, das immer am Fußende seines Bettes lag.
Zwei Dinge wurden mir damals zugetragen: Das eine war, daß mein Bruder Khusrau und sein Anhang geplant hatten, mich noch in der Nacht vor des Kaisers Tod zu entführen. Mein früher Rückzug in meine Gemächer im abgelegenen Palastteil rettete mich.
Ein anderes Gerücht besagte, daß der Kaiser Akbar auf Veranlassung meines Vaters, des Prinzen Salim, von dem fundamentalistischen Hakim Gillani vergiftet worden sei...
Das Buch des Schicksals enthält manches geheime Kapitel jenseits menschlichen Wissens.

*

Drei Jahre vor seinem Tod hatte der Kaiser bereits die gewaltige Anlage eines Grabmals in Sikandra, an der Straße von Agra nach Delhi, in Auftrag gegeben. Das vierundzwanzig Meter hohe Bauwerk aus hinduistischer und islamischer Bautradition wird von vier Minaretts flankiert. Die riesige Gartenanlage im Stil der Großmoguln ist von Wasserläufen durchzogen. Vier große Pavillons bestimmen die Himmelsrichtungen in den Umfassungsmauern, und auf Befehl meines Vaters erschallt jeden Morgen feierliche Trommel- und Posaunenmusik zu Ehren des Toten. Das kostbare Hauptportal hat mein Vater selbst entworfen; es wurde acht Jahre nach dem Tod des Kaisers vollendet. Auf den pyramidenartig ansteigenden Terrassen wurden für die Damen des Hofes zahlreiche Pavillons hinzugefügt, die dem weiten Areal den Charakter eines heiter-farbigen Sommerpalastes verleihen.

Auf der obersten Terrasse ragt der aus einem Marmorblock gehauene Schausarkophag, dessen Inschrift die neunundneunzig Eigenschaften Allahs aufzählt. An seinem Kopfende erhebt sich ein goldverzierter Pfeiler, auf dem ich den berühmten Riesendiamanten Kohinoor in kostbarer Fassung anbringen ließ, den mein Vorfahr Humayun der Familie des Raja von Gwalior abgenommen hatte. Humayun wollte den unschätzbaren Stein seinem Vater Babur verehren, doch der wußte nichts damit anzufangen und gab ihn dem Sohn zurück. Jetzt strahlt der kostbarste Steine der Welt über dem Grab meines Großvaters, bis ihn vielleicht eines Tages ein gieriger Räuber entführen wird, um sich selbst damit unehrenhaft zu schmücken.

Die in der Tiefe unter Akbars Kenotaph liegende Grabkammer ließ mein Vater Jehangir mit goldenen, erhöhten Malereien schmücken.

Für mich atmet diese gewaltige Grabanlage – mehr noch als die meines Ahnen Humayun in Delhi – die Größe der Mogul-Tradition, wie es der Kaiser Akbar in einem Brief an seinen einundzwanzigjährigen Sohn Murad bei dessen Ernennung zum Statthalter von Malwa ausgesprochen hatte:

> *Laß niemals zu, daß Religionsunterschiede mit Politik vermischt werden. Bei Vergeltungsmaßnahmen wende keine Gewalt an. Schmücke deinen Rat mit Männern, die ihre Arbeit verstehen. Wenn Entschuldigungen vorgebracht werden, nimm sie an.*

Und ich darf heute hinzufügen: Weisheit ist Maß – doch es bedarf auch des Maßes in der Weisheit.

Ich liebte mich selbst und ich wußte es. Mein Vater, der spätere Kaiser Jehangir, floh vor sich selbst. Er hatte nicht den Mut, sich selbst anzunehmen. Er flüchtete sich in den Rausch – in eine Welt, die er nicht beherrschte, in der er aber sich selbst suchte. Ich glaube, daß es nicht genug ist, sich zu suchen; wir müssen uns *finden*. Und das war es wohl, was mein Großvater Akbar an sich selbst liebte. Die Sehnsucht nach der Macht der Schönheit, sei es bei den Menschen, sei es in den Dingen und Bauten, wie er sich seine Märchen-Residenz Fatehpur Sikri aus dem Nichts erbaut hatte – ohne daran zu denken, daß manchmal nur ein kleines Teilchen zu der Vollkommenheit fehlt, die wir ersehnen. In Fatehpur Sikri war es das Wasser. Die herrlichste und edelste Residenz oder Stadt ist eine leere Kulisse, wenn in der Rechnung ein winziges Detail, das wir nicht beachtet haben, fehlt ...
Meinem Vater Jehangir fehlte in seiner Sehnsucht auch nur ein winziges Detail: nämlich die Kraft der Persönlichkeit, die unsere Sehnsucht mit der Realität verbindet. Ähnlich war es wohl bei meinem Ahnen Humayun. Ich liebe ihn, weil er sich in seinem Grabmal verkörpert, das in seiner Herrlichkeit für mich immer ein Stück meiner eigenen Sehnsucht war. Darum liebte ich auch mich und meinen eigenen Körper, weil ich ahnte, daß wir selbst nur dann Liebe erwecken können, wenn wir uns unserer eigenen Kräfte auch im Schönen bewußt sind. Ich liebte die Bauwerke und Kuppelgräber meiner asiatischen Ahnen. Ich wollte Persien kennenlernen und Afghanistan mit seinen unvergleichbaren Schöpfungen islamischer Baukunst, und ich träumte davon, Delhi, gerade Delhi, die uralte Kaiserstadt des großen Buddhisten Ashoka, zur Weltstadt zu machen. Ich wollte den Menschen meiner Länder das Bewußtsein der Einheit im Glauben jenseits der eigenen Besonderheiten in den Formen wecken, und ich wollte ihnen das Bewußtsein der Einheit im Schönheitsgefühl des Menschen bei-

bringen. Daß diese Schönheit nicht nur geistig, sondern durchaus materiell und *körperlich* sein mußte, glaubte ich schon bei meinen sportlichen Wettkämpfen als Knabe zu erkennen. Sieg war auch Schönheit, aber ich wollte wissen, *wen* ich besiegt hatte. Einen schönen Gegner zu besiegen, bedeutete mir hundertmal mehr als einen häßlichen oder unscheinbaren. Das war ungerecht, und ich tadelte mich deswegen – ebenso, wie ich später immer darauf achtete, einen Besiegten niemals zu *demütigen*.

*

Jung als Person, alt im Urteil, war ich dreizehn Jahre alt, als mein Großvater Akbar starb. Die ältesten Edelleute am Hof, vor allem diejenigen, die gegen die Nachfolge meines Bruders Khusrau waren, blickten auf mich als einen Auserwählten, der eines Tages die Krone des Reiches tragen und die Mogul-Macht und -Kultur bereichern würde. Es war kein Geheimnis, daß der alte Kaiser mich höher gestellt hatte als meine Brüder Khusrau und Parvez und daß er von jedem Wort der Vorhersage des Brahmanen-Astrologen Gobind Rai über den künftigen Ruhm des Sohnes von Rani Balmati überzeugt war; und vielleicht ist es noch bemerkenswerter, daß ich selbst, der Knabe, fest an die unausgesprochenen Gedanken meines Großvaters glaubte. Dieses Bewußtsein gab mir eine Gelassenheit und Selbstüberzeugung, mit der ich die Zuneigung der Menschen in- und außerhalb des Palastbezirkes gewann.

Als mein Vater, Prinz Salim, am fünfundzwanzigsten Oktober Sechzehnhundertfünf zum Kaiser *Jehangir* ausgerufen wurde, bedeutete dies auch für mein Leben eine deutliche Veränderung. War ich bisher nur ein bevorzugter *Enkel* Akbars, so wurde ich jetzt ein bevorzugter *Sohn* mit mehr als nur möglicher Aussicht auf den Thron. Obwohl ich bei der Krönungszeremonie nur auf dem dritten Platz an der Seite des neuen Kaisers stand, war ich der erste, der nach dem offiziellen Ritual in das kaiserliche Appartement eingeladen wurde. Meine Stiefmutter Ruqiah Begum Sultan führte mich vor den neuen Herrscher. Ich erinnere mich nicht, damals meine Mutter gesehen zu haben – was soviel heißen dürfte, daß sie nicht zugegen war.
Mein Vater Jehangir trug ein glitzerndes Gewand und einen kunstvoll gewirkten Turban über dem feinen, bärtigen Gesicht mit den schwermütigen Mandelaugen. Wenn seine kostbaren Ohrgehänge bei einer

Bewegung des Kopfes im gleißenden Licht aufleuchteten, schien es, als sprühe jeder Edelstein sein eigenes Feuer. Als die Majestät eintrat, verbeugten sich alle Anwesenden tief, berührten mit dem rechten Handrücken die Erde und legten anschließend die Handflächen an ihre Stirn – Bewegungen, die die Bereitschaft zum Ausdruck bringen sollten, sich selbst als Opfer darzubieten.

Der Kaiser überreichte mir feierlich ein seidenes Ehrenkleid und erinnerte mich daran, daß Gehorsam die höchste Zierde eines Mogul-Prinzen sei. Ich machte mir darüber gerade im Hinblick auf ihn selbst meine eigenen Gedanken und stand ehrfurchtsvoll in der Runde, wozu es gehörte, daß ich mich zustimmend nach jedem seiner freundlichen Ratschläge verneigte.

Dann wurden, alter Tradition gemäß, Melonen aus Schiras gebracht und in fünf gleiche Teile zerschnitten. Der Kaiser Jehangir fragte mich, ob ich die Bedeutung des Zeremoniells kenne. Ich bedachte mich für einen Augenblick und erwiderte dann:

»Einheit in der Teilung unter meinem hochverehrten Vater, meiner heiligen Mutter und unter uns drei Brüdern.«

Zufrieden mit der Antwort lud mich der Kaiser ein, mit ihm das Mahl einzunehmen.

*

Während in Europa eine Epoche ihren Höhepunkt erlebte, die die Wiedererweckung antiker Philosophie und Stilformen bewirkte und die man *Renaissance* nannte, zeichnete sich auch mein Vater Jehangir durch einen unstillbaren Wissensdurst aus, dessen Geständnis ihn für die Europäer zum leuchtenden Vorbild hätte erheben können:

Was ich nicht sehen und erfahren kann, will ich nicht glauben.

Wie mein Urgroßvater Babur hinterließ mein Vater Jehangir eine Art Tagebuch, das kaum weniger frisch und anschaulich ist. Über seinen Namen als Kaiser vermerkte er darin:

Durch eine Inspiration kam mir der Gedanke, daß es zum Amt der Könige gehört, die Welt zu kontrollieren. So nannte ich mich Jehangir, Eroberer der Welt. *Als Ehrentitel wählte ich Nurredin, Licht der Sonne, weil ich zu dieser Tageszeit auf dem Thron saß, und vor allem, weil eine alte Prophezeiung sagte, daß nach Akbar einer dieses Namens Kaiser sein werde.*

Während Babur die Ereignisse seiner Regierungszeit mit einem gewissen Abstand später aufzeichnete, hat mein Vater seine Berichte über die von ihm gewonnenen Kenntnisse in der Natur, in der Wissenschaft und der Kunst von Tag zu Tag niedergeschrieben. Neben seiner eigentlich künstlerischen Sicht des Lebens trieb es ihn beinahe mit einer Besessenheit, was er sah, zu analysieren, zu sezieren und aufzuzeichnen. So zum Beispiel die Beobachtung eines Kranichpaares, das den Kaiser fünf Jahre lang in dem immer neben dem kaiserlichen Zelt aufgestellten Käfig auf seinen Reisen begleitete. Ein anderes Mal war es ein Meteorit, den der Kaiser noch heiß ausgraben ließ, um aus ihm Schwerter schmieden zu lassen. Er berichtete über seine Beobachtungen eines Hasen im Bauch einer Schlange oder untersuchte die Eingeweide eines Löwen, um festzustellen, ob dort irgendeine Erklärung für den besonderen Mut dieses Raubtieres zu finden sei. Jehangir ordnete Forschungen über den auch in Europa so beliebten ›Stein der Weisen‹ an, um zum Schluß daraus den Schluß zu ziehen:

Meine Vernunft akzeptiert diese Geschichte in keiner Weise. Mir scheint sie ganz und gar ein leerer Wahn zu sein.

Beim Besuch eines Grabes, an dem sich angeblich Wunder ereigneten, fragte er den Wärter als erstes:
»Was ist der wahre Sachverhalt?«
Überall hin mußte den Kaiser eine Schar von siebzig Malern begleiten, deren Aufgabe es war, das, was er sah, zu zeichnen und zu malen:

König Babur hat in seinen Memoiren wohl das Aussehen und die Gestalt mehrerer Tiere beschrieben, aber niemals den Malern befohlen, von ihnen Bilder anzufertigen. Da mir diese Tiere sehr fremdartig vorkamen, beschrieb ich sie und befahl, daß man sie in mein Jehangir-Nama – das Tagebuch – zeichnen solle, so daß das durch die Kunde über sie hervorgerufene Erstaunen noch verstärkt werden möge ...

Mein Großvater Akbar hatte sich von Geheimnissen angezogen gefühlt, die mehr ins Übersinnliche führten. So hatte er Kleinkinder aufziehen lassen, ohne daß sie ein gesprochenes Wort hören durften – und war enttäuscht, da sich die Kinder als stumm erwiesen. Hätten sie dennoch Worte von sich gegeben, wären sie seiner Ansicht nach göttlich inspiriert gewesen ... Mein Vater Jehangir hingegen suchte rein erfahrungsgemäß schlichte Naturgegebenheiten zu erkennen, wenn er etwa einen blühenden Baum bewunderte, sich dann aber mindestens ebensosehr für die einzelne Blüte an diesem Baum interessierte.

Der Kaiser fing und beringte eigenhändig gefangene Vögel oder er nahm sie in die kaiserlichen Gehege auf, wo eine von ihm aufgestellte ›unvollkommene Liste‹ etwa zwölftausend Elefanten, zehntausend Ochsen, dreitausend Rehe, viertausend Hunde, neunzigtausend Vögel und zehntausend Brieftauben erwähnt. Unter meinem Vater erreichte die persisch-indische Malschule eine Höhe, die ich selbst nur in einzelnen Darstellungen – etwa in den höfischen Szenen – vervollkommnen konnte.

Um ›Verzögerungen und Ungerechtigkeiten in der Justiz zu verhindern‹, bediente sich der Kaiser einer dreißig Meter langen, aus Gold gefertigten und mit vielen Glöckchen behangenen ›Kette der Gerechtigkeit‹, die vom kaiserlichen *Jarokha*-Balkon über den Mauern des Roten Forts in Agra herabhing, wo er sich jeden Morgen bei Sonnenaufgang dem Volk zeigte. An dieser ›Kette der Gerechtigkeit‹ befestigte man Bittschriften seiner Untertanen, die zum Kaiser emporgezogen wurden und jedem Menschen die Gelegenheit zu Klagen geben sollten; was allerdings mehr dem Ansehen des Herrschers als dem Erfolg der Bittsteller zu helfen pflegte. Ähnlich verhielt es sich mit dem allerhöchsten Erscheinen in der weiten Halle der öffentlichen Audienzen, wo es kaum gelingen konnte, die Aufmerksamkeit des Kaisers auf sich zu ziehen.

*

Ich darf aber auch nicht verschweigen, daß mein Vater schon früh dem Trinken allzu ergeben war. Mit siebzehn Jahren notierte er, daß er ›*den ersten Becher süßen gelben Weines*‹ genossen habe. Mit einundzwanzig Jahren bevorzugte er zuerst Arrak, danach doppelt gebrannten Schnaps,

> *von dem ich mit achtundzwanzig Jahren mindestens täglich zwanzig Becher brauchte. Später reduzierte ich diese Menge bis zu meinem vierunddreißigsten Lebensjahr auf täglich sechs ziemlich große Becher einer Mischung aus zwei Teilen Wein und einem Teil Arrak. Dazu kamen täglich zwei Gramm Opium in Pillenform.*

Als mein Vater mit siebenunddreißig Jahren den Thron bestieg und er seine erste Münze prägen ließ, zeigte diese den ›Eroberer der Welt‹ mit einem Becher in der Hand.

Zu den dreitausend aus Akbars Harem übernommenen Frauen kamen noch die dreizehnhundert aus den Haushalten seiner verstorbenen Brüder und etwa hundert ausgesuchte Knaben und Jünglinge, denen der Kaiser zweimal in der Woche Besuche abstattete.

In den Stunden des Vormittages, wenn er ausgeschlafen war und sich seinen Liebhabereien hingab, pflegte er mich zu sich zu rufen und mich in die ihm vertrauten Dinge einzuführen.
Er liebte die alten persischen Dichter wie Firdausi – den *Paradiesischen* –, der in einer grandiosen Dichtung vor sieben Jahrhunderten das *Shanameh*, das Buch der persischen Könige, als sein Lebenswerk in nicht weniger als sechzigtausend Verse gegossen hatte.
Mein Vater versuchte, mir diese Legende von dem Paradies auf Erden zu erzählen, das der Gott Ormasd für den ersten Mann und den ersten Stier geschaffen hatte. Sie lebten in Frieden und Glück an süßen Wassern, in milder Luft, inmitten blühender Vegetation. Bis Ariman, der Geist der Finsternis, in dieses Paradies einbrach und alles verwandelte. Das Licht mischte sich mit dem Dunkel, die warme Jahreszeit mit der kalten, ein Teil des Wassers wurde salzig. Die Flüsse versiegten, an den Pflanzen wuchsen Dornen, Stürme kamen auf und brachten Staub und Krankheit und Tod. Der Mann und sein Freund, der Stier, lernten Not und Leid kennen und starben. Aus dem Körper des toten Mannes aber entsprang Kajumars, der erste Shah. Der tote Stier gab allen guten und nützlichen Tieren Leben, und sie verbreiteten sich auf der Welt. Als Ariman das sah, erschuf er auf der Stelle alle bösen Raubtiere, gefährliche Insekten, Drachen und Schlangen. Es wird nicht gesagt, daß er auch die Frau schuf, aber nach mancher Andeutung kann es angenommen werden ...
Eines Tages stieg Kajumars von der Höhe, auf der er bisher gelebt hatte, hinab – und damit beginnt die Geschichte der Menschen. Kajumars war der erste eines Geschlechts von Priesterkönigen, die die Lehre von einem einzigen Gott verkündeten. Dieser Gott offenbarte sich im Feuer. Die Könige aber waren Gesetzgeber, Staatengründer und Beschützer ihrer Völkerschaften und der geselligen Künste. Sie dehnten ihre Herrschaft bis nach Bactra und dem Himalaya aus. Dieses gewaltige Reich war das alte Iran, das Aturia oder Assyria, was wörtlich *Feuerland der westlichen Welt* heißt ...

*

Es war nicht leicht für mich, den alten Legenden zu folgen, die mein Vater von seinen Lehrern gelernt hatte. Als er spürte, daß ich ihm dennoch aufmerksam zuhörte, erzählte er mir auch von seinem Lieblingsdichter Mohammed Schams-eddin, *Sonne des Glaubens*, den man Hafis – ›Bewahrer des Korans‹ – nannte, weil er die Suren des heiligen Buches im Gedächtnis trug. Er lebte zu Beginn des vierzehnten Jahrhunderts in der persischen Stadt Schiras.

Hafis besang den Wein und die Liebe, wobei für ihn *die* oder *der* Geliebte gleichbedeutend waren. Wie mir mein Vater erzählte, hatte selbst der Eroberer Timur den Dichter mit Geschenken und Auszeichnungen überhäuft. Hafis zu Ehren wurde eine Schule gestiftet, in der er das Dichten lehrte; nach seinem Tod wurden seine Gedichte von den Schülern gesammelt und zu einem ›Diwan‹ zusammengefaßt.

Wenn mein Vater von diesen Dichtern sprach, zu denen auch Firdausi gehörte, war sein damals noch feines Gesicht wirklich das eines Wissenschaftlers und Musenfreundes, und seine Stimme klang beinahe wie die eines guten Schauspielers, wenn er mir zum Beispiel eines seiner Lieblingsgedichte des Hafis vortrug:

Ein Weggefährte, der in diesen Zeiten
ohne Makel wäre,
kann nur der klare Wein
und das Gedichtbuch sein!
Befreie dich von der Bürde,
denn eng ist der Paß des Heils;
ergreife den Pokal, denn unwiederbringlich
ist das teure Leben!
Nicht ich allein bin es,
den Tatenlosigkeit auf dieser Welt
verzagen läßt: Auch die Gelehrten trauern,
daß ihr Wissen sich nicht in Taten übt!
Das Auge der Vernunft
sieht auf diesem Weg des Widerstreits
nur die Unbeständigkeit der Welt.
Voll Hoffnung war mein Herz,
mit dir vereint zu sein,
doch als Wegelagerer lauert
der Todesengel auf der Lebensbahn!

Halte fest die Locke des Schönen,
der wie der Mond erstrahlt,
denn Gunst und Ungunst
stammen ja von Venus und Saturn!
Nie trifft man nüchtern ihn,
wie auch die Zeit sich wende,
so daß es scheint, unser Hafis sei trunken
vom Wein der Ewigkeit!

Ich verstand, daß für den Dichter wie für meinen Vater das Leben ein Rausch, die Liebe der Sinn und die Verschiedenheit höchstens ein Wunder mehr war. Mein Vater kannte den griechischen Philosophen Plato aus den arabischen Übersetzungen, der die Freundschaft zu Jünglingen als das ›Zeugen im Schönen‹ dargestellt und dieses keineswegs als Abwertung der Frauenliebe gesehen hatte.
Angeregt von der Sprachmelodie des persischen Dichters und gleichsam auf seiner Woge der dionysischen Glückseligkeit fuhr mein Vater fort, Hafis zu zitieren:

Holder Wind, ziehst du vorüber
an den Gärten unserer Freunde,
verfehle nicht, dem Liebsten
eine Botschaft zu überbringen!
Frage ihn, warum er meinen Namen
so mit Vorsatz aus dem Gedächtnis streicht,
kommt doch von selbst die Stunde,
da man meines Namens nicht gedenkt!
Mein Liebster hat die Trunkenheit
für schön erklärt,
darum wurden ihr
meine Zügel in die Hand gegeben!

Doch gerade diese rauschhafte Abgewandtheit meines Vaters von den allzu weltlichen Pflichten seines Herrscheramtes wurde zur gefährlichen Prüfung, die das Mogul-Reich wie auch meine Zukunft schwer gefährden sollte ...

*

Der derzeitige offizielle Thronfolger, mein ältester Bruder Khusrau, war ein schön gewachsener, fähiger, doch so labiler wie in sich verschlossener Jüngling von unbestimmtem Willen. In ihm fand sich keine Spur des aufbegehrenden Wesens, das man dem Prinzen Salim nachgesagt hatte. Der Thron bedeutete dem kaum Achtzehnjährigen wenig, doch weckte der Leichtsinn unseres Vaters in ihm die Überzeugung, daß das Reich eines standhafteren und besonneneren Herrn an seiner Spitze benötigte. Besonders förderten diese Unzufriedenheit der Bruder unserer Mutter, Man Singh, und der ›Milchbruder‹ des verstorbenen Kaisers Akbar, der einstige Sohn des Wasserträgers und jetzige General Asis Koka. Die eifrig verbreiteten Geschichten von dem haltlosen, der Wirklichkeit nicht gewachsenen Wesen unseres Vaters Jehangir veranlaßten auch jetzt wieder eine einflußreiche Gruppe von Edelleuten am Hof, diesmal den Prinzen Khusrau und dessen Plan einer gewaltsamen Beseitigung des jetzigen Kaisers zu unterstützen.

Monatelang verharrte mein Bruder in Zweifeln und Furcht, ohne imstande zu sein, die wilden Gedanken und aufreizenden Einflüsse in seinem Kopf zu ordnen – bis er einige Monate nach Akbars Tod Hilfsangebote aus Lahore und Kabul erhielt. Seine mehr oder weniger geheimen Anhänger in Agra drängten Khusrau, etwas zu unternehmen, indem sie ihn an das Aufbegehren und die Intrigen des damaligen Prinzen Salim, der nun Kaiser war, gegen seinen Großvater Akbar erinnerten.
Natürlich erfuhr Kaiser Jehangir davon. Der Raja Man Singh, Khusraus Onkel, wurde als Gouverneur ins ferne Ostbengalen versetzt und mein Bruder selbst unter strenger Beobachtung am Hof und ›in unmittelbarer Umgebung der Majestät‹ gehalten.
Kaum ein halbes Jahr nach dem Tod Kaiser Akbars floh Khusrau an der Spitze einer Gruppe von hundert Getreuen aus Agra – angeblich, um das Grab des Großvaters in Sikandra aufzusuchen. Drei Wochen später stand Khusrau mit einem mittlerweile auf siebentausend Mann gewachsenen Heer vor Lahore. Als er keinen Einlaß fand, begann er die Stadt zu belagern.
Was darauf folgte, bestimmte im eigentlichen die Regierungszeit meines Vaters Jehangir. Ich darf hier nur erwähnen, daß ich zum offiziellen Oberhaupt der Reichsverwaltung ernannt wurde, als der Kaiser aufbrach, um den rebellischen Sohn zu verfolgen. Als das kaiserliche Heer vor Lahore eintraf, schlug es die Aufständischen ohne Mühe.

Der Kaiser empfing den reumütigen Sohn, und es kam zu einer tränenreichen Begegnung, die Khusrau irrtümlicherweise für Versöhnung hielt. Das hinderte meinen Vater aber nicht, zwei der wichtigsten Vertrauten Khusraus in die Häute eines frischgeschlachteten Ochsen und eines Esels einnähen zu lassen, an denen noch die Köpfe der toten Tiere baumelten. Dann setzte man die beiden Verräter verkehrt herum auf Esel und führte sie so durch die Straßen von Lahore. Der Kaiser selbst vermerkte in seinen Aufzeichnungen:

Da die Ochsenhaut schneller trocknete als die des Esels, starb der darin Eingenähte nach zwölf Stunden an Erstickung.

Auch Khusrau wurde am darauffolgenden Tag nach Lahore gebracht. Der Prinz ritt auf einem schmutzstarrenden Elefanten, gefesselt mit samtumkleideten Ketten, durch eine Straße, flankiert von spitzen Pfählen, auf denen sich seine restlichen Anhänger im Todeskampf wanden ...

Ein Jahr blieb Khusrau in Ketten; doch er gedachte sich nicht zu beugen. Kaum befreit, leitete er eine neue Verschwörung ein, diesmal mit dem Ziel, den Kaiser zu ermorden. Da eine große Zahl hoher Adliger in die Sache verwickelt war, verzichtete der Kaiser auf genaue Untersuchungen,

um nicht zu viele Große des Reiches durch öffentliche Enthüllung ihrer Untreue zu meinen Feinden zu machen.

Zugleich befahl Jehangir, meinen Bruder Khusrau zu blenden. Zum Glück verfuhr man dabei so, daß der Prinz später wenigstens auf dem linken Auge wieder sehen konnte. Der Gefangene wurde von nun an hinter dem kaiserlichen Hofstaat mitgeführt und einige Male zu Versöhnungsversuchen vor seinen Vater gebracht. Doch Jehangir war von der Entstellung des einst so schönen Jünglings abgestoßen, als er in seinem Bericht schrieb:

Seine Erscheinung zeigte keinerlei Anzeichen von Offenheit und Glück, sein Geist war immer voller Trauer und Niedergeschlagenheit.

Ich selbst konnte weder Khusrau noch meinem Vater Vorwürfe machen. Wie heißt das alte Wort der Mogul-Herrscher? *Taktya takhta –* Thron oder Sarg ...

Der Kaiser hätte den aufrührerischen Sohn töten können – und ich wiederum wollte ihm seine ›Nachsicht‹ nicht vergeben.
Khusrau blieb am Leben als ein Geist in Ketten. Ich fürchtete, sein Schatten würde sich über den meinen legen, wenn ich eines Tages den Thron bestieg ...
Als der Kaiser einmal Khusrau erblickte, wie er sich mit seiner Kette durch die Gänge des Palastes an den Wänden entlang tastete, befahl er der Wache, den Unglücklichen künftig in seinen Räumen festzuhalten.
Mein zweitältester Bruder Parvez war anders als Khusrau. Parvez zeigte geringere Intelligenz und Entschlußfähigkeit, doch bemerkenswerte diplomatische Begabung. Mein Vater, der Kaiser, lobte ihn wegen seiner glücklichen Ausdrucksweise und seiner standhaften Treue gegenüber den überlieferten Herrschaftsformen.

*

Was mich selbst betraf, so durfte ich mit vierzehn Jahren den Kronrat leiten und tat es mit einer Überzeugung, die niemanden an meinen Fähigkeiten in der Verwaltung zweifeln ließ. Ich war wachsam im Hinblick auf die allgemeine Sicherheit und übernahm persönlich die Truppenaufstellungen an strategisch wichtigen Punkten. Nicht zuletzt wegen der Aufstandsversuche meines Bruders Khusrau wurde die Verteidigungskraft der Hauptstadt Agra und ihrer Festung verstärkt und alles unternommen, die königliche Schatzkammer zu sichern, in der Werte von Millionen Rupien lagerten. Einige ältere Adlige verglichen meine Unternehmungen mit denen Baburs und Akbars, die sie in meinem Alter vollbracht hatten. Babur war vierzehnjährig auf den Thron von Fergana gelangt und sicherte sein kleines Königreich gegen die Übergriffe seiner machthungrigen Onkel. Mein Großvater war im gleichen Alter, als er sich gezwungen sah, die militärische Herausforderung der wichtigsten Hindufürsten anzunehmen.

Als Haupt des Obersten Rates hatte ich das Recht, die kaiserlichen Erlasse – die *Firmans* – mit einem Schnörkel zu unterzeichnen und achtete darauf, daß meine Anordnungen sorgfältig ausgeführt wurden. Auch bestärkten die Berichte über meine Umsicht und Wachsamkeit den Kaiser in seinem Vertrauen; und wirklich blieb Khusraus Rebellion für die nächsten fünfzehn Jahre das einzige gefährliche Ereignis während dieser Zeit.

Nach der endgültigen Gefangensetzung Khusraus fühlte sich mein Vater Jehangir einigermaßen sicher und entschied sich, in Lahore zu bleiben, bis alle Reste der Rebellion im Nordwesten erstickt waren. Er befahl, einen Teil der wichtigsten Dienststellen nach Lahore zu verlegen; ebenso wurden die Familienmitglieder aufgefordert, ihn zu begleiten.

Als die kaiserliche Gesellschaft mit meiner Stiefmutter Ruqiah Begum Sultan – und auf meine besondere Bitte hin auch meiner Mutter Rani Balmati – wie meiner Person in Lahore eintraf, war Prinz Parvez bereits dort, um die Befehle des Kaisers entgegenzunehmen.

Das Familientreffen hätte ein Anlaß für fröhliche Feste sein können, doch lag der Schatten von Khusraus Schicksal über den meisten von uns. Vor allem war meine Mutter betrübt und kämpfte im Hintergrund bei Jehangir vergeblich für die Begnadigung des unvernünftigen Prinzen.

Als Anerkennung meiner Dienste in Agra ließ mir der Kaiser große Geldsummen anweisen, die mir trotz meiner Jugend den Aufbau einer eigenen Armee und damit künftige militärische Erfolge sicherten. Doch damit war die Freigiebigkeit des Kaisers nicht zu Ende. Neben reichen Landlehen in Ujjain übertrug er mir das angesehene Fürstentum von Hisar Feroza – Gaben, die deutlich die Gedanken des Kaisers verrieten. Hinzu kamen die mir zugestandenen Trommeln, die Königsstandarte und das kaiserliche Rote Zelt, die meine Stellung an der Seite des Kaisers bestätigten.

Im Stolz auf den Platz, den ich nun einnehmen durfte, fiel es mir nicht schwer, allen zweifelhaften Vergnügungen zu entsagen, die bei meinem Vater und auch sonst am Hof den Ton bestimmten. Ich lernte früh, daß der Erfolg eines Herrschers im Mogulreich auf den beiden Hauptpfeilern des Islam *und* des Hinduismus ruhte. Obgleich von meiner Anlage her in keiner Richtung strenggläubig, verhielt ich mich den Fundamentalisten und einflußreichen muslimischen Gruppen gegenüber wohlwollend. Den Liberalen zeigte ich mich als Verehrer Akbars, indem ich seine Politik der Freundschaft gegen jeden und Feindschaft gegen niemanden vertrat. Den Hindus brachte ich taktvoll in Erinnerung, daß ich von zwei Rajputen-Prinzessinnen abstammte – ein Umstand, von dem ich besonderen Gebrauch machte, wenn es darum ging, in Rajastan Freunde zu gewinnen. So lernte ich von Beginn meines Aufstieges an die Wendeltreppe des Erfolges zu benutzen. Ich spielte meine Rolle mit der Geschicklichkeit eines gemäßigten Mannes von Welt. Weder Selbstverleugnung noch Opfer schienen mir zu groß, wenn es um das höhere Ziel der Thronfolge ging. Mein Blick war klar und mein Herz so klangvoll wie eine Glocke. Ich fühlte mich völlig unbefangen, und jede gegen Geist und Seele gerichtete Lust blieb für mich unwichtig und fern um der Krone willen, die eines Tages zu tragen ich überzeugt war.

In dieser Zeit, am sechsundzwanzigsten März sechzehnhundertsieben, überreichte mir der Kaiser zu allem anderen ein Geschenk, das den Verlauf der Mogulherrschaft beeinflussen sollte.
An diesem Tag steckte mein Vater Jehangir der dreizehnjährigen Arjumand Banu einen mit kostbaren Diamanten geschmückten Ring an den Finger und verkündete meine Verlobung mit ihr. Ich selbst, der nun Fünfzehnjährige, konnte damals nicht sagen, ob ich die künftige Gemahlin mit meinen eigenen Augen oder mit denen meines Vaters sah. Gewiß wird man von mir erwarten, daß ich diesen Anfang als die Erleuchtung einer ewigen Liebe feiere, die mein Schicksal oder vielleicht auch meinen Ruhm besiegeln sollte. Aber ich muß alle wohlwollenden Besserwisser enttäuschen: Es war nichts als ein Teil der – fast – immer eiskalten politischen Forderungen, das diese Verbindung zustandebrachte.
Doch hier beginnt ein eigenes Kapitel nicht nur meines Lebens, sondern auch des Schicksals des Kaisers Jehangir.

Um fünfzehnhundertfünfzig nach christlicher Zeitrechnung, sechs Jahre vor dem Regierungsantritt meines Großvaters Akbar, erschien ein überaus zielstrebiger Perser namens Mirza Ghiyas aus der Gegend von Täbris am Mogulhof Humayuns in Lahore mit dem unerschütterlichen Entschluß, im islamischen Indien sein Glück zu machen.
Und das sollte ihm dann unter dem toleranten Akbar mit Hilfe seines klugen Witzes, seiner Bildung und nicht weniger durch politische Überlegenheit in erstaunlicher Weise gelingen. Bald erreichte es Mirza Ghiyas, im Kronrat als unbestechlicher Schatzmeister eine maßgebliche Rolle zu spielen – immerhin bestimmte schon damals das Geld weitgehend das Schicksal des jungen Reiches. So wurde er zum *Beg* ernannt, was soviel wie Fürst bedeutete.
Als mein Vater Jehangir Kaiser wurde, erhielt der so ehrgeizige wie unentbehrliche Perser das Amt eines Großwesirs und den offiziellen Titel *Itimad-ud-Daulah* – ›Stütze des Staates‹.
Mirza Ghiyas Beg hatte einen Sohn, den ›Obersten Ratgeber‹ des Kaisers, Asaf Khan. Und er besaß eine Tochter namens Mehrunissa. Sie war so schön wie berechnend und außerdem verheiratet mit einem Perser namens Sher Afkun.
Als mein Vater die Dame kennenlernte, war sie bereits an die dreißig Jahre alt und für ihn von solchem Reiz, daß er zunächst einmal ihren Gatten Sher Afkun nicht nur nach dem abgelegenen Bengalen versetzte, sondern auch ›umständehalber‹ einem gezielten Mordanschlag zum Opfer fallen ließ ... Ihr Vater, der umsichtig-allmächtige Großwesir, sorgte dafür, daß die reizvolle Mehrunissa vorerst als Hofdame einer von Akbars Cousinen, Salima, in den kaiserlichen Harem kam. Wie gesagt, vorerst.

Schon der Kaiser Humayun hatte zur Aufmunterung des allzu abgeschlossenen Hoflebens einen alljährlichen Phantasie-Basar innerhalb

des Palastgebietes eingeführt, bei dem die Damen des Adels Verkaufsstände einrichten durften, wie sie auf den gewöhnlichen Märkten der Städte üblich waren. Natürlich boten diese Marktstände nicht nur ungewöhnliche Kostbarkeiten zum Kauf, sondern regten – was der Sinn der Sache war – die allzu kenntlich verschleierten Verkäuferinnen zum Feilschen und zu mehr oder weniger unauffälliger Anknüpfung zarter Beziehungen an.
Mehrunissa herrschte über einen Stand mit edelsteingeschmückten Goldfischen, einer chinesischen Neuigkeit. Und so kam es, daß sich der gut gestimmte Kaiser Jehangir sozusagen in den verführerischen Netzen der Dame verfing. Er erwarb den gesamten Bestand ihrer flossenbewehrten Kleinodien und das Recht des höchsten Souveräns, den Schleier der schönen Verkäuferin zu lüften ...

Die tüchtige Perserin war kein dummes Mädchen mehr, und sie wußte sehr gut, daß sie rangmäßig ihrem kaiserlichen Gebieter keineswegs entsprach. Auch hier spielte die kluge Politik des persischen Clans eine wohl berechnete Rolle; und seine beste Karte hieß: Mehrunissa. Sie erkannte sehr bald den beherrschbaren Charakter des musischen Kaisers. So konnte es ihr auch nicht genügen, daß die Majestät sie wie irgendeine andere begehrte – *falls* er sie begehrte. Liebhaber gab es für eine Frau wie Mehrunissa genug. Sie rechnete genau: Blieb es nicht viel erfolgversprechender, die seufzend sich Opfernde zu spielen – solange, bis sie eines näheren oder ferneren Tages die Partie in ihrem Sinn gewann?
Mehrunissa lächelte verführerisch mit ihren wissend-leuchtenden Augen – und entzog sich dem Kaiser ›aus Schicklichkeitsgründen‹, da sie erkannte, wie er sich nach ihr verzehrte. Noch nie hatte ihn eine Frau so gereizt, gerade weil sie sich ihm nicht befehlsgemäß hingab. Sie war keine knabenhafte Huri aus dem allzu fernen Paradies der tapferen Kämpfer – sondern eine gereifte Schönheit, die die *Zeit* in ihre Berechnung einbezog ...

Für den Kaiser war die mehr als dreijährige Wartezeit eine Periode vieler Hoffnungen und noch mehr Herzschmerzen. Die so klug arrangierte Verzögerung von seiten der Dame – und mit ihrem mächtigen Vater im Hintergrund verdroß den Kaiser. Er gebrauchte manche List, um Ghiyas Beg und seine Tochter zur Einwilligung in diese Verbindung zu drängen. Während der erfahrenere persische Aben-

teurer, die *Stütze des Staates*, seine nicht standesgemäße Tochter zum höchstmöglichen Preis verkaufen wollte, drohte mein Vater, die von Mehrunissa unbedingt gewollte und bereits vom Kaiser abgesegnete Verbindung ihrer Nichte Arjumand mit mir zu lösen und die Familie aller ihrer Ehren und Vorzüge zu berauben, wenn Mehrunissas bevorzugte Stellung in seiner Nähe verweigert würde. Die einflußreiche alte Salima Sultan Begum kannte Mehrunissas standhaften Ehrgeiz, Kaiserin zu werden, und bot ihre Macht am Hof zu ihren Gunsten auf, weil sie spürte, daß der Kaiser durchaus einer klug führenden Hand bedurfte. Mehrunissa jedoch wünschte mit einer gewissen Verzweiflung, als *Gemahlin* zu bestimmen und nicht als eine von unzähligen Frauen eines schwachen Monarchen eingekauft zu werden. Alle ihre Winkelzüge entsprangen einer wohlberechneten Strategie, die darauf hinauslief, den Kaiser für immer zu besitzen und zu beherrschen, anstatt sich als sein Besitz zufriedenzugeben. Bei ihrer ersten, von Mirza Ghiyas Beg so klug eingeleiteten Begegnung hatte sie sogleich errötend »Ja« gehaucht. Ihr weiblicher Instinkt ließ sie erkennen, um wen und was es hier ging und riet ihr, keiner festen Vereinbarung zuzustimmen, bis sich die augenscheinliche Leidenschaft des Kaisers zu einer fast süchtigen Abhängigkeit gesteigert hatte.
Die alte Sultanin Salima indes erkannte, was im Gehirn der erfahrenen Perserin vor sich ging, und beschwor ihren ungeduldigen Stiefsohn Jehangir, noch ein wenig Zeit vergehen zu lassen, bis sich seine derzeitige Glut zu klarer Einsicht geläutert hatte. Mein Vater stimmte ihrem Plan seufzend zu – doch nicht, bevor er in einer Anwandlung von trotziger Verzweiflung meine offizielle Verbindung – nicht mit Mehrunissas Handelsware Arjumand, sondern mit der Tochter von Mirza Muhammad Hussein Safri, einem Abkömmling des persischen Shahs Ismail – bekanntgegeben hatte. Obwohl nach außen hin eine Allianz mit dem mächtigen persischen Nachbarn, stellte meine Verlobung in Wahrheit eine Vorsichtsmaßregel gegenüber dem allzu mächtigen Ghiyas Beg und seiner geltungssüchtigen Familie dar. Daß diese auch die Zukunft von Mehrunissas Nichte Arjumand bedrohte, war mir zu jener Zeit weder bewußt noch wichtig.

Mehrunissa aber gab nicht auf, durch halbe Versprechungen und voll eingesetzte Verlockungen mit meines Vaters Gefühlen zu spielen. Ihre Nichte Arjumand zeigte sich mir gegenüber keineswegs untröstlich, als mich der Kaiser am neunundzwanzigsten Mai Sechzehnhundertzehn ziemlich unfeierlich mit der persischen Prinzessin vermählte. Und ebenso förmlich entschloß ich mich, die junge Dame in meinen Harem abzuschieben. Sie war einige Jahre jünger als ich, der sehr anders beschäftigte Achtzehnjährige, und litt wohl ebenso wenig wie meine kaltgestellte erste Verlobte Arjumand, da sowohl der Harem wie die Serails der Prinzen recht angenehm ausgestattet und die jungen Herren gewohnt waren, sich dort zu vergnügen.

Der Großwesir Ghiyas Beg empfand über diese Wendung am meisten Sorge, schien hier doch ein dicker Strich durch seine Rechnung gemacht worden zu sein. Der Kaiser beruhigte mich, indem er mir andeutete, ich könne die mir längst zugesagte Tochter des Obersten Ratgebers Asaf Khan immer noch zur zweiten Gemahlin nehmen, wenn es an der Zeit sei.

Im Jahr darauf gebar meine Frau, die ich selten genug aufgesucht hatte, eine Tochter. Das Kind, an dem ich nicht viel von mir selbst entdecken konnte, wurde sofort von meiner Stiefmutter Ruqiah Sultan Begum in ihre Pflege genommen. Der alte Mirza Ghiyas Beg tröstete Arjumand mit einem angeblichen Gedicht des Hafis, in dem es hieß:

> *Kummer ist eine Besonderheit des Müßigganges. Beschäftige dich mit dem Auswendiglernen des Korans, und dein Kummer wird sich in Luft auflösen. Gesegnet sind diejenigen, die Schmerz mit Vertrauen ertragen. Wenn sie dieses erreichen, ist ihnen die Krone des Lebens gewiß.*

Die *Stütze des Staates* wußte mehr als Arjumand Banu. Mehrunissa spielte ihre Rolle mit der instinktiven Sicherheit eines gesunden Raubtieres. Dank ihres hinreißenden Äußeren und der Abhängigkeit des Kaisers von ihrer Überlegenheit konnte ihr Erfolg nur eine Frage der Zeit sein – und davon hing auch die Zukunft Arjumands ab.

In der Tat waren die Sterne von Ghiyas Begs Familie, das heißt Asaf Khans, Mehrunissas und Arjumands, im Aufstieg begriffen. Die alte Salima Sultan Begum hatte Arjumand bereits einmal bei einem offiziellen Empfang als ›meine liebenswerte Enkelin‹ umarmt und ihr kostbare Geschenke von unmißverständlicher Bedeutung übersandt. Asaf Khan seinerseits war zufrieden, las er doch sehr wohl die Gedanken der Begum.

Mein Vater, der Kaiser, verlor sich indessen im bodenlosen Abgrund der Trunkenheit. Mangels besserer Gesellschaft erfreute er sich mit Wein am Abend, mit Wein tröstete er sich um Mitternacht, und allzu

oft begrüßte er den Morgen mit Wein. Vergangenheit und Zukunft, so meinte er, seien nur dazu da, die Menschheit zu verwirren.
Mehrunissas Ausflüchte verstärkten seine Unzufriedenheit, bis er eines Tages erkannte, daß ein Punkt erreicht sei, an dem Abwarten keine Tugend mehr war. Er stellte Mehrunissa vor die Wahl: Jetzt oder nie. Sie war klug genug, zu sehen, worum es ging, und erklärte tröstlich-hingebungsvoll:
»Dieser unbedeutende Gegenstand wird in zwei Monaten bei der traditionellen Frage des Mullah-i-Azam zur Zufriedenheit Eurer Majestät geklärt werden.«
Mehrunissa hielt jetzt im Haus der alten Salima Sultan Begum Hof. Der Weg für den Kaiser war frei.
Dieser romantische Höhepunkt der Affäre leitete nicht nur ein aufregendes Kapitel in der Regierung Jehangirs ein. Es wurde auch in nicht geringem Maß entscheidend für meinen eigenen Lebensweg.

Am fünfundzwanzigsten Mai sechzehnhundertelf heiratete mein Vater die schöne Tochter von Mirza Ghiyas Beg. Die überlange Wartezeit hatte sich ausgezahlt.
Die Hochzeitszeremonie wurde in kleinem Kreis abgehalten. Nur die alternde *Stütze des Staates* Ghiyas Beg, sein Sohn Asaf Khan, mein jüngster Bruder Shariya, Mehrunissas Tochter Ladili, Prinz Parvez und die hoheitsvolle Begum Salima hatten teilgenommen. Ich war nicht eingeladen worden. Gab es Gründe? Duldete Mehrunissa nicht die Anwesenheit meiner Gemahlin?
Obwohl nach außen hin vollkommen gefaßt und strahlend, war die neue ›Malika‹ – dies der Titel einer Kaiserin –, wie man mir verriet, tief bewegt. Sie konnte es noch immer nicht ganz fassen, daß ihre Pläne und Hoffnungen, für die sie so lange im stillen gelitten hatte, ohne sie zu verraten, nun in Erfüllung gegangen waren. Doch sie war klug genug, zu erkennen, daß dies nicht das Ende, sondern erst der Anfang ihres Weges zur höchsten Macht war. Gleichsam als Bestätigung ihrer neuen Stellung verlieh ihr mein Vater den Namen *Nur Jahan* – ›Licht der Welt‹.

*

Die neue Kaiserin war sich ihres Ranges und ihrer Qualitäten durchaus bewußt. Sie verfügte – trotz ihrer mittlerweile vierunddreißig Le-

bensjahre – nicht nur über noch immer verführerische Reize, sondern vor allem über fast grenzenlose Macht.
Das hatte es in der Dynastie der Moguln noch niemals gegeben. Die Frauen der Herrscher oder ihre Witwen kannten ihre Befugnisse und besaßen hohes Ansehen, wie etwa die greise Salima Begum Sultan; sie spielten eine entscheidende, auf ihre Weise auch herrschende Rolle im Harem – aber sie waren niemals eigentliche Kaiserinnen.
Die neue *Malika* sicherte sich in Verbindung mit der einflußreichen Rolle ihres Vaters und der Hörigkeit des Kaisers ihre entscheidende Stimme nicht nur im Harem, sondern auch in der Machtzentrale des Mogulreiches. Ebenso stützte sie die Vertrauensstellung ihres Bruders Asaf Khan unter den offiziellen Ratgebern des Herrschers, die nur noch von ihrem Vater, dem Großwesir Ghiyas Beg, übertroffen wurde. Die *Stütze des Staates* erhielt sogar das seltene Ehrenrecht, den kaiserlichen Harem zu betreten, ohne daß die Damen verpflichtet waren, sich zu verschleiern. Wenn das Herrscherpaar in Mirza Ghiyas Begs Palast speiste, schritten sie über Hunderte von Metern eigens ausgebreiteten Samt und Brokat ...

Die Malika dichtete und entwarf Teppiche, Stoffmuster und Kleider, die die Mode am Hof bestimmen sollten. Als leidenschaftliche Jägerin bestand sie darauf, an der Seite des kaiserlichen Gemahls in ihrer *Howdah*, dem Sattelpavillon auf dem Elefantenrücken, die Majestät bei den Hofjagden zu begleiten. Auch nahm sie für sich den Ruhm in Anspruch, als Frau, versteckt hinter den üblichen Vorhängen, nicht weniger als vier Tiger mit sechs Kugeln erledigt zu haben. Dazu hatte sie gelernt, in persischer Sprache Verse zu *sticken*, was in Anbetracht der geistreichen Wortspiele als besondere Kunst galt. Bemerkenswert blieb bei den meisten der vielen Porträts, die der Kaiser von seiner Lieblingsgemahlin anfertigen ließ, daß Nur Jahan eine runde Flasche in der einen und in der anderen Hand ein Schnapsglas zu halten pflegte, wozu der Hofchronist scherzhaft vermerkte, daß Ihre Majestät

> dem Herrn der Welt täglich das Fläschchen gab.

*

Unter meinen Mogul-Vorfahren besaß Indien kein unabhängiges Rechtswesen, kein Parlament oder eine Verfassung, wie es in Europa zum Beispiel England hat. Verbrecher werden dem Kaiser zur Ver-

handlung und Verurteilung vorgeführt, Staatsämter nach seiner persönlichen Laune besetzt oder freigegeben. Die Armee setzt sich nur auf seinen Befehl in Marsch. Außerdem gehören ihm weite Gebiete auf indischem Boden, da große Besitztümer nach dem Tod des Besitzers nicht an dessen Erben übergehen, sondern an den Kaiser zurückfallen. Er vergibt Gehälter und Ländereien als Belohnung für treue Dienste, ebenso wie nur der Kaiser Ämter und Titel verleiht.
Meine Stiefmutter Nur Jahan erwartete sehnsüchtig den Tag, an dem ihr das Reich gleichsam von selbst zufallen würde. Viele Menschen sahen dieser Entwicklung mit einer Unruhe entgegen, die im wesentlichen meinem Vater Jehangir angelastet wurde. Der einst als großmütig und besinnlich, wenn auch mitunter als etwas weltfremd angesehene Herrscher, dessen wissenschaftliche Abhandlungen über die Tier- und Pflanzenwelt von hoher Könnerschaft zeugten und dessen staatsmännische Betrachtungen nicht weniger philosophische Fähigkeit verrieten, hatte sich in zunehmendem Maß von Drogen und Alkohol abhängig gemacht. Da, wie gesagt, sämtliche Ämter und Besitztümer nur von seinem Wort abhingen, war die eigentliche Regentschaft unabänderlich in die Hände des Clans vom alten Mirza Ghiyas Beg – und das hieß vor allem in die der Malika Nur Jahan und ihres Bruders Asaf Khan – übergegangen.
Die persische Sippe wurde angesichts der zunehmenden Schwäche des Kaisers nicht nur von anderen einflußreichen Persern und schiitischen Mullahs unterstützt, sondern auch von Hindu-Fürsten, die ihren alten Groll gegen das muslimische Regime nicht vergessen konnten – und schließlich auch von den immer im Hintergrund lauernden Portugiesen, deren Herrschaftsgebiet Goa ihnen eine vorzügliche Basis für unentwegte Durch- und Zersetzung des indischen Handels auf dem Arabischen Meer sicherte.

Da die zielbewußte Kaiserin nicht mehr die Allerjüngste war, mußte sie aufpassen, daß sie sich die Hingabe ihres Herrn nicht nur durch äußere Schönheit bewahrte. Und das gelang ihr durch ihr fast magisches Eingehen auf seine geheimsten oder weniger geheimen Wünsche – was zuerst bedeutete: Daß sie ihn erfolgreich von ›allen Belästigungen der Politik‹ fernhielt.
Nicht umsonst hatte ein boshafter persischer Poet ihre Heirat mit meinem Vater wenig schmeichelhaft mit dem Spruch kommentiert:
Wer einen Esel heiratet, muß dessen Last tragen.

Dabei verteilte Nur Jahan diverse Lasten in schöner Gleichmäßigkeit auf ihre Familie: Ihr Vater war Premierminister und ihr Bruder Asaf Khan dessen Stellvertreter. Abgesehen von mir, dem vierten Mitglied im Hohen Rat, gab es da noch ein siebzehnjähriges Mädchen ...

So wurde mir mein neues Glück ganz unverdient zuteil. Meine Stiefmutter hatte neben ihrer eigenen Tochter Ladili von dem verstorbenen Sher Afkun auch für die Tochter ihres Wesir-Bruders Asaf Khan weitsichtig vorgesorgt, indem sie ihre kleine Nichte Arjumand mittels des kaiserlichen Diamantringes mir sozusagen rechtzeitig zugeteilt hatte. Jetzt waren wir beide, ich und Arjumand, endlich reif, die Stellung Nur Jahans zusätzlich abzusichern. Demgemäß mußte der Heirat des Kaisers nach nicht langer Zeit meine Hochzeit mit Arjumand Banu folgen, wie sie noch hieß. Ich sage *noch*, weil Nur Jahan für die neue – wie sie selbst nicht ganz legitime – Prinzessin längst einen ihr gemäßen Hof-Namen vorgesehen hatte: *Mumtaz Mahal* – ›Auserwählte des Palastes‹.
Ich war dabei so wenig gefragt worden wie damals, als der Kaiser dem ahnungslosen kleinen Mädchen den Diamantring an den Finger steckte ...
Ich habe vergessen zu erwähnen, daß ich seit meiner Verheiratung mit der persischen Prinzessin einen eigenen Palast innerhalb des Festungsbereiches von Agra bewohnte. Er grenzte an den des Kaisers und war zuvor von dem Prinzen Khusrau bewohnt worden, der nun in den kaiserlichen Gemächern gefangengehalten wurde. Meine Gemahlin sah ich kaum noch, da sie von der Malika im Harem unter ihrer persönlichen Aufsicht wie ein wertvoller Vogel in seinem Käfig sorgsam gehütet wurde.

Meine Hochzeit mit Arjumand Banu fand unter dem üblichen Aufwand – vor allem von Astrologen und Mullahs – statt. Dazu gab es Trompeten und Gebete, Speisung der Armen und mäßige Almosen-Verteilungen, da Nur Jahan die Verteilung streng beobachtete. Die Astrologen indes spielten die Hauptrolle, was wieder den Mullahs wenig gelegen kam. Seltsam: An diese im Leben eines jungen Menschen doch so wichtigen Tage erinnere ich mich kaum noch. Sie rannen vorüber wie die unzähligen Feste, Jagden oder öffentlichen Auftritte des Herrscherhauses. Im Gegensatz zu der hinduistischen Zeremonie ist die muslimische kurz und einfach. Ein Mullah las aus dem

Koran, wir murmelten unser Versprechen, dann mußten wir uns erheben und den Segen des Kaisers entgegennehmen. Zuvor hatte ich auf einem goldenen Diwan Platz nehmen müssen, bevor die Braut hereingeführt wurde.
Ich hörte, wie im Hintergrund ein Höfling seinem Nachbarn zuflüsterte:
»Kennt Ihr das indische Sprichwort? Es heißt: Ein Mann braucht vier Frauen: Eine Perserin, mit der er reden kann; eine vollbusige Hindufrau aus dem Süden, die seine Kinder großzieht; eine Afghanin, die sein Haus instandhält, und eine Bengalin, die er auspeitschen kann, um die anderen drei zu warnen!«
Der andere Höfling lachte leise auf, und der erste fügte ziemlich deutlich hinzu:
»Bis jetzt hat er nur zwei Perserinnen.«

Arjumand war noch tief verschleiert, und ich empfand wenig Neugier, obwohl ich ihr Gesicht kaum mehr in Erinnerung hatte. Damals war sie ja fast noch ein Kind gewesen. Ich fühlte, daß sie trotz der feierlichen Umgebung meine Kühle spürte, und als sie sich niederließ, glaubte ich aus ihrem Mund einen Seufzer zu hören. Zu Ehren dieses Tages verlieh ihr der Kaiser den von Nur Jahan bestimmten offiziellen Titel *Mumtaz Mahal* – ›Auserwählte des Palastes‹.
Arjumand war so still wie ich. Sie hatte den Kopf gesenkt, und ich dachte an meine gewohnten Aufgaben, deren pünktliche Erfüllung man in Anbetracht der häufigen ›Abwesenheit‹ meines Vaters erwartete. Dann kamen die Frauen, um meine Braut lachend und scherzend ins Bad zu begleiten.
Endlich wurde auch ich abgeholt und in das gemeinsame Schlafgemach geführt, wo man mich wie sie entkleidete und mit freundlichen Wünschen an ihre Seite bettete ...

*

Täglich trafen Abgeordnete und Adlige ein, die ihre pflichtschuldigen kostbaren Geschenke ablieferten: Sklaven, Pferde, Elefanten, die draußen im Hof vorgeführt wurden; und weiter im Prunkraum edelsteinbesetzte Dolche, diamantene Schnallen, reiherfedergeschmückte Turbane, Perlen, Rubine und märchenhafte Stickereien für die Gewänder der Braut.

Ich war nun neunzehn Jahre alt, hatte eine hervorragende Stellung im Reichsrat und besaß einen Harem und eine Gemahlin, die mir bereits eine Tochter geboren hatte. Es sollte nicht lange dauern, bis mich und meine unebenbürtige zweite Frau die unerbittliche Fabel von der unsterblichen Leidenschaft umkreiste; wobei die Herkunft dieser schönen Legende nicht sehr weit entfernt – nämlich im tätigen Umkreis meiner schönen Stiefmutter Nur Jahan – zu suchen war. Dabei handelte es sich für mich auch jetzt wie bei meiner ersten Vermählung um eine der üblichen ›politischen‹ Verbindungen – und das war es ja auch, was mich anfangs hinderte, die Tochter des Obersten Ratgebers Asaf Khan zu achten und zu lieben, wie sie es verdiente.

Am Hof war die Angelegenheit bald vergessen. Ich führte mein Leben wie zuvor, und Nur Jahan musterte mich mit kühlen Blicken; sie hatte ihr Ziel erreicht. Lieber hätte sie mich mit ihrer Tochter verheiratet, aber Ladili war zu klein, und ihr Bruder Asaf Khan hatte auch noch ein Wort mitzureden. Immerhin bedeutete mir mein Vater Jehangir in einem unbeachteten, so ungewöhnlich nüchternen wie mutigen Augenblick, daß mir das kaiserliche Siegel nicht zuletzt darum übergeben worden war, um die übermächtige Sippe Mirza Ghiyas Begs unter Kontrolle zu halten und innerhalb wie außerhalb des Hofes die Angelegenheiten meines Vaters nach Möglichkeit zu hüten. Vertraulich lächelnd fügte er hinzu:
»Viele fallen nach rückwärts, wenn die Pferde plötzlich anziehen. Plötzliches Glück fordert einen starken Charakter.«

Mein Schwiegervater Asaf Khan war ein ehrgeiziger Mann, ein so stolzer wie undurchsichtiger Perser, gewillt, in jeder Hinsicht seinem Vater, dem einst allmächtigen Großwesir Mirza Ghiyas Beg, nachzueifern. Das gelang ihm nur teilweise. Die *Stütze des Staates* vertrat die Generation meines Großvaters Akbar, unter dem er groß geworden war. Seine patriarchalische Kraft hatte noch ausgereicht, unter meinem Vater Jehangir seiner Familie, voran meiner Stiefmutter Nur Jahan, die entscheidende Stimme im Reichsrat zu sichern. Zusammen mit dem alten Ghiyas Beg hatte ihr Bruder dafür gesorgt, daß ihre unerschütterliche Stellung durch meine Vermählung mit Asaf Khans Tochter Arjumand für die nächste Generation gewährleistet wurde. Asaf Khan hatte noch einen Sohn, Arjumands Bruder Shaista Khan, der so farblos war, wie er mir später in entscheidender Stunde feige in den Rücken fallen sollte ...
Mit der Heirat begann im eigentlichen meine unbeschwerteste Jugendzeit. Die hohen Einkünfte und die unschätzbaren Zuwendungen, die mir mein Vater Jehangir als seinem Lieblingssohn zusammen mit der pflichtschuldigen Unterstützung der Malika Nur Jahan zukommen ließ, galten als Anerkennung meiner bald gezeigten militärischen Fähigkeiten und meiner Mitwirkung im vierköpfigen Reichsrat. Asaf Khan und seine Schwester, die Kaiserin, besprachen mit mir alle Fragen der Regierung und der bevorstehenden kriegerischen Unternehmungen. Der Kaiser suchte meine Empfehlungen sogar bei heiklen Fragen bezüglich der höchsten Herren im Reich. Während er immer mehr seinen Weinbecher als Schlüssel zum irdischen Wohlbefinden ansah, machte mich sein Beispiel um so härter und unnachgiebiger. Da Mäßigkeit den Mogul-Prinzen im allgemeinen schwerfiel, hatte ich mich für mein eigenes Asketentum entschieden. Diese Haltung verschaffte mir nicht nur die Hochachtung der religiösen Eiferer, sondern auch meines Vaters, der – ungeachtet seiner eigenen

Schwäche – die Ausschweifungen der Prinzen und Edelleute heftig mißbilligte.

Ich hingegen liebte gute Musik, die ich als das einzige sinnliche Vergnügen ohne Schuld ansah. Die Lobhudeleien ehrgeiziger Höflinge ließen mich kalt. Einmal, als es ein neu ernannter Kommandeur im Dekkan für angebracht hielt, mir gegenüber den Ton herablassender Schmeichelei anzuschlagen, entschloß ich mich, geistreich zu sein und bemerkte zu meiner Umgebung:
»Er ist wie eine Glocke, die man an den Schwanz eines Maultiers gehängt hat.«
Dann wandte ich mich an ihn, unterbrach seinen Redeschwall und stellte fest, daß solcher Aufwand von Worten der Anstrengung nicht wert sei. Der Offizier wurde degradiert und mit einer unbedeutenden Stellung in Bihar abgefunden. In der Folge davon verliefen die Treffen des Reichsrates mit mir kurz und ohne unnötige Debatten.

*

Zu dieser Zeit wurde ich in den Arbeitsraum des Kaisers gerufen. Mein Vater und die Malika empfingen mich in gnädigster Stimmung. Man wollte meinen Rat hören. Nur Jahan zeigte ihr sonnigstes Lächeln, aber immer spürte ich hinter ihrer scheinbaren Güte die Berechnung dieser ungewöhnlichen Frau, die in mir den besten Bürgen für ihre eigene Oberhoheit in den Angelegenheiten Hindustans für künftige Tage sah. In der Tat war der außergewöhnlich freundliche Empfang eine deutliche Bestätigung dafür, daß ich offenbar zur Zeit als Thronanwärter in der ersten Reihe stand.
Ich sollte dem Kaiser über die Rückzüge der Reichstruppen und ihre Gründe berichten, und warum wir in Mewar immer nur Verluste hinnehmen mußten.
Raja Amar Singh, der Herrscher von Jaipur und Udaipur, war anscheinend unüberwindbar. Er hatte nicht nur einige der in den letzten zwanzig Jahren an die Moguln verlorenen Gebiete zurückerobert, sondern auch auf dem Schlachtfeld die kaiserlichen Kommandeure Mahabat Khan oder Asis Koka besiegt.
Der Kaiser war bestürzt über diese Entwicklung. Die endgültige Befriedung des so reichen wie stets unruhigen Mewar-Landes war für den Bestand des Reiches unverzichtbar – vor allem, da die aufsässigen

Sultanate im Dekkan ebenfalls militärische Unternehmungen erforderten. Mein Vater gedachte zuerst Ruhe zu bewahren, doch erkannte er bald, daß vor allem eine vollkommene Umbesetzung des Oberkommandos notwendig war.

Seine Wahl fiel auf mich. Eine starke Armee wurde neu geordnet und mir, dem jetzt Einundzwanzigjährigen, unterstellt. Der Kaiser, zu schnellem Erfolg entschlossen, verlegte sein Hauptquartier nach dem am Fuß des Tarargah-Hügels landschaftlich wie strategisch günstig gelegenen Ajmer, wo schon Kaiser Akbar residiert hatte.

Ich übernahm mein erstes Kommando mit dem festen Entschluß, mich vor den gefürchteten Umzingelungen zu hüten, die zu unseren früheren Niederlagen geführt hatten, und erließ einen flammenden Aufruf, daß kein Kunstgriff unterlassen werden dürfe, die stolzen Rajputen in die Knie zu zwingen. Meine Devise war: Rache ist eine besondere Art von Gerechtigkeit!

Der ›Milchbruder‹ des Kaisers, General Asis Koka, der bereits vorher in die Rebellion des Prinzen Khusrau verwickelt gewesen war und dem ein Teil der Mißerfolge zugeschrieben wurde, hatte sich beim Kaiser verdächtig gemacht. Mein Vater war davon unterrichtet worden, daß der ehrgeizige General in Geheimverhandlungen mit dem Herrscher von Mewar stand. Als Asis Koka jetzt eine neue diplomatische Unternehmung vorschlug, die er zu übernehmen gedachte, bevor von unserer Seite ein Angriff erfolgte, erlaubte ich mir, Zweifel über den möglichen Erfolg seiner Mission anzumelden. Der Kaiser und Nur Jahan standen auf meiner Seite. Als Asis Koka mit gefährlichen Folgen für das Mogulreich drohte, wenn man ihm in den Arm fiele und seine Absichten hintertreibe, verlor mein Vater die Geduld. Der ehrgeizige Sohn des einstigen Wasserträgers wurde kurzerhand verhaftet – was im kaiserlichen Haus bisher noch niemals vorgekommen war –, des Verrates angeklagt und für einige Zeit nach Gwalior in Festungshaft geschickt.

Der von mir nun eingeleitete Überfall war in seiner Durchführung in der Tat erbarmungslos. Alle am Weg liegenden Ortschaften des reichen Landes um Jaipur und Udaipur wurden bis auf den Grund zerstört, Getreidefelder in Brand gesteckt, alle Fluchtwege abgeschnitten, Quellen und Wasserspeicher vergiftet und unsere Armee rücksichtslos von einem feindlichen Versteck zum anderen gehetzt. Dabei litten unsere Truppen unter dem Mangel kaum weniger als der Feind; doch es galt, durchzuhalten. Die Städte und Festungen wurden eingeschlossen, Verräter barbarisch gestraft, Brücken, Straßen und sogar Umgehungswege mit todbringendem Dynamit vermint – kurz, ich führte einen alles umfassenden Vernichtungskrieg, wo unsere Truppen hinkamen. So geschah es, daß der Raja und seine Ratgeber plötzlich ihren aufrührerischen Stolz vergaßen und um Einstellung der Feindseligkeiten baten. Glücklich, die mir übertragene Aufgabe erfolgreich beendet zu haben, zeigte ich mich großmütig und gestattete dem Raja, seinen Rang in Ehren zu behalten.

Das offizielle Treuebekenntnis zu Jehangir sollte der Sohn des Raja, Kharan Singh, dem Kaiser selbst überbringen.

Mein Vater empfing den ungelenken Jüngling mit einem ihm zu Ehren veranstalteten Fest, wie es dieser noch niemals erlebt hatte, während sich der Kaiser dazu beglückwünschte, das führende Herrscherhaus Rajastans unterworfen zu haben. Ich mußte den Überschwang meines Vaters dämpfen, handelte es sich doch eher um einen erzwungenen Friedensschluß als um einen endgültigen Sieg.

*

Im Norden Indiens erstreckt sich der Kreisbogen des Himalaya, wo die Natur die Menschen zu ganz verschiedenen Lebensweisen zwingt; im Osten ist es die Beschaffenheit der indochinesischen Berge, im Westen die des iranischen Hochlandes, und bis auf dreitausend Meter Höhe erstreckt sich die Einsamkeit Tibets. Im Süden, auf der Höhe des Wendekreises des Steinbocks, liegt das bergige Gebiet des Dekkan. In seiner Mitte breiten sich die Tiefebenen, die der Ganges und der Indus mit ihren Anschwemmungen gebildet haben. Dieses dicht besiedelte Band reicht von den fruchtbaren, feuchten Zonen des Ostens bis zu den wüstenähnlichen Gebieten des Westens. Es ist eine Zone, die immer dem kulturellen Austausch weit offen stand. In ihr fanden die Muslime die gleichen günstigen Bedingungen für ihre Ansiedlung wie zwei Jahrtausende zuvor die Arier.

Zu den geographischen Kontrasten innerhalb dieses Landes kamen die geschichtlichen, die während mehr als zweitausend Jahren in einer buddhistischen, einer hinduistischen und der islamischen Kultur ihre Form gefunden haben.

In dieser schicksalhaften Region des Dekkan, wo die Reichstruppen der Moguln seit den Tagen Akbars einigermaßen erfolglos gekämpft hatten, übertrug mein Vater Jehangir nun mir das militärische Oberkommando. Allerdings konnte auch ich hier nicht den Erfolg großer Eroberungen heimbringen, doch erbeutete ich immerhin innerhalb eines Jahres eine Fülle von Juwelen und Wirtschaftsgütern, die ich dann in Agra feierlich meinem Vater übergeben durfte.

Nur Jahan ließ es sich nicht nehmen, eigens für diesen Empfang ein großes Protokoll auszuarbeiten, das einen wahren Triumph für meine Person bedeutete:

Der Kaiser schritt von seinem Paradethron herab und schüttete persönlich über mir eine goldene Schale voller Juwelen und Goldmünzen aus. Neben noch nie dagewesenen finanziellen Zuwendungen verlieh er mir den offiziellen Namen *Shah Jahan* – ›Herr der Welt‹. Damit schien zugleich meine Stellung als Thronfolger gesichert.

Anschließend veranstaltete Nur Jahan im Harem ein besonderes Fest, das dreieinhalbtausend Kilogramm Silber kostete. Bei dem darauffolgenden Besuch bei dem Vater der Kaiserin, dem alten *Itimad-ud-Daulah* Mirza Ghiyas Beg, ritt die gesamte kaiserliche Familie über einen sechs Kilometer langen ›Teppich‹ aus kostbarem Samt und Brokat. Zugleich überboten sich Dichter und Hofastrologen in wahrhaft schamlosen Übertreibungen meines Mutes und meiner Heldentaten. Ich beugte bei allen Lobeshymnen den Kopf und dankte in geziemenden Worten, daß ich diesen Erfolg als eine unverdiente Gabe Gottes ansehe und mich das Lob der Berufenen in meinen schönsten Träumen beschäme.

Die geheuchelte Demut galt vor allem meiner tiefgläubigen Gemahlin Mumtaz und der orthodoxen Gemeinde von Ajmer, und ich nahm mir vor, bei allem äußeren Erfolg meine Füße fest auf dem Erdboden zu behalten. Die Ehren und Geschenke meines Vaters und der Malika beantwortete ich in der selbstbewußten Bescheidenheit, die mir – da ich an mich selbst glaubte – auch die Herzen gewann. Und immer war Mumtaz an meiner Seite.

Bei meinem ersten Feldzug im Dekkan, und zwar in Burhanpur, kam unser erstes Kind zur Welt. Der Astrologe hatte zu unserer Freude den erwünschten Prinzen vorausgesagt. Bei der Geburt wurde – angesichts der besonderen Bedeutung des Ereignisses – die Nabelschnur nicht, wie bisher üblich, mit einem silbernen, sondern diesmal mit ei-

nem *goldenen* Messer durchschnitten. Als mir die glückliche Nachricht überbracht wurde, Mutter und Kind seien wohlauf, mußte der Bote bekennen, daß es sich nicht um den erwarteten Prinzen, sondern nur um ein Mädchen handelte. Ich nahm es gelassen auf; meine Gemahlin war jung genug, um auch noch einem Prinzen das Leben zu schenken. Das zweite Kind im Jahr danach war dann der erwartete Knabe.
»Bist du nun glücklich?« fragte mich Mumtaz.
Ich küßte sie;
»War ich es nicht?«
Dann fügte ich hinzu: »Im Leben regiert das Glück, nicht die Weisheit. Versuchen wir, das Glück mit Weisheit auszugleichen.«
In meinem Herzen stand der Name unseres ersten Sohnes und damit meines Thronfolgers längst fest. Der Hofastrologe hatte ihn schon vor der Geburt unserer Tochter bestimmt, als er noch an ihrer Stelle einen Sohn prophezeite. Nun also erhielt mein Sohn den verheißungsvollen Namen: Dara Shukoh – *Kind des Glückes*.
Weder Mumtaz noch ich ahnten damals, daß es wahrhaft nötig werden sollte, das ›Glück‹ mit Weisheit auszugleichen ...

*

Der Ruhm des Zeitalters wird fast immer von den Soldaten begründet. Der Kaiser sah in meinem Erfolg im Dekkan die schönste Bestätigung für seine eigene Regierung. Mit fünfundvierzig Jahren hielt er es für angebracht, an die Zukunft zu denken. Allzu lange war er mit den aufregenden Vergnügungen der Gegenwart beschäftigt gewesen. Der Sieg von Mewar wurde zum Markstein seines Lebens. Obgleich er den Weinbecher niemals vergaß, wollte er nicht mehr der rücksichtslose Verschwender seiner Jahre sein. Nur Jahan sah den Wandel in ihrem Gemahl, doch ebenso erkannte sie die Grenzen seines Erfolges.

Wie fast zu erwarten, konnte die ihm zugestandene ehrenvolle Behandlung den Raja von Mewar nicht bewegen, sich am Hof von Agra zur offiziellen Huldigung einzufinden, noch dem Kaiser Truppen, Tribut oder Dienstleistungen zu gewähren. So höflich wie unbeirrbar bestand er weiterhin auf seiner Unabhängigkeit, versicherte jedoch Frieden und Freundschaft gegenüber den Moguln.

*

Ein Gefühl von Glück und Sicherheit ist der tödliche Feind jedes neuen Herrschers. Mein Vater hatte die Revolte meines Bruders Khusrau niedergeschlagen, doch die Feuer der Unruhen im Nordwesten waren noch fern vom Erlöschen. So beschloß der Kaiser, einen Feldzug nach Kabul zu unternehmen – nicht um einen Krieg zu führen, sondern den Frieden zu gewinnen. Seine Feinde schwangen weder das Schwert, noch brauchten sie Musketen – aber sie unternahmen ihre geheimen Operationen mit der hinterlistigen Beharrlichkeit der sich hinter ihren Bergen unangreifbar fühlenden Rebellen. Jehangir versuchte sie mit der Macht des Geldes und des kaiserlichen Aufwandes auf seine Seite zu bringen, wie es bisher kaum geschehen war. Seine Höflinge, die glänzenden Kavallerie-Regimenter und die höchst eindrucksvollen Elefantenkorps begleiteten ihn. Ich wurde zum Leiter des kaiserlichen Gefolges bestimmt. Khusrau schätzte man noch immer als zu gefährlich ein, als daß man ihn zurücklassen konnte; so bestand der Kaiser darauf, daß er in Ketten hinter dem Zug mitgeführt werden sollte – eine Rolle, die üblicherweise Verbrechern und Verrätern zufiel.

Die große Kavalkade, eine schimmernde Welle von Farben und Kraft, verließ Lahore im schönsten Frühlingswetter. ›Allah-i-Akbar‹-Rufe stiegen zum Himmel, als mein Vater von seiner vergoldeten *Howdah*, dem Baldachin-Sitz auf dem Rücken seines Lieblingselefanten Ratangani, drei Hände voller Silbermünzen über die Köpfe seiner Leibwächter hinweg auf das ihn umdrängende Volk hinabwarf. Auch mir, der ich auf einem anderen, weniger kostbar geschmückten Elefanten unmittelbar hinter dem Kaiser ritt, wurde bei der gleichen stimmungsfördernden Tätigkeit der Segen der staunenden Massen zuteil.

Es war der erste offizielle Aufbruch meines Vaters Jehangir als Kaiser vor der Öffentlichkeit, mit dem er deutlich machte, daß er sich nicht mit geringerem Gepränge als sein Vater Akbar zufriedenzugeben gedachte.

Der neunundfünfzig Tage lange Marsch über die Berge nach Kabul führte durch weite, üppige Wiesenhänge, dichte Dschungel, reiche Jagdgründe, wunderbare Felslandschaften, vorbei an Sommersitzen und historischen Festungsbauten, durch von wilden Blumen überwucherte Täler und Ströme von blauem, eisklarem Wasser, die zu Seiten der steilen Paßstraßen herabstürzten.

All dies war für mich ein Traumerlebnis. Ich durfte mit meinem Vater jagen und teilte die ländlichen Freuden des Lagers mit den Soldaten wie mit den gelehrten Sufis, nahm an den Debatten des Geistlichen Rates mit ihren scharfsinnigen Spitzfindigkeiten wie an den militärischen Beratungen teil und nutzte jede Möglichkeit, meinen Verstand und meine Menschenkenntnis zu vervollkommnen in allem, was mittelbar oder unmittelbar die Organisation des Heeres oder die Verwaltung des Landes betraf.

Die alten Paläste, Festungen und Gärten der Hauptstadt Afghanistans schenkten mir gleichsam aus erster Hand das Wissen von der Herkunft unserer Mogul-Dynastie, wie ich sie etwa in den Grabbauten des Kaisers Babur fand. Die Geschichten von seiner dreimaligen Eroberung Samarkands regten meine Vorstellungskraft an, und ich begann, mich nach dem zu sehnen, was ich einmal als sein Erbe übernehmen sollte. Ich spürte, daß seine Taten in mir weiterlebten.

Ich sammelte an Eindrücken, was ich vermochte, und wünschte mir, als Pilger nach Samarkand zu ziehen. Ich schritt teilweise über die gleichen Wege und atmete die gleiche Luft, wie es Babur vor einem Jahrhundert getan hatte. Meinen Vater, den Kaiser Jehangir, verwunderten meine Gedanken. Die Zeit, sagte er, sei nicht günstig für ein solches Wagnis.

Ich suchte mir ein anderes Ziel und fand eine Villa, die Kaiser Babur für seine Trinkgelage bevorzugt hatte. Erfüllt von meiner Anteilnahme an Archäologie und Architektur befahl und überwachte ich die Wiederherstellung und Ergänzung dieses Anwesens, das ich mir für diese Zeit als Hauptquartier in Kabul gewählt hatte. Oft saß ich in der offenen Marmorhalle, die einst mein Ahne für sommerliche Festabende geschaffen hatte, und bat ihn im stillen um Hilfe bei der Erreichung dessen, was ihm noch vorbehalten geblieben war.

Hier in Kabul war es auch, daß ich mit meiner Frau Mumtaz, wie sie nun hieß, nach der Geburt ihres dritten Kindes, unseres Sohnes Shuja, in solchen Zukunftsgedanken schwelgte. In jener Zeit hatte ich sie als meinen nächsten Freund lieben gelernt. Sie war die Mutter unserer Kinder, aber fast noch mehr als das Geschenk eines Thronfolgers bedeutete für mich ihre unbedingte Bereitschaft, alle hellen und dunklen Stunden mit mir zu teilen. Uns verband ein heiliger Ehrgeiz absoluter Übereinstimmung – doch nicht in der Form, wie es sich mit

dem Kaiser Jehangir und der Malika Nur Jahan verhielt ... Eines Tages gestand mir Arjumand:
»Ich wußte sehr wohl, daß ich für meinen Vater wie für meine Tante Nur Jahan immer nur ein Mittel zum Zweck war. Außer Hinweisen und Belehrungen über die Wichtigkeit der Gemahlin eines künftigen Kaisers hörte ich weder von ihm noch von Mehrunissa jemals ein liebevolles oder gar fürsorgliches Wort. Ich wuchs im Harem ohne besondere Erziehung auf und wurde erst ans Tageslicht geholt, als es sozusagen ernst wurde. Nur dein Vater Jehangir schien mich in sein Herz zu schließen – wohl vor allem, weil sich meine Tante für mich einsetzte. Er gab mir, dem unwissenden Kind, den Diamantring, der mich mit dir verbinden sollte, ohne daß ich begriff, was das bedeutete. Dann erst durfte ich dich kennenlernen.«
»Heißt das, daß du glücklich warst?« fragte ich.
»Ich wurde es«, flüsterte sie, um ebenso hinzuzufügen: »Ich durfte es werden – an deiner Seite.«
Und nach einer Weile, da ich sie nur aus meiner Geborgenheit ansah: »Möge es immer so bleiben.«
Mich überkamen plötzlich seltsame Gedanken. Ich sagte:
»Wir sind nichts – was wir suchen, alles.«
Sie verstand es nicht. Ich schreckte auf, als erwachte ich aus einem seltsamen Traum.

Mein vierundzwanzigster Geburtstag wurde ebenfalls in Kabul gefeiert. Neben meinem offiziellen Aufwiegen in gemünztem Gold und Silber wie den Geschenken von kostbaren Stoffen und anderen Dingen, erhielt ich den Platz an der rechten Seite meines Vaters. Es wurden keine geistigen Getränke serviert. Die zu meinen Ehren eingeladenen an die tausend Gäste erhielten nur leichte Fruchtsaft-Mischungen.
Die mir von den afghanischen Fürstlichkeiten überreichten Gaben blendeten das Auge mit ihrer Kostbarkeit und handwerklichen Kunst. Ihr Gesamtwert wurde auf dreihunderttausend Rupien geschätzt. Das Fest endete kurz vor Mitternacht mit einer Gruppe von Sängern aus dem Bergland, die, von Trommel, Tamburin und Flöte begleitet, die rhythmischen Gesänge ihrer Heimat vortrugen. Ein schöner Jüngling sah mich mit glühenden Augen an, sprang plötzlich auf und begann ekstatisch zu tanzen. Sein biegsamer Körper wirbelte durch den Raum; auch die Gesichter der Musikanten veränderten

sich, ihre Rhythmen wurden wilder, die Bewegungen des jungen Tänzers schneller und schneller. Als er sich schließlich erschöpft auf sein Bodenpolster fallen ließ, starrten die Musiker, die eben noch schreiend ihre Instrumente gespielt hatten, in versunkener Meditation vor sich hin. Auch der Jüngling verharrte lächelnd und tief atmend mit geschlossenen Augen, als sei er in einer anderen Welt.

*

Sehr im Gegensatz zu unserem festlichen Rausch verbrachte mein unglücklicher Bruder Khusrau, verstört und verstümmelt, seine Tage in Kabul als Gefangener inmitten der Ruinen der Vergangenheit. Obgleich ihm der Kaiser, auf meine Bitte hin, gestattet hatte, in den Gärten der Stadt ohne Fußfesseln und in leichter Bewachung spazieren zu gehen, zog er die Einsamkeit seines abgelegenen und vergitterten Gemaches vor, die, wie er es ansah, der Makel der Schande forderte.
Als ich ihn einmal aufsuchte, um mit ihm über die noch immer in seiner Seele wuchernde Auflehnung gegen den Kaiser zu sprechen, und ihm klarzumachen versuchte, daß unser Vater nach der Bestrafung bereit sei, dem göttlichen Gebot des Vergebens zu folgen, stieß er haßerfüllt hervor:
»Göttliches Gebot – ? Hat Gott diese Welt gewollt, als er sie schuf?«
Sein Anblick erschütterte mich, und ich konnte nichts anderes tun, als ihn schweigend zu umarmen und den Raum zu verlassen.
Ich muß noch hinzufügen, daß Khusraus Mutter, auch eine Rajputenprinzessin aus dem Hause Mewar-Udaipur, nach Khusraus Bestrafung durch eine Überdosis Opium ihrem Leben selbst ein Ende bereitet hatte. Die edle und hochgeachtete Rani vergötterte ihren Sohn wegen seiner schwermütigen Schönheit. Jetzt beschuldigte der verzweifelte Prinz seinen Vater Jehangir, die Mutter in den Tod getrieben zu haben. Vor allem ihr Bruder Man Singh hatte ihn darin bestärkt und zur Rache am Kaiser aufgefordert. Den Raja verbannte der Kaiser sicherheitshalber ins ferne Ostbengalen; doch das hatte den Haß des ehrgeizigen Prinzen gegen meinen Vater nur noch erhöht.
Als ich ihm riet, er solle sein eigenes Leben nicht unbedacht auf die Probe stellen, erwiderte er mir:
»Verachte dein eigenes Leben, und du bist Herr über das Leben der anderen.«
Ich verstand es nicht. Als ich ihm klarzumachen versuchte, daß doch

das Höchste, was wir erstreben könnten, die Seelenruhe sei, gab er traurig zurück:
»Im Unglück klage nicht Allah an, sondern setze dich mit deiner Seele auseinander. Nur über Stufen kannst du zur Höhe der Treppe steigen.«
»Heißt das«, fragte ich, »daß du deinen Haß nicht aufgeben willst?« Er antwortete nicht, und ich verließ ihn mit der Bitte, sein Geheimnis selbst zu überwinden. Er wies mich entschlossen zurück:
»Sein Leben darf man opfern, sein Geheimnis nicht. Wir müssen alle sterben, wie das Holz das Schicksal des Feuers ist.«
Die Hoffnungslosigkeit, die Demütigung und die schreckliche Entstellung und Beinahe-Blindheit hielten meinen Bruder umfangen wie die Fesselung eines Gefolterten. Khusrau konnte, wie sich herausstellen sollte, von seinem Plan, den Kaiser zu stürzen, nicht loskommen. Noch immer wurde er von einigen seiner unvorsichtigen jungen Freunde ermutigt und unterstützt. Als ich noch einmal zu ihm ging und ihn anflehte, mir zu sagen, daß diese wahnwitzigen Gerüchte nur von seinen Feinden am Hof ausgestreut seien und niemals der Wahrheit entsprechen könnten, schwieg er starr und bitter. Endlich stieß er mit halber Stimme hervor:
»Man umarmt das Meer, wenn man ertrinkt. Ich kann nicht mehr zurück.«

Es stellte sich heraus, daß der Kaiser auf dem Rückmarsch nach Lahore auf einsamer Paßstraße während der Nacht überfallen und in einen Abgrund gestürzt werden sollte. Der Angriff war so vorgesehen, daß er nach einem Überfall aussehen mußte. Der genau ausgearbeitete Plan kam früher ans Licht, als mein Bruder und seine Anhänger glaubten.

Diesmal war der Verräter im Drama eine Tänzerin, die von einem betrunkenen Bewunderer Einzelheiten der Unternehmung erfuhr und sie dem nächsten Freier, einem wachen Höfling, ausplauderte, der sich wieder an mich wandte.
Ich bemühte mich, mit der Schnelligkeit und Umsicht eines guten Wesirs zu handeln. Bevor ich dem Kaiser pflichtgemäß Bericht erstattete, nahm ich die Verdächtigen unauffällig fest und sorgte dafür, daß keiner entkommen konnte. Ebenso riet ich meinem Vater eindrücklich, von besonderen gerichtlichen Verfahren abzusehen. Es

sollte nicht der Eindruck aufkommen, daß sich eine neue umfangreichere Revolte gegen seine Autorität anbahne. Die vier Hauptverschwörer, zuerst Khusrau und der Sohn eines hohen Würdenträgers, wurden noch in der Nacht unentrinnbar eingekerkert. War dies das Ende von Khusraus Herrschertraum?
Immer in schweren Ketten mitgeschleppt, wo der Kaiser auch hinzog oder sich aufhielt, immer abgeschirmt und kaum jemandem sichtbar, welkte der Gefangene als ein lebendig Toter hin und gab doch seine Rachegefühle nicht auf.
Damals ahnte ich nicht, was ich fünf Jahre später um der Erringung der Krone willen selbst nicht nur zu planen, sondern gleichmütig durchzuführen imstande sein würde, ohne einen Reuegedanken daran zu verschwenden. So verwunderte es auch niemand, als später das Gerücht aufkam, daß Khusrau an dem angeblichen Mordanschlag gegen unseren Vater Jehangir unschuldig und der Plan in Wahrheit eine Erfindung von mir war. Es hieß, *ich* hätte den älteren Bruder, der meinem Streben nur zuvorkam, mit untilgbarer Schande belasten und so meine eigenen Aussichten und Möglichkeiten im Hinblick auf die Thronfolge erhöhen wollen. Die weiteren Ereignisse wurden dann folgerichtig als Beweise für meinen kaltblütigen Ehrgeiz angesehen, bis ich selbst das alte Mogulwort *Taktya takhta* – Thron oder Sarg – zu verkörpern schien.
Jeder, den die Sonne bescheint, hat seinen Feind in sich selbst.

*

Ungestört und im Triumph kehrte der Kaiser nach der Residenz in Lahore zurück. Seine Absichten waren erfüllt, die Rebellen im Nordwesten erfolgreich vor Aufständen gewarnt. Die afghanischen Fürsten erkannten, daß es sinnlos war, sich durch offene oder geheime Verbindung mit den Uzbeken und anderen militärischen Abenteurern einzulassen. Zuverlässige Edelleute wurden auf verantwortungsvolle Posten in Kabul berufen. Von Afghanistan bis nach Bengalen bot das Mogulreich ein Bild von Ruhe und Einheit – eine Sicht, die meinen Vater Jehangir tief befriedigte. Es erfüllte ihn mit Stolz, daß es bisher keinem seiner Vorfahren, auch nicht dem großen Akbar, gelungen war, die kampffreudigen Afghanen zum Gehorsam zu zwingen.
In dieser erfreulichen Wendung glaubte mein Vater – nicht zuletzt als Ergebnis des eigenen klugen Verhaltens und des Rates seiner noch

klügeren Gemahlin – eine günstige Konstellation der Sterne zu erkennen, wie er mir freundlich anvertraute. Daß ich zu dieser Konstellation das meinige beigetragen hatte, vergaß er über dem ungewohnten Glück.

Gewann ich in der feinen Rechnung Nur Jahans schon zuviel Gewicht –?

Hauptquelle des kaiserlichen Reichtums war der Außenhandel, den schon Babur zum Monopol der Dynastie bestimmt hatte. Für die ›Wilden aus dem Westen‹ – die Europäer – war Indien ja schon seit den Tagen der Römer die Heimat aller märchenhaften Dinge, vor allem der Gewürze wie Pfeffer, Muskat, Nelken, Zimt und Kardamon; die getrockneten Chili-Schoten waren schärfer als alles, was den abendländischen Gaumen bisher gebrannt hatte.
Aber nicht nur durch Gewürze wurden die europäischen Händler reich. Aus Indien kamen auch die Paprikaschote und die Gurke; der aus China bekannte Tee drohte den arabisch-abessinischen Kaffee zu überflügeln. Als Ergänzung des bisher allein zum Süßen der Speisen benützten Honigs gab es nun den Rohrzucker, der in die Form der Hüte mogulischer Beamter gepresst wurde. Allein am Rohrzucker verdiente mein Vater Jehangir ein Zehntel des Gewichts an Silber; danach kam als Einkommensquelle der Reis.
Wie der Pfeffer mit Gold, wurde Elfenbein schon seit Jahrhunderten mit Silber aufgewogen. Von den Farben hat das aus Pflanzen gewonnene Indigo-Blau und das kostbare, aus gemahlenem Lapislazuli hergestellte Ultramarinblau den höchsten Wert; in Europa ist es doppelt so teuer wie Gold. Das berühmte Indisch-Gelb stellt man aus dem eingedickten Harn von Kühen her, die zuvor mit Mangoblättern gefüttert werden.
Auch liefert Indien den größten Teil der Weltproduktion von Seide und die noch mehr gefragten hauchfeinen Baumwollgewebe, die vor allem in den eigenen Fabriken der geschäftstüchtigen Malika Nur Jahan hergestellt und zu modischen Gewändern verarbeitet wurden.

Hauptrivale Indiens beim Handel auf dem Landweg war seit je Persien, mit dem es ständige Spannungen gab. Als mein Vater Jehangir mit dem persischen Shah Abbas dem Ersten einen Vertrag über eine neue ›Völkerfreundschaft‹ abschloß, ließ der Kaiser eine farbige Miniatur herstellen, die nicht ganz zufällig die Wunschvorstellung von seinem Verhältnis zu dem mächtigen Rivalen wiedergibt: Mein Vater, über den Erdball schreitend, umarmt den geradezu rührend kleinwüchsigen Shah, während zu beider Füßen der Mogul-Löwe das persische Lamm aus seinem Mittelmeer-Gebiet wegdrängt, womit der europäische Handel gemeint war, der über Persien und die Türkei lief.

Da die Moguln niemals über eine Handelsflotte verfügten, hatten sich die Portugiesen in dieser Richtung die besten Beziehungen sichern können. Ihre Kauffahrer beherrschen zeitweise den gesamten indischen Ozean – und was die frommen Muslime besonders betrübte: Sogar den Mekkapilgern blieb nichts anderes übrig, als ihre Reise übers Meer unter dem Banner der gebenedeiten Jungfrau anzutreten.

Das Meer vor Indiens Küste gehörte nach Recht und Gesetz ihnen, pflegten die Portugiesen zu sagen – weil sie den genialen Einfall gehabt hätten, es für sich zu beanspruchen. Ein kleines Stück Papier, auf dem sich die Unterschrift eines portugiesischen Gouverneurs oder des Kommandanten einer portugiesischen Festung befand, war das Mittel, welches das Arabische Meer versklavt hielt. Kein Schiff, nicht einmal die kleinste Barke, wagte sich ohne Lizenz – *Cartaz* genannt – auf das Arabische Meer hinaus. Indische und arabische Schiffe durften keine Gewürze, keinen Pfeffer, kein Kupfer und kein Eisen transportieren, denn auf diese wertvollsten Güter behaupteten die Portugiesen das Monopol zu besitzen. Das hieß: daß ein auf See aufgegriffenes Schiff ohne *Cartaz* beschlagnahmt wurde. Kapitän und Mannschaft richteten die christlichen Räuber, wenn die Opfer Glück hatten, sofort hin; hatten sie keines, wurden sie auf die schrecklichen portugiesischen Galeeren geschickt. Wirkte ein Schiff auf die ständig kreuzenden Kontroll-Galeonen ›verdächtig‹, so stiegen schwerbewaffnete portugiesische Soldaten mit dem Kriegsgeschrei ›Santiago‹ auf den Lippen an Bord. Und das wieder bedeutete, daß man, während noch der *Cartaz* überprüft wurde, die Passagiere von jeglichem Besitz, vor allem Schmuck und Geld, erleichterte, der sich in den Straßen von Goa zu Geld machen ließ. Die Einkünfte, die der *Cartaz* Portugal einbrachte, waren nicht darum ungeheuer, weil etwa ein *Cartaz* teuer war, sondern weil jede geringste im Arabischen Meer gehandelte Ware durch einen portugiesischen Zollhafen geschleust wurde.

In Agra vertraten zur Zeit des Kaisers Jehangir die Portugiesen die größte Ausländer-Kolonie, und ihre tatkräftigen Jesuiten erbauten sich mit Allerhöchster Bewilligung eine Kirche. In Religionsdingen war mein Vater nicht weniger großzügig als Kaiser Akbar. Christliche Kaufleute berichteten völlig verstört in ihre Heimat:

Alle Religionen sind hier frei und willkommen, denn der Kaiser gehört keiner an.

Bald jedoch geschah es, daß trotz des störrischen portugiesischen Widerstandes die – von ihnen als ›Heiden‹ beschimpften – niederländischen Kaufleute eine wichtige Rolle im Indienhandel spielen sollten. Ein unabsehbarer Wettlauf unter den christlichen Mächten schien sich anzubahnen. Während die Portugiesen bereits feste Stützpunkte in Afrika und im südindischen Goa besaßen und von da aus ihren Einfluß bis nach China und Japan ausdehnten, gelang es den Holländern, in Südafrika, an der Südostküste Indiens, in Ceylon und in Indonesien Fuß zu fassen.

So erschien auf dem Plan alsbald auch die dritte und jüngste Seemacht: England. Nachdem die englische Flotte – weniger wegen ihrer Tüchtigkeit als vielmehr wegen der Ungunst des englischen Wetters – der spanischen Armada König Philipps den Untergang beschert hatte, gelüstete es die ehrgeizigen Briten nach ›festen Niederlassungen in fremden Ländern‹, wie bereits die Königin Elizabeth meinem Großvater Akbar durch einen Abgesandten ausrichten ließ. Sie hatte damals um einen Hafen und Geschäftsbeziehungen nachgesucht. Indessen weigerte sich der Kaiser strikt, es mit einem Lande zu tun zu haben, das von einer – noch dazu ›jungfräulichen‹ – Frau regiert wurde. Notfalls erklärte sich mein Großvater bereit, *den Wilden von der westlichsten Insel des Westens* die für Kaufleute aller Nationen geltenden Geschäftsmöglichkeiten zu gestatten. Elizabeths Nachfolger indessen ging einen Schritt weiter und gründete eine ›British East Indian Company‹, die – nach dem Beispiel der Mogul-Kaiser – den König selbst als einzigen Gesellschafter hatte.

Im Jahr Sechzehnhundertneun machte der erste englische Gesandte, ein Major Hawkins, bei meinem Vater seine Aufwartung. Jehangir, aufgeschlossen für alles Exotische, war beeindruckt, daß der weitgereiste Fremde die türkische Sprache beherrschte. In seinem Tagebuch vermerkte der Kaiser:

Er hat die Hautfarbe einer Wasserleiche und besitzt leider kein gefälliges Äußeres, doch wird er nach einigen Gläsern Alkohol zutraulich wie eine Ente.

Nun, in dieser Hinsicht hatte der Major Hawkins seinen Meister gefunden. Aber dabei blieb es auch. Jehangir weigerte sich beharrlich, die Verpachtung des indischen Hafens Bombay zu genehmigen. Der Abschied von seinem ›allerliebsten Saufkumpan‹ Hawkins erfolgte in großer Freundlichkeit, ohne daß er dem englischen König auch nur einen Gruß ausrichten ließ ...

Meine Stiefmutter Nur Jahan war durch den Engländer auf die Idee gebracht worden, selbst die See kennenzulernen, und bestand darauf, daß ihr Gatte Jehangir für sie ein Schiff bauen ließ, das nach Muscat in Oman auf die Reise gehen sollte. Leider hatte die Malika nicht an die Portugiesen gedacht, die nicht zögerten, ihrem frommen Brauch gemäß das schöne Schiff Nur Jahans zu überfallen und mit besonderer Hingabe zu plündern. Die Räuber indes hatten wieder ihre Rechnung ohne meinen Vater Jehangir gemacht, der daraufhin alle Portugiesen, derer er in Indien habhaft werden konnte, einsperren und sie zuletzt mit einem Bußgeld in Höhe des hundertfachen Wertes des Verlustes davonkommen ließ. Die Welt ist – mitunter – voller Gerechtigkeit. Zumal sich bald eine neue Lage mit neuen Beziehungen zu den obendrein mit noch besseren Kanonen ausgestatteten Briten ergab.

*

Im November Sechzehnhundertfünfzehn landete der gerade fünfunddreißigjährige Sir Thomas Roe bei Suraz in Indien. Sein Auftrag:

Ich sollte dem Kaiser mit allen Mitteln der Argumentation und Drohung klarmachen, daß sehr bald mein Herr, der englische König, Herrscher über alle diese Meere und Häfen sein werde, weshalb er auch allen Respekt fordere.

Nach endlosem Feilschen in Protokollfragen wurde dem sehr großartig auftretenden Botschafter Seiner Britischen Majestät immerhin erlaubt, daß er sich ›in entspannter Haltung an eine der silbernen Baldachin-Säulen des Thrones lehnen‹ durfte. Bedauerlicherweise wurde der tapfere Brite durch eine Darmerkrankung an der Ausübung sei-

ner Pflichten gehindert, bis es endlich in Ajmer zu dem lang erwarteten Empfang von Sir Thomas bei dem Kaiser kam, der die noch immer nicht ganz auskurierte Diarrhöe des Gastes naserümpfend zur Kenntnis nehmen mußte.
Nichtsdestoweniger begleitete Roe den Kaiser drei Jahre lang auf dessen Zügen durch Indien, wobei er als unangenehmstes Erlebnis die Begegnung mit einem Kamel vermerkte, das vom Statthalter von Kandahar als Geschenk an den Kaiser geschickt worden und mit den nicht mehr ganz frischen Köpfen von dreihundert afghanischen Aufrührern beladen war ...

Sir Thomas Roe wurde zur Attraktion am Hof meines Vaters. Dabei zog ich mir einmal seinen heftigen Tadel zu, als ich Gepäckstücke des Briten beschlagnahmte, die als Geschenke für den Kaiser gedacht waren. Der Kaiser hatte kindliche Freude an allerlei europäischen Dingen, die es in Indien nicht gab: Glaswaren zum Beispiel oder englische Handschuhe. Geradezu leidenschaftlich sammelte der Kaiser europäische Gemälde. Schon mein Großvater Akbar hatte von den Jesuiten Heiligenbilder eingehandelt, die er als exotische Kunstwerke den Haremsdamen vorführte. Bei diesen christlichen Schöpfungen beeindruckte ihn besonders der Heiligenschein, den er sofort für seine eigenen Porträts verwandte – ohne zu wissen, daß diese ›nazarenische Neuerung‹ in Wahrheit von dem uralten indischen Schimmer um die Häupter der Hindugötter abstammte, den die Christen dann über die Perser und die Byzantiner übernommen hatten – nicht anders als den Weihrauch oder die zum Beten gefalteten Hände ...
In seiner Begeisterung für die ›exotische‹ Kunst aus dem fernen Abendland ließ mein Vater einmal auch die große Thronhalle zu Ehren von Sir Thomas Roe mit einer seltsamen Mischung von Bildern des Propheten Jesus und der Sünderin Magdalena schmücken, dazu der englischen Königin Elizabeth und einer Dame, die gerade wegen eines heiklen Mordprozesses in England Aufsehen erregt hatte. Als peinlich hingegen erwies sich ein Geschenk der East Indian Company an den Kaiser: Ein Gemälde, das die Göttin Venus und einen Satyr darstellte.
Da die alte Liebesgöttin einen ungemein weißen Körper, der nackte Satyr aber eine den Indern verwandte bräunliche Hautfarbe aufwies, glaubte der Kaiser darin eine Verachtung der Asiaten herauslesen zu

müssen, zumal die schöne Venus von dem groben Satyr an der Nase gefaßt wurde und es so aussah, als führe sie ihn als Gefangenen mit sich.

Einen unverkennbaren Hang zu mutigem Humor legte Sir Thomas an den Tag, als es um das Protokoll als Abgesandter seines königlichen Herrn Jakob von England ging. Der Kaiser hatte zuvor den hochmütigen Gesandten des Shahs von Persien einmal dazu zwingen wollen, sich beim Eintritt in die Audienzhalle in üblicher Weise tief vor ihm zu verbeugen, was dieser strikt verweigert hatte. Daher ließ Jehangir am Eingang einen niedrigen geflochtenen Torbogen anbringen, der die Demutsgeste des Gastes erzwingen sollte. Worauf sich der stolze Perser beim Bücken umwandte und es damit fertigbrachte, mit dem Hinterteil voran vor die Majestät zu kriechen ...
Ähnlich verhielt sich nun der nicht weniger selbstbewußte Sir Thomas Roe gegenüber meinem Bruder Parvez, dem er in Burhanpur, wo sich der Prinz damals aufhielt, seine Aufwartung machen wollte. Der Brite weigerte sich ebenfalls, die vorgeschriebene tiefe Verbeugung vorzunehmen. Er bestand darauf, entweder die drei Stufen zum Thron des Prinzen emporsteigen zu dürfen oder aber unten in einem Stuhl Platz zu nehmen. Man erlaubte ihm das letztere, wenn er sich dabei nicht allzu auffällig zurücklehne ... Prinz Parvez erklärte sich sogar bereit, den Briten abends an einem gleichsam privaten Ort zu treffen, wo man sich ungezwungener unterhalten konnte. Der dankbare Sir Thomas übersandte dem Prinzen eine Kiste mit Flaschen; woraufhin die abendliche Begegnung leider nicht zustande kommen konnte, da der Prinz nicht mehr in der Lage war, sich auf den Beinen zu halten ...

In dem – abgefangenen und kopierten – Bericht des Engländers vom kaiserlichen Hof fand ich die wunderliche Feststellung:
Ich sah, was man sehen konnte. Geschenke, Elefanten, schöne Pferde und viele, viele Huren ...

Im Februar Sechzehnhundertneunzehn trat Sir Thomas die Heimreise nach Europa an – ohne den ersehnten formellen Handelsvertrag mit der britischen Krone in der Tasche. Gerade zu dieser Zeit aber war im Abendland der dreißigjährige Religionskrieg unter den Christen ausgebrochen, und so kam es bald zum großen Erfolg der East Indian

Company: Da man für die Schießpulverherstellung im Namen ihrer Heiligen dringend des indischen Salpeters bedurfte, ergaben sich für alle Seiten höchst einträgliche Geschäfte, die mir selbst nicht zuletzt die Verwirklichung meiner eigenen Baupläne erlaubten. Es stellte sich heraus, daß die frommen Briten die lutherische und die noch frömmeren Portugiesen die katholische Seite des großen Mordens belieferten. Und bei jedem Schuß, der das Herz Europas verwüstete, verdienten wir, die Moguln.
Die Ideen sind nicht verantwortlich für das, was die Menschen aus ihnen machen.

*

Nach der Rückkehr des Kaisers aus Afghanistan rieten ihm die Ärzte und die Malika wegen seiner geschwächten Gesundheit zu einem Aufenthalt in der kühleren Region des Punjab. Mein Vater Jehangir litt an Asthma, das ihn mitunter quälte; auch hoffte er in dem ältesten Kulturland Indiens neue Quellen seiner Geschichte zu entdecken. Besonderes Interesse fand der Kaiser an einer Legende, nach der im Jahr Neunundvierzig nach christlicher Zeitrechnung unter der Regierung des Königs Gopananda, der im Kashmir herrschte, ein weißer Prophet namens Yus Asaf aus Palästina in Srinagar eingetroffen sei. Aus alten Berichten geht hervor, daß er Tag und Nacht bemüht war, dem Volk von Kashmir das Wort Gottes zu bringen. Viele folgten ihm und wurden seine Schüler. Mein Vater Jehangir, der sein Grab besuchte, hat die dort angebrachte Inschrift noch gelesen, die später von den herrschenden Muslimen entfernt wurde. Der Kaiser suchte das schlichte Haus auf, in dem sich die Ruhestätte des aus dem Norden gekommenen Propheten befindet. Der dort anwesende Priester erklärte dem Kaiser, daß Maitreya, der Name des von Sakyamuni verheißenen Buddhas der Zukunft, sprachverwandt sei mit dem aramäischen Meschia, dem Messias, auf den die Juden noch immer hoffen und den die Christen in dem gekreuzigten Jesus sehen.
Nach alten kashmirischen Aufzeichnungen ist der hier begrabene Prophet Yus Asaf hochbetagt im Jahr Einhundertsieben der christlichen Zeitrechnung verstorben.
Auch wird von dem König Shalewahin von Kashmir berichtet, daß eines Tages vor diesem König ein hellhäutiger Mann in weißem Gewand erschienen sei. Er nannte sich Yus Asaf und gab an, aus einem

fernen Land zu kommen, um die Religion zu erneuern. Denn die Wahrheit sei untergegangen und das Böse kenne keine Grenzen mehr. Seine Religion aber fordere Liebe, Wahrheit und Reinheit des Herzens und die Verehrung eines ewigen Gottes, der seine Mitte in der Sonne habe und alles beherrsche. Er selbst sei der Sohn dieses Gottes, und man nenne ihn auch Ysa Masih.

Dieser heilige Mann namens Issa soll als Jüngling aus dem Westen gekommen sein und sich mit der Lehre der Brahmanen wie des Buddhismus vertraut gemacht haben. Als Dreizehnjähriger soll dieser Issa seine palästinensische Heimat verlassen und mit Karawanen über Persien nach Indien gewandert sein, um sich hier dem Studium der heiligen Schriften zu widmen. Nach zwei Jahrzehnten habe er den Rückweg angetreten.

Er soll in Kashmir, Ghandara und dann in Persien gepredigt haben, bis er wieder in seine Heimat gelangte. Sein Ende am Kreuz ist die Grundlage der Religion der Christen, obgleich er als Lebender vom Kreuz abgenommen worden sein soll.

Als ich einmal gegenüber einem Jesuiten aus Goa davon Erwähnung machte, bekreuzigte sich der fromme Gelehrte. Es fehlte nicht viel, daß er mich als Ketzer verfluchte. Ich fragte ihn, ob er mich wohl auch zu kreuzigen beabsichtige? Erst als ihn einer meiner Höflinge daran erinnerte, daß er vor dem Kaiser von Hindustan stehe, beherrschte er seinen heiligen Zorn.

Der Wirrwarr in meinen eigenen Ländern öffnete meinen Geist zwangsläufig für die so unterschiedlichen Glaubensrichtungen. So lernte ich von der zweiten Entwicklungsstufe der alten wedischen Religion der Inder, die gekennzeichnet ist vom Übergang des Brahmanismus zum Hinduismus, dem Opfer- und Kastenwesen, wie auch der Seelenwanderung. Soweit ich als Muslim die Dinge erkenne, ist *Brahma* die göttliche Personifikation des Schöpfers aller Wesen in der Hindu-Religion. Er bildet mit Vishnu und Krishna die Götter-Dreieinigkeit *Trimurti*. Brahma ist das heilige Gebet und die Weltseele, das Absolute, das unwandelbare Eine. Jedes Lebewesen wird sofort nach seinem Tod neu geboren. Von seinem Handeln hängt es ab, was aus ihm wird.

Für einen Muslim sind diese Begriffe schwierig zu erfassen. Mein Sohn Dara Shukoh, der sie schon früh studierte, war der Überzeugung, daß ein Herrscher über Indien sie sich zu eigen machen müsse, wenn er das Volk und seine uralten Traditionen begreifen wolle. Ich mußte ihm darin zustimmen.

*

Als ich später selbst nach Srinagar kam, ließ ich mir von dem buddhistischen Hüter der Grabstätte des weißen Propheten über den Begründer der Lehre des ›Erleuchteten‹ berichten, die den aus dem Norden Gekommenen so stark beeindruckte.

Ich erfuhr, daß Siddharta, wie er hieß, dem kriegerischen Fürstengeschlecht der Sakyas aus Nepal entstammte. Sein später angenommener Name Buddha weist auf diese Erleuchtung hin. Man nannte ihn Sakyamundi, was soviel bedeutet wie der *Einsiedler Sakya*. Der Überlieferung nach starb seine Mutter Maya sieben Tage nach seiner Geburt. Das Kind wurde vom Vater der Schwester seiner Frau anvertraut. Schon der junge Siddharta pflegte zu sagen:
»Nichts ist beständig auf Erden. Nichts ist wirklich. Das Leben gleicht dem Funken, der durch Reibung aus dem Holz entspringt. Es entzündet sich und verlöscht, ohne daß wir wissen, woher es kommt und wohin es geht. Das Leben gleicht dem Ton der Lyra, und vergebens fragt der Weise, woher es kommt und wohin es geht.«

Eines Tages, als der Prinz, von einem zahlreichen Gefolge begleitet, durch seinen Park fuhr, traf er einen alten, hinfälligen Mann, dessen Körper Zeichen des nahenden Todes aufwies.
»Was ist das für ein Mann?« fragte der Prinz, der zum ersten Mal in seinem Leben einen Alten sah.
»Das ist ein Greis, der, von der Last des Alters gebeugt und der Kraft und Lebenslust beraubt, nicht mehr imstande ist, zu arbeiten.«
»Ist das die Eigentümlichkeit seines Geschlechtes, oder ist es das Los jedes Menschen, so zu werden?«
»Jeder Mensch wird durch das Alter in diesen Zustand versetzt«, lautete die Antwort.
»Wie können die Menschen«, erwiderte der Prinz, »so unwissend, so schwach, so töricht sein, daß sie auf ihre Jugend stolz sind und sich von ihr berauschen lassen und nicht des Alters eingedenk sind, das ihrer wartet?«

Ein anderes Mal traf sein Blick einen Menschen, der stöhnend am Wege lag. Der Wagenlenker erklärte ihm, dieser Mensch sei krank. Der Prinz aber rief aus:

»Ist unsere Gesundheit nur ein Traum und kann uns künftiges Leid in dieser Gestalt erscheinen? Welcher Weise kann, nachdem er dies gesehen hat, noch an Freude und Vergnügen denken?«

Später sah er einen leblosen Körper auf einer Bahre, der mit einem Tuch bedeckt war, und ringsum weinende Menschen. Man erklärte ihm, dies sei ein Toter. Er sagte: »Wehe der Jugend, die ein Raub des Alters wird, wehe der Gesundheit, die so vielen Gefahren ausgesetzt ist. Wehe dem Leben, das dem Menschen nur so kurze Zeit bleibt!«

Siddharta kehrte nachdenklich in den Palast zurück und legte sich auf seinem Lager nieder. Er war neunundzwanzig Jahre alt. Währenddessen ergriffen seine mit Schmuck gezierten Frauen, die in Tanz und Gesang ausgebildet waren und Göttermädchen an Schönheit glichen, ihre verschiedenen Instrumente, stellten sich um ihn herum und führten, ihn zu erfreuen, Tänze, Gesänge und Musikstücke auf. Siddharta aber machte das nur noch trauriger. Er schlief ein.

Als er erwachte, sah er, daß die Frauen ihre Instrumente zur Seite gelegt hatten und auch eingeschlafen waren. Einigen lief der Speichel aus dem Mund, andere knirschten mit den Zähnen und redeten im Schlaf wirre Worte; andere hatten den Mund weit geöffnet, und bei vielen hatten sich die Kleider verschoben.

Noch in der gleichen Nacht verließ der Prinz unbemerkt und allein den Palast und wanderte in die weite Ebene hinein. Er suchte das *Wissen* – ein Wort, das zum Angelpunkt seiner Lehre werden sollte. Jahrelange Askese in der Art der brahmanischen Jogis brachte ihn an den Rand seiner Kräfte, doch keinen Schritt seinem Ziel näher. Bis ihn im Gazellenhain nahe dem heiligen Benares, unter einem Bodhi-Baum, die Erleuchtung überkam und er zum *Erleuchteten*, zum Buddha wurde ...

In den vier ›edlen Wahrheiten‹ seiner berühmten Predigt von Benares lehrte Buddha: Erstens das Leben als leidvoll anzusehen. Zweitens zu erkennen, daß dieses Leid durch den Hang zum Leben, den Durst nach Dasein immer wieder neu entsteht. Drittens, daß eine Erlösung durch das Vermeiden der Begierden – als der Kette des Leidens – möglich ist, und zwar viertens mit Hilfe des sogenannten achtfachen Pfades, einer Anleitung zum zweckmäßigen Verhalten.

In Indien galt Gott – schon lange vor Buddha – nicht als Zentrum des Weltgeschehens, sondern als ein ewiges Weltgesetz, die Weltseele, das *Brahma*, unter dem die Götter gleichsam die Aufgaben der Schöpfung, des Denkens und Zerstörens ausüben. Nicht ein ewiges Leben in einem Reich der Glückseligkeit erschien den Indern als Ziel des Heilsgeschehens, sondern das Ausscheiden aus der Kette immer neuer Geburten in einer als leidvoll angesehenen Welt, die Vereinigung der Einzelseele mit der Allseele, wie die Hindus glauben – nach der Lehre des Buddha aber das Verlöschen dessen, was von Existenz zu Existenz weitergereicht wird und das Eingehen aus dem *Sansara*, der Reihe der Wiedergeburten, in das *Nirwana* als die letzte, einzige Realität.

Merkwürdig bleibt die Geschichte vom Ende des Buddha. Er ließ sich von dem Sohn eines armen Schneiders zum Mahl einladen, der ihm verdorbenes Schweinefleisch vorsetzte. Buddha aß es, um den Gastgeber nicht zu kränken. Er starb an der roten Ruhr.

Was mich als Muslim besonders nachdenklich macht: Man gab seinem Bild den Heiligenschein, aber Buddha lebte und starb als *Mensch*. Keine Legende erhöhte oder verklärte seinen bescheidenen Tod. Er fuhr weder in den Himmel auf, noch feierte man ihn als Gottes Sohn oder auch nur als Prophet.

Ich lernte weiterhin, daß die neue ›Lehre ohne Götter‹ in raschem Siegeszug die Länder Indiens eroberte, nach der Löweninsel Ceylon, später nach Insulinde übersprang, sich in Hinterindien, Zentral- und Ostasien, also China, Japan und Korea ausbreitete und – nachdem sie in ihrem Heimatland in der zweiten Hälfte des ersten nachchristlichen Jahrtausends zunehmend an Anziehungskraft verlor, bis sie in Indien um das zwölfte Jahrhundert vom Brahmanismus und dem Eindringen des Islam beinahe ausgerottet wurde.

Und ich lernte das Wort des chinesischen Philosophen Laotse, einem Vorgänger des Buddha:

Zart und weich keimt der Baum,
starr und stark stirbt der Baum.
Also zart und weich sind die Weisen des Lebens,
stark und starr sind die Weisen des Todes.

Mein Großvater sagte einmal zu mir: »Arbeit ist der Preis, mit dem man den Ruhm erkauft. Was wenig kostet, ist wenig wert. Zivile Verwaltung, so trocken sie sein mag, macht einen gewissenhaften, Militär und Pflichterfüllung machen einen vollkommenen Herrscher.«
Der Erfolg im Mewar gab mir neues Selbstgefühl und neues Vertrauen in die Zukunft. Ich und Arjumand, meine Mumtaz Mahal, wuchsen zu einem Ganzen zusammen. Sie fügte zu meinem Ehrgeiz, meinem grenzenlosen Machtstreben ihre Seelenstärke hinzu. Arjumand bewunderte ihre Tante Nur Jahan, ihren Geschmack und ihre künstlerische Begabung wohl vor allem darum, weil sie davon ebenso wenig besaß wie von Nur Jahans politischem Geschick. Heute weiß ich, daß Arjumands fraulicher Verstand durchaus eigenen Ehrgeiz kannte, indem sie es als *Mutter* verstand, mich an sie zu binden. Sie wußte wohl, daß eine Frau wie ihre Tante Nur Jahan an meiner Seite keine Zukunft haben konnte und daß sie sofort im Harem verschwinden würde. Arjumand bot sich mir niemals an, sie blieb auch als meine Gemahlin immer die scheinbar still Dienende – und das war es, was ich unbewußt von meiner Frau wollte. Und als ich es erkannte, ließ ich sie nicht mehr los. Ihr Leben ging in dem meinen auf; sie gebar mir ein Kind nach dem anderen, und mit jeder Geburt wurde unser Band fester. Ich sah keine Frau neben ihr. Keiner meiner Vorfahren hatte eine solche Frau – nicht einmal mein Vater Jehangir, für den Nur Jahan gleichsam den letzten Hafen bedeutete, nachdem er seiner Neigung zu den Jünglingen entwachsen war ...

In den Hofkreisen war man sich darin einig, daß die Regierung von Hindustan von nun an fest in den Händen Nur Jahans, ihres Bruders Asaf Khan und der meinen lag. Mein Vater, der Kaiser, fand sich damit ab, die Rolle eines Schaustückes zu spielen, das zweimal am Tag auf der *Jarokha*, dem Aussichtsbalkon über der Mauer des Roten Forts, erschien oder örtliche Kleinfürsten und fremde Würdenträger in der Audienzhalle empfing. Er thronte über öffentlichen Vergnügungen mit aller Zurschaustellung seiner Pracht und verteilte bei besonderen Gelegenheiten Geschenke, Ehrenkleider und Lehensgüter an verdienstvolle Edle im Reich.

Mein Vater war glücklich, daß Nur Jahan immer bei ihm war. Die Malika saß grundsätzlich ein wenig hinter ihm, um ihn zu beobachten und ihm gegebenenfalls etwas zuzuflüstern. Ihr Lächeln und die Andeutung ihres Beifalls waren sein Trost und die Quelle seiner Freude. Niemals versäumte die Malika mit ihrem gewinnenden Wesen die unausgesprochenen Rückfragen mit schweigender Bestätigung zu beantworten. Sie kontrollierte den Kaiser wie ein Puppenspieler seine Figuren. Die Handhabung der feinen Fäden geschah mit vollkommener, so liebevoller wie sorgfältiger Sicherheit. Sie war sich ihrer Überlegenheit bewußt und machte daraus kein Geheimnis. Jeder sollte wissen, wie die Dinge standen. Ich selbst blieb in Anbetracht der unvermeidlichen Gefahren wachsam und ging meinen Weg, wie die Vögel ihren spurenlosen Zug verfolgen. Ich fühlte mich zum Regieren berufen, unter welchen Mühen und Opfern es auch immer sein würde.

Für meinen Schwiegervater Asaf Khan war es zur festen Gewohnheit geworden, alles zu sehen und wenig zu sagen. Sein Grundsatz war, daß unausgesprochene Gedanken nutzbringender sind als vorschnell preisgegebene. Während der übliche Weg der Höflinge durch den Harem, die Gier nach Juwelen und Landlehen, Gold oder Genuß bestimmt wurde, gab es für den Perser Asaf Khan nur die *Macht* und nichts als die Macht. Sie allein schloß alles ein: Einfluß und Verbindungen, Besitz und Zukunftsaussichten. Seit fast zehn Jahren hielt er nun seine Stellung in der Nachfolge der *Stütze des Staates*, seines greisen Vaters Mirza Ghiyas Beg, und teilte sich mit seiner Schwester Nur Jahan in die Herrschaft über den derzeitigen Kaiser Jehangir, dem er das vortrug, was er mit seiner Schwester beschlossen hatte. Wobei es nur darum ging, wie es dem Kaiser mit der entsprechenden Schmeichelei als dessen eigenste Entscheidung beigebracht werden sollte ...

Wie ich bereits erwähnte, kam in meiner ersten Lebenshälfte kein Tropfen Alkohol über meine Lippen. Ein reines Leben, so rechnete ich, war der sicherste Wegweiser zum Thron. Als mich mein Vater in Ajmer einlud, einen Becher Wein zu trinken, wehrte ich ab mit dem Hinweis, daß ich unter einem selbst auferlegten Eid stünde, von dem ich nicht abzuweichen gedächte. Mein Vater nahm dies zum Anlaß für einen Lobgesang auf die Tugend der Zurückhaltung beim Trinken: »Baba, du bist ein erwachsener Mann mit Frauen und Kindern. Der Erfolg im Felde hat bereits deine Steigbügel geküßt. Neuer Ruhm erwartet dich. Die Mogulherrscher und ihre Prinzen haben immer im Wert ihrer Vergnügungen und der Kette ihrer Wohltätigkeit ihren Stolz gesehen. Sich manchmal zu erholen, ist eine Kunst, die die kaiserliche Familie braucht, um sich zu entwickeln. Ein wenig Wein ist eine Hilfe und eine Wohltat für den Geist; es ist auch gut für die Gesundheit. Kleine Mengen leichten Weines werden empfohlen von Ärzten und Philosophen. Denke an den großen persischen Dichter Hafis, dessen weise Reime immer um den freudespendenden Wein kreisen!« Nach dieser wohlwollenden Einleitung fügte der Kaiser hinzu: »Wir wären glücklich, wenn du unserem Wunsch nachkämest!«

Ich verbeugte mich pflichtgemäß und nahm den mir auf einer goldenen Platte gereichten Becher. Die Augen meines Vaters leuchteten, als ich das Gefäß an meine Lippen hob. Dann kam er von seinem Thron herab, um mich für einen erinnerungswürdigen Augenblick in seinen Armen zu halten.
Ich sah ein, daß für mich die Zeit der Enthaltsamkeit ihr Ende gefunden hatte. Eine überreiche Zukunft wartete auf mich. Ich fühlte mich glücklich, meinen Vater nicht enttäuscht zu haben, aber mein Lächeln verbarg ein Stirnrunzeln über meine eigene Schwäche.
Meine Handlungsweise blieb nicht unbeachtet. Der Kaiser beliebte es als ›einen Windstoß, der schnell vorüber weht‹, zu bezeichnen. Ich ahnte, daß diese Feststellung vielleicht richtig war. Arjumand gegenüber verhehlte ich nicht meine frühe Überzeugung:
»Ich bleibe dabei: Jeder berauschende Becher ist eine Sünde.«

Die Festlichkeit zu Ehren des Geburtstages meiner Frau war in diesem Jahr wieder einmal überschattet von unerfreulichen Nachrichten aus dem Dekkan, wo die wilde Flucht der kaiserlichen Truppen vor leichten Kavallerie-Divisionen des Provinzfürsten Malik Amber eine gefährliche Lage für das Ansehen der Mogulherrschaft heraufbeschwor. Der offizielle Kommandeur im Süden, mein zweitältester Bruder Parvez, erfreute sich leider keines besonderen Ansehens weder durch seinen Mut noch durch Klugheit. Man berichtete dem Kaiser, daß sich der Prinz gedankenlosen Torheiten und Ausschweifungen hingebe, und bat dringend um Truppenverstärkungen. Zudem sei die Zeit gekommen, daß der Padishah selbst die Südarmee übernehme. Auf dringenden Wunsch Nur Jahans entschloß sich der Kaiser zum pompösen Aufbruch in Richtung Dekkan. Die Malika zog es vor, in Agra zu bleiben. Ihrem Vater, der *Stütze des Staates*, dem alten Abenteurer und Großwesir Ghiyas Beg, ging es nicht gut. Er hatte einen Schlaganfall erlitten, und sie fürchtete zu Recht um die Herrschaft ihrer Sippe, das hieß: um die ihrige.

Der Heereszug brauchte allein zwölf Stunden für den Vorbeimarsch am Kaiser. Für den Getreidenachschub wurden achtundneunzig Lastochsen benötigt und allein für den Bedarf des Kaisers und seines Gefolges ein Troß von hundert Elefanten, fünfhundert Kamelen, vierhundert Ochsenkarren und tausend Trägern.
Entsprechend den von Dschingiskhan übernommenen Lagerplänen, die von den Moguln weiterentwickelt worden waren, gab es ein ausgeklügeltes System, nach dem der Aufbau eines Lagers auf den großen Heereszügen grundsätzlich dem des vorigen bis ins kleinste zu entsprechen hatte.
Aus dem kaum übersehbaren Gemisch aus persischen, türkischen, mongolischen, arabischen, indischen – und sogar portugiesischen – Klängen hatte sich mittlerweile eine eigene, bisher am Mogulhof unbekannte Mundart entwickelt, die man *Urdu* nannte.
Für den offiziellen Verkehr galt Persisch als Amtssprache, während innerhalb der kaiserlichen Familie, gleichsam als Geheimverständigung, das *Turki* meines Ahnen Babur gesprochen wurde. Der Begriff Urdu kam zugleich als Name für das ganze Lager in Gebrauch.

Im Mittelpunkt des ›Urdu‹ lag der kaiserliche Bezirk in Form von einer eigenen, von hohen Holzwänden umgebenen Zeltstadt, die eine besondere ›Halle‹ für die öffentlichen Audienzen, eine andere für den Staatsrat, eine Moschee, Räumlichkeiten für die Schreiber und Ateliers für die Hofmaler enthielt. Die Böden der Zelte der Edelleute waren mit kostbaren Teppichen und Seidenkissen bedeckt, zu denen sich Buchstützen und kleine, mit Elfenbein oder wertvollen Schnitzereien geschmückte Truhen gesellten.

Weiterhin gab es den von Elefanten gezogenen riesigen Badewagen des Herrschers, in dem sich die kaiserliche Familie in heißem, von Rosenöl duftendem Wasser vergnügen konnte. Für die gewöhnlichen Soldaten gab es eigene Badekarren in Hausform.

Die mitreisenden Haremsdamen thronten auf Elefanten oder in von goldenem Gitterwerk gesicherten, von Pferden gezogenen Sänften, begleitet von verschleierten Sklavinnen zu Pferd. Dem Zug voraus eilten stockbewehrte Eunuchen, um den Weg – vor allem von neugierigen Männern – freizumachen. Als unumschränkte Herrin des Harems begleitete die uralte Begum Salima den Zug und zögerte nicht, ihre Greisenstimme zu erheben, wenn es um die Mitsprache etwa bei Begnadigungen von ungetreuen Beamten oder rebellischen Offizieren ging ...

Dem Kaiser voraus ritten immer zwei Zahlmeister, die haufenweise Rupien-Münzen unter das ›Salaam Jehangir!‹ schreiende Volk warfen. Die Majestät auf ihrem kostbar geschmückten Elefanten trug einen reich verzierten Turban mit langen Reiherfedern und um den Hals eine sechsfache Perlenkette. An den Ellenbogen blitzten diamantbesetzte Binden und um die Handgelenke entsprechende, schwere Armreifen, dazu an jedem seiner Finger funkensprühende Ringe. Über einem weißseidenen Rock wehte ein ärmelloses Wams aus feinstem Goldgewebe.

Manchmal benutzten der Kaiser oder seine Edelleute auch bedeckte Sänften, die auf langen Stangen auf den Schultern von vier oder sechs Männern getragen wurden und in denen man sich bequem zurücklehnen oder ausstrecken konnte. In unwegsamem Gelände stellte dies die beste Art des Reisens dar, die noch beliebter war als die großen, gutgepolsterten und gefederten Ochsenwagen, die bis zu vier Personen im Sitzen und Liegen Platz boten ...

So erreichte der kaiserliche Zug nach viermonatiger Reise die in einem Hochtal von Kashmir gelegene Hügelfestung von Mandu. Obgleich der verschlafene, fast verlassene Ort unter Wassermangel litt und die durstigen wilden Löwen um die Brunnen der schönen Freitagsmoschee herumschlichen, fühlte sich Jehangir in dem von seinem Vater

Akbar erbauten, in einem großen Park gelegenen Sommerpalast sehr wohl. Leider gehörte jetzt zu diesem Wohlbefinden offenbar die Entweihung und Zerstörung der Grabanlage eines Hindufürsten, der sich, wie mein Vater erfuhr, einst dem Kaiser Akbar widersetzt hatte.

Hier in Mandu erfolgte, nach alter Tradition, das Aufwiegen der kaiserlichen Majestät in Münzen, Juwelen oder kostbaren Stoffen. Mein Vater Jehangir trug aus diesem Anlaß ein Gewand von erlesener Kostbarkeit. In seinen durchsichtigen Umhang waren Diamanten, Rubine und Perlen eingewebt. Der Griff seines Schwertes schimmerte wie ein einziger Smaragd, und seine Finger waren von Ringen und Ketten mit walnußgroßen Rubinen bedeckt. Auf seiner Brust glitzerten herrliche Steine; auch sein Turban war mit Juwelen besetzt.

Erwartungsvoll sah die versammelte Menschenmenge zu, als mein Vater auf die nächste Waagschale zuschritt und die daraufliegenden Kissen prüfte. Nachdem die Schale heruntergelassen war, setzte er sich in Hockstellung auf die Kissen. Neben ihm standen mein Schwiegervater Asaf Khan und andere Höflinge, die den Kaiser stützten. Jetzt schleppten die Beamten der Münzstätte, die dunkelrote Turbane trugen, braune Säcke herbei, die sorgsam auf die andere Waagschale gestellt wurden, bis sich die mit dem Kaiser langsam zu heben begann. Als die beiden Schalen in gleicher Höhe waren, drückten die Münzbeamten und Asaf Khan Jehangirs Schale sanft herunter, und die Männer nahmen die Säcke fort. Sie enthielten Silber-Rupien. Danach begann das Wiegen von neuem; diesmal waren es Säcke aus purpurroter Seide, die mit Goldmünzen gefüllt waren. Es erfolgte die gleiche Handlung mit anderen Säcken voller Juwelen, kostbaren Tuchen oder auch Nahrungsmitteln, die man auf die eine Schale häufte. Anschließend wurde der Gegenwert des kaiserlichen Körpergewichts an die Masse der Armen verteilt. Wie es *dabei* zuging, wurde leider bisher in keinem Bericht erwähnt...
Diese großartige Demonstration dynastischer Pracht war von meinem Großvater Akbar eingeführt worden und fand jährlich zweimal statt: einmal für den öffentlichen Geburtstag des Herrschers nach dem Sonnenjahr und einmal für den des Mondjahres, nach welchem sich jedes Jahr um weitere elf Tage von dem anderen entfernte.
Nach dem Aufwiegen pflegte der Kaiser silberne Früchte unter seine Höflinge zu verstreuen, wobei mir die würdelose Rauferei der edlen

Männer beim Aufsammeln wenig gefiel. Zugleich stellte ich fest, daß diese dünnen und billigen Silberarbeiten kaum den Besitz lohnten.

Während es mein Vater vorzog, sich in Mandu seinem gewohnten Wohlleben hinzugeben, betraute er mich mit der angestrebten endgültigen Befriedung der südlichen Sultanate. Ich bemühte mich, die bereits erprobte Taktik der Drohung und Belohnung bei den schwierigen Landesfürsten anzuwenden und konnte mit einigem Erfolg um die Mitte des Jahres Burhanpur erreichen.
Dabei gehörte es wieder zu meiner Berechnung, großartige Meldungen über unsere sagenhafte Truppenstärke und Ausrüstung zu verbreiten – und nebenbei nicht weniger eindrucksvolle Bestechungsgelder an die zuständigen Herren auszuteilen; wobei die rechte Hand nicht wissen durfte, was die linke tat. Offiziell war natürlich jeder der mehr oder weniger noblen Empfänger der einzige dieser Freundschaftsgeschenke. Ganz beiläufig ließ ich dazu das Ziel meines Feldzuges in nüchterner Wahrheit bekanntmachen: Rückgabe aller nach dem Tod meines Großvaters Akbar verlorengegangenen Territorien – Tributzahlungen je nach Schnelligkeit des Einlenkens – und Übergabe des entscheidend wichtigen Forts von Ahmedabad an mich, den bevollmächtigten Prinzen Khurram.

Das Glück gab mir recht. Als Sieger durfte ich großmütig sein und überschüttete bewußt die in keiner Weise gedemütigten Fürsten mit Höflichkeit und Geschenken. Den hohen ehedem feindlichen Offizieren überreichte ich ebenfalls wertvolle Gaben, die ihrer Eitelkeit schmeichelten – und nebenbei zumeist aus dem Besitz der unterlegenen Herrscherhäuser stammten. Wobei ich nur vorsichtig sein mußte, daß ich die Verteilung klug überdachte, um nicht Bekanntes an den falschen Mann zu bringen ...
Guter Lohn macht hurtige Hände. Ich war überwältigt, als mir der Kommandant von Ahmednagar den Schlüssel des so wichtigen Forts überreichte, und ehrte den überwundenen Gegner mit einer langen Umarmung.

Das schicksalhafte Ritual endete mit einem verschwenderischen Mahl für nahezu fünfhundert Würdenträger von beiden Seiten. Der frühere Herrscher und die anderen Repräsentanten von Mewar und dem Dekkan saßen mit mir auf dem selben Diwan und übten sichtliche

Selbstkontrolle vor den andrängenden aufmerksamen Gästen, ohne auch nur die geringste Gefühlsregung zu zeigen. Es war eine historische Stunde. Vielleicht lächelte der große Akbar über dieses Schauspiel. Ich glaubte Grund zu haben, mir selbst zu gefallen. Ich war jetzt fünfundzwanzig Jahre alt.

Als mein Vater Jehangir von den Ereignissen erfuhr, schien er seit langer Zeit zum ersten Mal wieder glücklich zu sein. Er selbst wußte, daß er als Feldherr kaum in der Lage gewesen wäre, das Ende dieses Feldzuges in solcher Weise herbeizuführen. Seine ausgehöhlte Gesundheit hätte ihn nicht befähigt, die einzelnen Etappen der Unternehmung schnell genug zu erkennen und zu nutzen. Dabei hatte er ein außerordentliches Gefühl für Würde. Seine Gefühlsäußerungen, sei es in Freude oder im Kummer, waren immer stark und spontan. Nur Jahan kannte diesen Charakterzug ihres Gatten. Ihre Pläne für die unvermeidlichen Siegesfeiern sollten den hochgehenden Wogen des Jubels in seinem Herzen entsprechen.
Zunächst wurden an die Armen und die Frommen großzügige Almosen verteilt, wie es sich bei solchem Anlaß gehörte. Auch erhöhte man die Gehälter der wichtigsten Hofbeamten um mehr als die Hälfte.
Dann erschien die Malika selbst in Mandu. Auf ihren klugen Vorschlag hin wurde der bedeutungslose Herrscher von Mandu, gleichsam ein Überbleibsel aus der Vorzeit, überschwenglich und endlos gefeiert. Ohne ganz zu wissen, warum, mußten seine provinziellen Höflinge an jeder Straßenkreuzung unter der Bewunderung der ahnungslosen Bevölkerung ihren verblichenen Prunk zur Schau stellen. Die alte, fast vergessene Stadt mit ihren Palästen und heiligen Stätten schien zu neuem Leben zu erwachen.

Das Wohlwollen des Kaisers leuchtete wie eine schimmernde Krone über einem verhärmten Greisenkopf nicht nur über Mandu, sondern auch als ein Zeichen für die niemals einigen Teilfürsten von Hindustan. Den Ruinen von Mandu gedachte mein Vater, ›neue Gewänder von Seide und Stickereien‹ zu verleihen, wie er bekanntgeben ließ.
Als er mich fragte, ob es nicht unsere Aufgabe sei, die schon von Akbar ausgezeichnete Stadt im alten Glanz auferstehen zu lassen, gab ich ihm ehrfürchtig zu bedenken:
»Ich fürchte, Majestät, es ist nicht weniger schwierig, die entschwun-

dene Jugend eines Körpers wiederzuerwecken, als ihn auf Dauer am Leben zu erhalten. Der Wurm soll dem Fisch schmecken, nicht dem Angler.«

Die vom Kaiser angeordneten Festlichkeiten dauerten sieben Tage. Der Sieg, davon war mein Vater überzeugt, entsprach der Konstellation der Sterne, wie sie sein Hofastrologe errechnet hatte. Verschwenderische Geschenke belohnten den schlauen Sterndeuter, der vor allem die Weisheit der Malika Nur Jahan in höchsten Tönen gepriesen hatte ...
Auch meine Apanage wurde wieder üppig erhöht. Ich war ja bereits Shah Jahan – der ›Eroberer der Welt‹ oder der ›Weltkönig‹. Bei meiner Rückkehr aus dem Feldzug hatte ich meinem Vater die ausgewählten Schaustücke von Perlen und edelsten Steinen aus den Schatztruhen des Dekkan zu Füßen gelegt. Als Gegengabe übereignete mir der Kaiser aus seinem Besitz Elefanten, Pferde, Ehrenkleider, Juwelen und Altertümer von den Märkten Persiens und Europas. Dazu kamen angemessene Belohnungen für meine Offiziere. Es war, als gäbe es für mich keine Zitadellen mehr zu erobern – bis auf die eine ...

Zugleich erscheint es mir heute nicht mehr überraschend, wenn ich auf dem Gipfel meines Triumphes als Sohn den Beginn eines Abstieges als Thronfolger erahnte.
Eine Frau mit solcher Eigenliebe wie Nur Jahan konnte die Erfolge ihres Stiefsohnes nur mit mehr als zwiespältigen Gefühlen verfolgen. Wie sie sich äußerlich beglückt zeigen mußte, bestürmten sie im Innern Zweifel und Ängste. So wurde die noch verbleibende Regierungszeit meines Vaters für beide von uns, für die Malika wie für mich, zu einer endlosen Kette verborgener Sorgen, Befürchtungen und Hoffnungen. Manchmal sprach ich mir selbst Mut zu, indem ich dachte: Wenn der Geist wachsen will, muß er Feinde haben. Jeder Tag des Überlebens ist ein Sieg.

*

In der Fülle der mir zuteil gewordenen Auszeichnungen hatte mein Vater, dessen schwankende Gesundheit ihm selbst wohl nur zu bewußt wurde, mir noch eine besondere Ehrung zugedacht. Meine Stiefmutter Nur Jahan bestand darauf, daß der kleine Empfang in ihren eigenen Räumen stattfand.

Ich hatte sie in letzter Zeit eigentlich immer nur in gewisser Entfernung betrachten können, weil die Empfänge als offizielle Veranstaltungen in großem Rahmen stattfanden, bei denen sich die Frauen naturgemäß im Hintergrund hielten. Heute aber bestand die Kaiserin darauf, mich zuerst gleichsam unter vier Augen zu empfangen. Sie ruhte auf einem mit Kissen überladenen Diwan und bedeutete mir, ich möge auf einem etwas niedrigeren Sitz an ihrer Seite Platz nehmen. Sie sprach ebenso liebenswürdige wie nichtssagende Worte voll hoheitsvoller Gnade, während ich sie aufmerksam betrachtete, was sie natürlich sehr wohl zur Kenntnis nahm.

Nur Jahan streifte sich, während ihr eine hinter ihr stehende Sklavin mit Pfauenfedern Kühlung zufächelte, ein mit Goldfäden durchwirktes Tuch vom Kopf und enthüllte ihr eng anliegendes, glänzend schwarzes Haar, das durch ein goldenes Band gehalten wurde. Der einzige Schmuck, den sie trug, war ein Diamantenhalsband mit einem großen blauen Saphir, der zu der Farbe ihrer Augen paßte. Die Malika ging auf die Fünfzig zu, und ihre Schönheit hatte sich im Lauf der Jahre mit eindrucksvoller Würde gepaart. Ihr Gesicht war streng und fast statuenhaft, hätten ihre ausdrucksvollen Augen nicht eine ständig wachsame Unruhe verraten.

Auf ein Zeichen des am Eingang stehenden Eunuchen ließen die draußen stehenden verharrenden Trommler einen Wirbel ertönen, und der ständig anwesende Sitarspieler stimmte eine seiner meditativen Melodien an. Der Brokatvorhang vor dem Marmorbogen am hinteren Ende des Raumes wurde beiseitegezogen, und mein Vater Jehangir trat ein. Diesmal trug er einen über und über mit Juwelen besetzten Samtturban, einen durchsichtigen Rock über engen, gemusterten Beinkleidern und einen Gürtel aus Goldbrokat.

Dem Kaiser folgte ein Eunuch mit einem Samtkissen in seinen vorgestreckten Händen, auf dem ein kostbar gebundenes Buch in rotem Leder mit Goldprägung lag. Der Kaiser nickte zuerst seiner Gemahlin, dann mir zu, bevor er sich in nicht ganz sicherer Haltung zur Seite der Malika niederließ. Darauf winkte er dem Eunuchen, der herantrat, während mein Vater den Lederband von dem Kissen nahm und mir mit feierlicher Gebärde überreichte. Ich legte, dem Gebrauch gemäß, das Buch auf meinen Kopf, bevor ich es herabnahm und aufschlug. Es war eine prachtvolle Kopie seiner Tagebücher, auf deren erster Seite er in Kalligraphie die Worte hatte schreiben lassen:

Dem in jeder Hinsicht ersten meiner Söhne.

Auch die Kaiserin hatte dazu eine eigene Widmungsseite beigefügt. Späterhin war sie es, die dafür sorgte, daß in den weiteren Aufzeichnungen meines Vaters aus dem so liebevoll geehrten ›Herrn der Welt‹ allmählich wieder der schlichte ›Prinz Khurram‹ und zum Schluß sogar der verachtete *bi-Daulat* – der ›Schuft‹ – wurde ...
Aber ich greife der Entwicklung vor ...

Auf dem Rückweg über Gujarat nach Agra nahmen Nur Jahan und ich mit dem Kaiser an mehreren Jagd-Expeditionen teil. Diese Kämpfe mit wilden Tieren, gefährlicher Flucht und rücksichtslosen Verfolgungen endeten in den üblichen Weingelagen zur Feier der Überlegenheit des Menschen über die unvernünftigen Tiere.
Es schien, als flüchte sich mein Vater aus seiner Hilflosigkeit gegenüber den eigentlichen Aufgaben seines Amtes immer tiefer in trostvolle Ohnmacht ...
Diese Nachlässigkeit, zusammen mit Hitze, Staub und Erschöpfung, brachten dem Kaiser und mir Krankheit und Leid. In Ahmedabad ergriff das Fieber, verbunden mit Durchfall, auch mich. Es dauerte drei Wochen, bis mich die Hofärzte wieder einigermaßen auf die Beine brachten. Die Reise von Ahmedabad nach Agra verbrachte ich – wie bisher schon der Kaiser – in einer Sänfte, getragen von sechs Männern, die sich alle drei Stunden ablösten.
Zur gleichen Zeit brach in Nordindien die Beulenpest aus. Die Berichte dieser Art und die Gefahren auch für Agra veranlaßten Nur Jahan, den offiziellen Einzug in die Hauptstadt so lange aufzuschieben, bis die beunruhigenden Gerüchte nachgelassen hatten. Der gesamte Troß und die Hofgesellschaft blieben für drei Monate in Fatehpur Sikri, das trotz aller verblichenen Pracht Akbars wenig Abwechslung bot.
In diesen Tagen starb meine Mutter Rani Balmati, die man in ihrer Heimat Jodhpur Jodha Bai nannte. Der Abschied von ihr, die ihr Leben gezwungenermaßen immer im Schatten des Harems verbracht hatte und die mich nur in streng zugeteilten Stunden sehen durfte, ohne daß ich etwas dagegen zu tun vermochte, betrübte mich tief. Auf Veranlassung Nur Jahans verlief die Trauerfeierlich-

keit still und formlos. Weder der Kaiser noch die Malika erschienen bei der Beisetzung im Bereich der Freitagsmoschee von Agra. Den Hof beschäftigten wieder einmal neue Unruhen in den Reichsländern.

*

Die nächste notwendig gewordene militärische Unternehmung führte mich nach Kagra. Das Tal, dem die Stadt ihren Namen gibt, gehört zu den lieblichsten, die ich kenne, vor allem im Frühling, wenn das Blühen die Welt umfängt. Das Erstürmen der Bergfestung, in der sich die Aufständischen verschanzt hatten, gelang ohne größere Opfer auf unserer Seite. Dafür ließ es sich mein Vater nicht nehmen, selbst zur Siegesfeier zu erscheinen und aus diesem Anlaß wieder den Hindutempel zu entweihen, indem er den heiligen Stier tötete, als sei man auf einer Jagd. Diese Tat entsprang der Rache für den langen Widerstand der dortigen Hindu-Fürsten gegen die Moguln, und der Kaiser unternahm keinen Versuch, sie zu rechtfertigen.
Während mein Vater in Anbetracht seines neuen ›Sieges‹ die Rückkehr nach Agra befahl, wüteten die Truppen des Reichsheeres auf seine Anweisung weiter, indem sie die großartigen Bauwerke in Trümmer sinken ließen, die zu schaffen mein Großvater Akbar fast sein Leben lang gebraucht hatte.
Ich war unglücklich darüber, wie sich mein Vater dem übertriebenen Zorn des Schwachen ohne einen Gedanken an die Folgen hingab.

Und diese zeigten sich nur zu bald. Der als gesichert angesehene Friede im Dekkan wich neuem Aufruhr und neuen Unwägbarkeiten, die mich mit Sorge erfüllten. Als hätte meine Stiefmutter diese erkannt, erhielt ich wieder einmal eine Einladung in ihre Gemächer im kaiserlichen Serail.
Nur Jahan empfing mich auf ihrem Diwan mit liebenswürdigem Kopfnicken. Ihr Haar war offen und fiel in glänzenden schwarzen Strähnen über ihre Schultern. Auf dem Kopf trug sie ein schmales goldenes Band mit Perlen, das den großen Smaragd hielt, der ihre Stirn schmückte.
»Du wunderst dich, daß ich dich diesmal hierher in den Harem gebeten habe?« strahlte sie ihr bezauberndes Lächeln. »In der Tat war es

nicht leicht, den Kaiser davon zu überzeugen, daß es für seine Gemahlin passender erscheint, nicht allzu deutlich ihre Herrschaft vom kaiserlichen Palast aus durchzusetzen. Du weißt, der Neid der Höflinge ...« Sie wies auf Schalen mit köstlichen Früchten, Truhen und Behältnisse aus edelsten Materialien. »Obwohl es in dieser paradiesischen Abgeschiedenheit alles gibt: Wein und süßes Marihuana, das aus gewöhnlichem Hanf gewonnen wird. Man kann die dienstbaren Eunuchen bestechen, daß sie den Frauen Opium, Muskatnuß und Tabak bringen. Es gibt hier immer Musik, Tanz und die lustigsten Spiele, dazu alle Parfüms: Moschus, Duftöl, Rosenessenz. Die Boten des Hofes bringen Melonen aus Kabul, Granatäpfel und Birnen aus Samarkand, Äpfel aus Kashmir, Ananas aus Goa.«
Nur Jahan griff nach einem gerollten Betelblatt und schob es sich in den Mund. Es wirkte kühlend in der Hitze.
»Das einzige, was man im Serail *nicht* haben soll, sind Gurken oder Rüben ähnlicher Art und Größe ...« Sie kicherte und tastete nach meiner Hand. »Aber das weißt du ja alles, mein Prinz. Auch wenn du deine Jugend niemals im Harem verschwendet hast, was auch wieder deine Stärke ist.«
Sie besann sich und fuhr dann mit bedeutungsvoller Leichtigkeit fort:
»Warum ich dich heute zu mir eingeladen habe? Nun, du wirst es erraten. Dein Vater, der Kaiser, ist zu krank, die Lage im Süden zu übersehen oder gar zu bewältigen. Es ist an der Zeit, ihm einiges seiner schweren Arbeit abzunehmen. Das Kriegführen zum Beispiel. Du hast dich bewährt, Prinz Khurram. Es geht wieder einmal um den Dekkan, wo Ordnung geschaffen werden muß. Man braucht die starke und – mit Maß! – strafende Hand. Und, wenn möglich, kluge Diplomatie. Du verstehst? Beides ist vonnöten.«
Sie bot mir ein Betelblatt, aber es geschah so unachtsam, daß es ihr nichts ausmachte, als ich höflich mit irgendeiner Entschuldigung ablehnte.

Ich verstand, und sie schien es zufrieden und verabschiedete mich huldvoll. Wahrscheinlich lag ihrem Entschluß die naheliegende Vermutung zugrunde, daß der entfernte Dekkan gerade in so kritischer Zeit für mich der rechte Aufenthaltsort sei. Mein zweiter Bruder Parvez bedeutete für sie keine Gefahr. Auch ihn hatte der Alkohol mittlerweile fast ausgelöscht. Seine Tage waren ebenso gezählt wie die des Kaisers. Nur Jahan war überzeugt, die Sterne auf ihrer Seite zu haben.

*

Mein Aufbruch geschah unter den üblichen Fanfarenstößen. Gepränge und milde Gaben sind der Schlüssel zur Volkstümlichkeit in unseren Ländern. Um die Herzen der Menschen ganz zu gewinnen, dachte ich mir einen Plan aus, den ich mit voller Absicht gegen meinen Vater und meinen Bruder durchführte.

Ich berief mich auf meinen Ahnen, den Kaiser Babur, und ließ unter Trommelschall verkünden, daß ich niemals mehr meine Lippen mit Alkohol entweihen und daß ich von nun an den rechten Weg gehen würde, wie er im heiligen Buch vorgeschrieben sei.

Die wohl berechnete Geste eines gesetzestreuen Muslims sollte vor allem ein deutlicher Hinweis auf mein künftiges Verhalten als Herrscher sein. Längst war der Thron mein unabänderliches Ziel, und ich erkannte, daß der einfachste Weg zu ihm im Wohlwollen der mächtigen orthodoxen Mullahs wie des Koran-treuen Adels lag. So befahl ich, den ganzen Bestand an goldenen und silbernen Weinbechern, Gläsern, Trinkschalen und Flaschen zu zerstören und zusammen mit allen erreichbaren persischen und einheimischen berauschenden Getränken und Likören feierlich im Jamuna-Fluß zu versenken. Wie einst Babur richtete ich einen Aufruf an alle Kommandanten:

Der Mensch wird unter dem Einfluß alkoholischer Getränke zum Teufel. Die meisten sozialen Übel entstehen aus dem des Trinkens. Der Islam verpflichtet uns zur völligen Enthaltsamkeit. Es ist unsere Pflicht als Muslime, in Wort und Geist dem Gesetz der moralischen Führung zu folgen, das im heiligen Koran niedergelegt ist. Der barmherzige Allah wird unsere vergangenen Fehltritte vergeben, wenn wir ein feierliches Gelübde ablegen, von nun an, hier und jetzt, treue Gläubige und Nachfolger des Propheten Mohammed zu sein.

Dieses Gelübde wird nicht nur eine Garantie für den nahen Sieg sein; es sichert uns auch einen Ehrenplatz in dieser Welt und im Paradies. Der große Allah liebt diejenigen, die ein feierliches Gelübde des Gehorsams ablegen, seine Wünsche zu erfüllen!

Daraufhin schworen unter den Rufen »Allah-i-Akbar!« alle meine Offiziere in langer Reihe, einer nach dem anderen, den Eid und erhoben zum Zeichen ihrer Aufrichtigkeit ihre Gesichter und ihre Arme zum Schöpfer empor. Eine Salve aus allen Flinten folgte als feierlicher Abschluß der Zeremonie.

Wieder entbrannte der Kampf um Mandu, das als Tor des Südens galt. Sein Verlust wäre ein entscheidender Schlag gegen die Mogulherrschaft gewesen.

Ich erspare mir und meinen späteren Lesern die Einzelheiten dieser sich immer wiederholenden Kämpfe, die im Grunde nur infolge der allzu sichtbaren Schwäche meines Vaters überall aufflackerten.

Am ersten April Sechzehnhunderteinundzwanzig erreichte ich Burhanpur, das monatelang von räuberischen Horden eingeschlossen war. Wieder blieb ich Sieger, aber diesmal wurde ich in der Stunde des Triumphes, eingedenk des Verrates der von mir so großzügig befriedeten Kleinfürsten, der Mogul-Tradition und meiner eigenen Gepflogenheit der Menschlichkeit untreu. Alle diejenigen, die damals in echter oder falscher Dankbarkeit von mir Geschenke annahmen und nun an dem Wortbruch beteiligt waren, verloren gnadenlos Kopf und Besitz.

Hinzu kam, daß gerade in dieser Zeit Nur Jahans Einfluß als ungekrönte Herrscherin über Hindustan seinen Höhepunkt erreichte. Sie nutzte meine von ihr geförderte Abwesenheit, um meinem derzeit von ihr bevorzugten jüngeren Bruder Shariya offiziell die Standarte des Großmoguls zu gestatten, um seine künftige Stellung unmißverständlich deutlich zu machen.

Natürlich wurde mir ihre Eigenmächtigkeit alsbald gemeldet. Mein Vater Jehangir war nicht mehr als ein entstellter Schatten des Kaisertums, kaum noch denk- oder lebensfähig infolge der Verwüstungen des Weines und des Opiums. Seine körperliche Schwäche hatte nicht zuletzt durch Duldung der Malika eine bedrohliche Lage geschaffen. Nach ihm – wer? Das war die Frage, die jetzt Nur Jahan umtrieb. Und nicht minder bewegte diese Frage mich und meinen älteren Bruder Parvez. Den halbblinden und angeketteten Khusrau hatte ich sicherheitshalber auf meinen Feldzug mitgenommen. Seit dreizehn Jahren vegetierte er nun als Gefangener des Hofes dahin; noch immer aber verfügte er über eine gewisse Anhängerschaft, die ich nicht unterschätzen durfte.

*

In dieser Zeit starb Nur Jahans Vater, der alte Abenteurer und die einstige *Stütze des Staates*, Mirza Ghiyas Beg. Ihm folgte in wenigen Wochen seine Gemahlin Asmal Begum. Beide waren für die Malika Vorbild und Hilfe in Krisenzeiten gewesen. Ihre Abwesenheit machte Nur Jahan einsam und angstvoll auch gegenüber ihren eigenen Schatten.

Mit dem Ende des unumstrittenen Patriarchen der persischen Sippe brach nun auf überraschende Weise ein wachsender Interessenkonflikt auf zwischen der vom alten Großwesir ins Spiel gebrachten Kaiserin und ihrem Bruder Asaf Khan einerseits und mir auf der anderen Seite. Und das hieß: daß sich die Machtgruppe um meine Stiefmutter allmählich aufzulösen drohte ... Klug genug, diese Entwicklung zu erkennen, hielt es Nur Jahan für angebracht, während der letzten Lebensphase meines Vaters unauffälliger vom Innern des Harems aus zu herrschen, um sich so den Willenlosen noch stärker zum Ausführenden *ihres* Willens zu machen. Das bedeutete: daß ich von jetzt an noch mehr um den Verlust der Thronfolge bangen mußte als die Malika um das Ende ihres Einflusses am Hof. Nach meinen Erfolgen auf dem Schlachtfeld fürchtete sie mich jetzt fast noch mehr, als sie mich haßte. Und das galt nicht weniger für diejenigen, die in den Kämpfen im Dekkan, wo ich mich noch immer aufhielt, an meiner Seite standen.

Glücklicherweise hatte ich meine zuverlässigen Berichterstatter, die mir pünktlich alles Geschehen aus Agra mitteilten. So sollte Nur Jahan mit ihrer gewohnten Ergebenheit meinem Vater ›diskrete Veränderungen an der Spitze und in der Mitte der Rangordnung im Reich zur Erhaltung von Disziplin und Gleichgewicht‹ vorgeschlagen haben. Das bedeutete: daß ich für sie der bedrohlichste Widersacher ihres Planes war, nach dem Ableben des Kaisers meinen jüngeren Bruder Shariya auf den Thron zu bringen. Nur Jahan hatte sich entschieden, ihren ganzen Zauber und alle ihre Fähigkeiten zur Intrige dem einzigen Ziel unterzuordnen: mich zu zerstören.

Eine aufschlußreiche Szene soll sich abgespielt haben, als mein Schwiegervater Asaf Khan dem Kaiser die offizielle Mitteilung über meinen Sieg im Dekkan überbrachte. Obwohl der jetzige Großwesir Nur Jahans Bruder war, hatte sie meinen Vater vor ihm als meinem gefährlichsten Verbündeten gewarnt. Der Kaiser empfing Asaf Khan demgemäß kühl in der Audienzhalle und zeigte äußerst gemäßigte

Freude über die ›offensichtlich allzu verschönte‹ Erfolgsmeldung. Nur Jahan kannte ebenfalls kein Lächeln. Auffallend blaß saß sie wenige Zoll hinter dem Kaiser auf dem Thron. Wie gewöhnlich ruhte ihre Hand auf dem Rücken des Gemahls – eine so unauffällige wie symbolhafte Zurschaustellung ihres Einflusses und ihrer Autorität. Doch dieses Mal waren ihre Augen frei von jenem verführerischen Funkeln, das ihren Ruhm als alles und jeden bezwingende Schönheit begründet hatte.

Asaf Khan war erstaunt über die ungewöhnliche Kälte des Empfanges. Nach seinem Vortrag winkte der Kaiser nach einem unmerklichen Hinweis seiner Gemahlin dem Kammerherrn zu, er möge den Großwesir hinausbegleiten. Eine peinliche Stille entstand im Saal der Audienzen, während der sich die Höflinge überrascht ansahen. Dieser Sieg im Dekkan war behandelt worden, als bedeute er nichts; das überstieg die Fassungskraft der hohen Versammlung. Es wurde immer deutlicher, daß Nur Jahan mir nicht verzieh, bei dem langwierigen Krieg mit den Sultanen nicht in den Sümpfen des Dekkan versunken zu sein. Ihr wachsender Verdacht gegenüber der sich verändernden Welt ringsum entsprach der gesteigerten Unsicherheit in sich selbst. Die Furcht, Fehler zu begehen, ist nicht nur der Vater aller Listen und Intrigen, sondern auch der Anfang des eigenen Untergangs.

Vorsicht und Furcht waren es auch, die Nur Jahan veranlaßten, meinen Bruder Parvez, von dessen Verbindung zu mir sie wußte, von Allahabad nach dem entfernten Bihar zu versetzen. Ich selbst befand mich noch immer fern von der Hauptstadt. Die Malika rechnete für den Ernstfall damit, daß die beiden nächsten Thronanwärter, Parvez und ich, gegenüber ihrem Favoriten Shariya durch unsere Entfernung über Hunderte von Meilen entscheidend benachteiligt wären. Shariya indes wurde von ihr in Agra festgehalten. Der überwiegende Teil der Höflinge durchschaute den allzu deutlichen Plan, doch zogen sie es vor, zu schweigen und ihre jeweiligen Schutzherren über ihre Einschätzung der Lage auf dem laufenden zu halten.

Während ganz Hindustan von Gerüchten summte, diente das Asthma des Kaisers als die beste Rechtfertigung für seine Tatenlosigkeit. Als wieder einmal eine Verschlimmerung seines Zustandes eintrat, erhielten Parvez und ich von unseren Berichterstattern Eilbotschaften, auf die wir beide unterschiedlich reagierten. Ich stand auf gesichertem Grund in Burhanpur und hatte das Land und meine eigene Armee von verdächtigen Elementen gereinigt.

In dieser für mich wichtig erscheinenden Stunde überdachte ich mein planmäßiges Vorgehen noch einmal sorgfältig. Schließlich war ich mir der mir von Nur Jahan auferlegten Rolle als jetziger *bi-Daulat* – Schuft und Rebell – wohl bewußt. Ich befahl, meinen noch immer in meinem Lager in Ketten gehaltenen und streng bewachten Halbbruder Khusrau vor mich zu führen. Unser gegenseitiges Mißtrauen hatte mich gehindert, ihn früher sehen zu wollen. So waren seit unserem letzten Gespräch in Kabul Jahre vergangen.

Als er jetzt vor mir stand, war ich entsetzt. Die Entstellung seines einst schönen Gesichtes war zur Verwüstung geworden. Er brauchte nicht zu hungern, doch die Gefangenschaft und der Haß hatten in Verbindung mit der Zeit ihre furchtbare Wirkung getan.

Haß und Verzweiflung glühten mir nun aus seinem zerstörten Antlitz entgegen. Bevor ich das erste Wort aussprach, zischte er mich, sich in den Fesseln windend, mit fast erloschener Stimme an: Ob es irgend etwas gäbe, was ich ihm noch zu sagen hätte, bevor er seine Freiheit wieder zurückerhielte?
Eben das sei es, worüber ich mit ihm sprechen wolle, erwiderte ich etwas ratlos. Da fuhr er auf:
»Tue es und rede nicht darüber!«
Mühsam meine Beherrschung bewahrend, fragte ich: Was er tun würde, wenn ich ihn freiließe? Was er mit seiner neu gewonnenen Freiheit anfangen würde? Ob ich ihm vertrauen könne, daß er nicht sogleich das alte Spiel der Aufsässigkeit von neuem begänne?
Er atmete tief und blickte mich mit seinem einen Auge voll so glühender Verachtung an, daß ich erschauerte:
»Du irrst, wenn du glaubst, dich als kommender Kaiser aufspielen zu können! *Du* bist es, der das wahnwitzige Spiel in der Nachfolge des versinkenden Vaters treibt. *Du* bist es, der in Ketten gelegt zu werden verdient, denn *mir* allein kommt die Krone zu! Warum sonst hättet ihr mich scheinbar unschädlich gemacht? Tue, was du willst, und richte das gleiche unserem Vater aus, der glücklicherweise auf seine letzte Reise in die Hölle wartet: *Ich* werde den Thron besteigen, wenn die Stunde kommt. Meine Leute stehen bereit, mich zu befreien und zu krönen! Ihr alle seid Staub im Wind. Aber ich – ich bin derjenige, der euch zur Seite blasen wird, dich und deine Brüder, die ihr jeder des anderen Teufel seid!«

Ich wollte nicht sehen, daß es nichts als Verzweiflung und verdrängte Hoffnungslosigkeit war, die er, der so entsetzlich Entstellte und Zerstörte, aus sich herausschrie. Ich fürchtete ihn nicht, ich verachtete ihn nicht, aber ich wollte auch kein Mitleid empfinden. Mein Selbstgefühl erlaubte es mir nicht. Ich wollte nicht wissen, wer seine Hintermänner waren oder ob er mir nur drohte. Zum ersten Mal erwachte in mir das mir später vorgeworfene Mongolen-Blut. Ich dachte an das Wort: *Tausend Feinde außerhalb des Hauses sind besser als einer drinnen* ...
Ich winkte schweigend. Die Wächter führten Khusrau hinaus. Noch

am gleichen Abend gab ich den Befehl, ihm einen Schlaftrunk zu verabreichen, aus dem er nicht mehr erwachen sollte.
An den Kaiser schickte ich eine Eilbotschaft:

> Zur Beruhigung Eurer Majestät darf ich Euch mitteilen, daß Euer ungetreuer Sohn Khusrau am achten dieses Monats an einer Kolik verstorben und in die Gnade Gottes eingegangen ist.

Zur gleichen Zeit wurde das Gerücht verbreitet, daß ich meinem Halbbruder alle Männer und Offiziere habe in den Tod folgen lassen, die ihre Stimme gegen diese schmutzige Tat erhoben hätten. Innerhalb von zwei Tagen wären an die tausend Soldaten hingerichtet worden ...
Während mein Vater die Nachrichten bewegungslos aufnahm, sah Nur Jahan keinen Anlaß, die so maß- wie sinnlosen Zahlen nachzuprüfen oder gar bei mir selbst anzufragen, und handelte mit kalter Entschlossenheit. Sie bestand darauf, daß mein jüngerer Bruder Shariya unverzüglich offiziell vom Kaiser als sein unmittelbarer Nachfolger bestätigt wurde und meine Staatslehen, die grundsätzlich dem Thronfolger zustanden, an Shariya übergingen. Das gleiche galt für sämtliche mir vom Kaiser und der Malika zugeeigneten Geschenke und Kleinodien, die in den Schatzkammern des Roten Forts in Agra bewahrt wurden. Die öffentlich bekanntgegebene Begründung lautete: ›Versagen vor dem Feind‹.

Der erste, der von Panik ergriffen wurde, war mein zweiter Bruder Parvez. Beladen mit unschätzbaren Geschenken von Gold und Perlen für den Kaiser und die allmächtige Malika eilte er nach Agra. Er kannte die Grenzen seiner militärischen (Un-)Fähigkeiten und wählte das zeitsparende Schauspiel demütiger Ergebenheit und Unterwerfung.
Die Malika manövrierte geschickter in diesem Wettrennen: Sie gewährte Parvez mit der einen Hand großmütige Ehren und geringe Geschenke. Mit der anderen schrieb sie zugleich ihre Anordnungen: Der Kaiser sei bestrebt, während seines erneut vorgesehenen Besuches in Kashmir die Grenzen des Reiches durch vertrauensvolle Mitglieder der kaiserlichen Familie zu sichern. Mit meisterhafter Hinterlist überzeugte sie den Prinzen, daß seine sofortige Rückkehr auf seinen Posten eine unabdingbare Notwendigkeit sei.

Parvez war ein vollendeter Liebhaber, vor allem für sich selbst: ehrgeizig, rechtschaffen, furchtsam, das Leben genießend, egoistisch, warmherzig, ständig hinter Frauen her, maßvoll, gutherzig, faul, so abergläubisch wie gottesfürchtig und nur sehr selten eigenwillig. Er besaß weder die Fähigkeit noch die Geschicklichkeit, sich gegen Nur Jahans Überlegenheit zu wehren. Es gab für ihn keine andere Wahl, als aus dem Zwang eine Tugend zu machen und pflichtschuldig die Befehle der Kaiserin zu erfüllen. Seine Rückkehr nach Bihar war für Nur Jahan eine große Erleichterung.

Meine Behauptung, daß mein Halbbruder Khusrau an einer ›Kolik‹ verschieden sei, täuschte, wie ich bald erkennen mußte, niemanden. Der Kaiser machte sich Vorwürfe, daß er Khusrau meinem Schutz anvertraut hatte. Mich öffentlich als Mörder anzuklagen, wagte er nicht. Er wußte, daß er mich bei dem jetzigen Stand der Dinge mehr als je brauchte – besonders, da bekannt wurde, daß der Shah von Persien, während er weiterhin seine ›ewige Freundschaft mit seinem Bruder Jehangir‹ beteuerte, mit einer großen Armee gegen Kandahar marschierte, um sich die wichtige Mogul-Festung unauffällig anzueignen.
Nur Jahan, alle Fäden in ihrer sicheren Hand haltend, zeigte mir gegenüber in bewährter Überlegenheit ihr liebenswürdigstes Wesen, als sie mich brieflich zu einer ruhmreichen Unternehmung einlud: nämlich ein Expeditions-Korps gegen den vermessenen Perser anzuführen:

Unsere Streitkräfte werden unter Deiner Leitung mehr vollbringen, als unsere Geduld jemals erreichen könnte.

Zudem pries die Malika erneut meine militärischen Heldentaten und stellte fest, daß ich allein die Geschicklichkeit besäße, die Pläne des Shah zu durchkreuzen.
Nur Jahan wußte, daß unsere Besitzungen jenseits des Himalaya ein verlockendes Ziel für die schießwütigen Afghanen, Tartaren und Uzbeken waren und daß kein Mogulheer hoffen konnte, dort in absehbarer Zeit Ruhe zu schaffen. Sie erwog außerdem, daß es für Shah Abbas von Wichtigkeit war, die Mogul-Armee in einem unentschiedenen Krieg für lange Jahre zu binden ...
Nur Jahans großmütige Einladung an mich war natürlich ein wich-

tiger Teil ihres Planes, die Lage für Shariyas Thronfolge zu klären. Leider vergaß die kluge Strategin, daß sie in mir einen nicht weniger phantasievollen und klarsehenden Gegenspieler hatte. War ich doch seit meinen Kindertagen – nicht zuletzt dank des Vertrauens meines Großvaters Akbar in meine Zukunft – überzeugt, daß ich zum Kaiser geboren war und daß mein Weg, wie gewunden er auch sein mochte, unweigerlich zu dem Marmorthron in Agra führen würde. Den Glauben, daß mein Geburtshoroskop des gefeierten Astrologen Gobind Rai die Stimme Allahs sei, hatte ich niemals aufgegeben.

Der Abgesandte der Malika brauchte fast drei Monate, bis er Burhanpur erreichte. Ich empfing ihn mit allen Ehren. Seinen Bericht über die Verwirrung und Aufregung am Hof des Kaisers nahm ich, sei es vor Überraschung, sei es vor Vergnügen, nicht zur Kenntnis. Anstatt dessen erkundigte ich mich nach Art und Ton der zwischen dem Shah von Persien und meinem Vater gewechselten Noten.

Der Abgesandte erinnerte mich an die Krankheit des Kaisers und die Ungeduld meiner Stiefmutter und daß mir die Ehre zukomme, von ihr als Verteidiger des Reiches auserkoren zu sein. Während ich mühsam vermied, mein von ihr öffentlich festgestelltes ›Versagen vor dem Feind‹ und die damit zusammenhängenden Brüskierungen zu erwähnen, konnte ich mir nicht versagen, durch unmißverständliches Schweigen erkennen zu geben, daß ich äußerst geringe Lust verspürte, meine Macht, meine Sicherheit wie meine Armee und meine unverrückbaren Aussichten auf die Thronübernahme durch ein unverantwortliches Abenteuer in einem so fernen wie mir unvertrauten Territorium aufs Spiel zu setzen.

Im Bewußtsein, daß die Zeit für mich arbeitete, versicherte ich dem Gesandten meine ›begrenzte Hochachtung und Loyalität‹ gegenüber den Majestäten und bat ihn, meinen Entschluß auszurichten, daß ich mich nur dann in der Lage sähe, meinen derzeitigen Posten im Dekkan aufzugeben, wenn mir gleichzeitig der Oberbefehl über die gesamte Mogul-Armee übertragen würde.

Während ich mich erneut nach Mandu auf den Weg machte, um die dortige Verwaltung durch Einsetzung zuverlässiger Beamter zu festigen, erfuhr ich, daß in Agra alles durcheinanderlief. Und wieder erschien nach kurzer Frist der Abgesandte der Kaiserin mit einer auffallend kurz abgefaßten Aufforderung: Ich möge mich umgehend in der

Residenz Agra einfinden und die Gründe für meine Ungehorsamkeit darlegen!

*

Manche Menschen sehen in der Astrologie eine Ersatzreligion schwächlicher Geister – doch ebenso war es seit je Mogul-Tradition, aus dem Stand der Sterne den vorgegebenen Weg als den Willen Allahs herauszulesen. Der Mond, die Sterne und die Planeten sind in unseren Augen Fingerzeige Gottes und daraus folgend unfehlbare Mittel zur Bestimmung Seines Willens. Die Genauigkeit der Voraussagen hängt von der Kunstfertigkeit der Astrologen ab, mit der sie die Gesetze der Natur beobachten. Das Ergebnis meiner jetzigen Befragung war, daß man mich warnte, Mandu zu verlassen, bis die Planeten Jupiter und Saturn zu der richtigen Konstellation für die östliche Hemisphäre gelangt seien.
Ich beschloß daraufhin, zwei Wochen in der geschichtsträchtigen Zitadelle von Mandu zu verbringen – scheinbar, um meinen ermüdeten Soldaten eine Ruhepause zu gewähren; in Wirklichkeit aber, meine eigenen Pläne vorzubereiten. An meinen Vater, den Kaiser, schickte ich einen Brief, in dem ich feststellte:

Im Gehorsam gegenüber dem Befehl Eurer Majestät verließ Euer demütiger Diener Burhanpur mit dem festen Entschluß, bevor der Winter einsetzt, Eure kaiserliche Schwelle zu küssen. Das Vertrauen Eurer Majestät in meine Fähigkeit, auch in Kandahar die Ruhe wiederherzustellen, ist für mich von unschätzbarem Wert. Ich möchte dem Beschützer der Schwachen und der Loyalen versichern, daß von meiner Seite aus keine Anstrengung versäumt werden wird, den hohen Erwartungen Eurer Majestät gerecht zu werden. Doch stehen mir derzeit die Elemente bedrohlich im Wege. Meine Leute sind müde und widerwillig durch den ständigen Kampf gegen Regen, Flut und stürmische Winde. Ihr Zögern, sich der Härte des Monsuns entgegenzustellen, ist verständlich. Daher wäre mein demütiger Vorschlag, daß es uns erlaubt sein möge, in Mandu zu bleiben, bis die Regenzeit vorüber ist. Bevor ich weitere Schritte unternehme, darf ich Eurer Majestät Befehle erwarten.

Nur Jahans Reaktion war Wut und Empörung. Sie beschuldigte mich der Undankbarkeit – eines Makels, der, wie sie meinem Vater erklärte, schlimmer war als Lüge, Eitelkeit und stotternde Trunkenheit. In der Mitteilung ihres Stiefsohnes sah sie eine freche Rebellion. Ihr entschlossener Rat gegenüber dem Kaiser: Es wäre höchste Zeit, meinem nichtigen Geschwätz die passende Antwort zu erteilen, nicht nur mit Worten, sondern durch Taten. Ungehorsam sei der Trieb aller bösen Seelen. Würde ich nicht schnellstens auf den Weg des Gehorsams zurückgebracht, wäre es schwierig, das Reich weiterhin zusammenzuhalten.

Mein Vater war zu krank und zu schwach, selbst eine Meinung zu haben. Er gab sich mit der Auffassung und dem Rat seiner Gemahlin zufrieden. Ich erhielt ein neues Schreiben:

> *Shah Abbas wird das Ende der Regenzeit nicht abwarten. Es ist unerläßlich, daß den belagerten Truppen in Kandahar unverzüglich Unterstützung geschickt wird. In dem Fall, daß Ihr es schwierig findet, den Elementen ruhig zu trotzen, ist Unser Wunsch, daß Truppen unter dem Befehl der Mogul- und Rajputengeneräle ohne Zeitverlust auf den Weg geschickt werden sollen.*
>
> *Euer Widerstreben, Unseren früheren Erlaß zu befolgen, ist ein Fall, der den Kaiser ernstlich bewegt. Der große Allah möge Euch Weisheit geben, sogar in diesem späten Stadium Eure unglückliche Entscheidung noch zu ändern. Bedingungsloser Gehorsam ist die Grundlage der Loyalität. Die Folgen Eurer krankhaften Verdrehung der Tatsachen können nicht anders als schädlich für Euch selbst sein. Nehmt Euch in acht vor Euren selbstsüchtigen Ratgebern! Sie sind die gefährlichsten Feinde des Staates. Wollt Ihr zu diesen gehören?*

Die unverhüllte Drohung verletzte meinen Stolz. Ich sah es als mein unbestreitbares Recht an, Nur Jahans Pläne zu durchkreuzen, und war überzeugt, daß mir die Vorsehung durch meine Erfolge auf dem Schlachtfeld und in der Diplomatie ihre Absicht zu erkennen gegeben habe, mich mit Zustimmung des Volkes zum Herrn von Hindustan zu erhöhen. In meiner Selbstüberschätzung vertrieb ich Shariyas Bevollmächtigte aus ihrem Besitz in Dholpur und erklärte mich zum rechtmäßigen Eigentümer der Ländereien meines Bruders in Gujarat, Malwa und Rajastan. An den Kaiser schickte ich ein Schreiben, in dem ich meine Ergebenheit betonte und darauf hinwies,

> *daß ein Staat nichts dringender benötige als kundige Männer und Frauen, die in Weisheit zu bestimmen imstande sind.*

Es war eine bewußte Herausforderung gegenüber Nur Jahan und meinem Schwiegervater Asaf Khan. Die Malika antwortete damit, daß sie auch die Beschlagnahme meiner Besitzungen im Norden des Reiches anordnete. Dazu veröffentlichte sie eine Bekanntmachung, in der ich als ein ›unglücklicher Zerstörer‹ hingestellt wurde, dessen ›Eindringen in die nördlichen Gebiete‹ verhindert werden müsse. Jetzt erhielt ich den strengen Befehl,

> *zu bleiben, wo ich war oder andernfalls einen Wohnsitz in der zentralen Provinz zu suchen.*

Die Malika fügte hinzu, daß das Schicksal eines Mannes in seiner eigenen Hand läge und wies darauf hin,

> *daß sich der Lohn des Ungehorsams in aller Schwere auswirken wird!*

Trotz meiner grundsätzlichen Versöhnungsbereitschaft gedachte ich der Anordnung keineswegs zu folgen, mich aus dem politischen Geschehen zurückzuziehen. Der Wille zum Überleben hatte mich in die Rolle des Rebellen gedrängt. Ich war gewillt, den Kampf mit Mut und Vertrauen in Gott auf mich zu nehmen.

Es folgte die Nachricht: Das Kommando im Kampf um Kandahar habe man meinem Bruder Shariya übertragen und ihm seien alle einem Thronfolger zustehenden Ehrungen endgültig verliehen worden.
Ich galt nun als ein verächtlicher Spekulant, der einen Bürgerkrieg heraufbeschwor. Dagegen betrachtete ich mich selbst als einen von Gott Beauftragten, dessen Aufgabe es sei, die Ehre meiner Ahnen zu verteidigen. Mein Plan war: Agra zu erobern, bevor der Kaiser, der sich gerade in Kashmir aufhielt, wieder dort eintraf. Vor allem lag mir daran, den Staatsschatz zu erbeuten, der für den vorgesehenen Kandahar-Feldzug nach Lahore gebracht werden sollte.
Die Lage war seltsam und absurd: Das Mogulheer, das ursprünglich Kandahar verteidigen sollte, mußte nun nach Südosten gegen mich umgeleitet werden, während der persische Shah in aller Ruhe Kandahar einnehmen konnte. Im Tagebuch meines Vaters fand ich später die verzweifelte Eintragung:

> *Was soll ich über mein Leid sagen? Schwach und von Schmerzen gepeinigt, in einem heißen Klima, das meiner Gesundheit immer abträglich war, muß ich nun reiten und regieren und dazu noch gegen einen ungehorsamen Sohn kämpfen!*

Offiziell führte jetzt Parvez das Heer als Oberbefehlshaber an; in

Wahrheit tat es ein anderer ›Milchbruder‹ des Kaisers, der so fähige wie zuverlässige Afghanen-General Mahabat Khan, der zuvor bei der Malika wegen allzu offener Meinungsäußerung in Ungnade gefallen war. Da sie aber ihren Schützling Shariya in ihrer Nähe behalten wollte und Parvez wahrhaftig kein Ruhmesblatt darstellte, wurde Mahabat Khan jetzt begnadigt und als Oberkommandierender eingesetzt.

Den Weg in Richtung Agra legte ich mit meinen Truppen in Eilmärschen zurück. Dabei war jede Plünderung bei Todesstrafe verboten. Als ›Rebell‹ mußte ich größten Wert darauflegen, Freunde zu gewinnen – und vor allem Rekruten für meine Armee.
Eine entscheidende Rolle spielte dabei die Macht des Geldes. Glücklicherweise führte ich auf den Rücken meiner wohlbewachten Elefanten siebenundsiebzig mit Gold und Silber gefüllte Kisten mit mir. Meinen Anhängern übereignete ich wertvolle Geschenke; den Unentschlossenen gegenüber zeigte ich meine Milde in Form von hohen Belohnungen für ihre Unterstützung. Ich erinnerte mich an ein Wort des persischen Dichters Hafis, der gesagt hatte, daß rebellische Prinzen dreifache Diener seien: Diener gegenüber dem eigenen Stolz und Ehrgeiz – Diener gegenüber den aufständischen Genossen – und nicht weniger Diener denen gegenüber, die sich in der Opposition befinden ...
Ich bewahrte meine Entschlossenheit, mir keine neuen Feinde durch Plünderungen zu schaffen, und sie bewährte sich. Als ich die Vorstädte von Agra erreichte, war meine Armee auf über fünfzigtausend Mann angewachsen. Die Menschen winkten mir zu, und ich sah die Stufen des Thrones vor mir im hellen Licht der Zuversicht ...

Das Glück, das den Erfolgreichen begleitet, ist eine Wendeltreppe. Die von mir ausgesandten Boten, die meine Ankunft in der Hauptstadt anmelden und die Stimmung der Besatzung für mich beeinflussen sollten, kamen mit der Nachricht zurück, daß Asaf Khan, der in Agra geblieben war, ›im Namen des Propheten‹ geschworen habe, mich niemals zu unterstützen. Die Stadttore blieben geschlossen. Fast mit Gewalt rief ich mir ins Gedächtnis zurück, daß der Wesir der Vater meiner Gemahlin Mumtaz Mahal war, die an meiner Seite litt. Es blieb mir nichts, als mich nach dem verwunschenen Fatehpur Sikri zurückzuziehen. Ich stand vor dem Thron meines Großvaters Akbar und blickte zu dem wundervollen Kapitell empor, auf dem er gesessen hatte, flankiert von den zierlichen Brücken zu den Balkonen. Ich dachte daran, ob es mir einmal vergönnt sein würde, seine Stelle auf dem Thron der Moguln einzunehmen? Aber dann wäre es ein anderer – es würde *mein* Thron sein, von mir gestaltet als der würdige Sitz des Herrn der Welt, des Schattens Allahs auf Erden ...

Doch ich durfte mich nicht in wesenlose Gedankenspielereien verlieren. Fatehpur Sikri war für mich – oder besser: für meine derzeitige Lage – wie ein Symbol. Bei aller Herrlichkeit dieser hochgelegenen Palastschönheit blieb Fatehpur Sikri eine Geisterstadt, verlassen seit langem von allem Leben – außer einem stillen, vertrockneten Einsiedler, der so in seine Meditationen versunken war, daß es sinnlos schien, mit ihm ein Gespräch über die ewigen Dinge zu beginnen, deren wir alle, gleich ob Hindu, Sikh, Jaina oder Muslim, zeitweise bedürfen, um uns daran zu erinnern, daß wir Menschen Teil eines Kosmos sind, dessen Existenz wir als einzige Kreatur erahnen dürfen ...

Ja, es gab eine ›Lage‹. Und sie war so verworren wie wenig ermutigend.

Es bleibt die Stärke einer legitimen Armee, von ihrer moralischen Überlegenheit überzeugt zu sein. Und es ist die Schwäche einer Rebellentruppe, sich nur durch den Sieg bestätigen zu können. Ein solches Heer wird unsicher, wenn die Erfolge ausbleiben. Meine Truppen erhielten ihren Sold, doch ihnen fehlte die Anerkennung der eigenen Aufgabe. Vor allem: Das einzige ihnen gemäße Erfolgserlebnis – Raub und die sonst so beliebte Tätigkeit des Plünderns – durfte ich nicht dulden. Meine Gefolgsleute waren eine Rebellenarmee mit allen Unsicherheiten und Gefahren. Noch gab es einen Kaiser, dem sie Gehorsam schuldeten. Mein Oberkommandierender, der tapfere Hindu-General Rana Vikramaditya, war ein Rajpute. Er fürchtete nichts auf der Welt im Schlachtgetümmel – und alles von der Untätigkeit seiner Soldaten. Er warnte mich vor einer ›Explosion des Mißmutes‹, wenn der Armee nicht erlaubt würde, ihren Hunger auf Raub und Plünderung zu stillen.

Nach schwerem Bedenken blieb mir nichts anderes übrig, als den Vorschlag widerstrebend anzunehmen. Das Ergebnis war die gnadenlose Plünderung und Verwüstung der Vorstädte von Agra mit allem dazugehörenden menschlichen Elend, das nun meinen Namen befleckte – meinen Namen, den ich bestrebt gewesen war, als ein Symbol von Großherzigkeit, Güte und Gnade erscheinen zu lassen.

Je mehr mein Bild dank meiner Nachgiebigkeit getrübt wurde, um so strahlender erschien die heldenhafte Verteidigung der Festung Agra durch die Kaisertreuen, zumal sich meine fabelhaften Bestechungssummen herumsprachen, die nicht ausgereicht hatten, mir die Stadttore zu öffnen.

*

Obgleich mein Ahne Babur in sinnlichen Vergnügungen schwelgte, legte er niemals in Anwesenheit von Frauen seine Waffen an oder ab. Der Harem blieb unabänderlich im Schutz der Festungen und Paläste.
Sein Sohn Humayun brach mit dieser Gepflogenheit und zahlte hohe Buße, als seine Frauen einmal in Gefangenschaft gerieten und als Geiseln verkauft wurden.
Mein Großvater schätzte Frauen als Engel, aber seine Mädchen ließ er zuhause, wenn er in den Krieg zog. Mein Vater Jehangir trug niemals Waffen und bestieg niemals ein Schlachtroß. Er zog es vor, die Kämpfe seiner Soldaten von fern zu genießen.
Was mich selbst angeht, so begleitete mich meine Gemahlin Mumtaz auf meinen Feldzügen, aber sobald ich den Ausgangspunkt der Operationen, wie jetzt Mandu, erreicht hatte, ließ ich sie und die anderen Frauen meines Harems in der Sicherheit des Forts.
»Rebellion und Frauen«, versicherte ich meinen Offizieren, »vertragen sich schlecht miteinander.«

Das Gefolge meiner Frau Mumtaz blieb, gemessen am Aufwand des Kaisers, bescheiden, wie sie selbst es war. Sie sah meine Anspannung, meine Unzufriedenheit, meine Ungeduld. Bei ihr fand ich Entspannung. Fast jedes Jahr gebar sie mir ein Kind. Immer wieder geschah es, daß eins von ihnen als Säugling starb.
Mumtaz war eine unermüdliche Mutter und die beste Gemahlin, die ich mir wünschen durfte. Sie kannte nicht den Ehrgeiz ihrer Tante Nur Jahan; Mumtaz wollte keine Malika sein mit all dem ungeheuren Prunk des Hofes, den ich für notwendig hielt, als ich es erreicht hatte, selbst den Thron zu erringen. Sie ertrug die Unannehmlichkeiten der ständigen Märsche, ohne sich zu beklagen. Sie kannte das gefährliche Spiel, in das ich mich eingelassen hatte, und ermutigte mich trotzdem. Niemals machte sie mir Vorwürfe, immer blickte sie verständnisvoll liebend zu mir auf. Es gab Tage, da sie sehr still war, und ich

wußte, daß sie sich danach sehnte, ich möge ein besserer Vater für ihre Kinder sein. Es kostete mich Mühe, die Namen zu behalten.
Jahanara war die Älteste; sie zählte bereits neun Jahre. Es folgten zwei Söhne: Dara Shukoh, acht Jahre, und Shuja, sieben Jahre alt. Dann kam eine Tochter, Raushanara, sechs Jahre, und danach wieder ein Sohn, Aurangzeb, der jetzt fünf Jahre zählte.
Jahanara war ein liebenswürdiges, stilles Kind mit tiefen, ernsten Augen. Dara Shukoh schien der Mutter nachzugeraten; er war ein harmonischer Knabe. Zu Shuja fand ich wenig Beziehung. Raushanara war streng, schon als Kind; sie wies jedes Spielzeug zurück.
Aurangzeb schien das Sorgenkind der Mutter zu sein. Er war vielleicht unser schönstes Kind, so weit man das von einem Fünfjährigen schon sagen kann. Ihm als dem Jüngsten schenkte Mumtaz die meiste Fürsorge. Er war eher zart, ohne es sein zu wollen. Schon der Säugling hatte bei allen Liebkosungen niemals ein Lächeln gezeigt. Mich schien er kalt und böse anzublicken, wenn ich mich über ihn beugte; er schrie, wenn ich ihn berühren wollte.

Ich selbst hatte mich nach meiner Mutter gesehnt, aber ich kannte sie kaum; und die mir zugewiesene Stiefmutter war für mich eine Art ›Vorgesetzte‹, aber kein Mensch, den ich lieben durfte. Ihre Stellung war die einer Oberaufseherin, und sie leitete meine Erziehung, wie sie mein Großvater, der Kaiser Akbar, bestimmte. Für meinen Vater Jehangir war ich zweifellos der ihm nächste seiner Söhne, und ich verdankte ihm gute Gespräche, Liebe zu schönen Dingen und Menschen und die Aufgeschlossenheit gegenüber der Schöpfung. Bis sich die Schatten auf sein Bild senkten ...
Arjumand war zwar nicht der erste Mensch meiner Wahl, aber ich nahm sie an, als ich sie erkannte, mit meiner Sehnsucht nach liebender Geborgenheit, die ich als Kind so vermißt hatte.
War Arjumand, die spätere Mumtaz Mahal, das, was man ›schön‹ nennt?
Ich machte mir keine Gedanken darüber. So bezaubernd wie ihre überlegene Tante Nur Jahan war sie gewiß nicht, doch das erschien mir eher als beruhigend.
Einmal schlug sich Mumtaz ein weißes Baumwolltuch nach Art der Hindufrauen um ihr Gesicht, daß nur die großen braunen Augen unter den feinen Brauen daraus hervorsahen, und ich war bezaubert von ihrem ausdrucksvollen Glanz. *Das* war für mich Schönheit.

Als Mumtaz das Tuch wieder abnahm, sah ich zur Seite. Der ›Augen-Blick‹ war vorüber. Aber: für mich war sie *die* Frau, die einen Teil meines Lebens bedeutete – trotz des Harems und trotz meiner ersten Gemahlin.

Meine unglückliche Schwäche bei den grausamen Plünderungen in und um Agra mußte bei meinem bisher mehr oder weniger beteiligten Vater eine Haltung auslösen, die mich jetzt wahrhaftig nur noch als den von Nur Jahan längst ausgemachten *bi-Daulat*, den gewissenlosen ›Schuft‹, erscheinen ließ. Die Malika hatte ihm beigebracht, daß jede mir gewährte Nachsicht eine unverzeihliche Sünde gegen die Autorität des Herrschers im Mogulreich bedeute. Diese Auffassung wurde mir vom Kaiser in einem Schreiben mitgeteilt, in dem zum Schluß allerdings eine gewisse väterliche Versöhnungsbereitschaft aufklang:

> ... *daß unser liebender Blick trotz allem Geschehen auf Eure verräterischen Handlungen gelenkt werden könnte, wenn der rebellische Sohn sofort alle seine Truppen aus den Vororten Agras abziehen würde.*

In meiner Antwort aus Fatehpur Sikri stellte ich fest, daß es nur Gehorsam gewesen sei, der mich dazu gebracht hätte, meine Waffen gegen die mir zugefügte Ungerechtigkeit zu erheben. Ich wiederholte die Bedingungen, unter denen ich bereit war, das Kommando im Kampf um Kandahar anzunehmen.

Wie ich bald darauf erfuhr, unterschlug Nur Jahan meinen Brief und schickte den Boten ins Gefängnis. Meinem Vater wurde gesagt, daß ich meine verräterische Haltung niemals aufzugeben gedächte, bis ich Agra erobert hätte. (Was im Grunde genommen nicht falsch war.)

Im Zorn über die ›Unklugheit meines glücklosen Sohnes‹ befahl der Kaiser dem General Mahabat Khan, eine Offensive gegen mich vorzubereiten und keine Anstrengung zu unterlassen, meine ›Nase in den Staub der Demütigung zu stoßen‹.

Als erfahrener Beobachter von Menschen und Geschehnissen kannte Mahabat Khan sehr wohl die widersprüchlichen Geister am Hof, von

denen zu befürchten war, daß sie mir geneigt sein könnten. Zu ihnen gehörten neuerdings erstaunlicherweise der so kluge wie vollendet gefühllose Wesir und Vater meiner Gemahlin Mumtaz, Asaf Khan. Die instinktsichere Malika zögerte keinen Augenblick, ihren Bruder trotz seiner hohen Vertrauensstellung am Hof – oder vielleicht gerade darum? – in den entfernten Dekkan zu schicken, wo er als Heerführer meine Nachfolge antreten sollte.
Ich meinerseits konnte gegen Mahabat nichts ausrichten. Für drei lange Jahre war ich verurteilt, mehr oder weniger einen Rückzug anzutreten, der mich mitsamt meiner Armee, Frau und Kindern über Tausende von Meilen durch Rajastan und den Dekkan, von dort über Orissa nach Bengalen, den Ganges aufwärts bis Allahabad, wieder in die Nähe Agras und zurück in den Dekkan hetzte. Kam es zu Kampfhandlungen, unterlag ich fast immer der kaiserlichen Armee, doch waren meine von mir geschulten Truppen zu beweglich, um jemals ganz aufgerieben zu werden. Nacheinander wurden alle Fürsten, gegen die ich zuvor als anerkannter Kronprinz gekämpft hatte, vorübergehend zu meinen Bundesgenossen. Was ich dabei übersah, war die damit verbundene Schwächung des Ansehens der Mogul-Dynastie im Reich.

Am Hof meines Vaters wußte man sehr wohl, wie wichtig für mich mein Oberkommandierender, der Rajputengeneral Rana Vikramaditya, war. So gehörte es zur erprobten Taktik der Malika, daß mir eines Tages der Befehl übermittelt wurde: Um meine Aussichten für eine mögliche Vergebung von seiten des Kaisers nicht restlos zu zerstören, möge ich meine Unterwerfung dadurch beweisen, daß ich den Kopf meines höchsten Rebellenoffiziers unverzüglich nach Agra schickte ...
Die mir zugemutete Untreue gegenüber einem ritterlichen Hindu-Soldaten verletzte mich tief. Der Rana war nicht nur ein tapferer, unbeirrbarer Offizier an meiner Seite, sondern auch eine so stolze wie liebenswerte Persönlichkeit, deren Wort für seine rajputischen Anhänger Gesetz war. Seine Anwesenheit auf dem Schlachtfeld bedeutete für meine Truppen ein Zeichen für den kämpferischen Einsatz bis zum letzten Atemzug.
Obwohl untereinander immer uneins, hatten die Rajputenstämme jahrhundertelang ihr Land vor den islamischen Invasoren verteidigt. Ihr Ursprung – sie nannten sich *Königssöhne* – ist sagenumwoben.

Über ein halbes Jahrtausend, bevor die Moguln aus dem Norden kamen, waren sie im westlichen Indien eingedrungen.
Königtum und Ehre lagen in ihrem Blut. Männer und Frauen lebten und starben mit dem Schwert. Ein Mitglied der Kriegerkaste durfte in der Schlacht niemals seinen Rücken zeigen. Er durfte keinen fliehenden Feind erschlagen, der um Frieden bat und keinen, der schlief oder der seine Rüstung oder Waffen verloren hatte. Ein in der Schlacht geschlagener Rajpute durfte nicht nach Hause zurückkehren; seine Frau mußte dem Ehrlosen die Tür weisen. Fiel aber ein Rajpute mit dem Schwert in der Hand, so folgte ihm seine Frau stolz in den Tod und ließ sich mit seiner Leiche auf dem Scheiterhaufen verbrennen. Die kriegerischen Fähigkeiten der Rajputen sollten nicht verkommen, auch wenn dies einen ständigen Krieg untereinander bedeutete.

Meinen Hindu-Oberkommandierenden, den General Vikramaditya, besangen in seiner Heimat die Dichter als

unzerstörbar und gesegnet von Brahma mit der Fähigkeit, Tod in Leben zu verwandeln.

Der Rana war als junger Offizier zu mir gestoßen, als ich vor nun neun Jahren zum ersten Mal in den Dekkan entsandt wurde, um dort Ordnung zu schaffen. Ich schätzte an ihm nicht nur die Autorität eines vollkommenen Heerführers; ich achtete auch seinen Rat in allen Fragen der Menschenbehandlung bei den religiösen Verschiedenheiten innerhalb meiner Truppenverbände. Einmal hatte er mir auf meine Fragen hin zu erklären versucht:
»Die Menschen wünschen sich Götter, die ihnen verwandt sind; Götter sogar, die ihnen gleichen. Euer unsichtbarer Gott ist unbegreiflich, unnahbar. Wir können keinerlei Beziehungen zu ihm unterhalten. Seine Avataras Rama oder Krishna sind uns – gleichsam als seine Beauftragten – in ihrer menschlichen Gestalt näher. Sie begehen menschliche Handlungen. Ein anderer der drei Hauptgötter ist Vishnu, der Hüter des *Dharma*, der Grundlage menschlicher Moral und Ethik, der gesetzmäßigen Ordnung des Universums. Er eilt zu Hilfe, wenn die Welt aus den Fugen gerät und inkarniert sich als Avatara, um der Menschheit neue Wege der Weiterentwicklung zu weisen. Auch Krishna existiert nach seinem irdischen Tod auf einer anderen Bewußtseinsebene weiter und kann sich in freier Willensentschei-

dung – entweder ganz oder teilweise – in einer Person seiner Wahl reinkarnieren.«

Obwohl diese Sprache für mich, der ich in einer sehr anderen, islamisch geprägten Welt erzogen worden war, dunkel bleiben mußte, war mir der Rajpute der nächste und wichtigste Kamerad in meiner einsamen Stellung im Reich – und ebenso der nächste und wichtigste Gesprächspartner in meinen vielen Fragen nach den für mich kaum begreifbaren Mysterien des indischen Kastenwesens.

So erklärte er mir auch, daß Rajputen und Brahmanen zusammen mit der Kaste der Kaufleute Träger des ›heiligen Fadens der Zweimalgeborenen‹ und die tatsächlichen Beherrscher Indiens seien. Er stellte fest:

»Alle anderen Kasten bestehen nur, ihnen zu dienen. Nur die Unberührbaren, jene Unglücklichen, in deren Adern vermutlich das Blut der indischen Ureinwohner rinnt, bilden keine Kaste. Wozu zu sagen wäre, daß für vornehme Hindus alle Muslime zur Kaste der Unberührbaren zählen – also zu den noch tiefer stehenden *Shudras*, die nichts anderes sind als die Arbeiter und Diener der mächtigen höheren Kasten. Die Kaste ist das Wichtigste im Leben des indischen Menschen – aber dank dieser strengen, vielleicht sogar schrecklichen Ordnung hat Indiens Zivilisation die Jahrtausende überdauert.«

Was ich vor allem zu lernen hatte, war: Daß es in diesen Ländern, über die ich eines Tages herrschen würde, eine Rangordnung gab, die von den Höhergeborenen erfunden wurde, um die anderen zu unterdrücken. Und ich lernte zugleich, daß kein Mogulherrscher es wagen durfte, diese traditionelle Rangordnung ändern zu wollen. Mein Ahne Akbar hatte es schon so gehalten und damit sein Reich behauptet und mein Vater Jehangir ebenso. Meine Aufgabe mußte es sein, die stolzen Rajputen dennoch, so weit es irgend möglich war, der Mogulkrone dienstbar zu machen ...

Der Hindu-General versuchte mir auch das *Dharma* zu erklären. Er sagte:

»Das Dharma ist ganz einfach: das Sein. Es ist die Luft, die wir atmen, die festgelegte Ordnung, die uns umgibt. Wir sind ein Teil von ihm. Fragt sich die Erde, woher die Monsunwinde kommen? Fragt der Same, warum die Sonne jeden Tag scheint, gleich ob ohne oder hinter den Wolken? Das Dharma des Samens ist es, Frucht zu tragen.

Das Dharma des Soldaten ist es, zu kämpfen. Wenn der Adler Euch sagen könnte, Hoheit, warum er fliegt – so wäre er kein Adler mehr. Das ist die Weisheit Indiens. Wer sie zu stören oder zu zerstören sucht, wird sich oder seine Herrschaft zerstören.«
Der General blickte mich mit seinen aufrichtigen Augen an. Ich wußte, daß er mir immer treu sein würde, soweit ich seine Überzeugung achtete.

*

Mahabat Khan, anstelle meines Bruders Parvez zur Zeit der wichtigste Heerführer, war seit meinen Knabentagen ein enger Freund von mir gewesen, bis es Nur Jahans Künsten gelang, ihn von meiner Gefährlichkeit und Unzuverlässigkeit zu überzeugen.
Ich erinnere mich noch genau der Stunde, da die Kaiserin mir mitteilte, daß ich von nun an in Mahabat Khan einen Feind zu sehen habe. Sie lächelte dabei ihr huldvolles, bezauberndes Lächeln, obgleich ich ihr schon damals anzusehen glaubte, daß sie mich am liebsten in die Hölle geschickt hätte. Glücklicherweise ist die Hölle eine unfreundliche Legende – außer für die, denen wir sie wünschen. Vom Himmel wage ich das nicht mit solcher Überzeugung zu sagen, obgleich mir andererseits die liebenswürdige Vorstellung des Paradieses mit seinen Bächlein und zauberhaften Huri-Jungfrauen zu schön erscheint, um wahr zu sein. Doch die Menschen lassen sich nicht davon abhalten, sich ihre Höllen und Paradiese nach ihren eigenen Vorstellungen auszustatten. Aber ich hatte andere Sorgen. Nur Jahan durchschaute mich, wie ich sie durchschaute. Es mußte alles seinen vorgezeichneten Weg gehen ...

Auf meiner erzwungenen Irrfahrt von Land zu Land durfte ich auch vier Monate lang die Gastfreundschaft Kharan Singhs genießen, des Sohnes des Fürsten von Mewar, den ich vor neun Jahren dazu gebracht hatte, mit dem Kaiser Frieden zu schließen. Jetzt war Kharan Singh der Raja von Mewar, und er stellte mir den kleinen Traumpalast auf der Insel *Jag Mandir* in dem künstlichen See zu Füßen Udaipurs zur Verfügung. Der junge Raja ließ es sich nicht nehmen, mich und meine Familie in einem Prunkboot zu der Märcheninsel überzusetzen.
Ich fragte den Raja, was ihn dazu bewege, mich, den verfolgten Flüchtling, in solcher Weise aufzunehmen? Er erwiderte lächelnd:

»Ich bin, wie Ihr wißt, ein Rajpute, Prinz Khurram. Ich war fast noch ein Knabe, als Ihr, der Sieger, in mir den künftigen Herrscher ehrtet. Ich habe es nicht vergessen. Erlaubt mir daher, Euch heute dieses winzige Eiland als Wohnung anzubieten, solange es Euch gefällt. Eines Tages werdet Ihr über Euer Reich gebieten.«
Meine Frau Mumtaz strahlte vor Glück.
»*Ich* bin es, die Euch, Raja Kharan Singh, am meisten zu danken hat«, flüsterte sie. »Ihr macht dem Prinzen Mut. Keine äußerste Lage ist von Dauer. Prinz Khurram wird nach Agra zurückkehren!«
Ich sagte:
»Du vergißt deine allmächtige Tante Nur Jahan und deinen zielstrebigen Vater Asaf Khan.«
Sie seufzte:
»Ich bin für sie nur soviel wert, wie du erreichst.«
»Oder nicht erreichst«, ergänzte ich. Doch dann atmete ich auf: »Sieh dich um. Bisher wußte ich nicht, was Schönheit und Kultur sind!«
Dieses unbeschreibliche Insel-Juwel, von dem es später heißen sollte, der Raja hätte es eigens mir zu Ehren geschaffen, bestand in Wahrheit bereits seit kurzer Zeit. Es stellt die märchenhafte Komposition von marmornen Gebäuden, Pavillons, Gärten, Bädern und Brunnen dar, umrankt von kostbaren Pflanzen und Blüten.
»Sieh dich hier um«, schwärmte ich. »Diesen Zauber soll auch einmal dein Palast am Jamuna-Fluß ausstrahlen!«
»So klein – ?« schmollte Mumtaz.
Ich lachte.
»Es wird der schönste Palast in der Welt sein. Und er wird deinen Namen tragen!«
»Also Taj Mumtaz –?«
Meine kleine Gemahlin konnte bei aller Bescheidenheit recht anspruchsvoll sein. Ich schüttelte den Kopf:
»Sein Name ist *Taj Mahal*: Die Krone aller Paläste. Merke dir den Namen.«
Jetzt meldete sich wieder der Raja zu Wort:
»So kenne ich Euch, Prinz Khurram. Und ich kenne auch den Platz, auf dem sich Euer Palast erheben wird. Schließlich ist er – noch! – Eigentum unserer Familie.«
Ich schwieg beschämt. Kharan Singh hatte meine Gedanken erraten. Doch ich fing mich gleich wieder und erwiderte:
»Ihr habt mit diesem Jag Mandir, in der Architektur dieses Palastes,

einen neuen Stil entwickelt.« Ich zeigte in die Höhe: »Seht euch die Schwingung dieser Marmorkuppel an! Sie ist wie eine Lotos-Knospe geformt, die gerade aufzubrechen scheint. Und dazu die Einlegearbeit aus Edelsteinen. Sie ist herrlicher als alles, was ich bisher gesehen habe. Die Farbe, die Form, die Reinheit des Stiles werden mich nicht loslassen, bis ich mein eigenes Werk geschaffen habe.«
Ich besann mich und fügte hinzu: »Ich werde Euch, Raja Kharan Singh, niemals vergessen. Der Friede, den Ihr mir hier bietet, überwältigt mich. Ihr wißt, wie es um mich steht. Vielleicht ist es vermessen, solche Pläne zu haben. Doch Agra ist mein Schicksal. Ihr als Hindu würdet sagen: Es ist mein *Dharma*.«

Ich habe Jag Mandir nicht wiedergesehen, aber es lebte in mir weiter. Noch jetzt, wenn ich daran denke, gerate ich ins Träumen. Ich habe einen Teil seines Zaubers – wenn auch in sehr anderen Dimensionen – auf meine Weise verwirklicht. Ich war von dieser Zauberinsel so gefangen, daß ich die südlich von dieser von blauem Wasser umleuchteten Zauberwelt liegende, etwas kleinere Palast-Insel *Jag Nivas* kaum zur Kenntnis nahm ...

*

Nachdem ich die paradiesische Zuflucht von Udaipur wieder verlassen mußte und, immer ruhelos gejagt, mit meinem Heer weiterzog, begegnete ich in der Nähe der alten, schon von meinem Großvater Akbar geliebten Stadt Ajmer und dem berühmten Heiligtum des persischen Sufi Moin-ud-din Chishti einem anderen heiligen Mann, der dort in der Stille seiner Hütte lebte. Der alte Sufi mit schneeweißem Haar, gelben Wangen, runzliger Stirn und einem Stock in der Hand, gab mir ein Zeichen, bei ihm zu rasten. Ich habe seinen Namen nicht vergessen: Ghulam Jilani. Er blickte mir forschend in die Augen, als kenne er mich seit langem. Dann sagte er:
»Ich weiß von Euren Sorgen. Ihr seid Eurem Vater untreu geworden. Alles in der Welt muß bezahlt werden. Bekennt Euch wieder zu Eurem Vater.«
Beschwörend fügte er hinzu: »In der Treue sammelt sich die geheimnisvolle Hilfe der Natur, mein Prinz.«
Verwirrt bat ich den heiligen Mann, mir diese Worte zu erklären.
»Herr«, lächelte er, »Glaube ist alles, alles andere nichts. Blumen blühen, Vögel singen, Schnee fällt in den Bergen. Winde wehen, Män-

ner und Frauen zeugen. Kinder wachsen, die Halbwüchsigen welken und Alte gehen ihrem Tod entgegen. All diese Ebbe und Flut ist eine Manifestation des Willens der Natur. Doch gibt es manches noch über diesem kosmischen Gesetz, und dadurch entsteht das, was wir Schicksal nennen. Es ist der Glaube an dieses Schicksal, der Berge versetzt und die Wüste besiegt. Ihr seid jung, mein Prinz, und Ihr glaubt an Eure Bestimmung, an Euch selbst – und damit an Gott. Weicht nicht von dem Pfad, den Ihr eingeschlagen habt. Feigen kehrt das Glück den Rücken. Bleibt Eurer Aufgabe treu, auch wenn Ihr Euch eines Tages entschließt, umzukehren. Wer den echten Glauben hat, kann niemals zerstört werden, nicht einmal von Gott – weil Gott Glaube ist. Es gibt keine gerade Straße zum Gipfel. Rückschläge dienen als Antrieb für den Glauben an Euch selbst.«

Der Sufi war für mich nicht die erste Begegnung mit diesen ›Weisen‹, wie sie genannt werden. Aber *er* war der erste, der mich zum Nachdenken über das Wesen ihres Strebens anregte – gleichsam als ebenbürtiger Gegensatz zum Hinduismus meines Oberbefehlshabers Rana Vikramaditya.

Der Sufi Ghulam Jilani, den ich erneut aufsuchte, um von seinem eigenen Weg zu erfahren, erklärte mir, daß die orthodoxen Ziele des Islam in ihm ein Verlangen nach dem Geistigen ausgelöst hätten. Dieses Begehren führte ihn dann Schritt für Schritt in das weite Gebiet des Sufismus, jener mystisch-asketischen Bruderschaft, die durch Ekstase, Rezitation und Tanz den unmittelbaren Zugang zum Göttlichen erstrebt und aus der die Derwisch-Orden hervorgingen. Dennoch blieb mir vieles von der Erklärung des alten Mannes unverständlich. Ich fragte ihn:

»Jeder von uns ist auf der Suche nach etwas, das jeder anders bezeichnet: Erfüllung, Wissen, Friede, Schönheit in den Dingen und Schönheit im Menschen und zuletzt: Gott. Wie können wir es finden?«

Er antwortete:

»Das, was Ihr am meisten wünscht, findet Ihr erst, wenn Ihr aufgehört habt, danach zu suchen. Erst dann seid Ihr imstande, der Stille in Euch zu lauschen. Erst dann könnt Ihr wahre Zufriedenheit finden. Wir alle sind auf der Suche nach unserem eigenen Ich. Wie oft zielen wir in die Ferne in der Hoffnung, es an anderen Orten zu entdecken. Die Suche *in* uns selbst ist eine viel schwierigere Reise. Darum sterben auch so

viele Menschen, ohne einen Menschen, den sie zu lieben vorgeben, jemals gekannt zu haben. Sie haben nicht einmal sich selbst gekannt.«
Ich fragte:
»Und wie bist du ein Sufi geworden?«
Er wartete eine Weile, während es in seinem runzligen Gesicht arbeitete. Dann sagte er mit ruhiger, ein wenig zittriger Stimme:
»Die Vergangenheit ist unser eigenstes Geheimnis. Aber sie trägt unser Leben.«
»Sie kann uns bedrücken«, ergänzte ich.
Er hob die Schultern.
»Wie Ihr wißt, komme ich aus Persien, mein Prinz. Und wie Ihr, die Moguln, kam ich nach Indien. Aber nicht, um dieses uralte Kulturland zu erobern wie Eure Ahnen, sondern um mich selbst zu finden.«
»Wie hast du es gefunden??« fragte ich, und er erwiderte:
»Ich wollte leben, nichts weiter. Ich war jung. In Indien habe ich gefunden, wonach ich mich immer sehnte, ohne zu wissen, was es eigentlich war.«
»Und was war es?« wollte ich wieder wissen.
Er sagte ohne Scheu:
»Die Liebe. Die reine, verzehrende Liebe. Es war die Liebe zu einem Knaben, dessen Schönheit und Unberührtheit nur von Gott kommen konnte. Die Mutter des Knaben war glücklich darüber. Sie liebte mich auch und gestand es ihrem Gatten. Der Mann raste gegen mich und gegen seine Frau und drohte, uns umzubringen. Eines Tages waren die Mutter und der Knabe verschwunden. Es hieß, sie habe ihren Sohn in den Tod mitgenommen. Bald darauf starb auch der Mann an einer schweren Krankheit. Ich hielt mich für schuldig an allem und wanderte in die Berge, um Ruhe zu finden. Ich fand sie nicht. Als ich auf einer Felsklippe stand und noch unsicher war, ob ich in der Tiefe Erlösung suchen solle, rief mich ein Sufi an, der mich aus seiner Höhle beobachtet hatte. Er erinnerte mich daran, daß uns immer Gott bliebe, dem wir unsere Liebe zuwenden könnten, und eine Bruderschaft, der ich mich anschließen durfte. Das ist lange her.«
»Und so hast du dich selbst gefunden?«
»Ich habe die Stille des Herzens gefunden«, kam es zurück.
»Aber ich«, begehrte ich auf, »ich kann noch nicht nach der Stille des Herzens streben. Wie finde ich die Sicherheit in mir selbst?«
Er lächelte verstehend.

»Sie kommt oder sie kommt nicht zu uns. Leben heißt immer Unsicherheit. Die letzte Sicherheit gibt es nur im Tod.«
Zum Schluß legte er segnend seine zitternde, magere Hand auf meinen gebeugten Kopf:
»Möge Allah Euch beschützen, wenn Euch der Thron für die Euch zustehende Spanne Zeit verliehen wird.«

Die Worte des Sufis wirkten auf mich wie ein heiterer Frühlingstag. Der alte Mann gab mir die Kraft, die ich in dieser Zeit der Zweifel und der Verzweiflung brauchte.
Unglück ist meistens die Strafe der Torheit, und keine Krankheit ist ansteckender als diese.

In diesen Tagen gebar meine Gemahlin Mumtaz Mahal wieder einen Knaben. Die Geburt eines Sohnes, unter welchen Umständen auch, galt für unsere Dynastie immer als glückliches Omen. Trotz der Düsterkeit meiner Lage und meiner ständigen Rückzüge, sah ich in dem Neugeborenen einen Hoffnungsschimmer. Die Gelegenheit wurde, wenn auch in bescheidener Weise, mit Almosengaben, Speisung der Armen und einem Fest für die getreuen Kommandeure gefeiert. Ein von dem mich ebenfalls stets begleitenden Astrologen Jagannath erstelltes Horoskop enthielt, wie erwartet, eine Vorhersage, daß ›der Prinz der Glücksbringer für das Haus der Moguln im allgemeinen und für die Shazada Khurram im besonderen sein werde‹.

Dem Brauch gemäß warf ich den ersten Blick auf meinen vierten Sohn einundzwanzig Tage nach seiner Geburt. Ich hielt ihn in meinen Armen, drückte einen Kuß auf seine Stirn und beugte die Knie, um zu beten. Danach wurde dem kleinen Prinzen der Name *Murad Baksh* – ›Seelenvoller Wunsch‹ – gegeben.

*

Gerade jetzt, da ich einen helleren Schein am Horizont meiner Tage zu erkennen glaubte, wurde mir mitgeteilt, daß die Malika auf der Abreise des Kaisers nach Ajmer bestanden habe, damit er dort die Armee durch sein persönliches Erscheinen anfeuere. Mahabat Khan erhielt den Befehl, die schnellsten Einheiten der kaiserlichen Armee für eine heiße Jagd zu sammeln und die ihm treuen Fürsten in Rajastan, Malwa und Gujarat zu veranlassen, mir den Weg nach Süden abzuschneiden.

Der Kreis meiner Fluchtwege war wieder geschlossen. Es kam zu einer Schlacht. In ihrem Verlauf wurde der General Vikramaditya von

einem offensichtlich eigens auf ihn angesetzten Kommando abgedrängt und getötet.
Wie hatte mir der Sufi Ghulam Jilani gesagt?

In der Treue versammelt sich die geheimnisvolle Hilfe der Natur. Und: Die letzte Sicherheit kann es nur im Tod geben ...

Der Kampf war entschieden. Ich zog den einzigen Schluß, der mir blieb. Ich schickte dem Prinzen Parvez ein Schreiben:

Verehrter Bruder, vielleicht bist Du Dir bewußt, daß ich mich nicht umsonst entschlossen hatte, meine Waffen keineswegs gegen unseren Vater zu gebrauchen – möge er leben für immer! –, sondern gegen die Ungerechtigkeiten von seiten gewisser hochgestellter Männer und Frauen in seinem geheiligten Namen. Die Einheit des Reiches und die Bewahrung der Mogul-Dynastie liegen mir ebenso am Herzen wie jedem anderen. Ich verbürge mich vor Gott, sie zu schützen.

Unglücklicherweise mußte mein Protest zu einer unabsehbaren militärischen Auseinandersetzung führen. Meine Ergebenheit dem Kaiser und seinen Stellvertretern gegenüber steht an erster Stelle; alle anderen Betrachtungen kommen danach. Bei der Suche nach der Möglichkeit zu überleben, appelliere ich an Dich als meinen Bruder und an Deine hochherzige Einstellung. Der Kaiser, davon bin ich überzeugt, wird mir meinen Ungehorsam vergeben, den ich unwissentlich beging. Friede in Ehren ist mein Ziel. Wir müssen die Dinge sehen, wie sie sind – aber nicht so lassen. Deine Stellungnahme wird mit Sehnsucht erwartet.

Danach wandte ich mich an Mahabat Khan, den ich um unserer einstigen Freundschaft willen ebenfalls um Vermittlung anging.

Die Menschen sollen die Türen schließen, wenn die Sonne sinkt. Das Glück erschien mir zu dieser Zeit wieder einmal sehr fern. Da Parvez offenbar dazu neigte, meinen Überlebensvorschlag anzunehmen, reagierte Mahabat Khan, der die Süßigkeiten und Bitterkeiten in führender Stellung nicht weniger als ich in mancher Weise erfahren hatte, auf meinen Vorstoß mit deutlicher Umsicht.
So kam es dazu, daß man mir zu meiner Überraschung trotz der fast hoffnungslosen Lage erstaunlich milde Bedingungen anbot: Ich sollte die zwei wichtigen Festungen Rohtas und Asifgarh, die ich wiedergewonnen hatte, dem Reichsheer übergeben. Außerdem sollte ich mei-

ne beiden Söhne Dara Shukoh und Aurangzeb, die jetzt zehn und sieben Jahre alt waren, als Geiseln an den Hof senden. Mich selbst würde man zum Gouverneur im weit abgelegenen Gebiet von Balaghat ernennen ...

Auf der großen Waage unseres Geschickes gibt es immer ein Gegengewicht. Ich hatte es erleben müssen, als ich glaubte, als Rebell gegen meinen Vater einen schnellen Sieg zu erringen. Nun mußte es Mahabat Khan erfahren. Die allmächtige Malika hatte ihm, solange sie ihn brauchte, eine bedeutende Machtfülle zugespielt. Die Milde der mir gewährten Bedingungen beruhte auf der Befürchtung Nur Jahans, daß die endlose Verfolgungsjagd möglicherweise ihrer eigenen Sache schaden könnte, wenn sie Mahabat Khan und dem Prinzen Parvez zuviel Freiraum gewährte.

Natürlich nahm ich die Bedingungen an. Als mir zu Beginn des neuen Jahres ein kaiserlicher Bote den *Firman* überreichte, warf ich mich zu Boden und legte das Dokument als Zeichen des Respektes auf mein Haupt. Meine beiden Söhne Dara Shukoh und Aurangzeb – die später Todfeinde werden sollten – schickte ich mit ihren Erziehern und kostbaren Geschenken für meinen Vater auf die Reise an den Hof von Agra. Dort nahm Nur Jahan die Knaben sogleich in ihre persönliche Obhut. Ich versuchte mich damit zu trösten, daß es in der mogulischen Tradition lag, den Kindern der Sippe, wie sehr ihre Eltern auch verfeindet sein mochten, grundsätzlich kein Leid zuzufügen.

Natürlich war ich vorsichtig genug, meinen Gouverneursposten in Balaghat nicht anzutreten und zog mich in meine letzte Festung Nasik zurück.

Es gab Tage, da ich den Verzicht auf alle meine bisherigen Ziele und dafür das Streben nach der geistlichen Krone von Mekka erwog. Wenn mich die Verzweiflung zu überkommen drohte, gestand ich meiner Umgebung, daß das Beste im Leben wohl der Rausch sei, wie ich ihn bei meinem Vater erlebt hatte. Doch zu keiner Zeit ließ ich irgendjemanden in meine Karten schauen. Dann wieder wartete ich mit Geduld und Sehnsucht darauf, daß der Herr unseres Schicksals noch einige verborgene Trümpfe für mich in der Hand hielte. Die frühen Voraussagen des Brahmanen Gobind Rai raunten noch immer in meinen Ohren. In der verborgensten Kammer meines Hirns blieb der unbeirrbare Glaube, daß ich geboren war, den Glanz der Mogul-

Dynastie zu erhöhen. Auf welche Weise – ? Meine Überzeugung war sicherer als meine mögliche Antwort.
Ich schwelgte in Träumen und Aberglauben und führte endlose Gespräche mit Geistlichen aller Religionsrichtungen. Ich suchte nach vernünftigen Deutungen und wollte mich mit feierlich-frommen Phrasen nicht zufriedengeben.

Indessen fürchtete Nur Jahan jetzt auch bei Mahabat Khan, daß er ihr zu mächtig werden könnte. Obgleich er Oberkommandierender des gegen mich eingesetzten Heeres war, befahl sie dem General, sich als Gouverneur nach Bengalen zu begeben. Zum Ersten Berater des Prinzen Parvez verpflichtete sie den einflußreichen afghanischen General Khan Jahan Lodi.
In meinem eigenen Hauptquartier brodelte es vor Unzufriedenheit. Mit meiner Unterwerfung hatte ich anerkannt, daß die Auflehnung gegen meinen Vater auch Gott und dem Volk gegenüber Unrecht darstellte. Ich tröstete mich mit meiner Kenntnis der Geschichte. Mein Ahne Humayun erlebte nach seiner Demütigung durch Sher Shah einen neuen Triumph mit Hilfe des Shahs von Persien und gewann die Herrschaft über Hindustan zurück. Warum gelang mir nicht dasselbe? Mir war bekannt, daß Shah Abbas keine besondere Freundschaft für meinen Vater Jehangir empfand. In der Vergangenheit hatte er mit mir über Kandahar und andere Gebiete korrespondiert, die wegen ihrer Lage von Persien beansprucht wurden. In meiner Verzweiflung nahm ich an, daß ich vielleicht die Lust des Shahs nach anderen Ländern zu meinen Gunsten ausnutzen konnte. Ich bestimmte einen besonders vertrauenswürdigen und geschickten Emir als Überbringer meines schriftlichen Annäherungsversuches.

Das Ergebnis war enttäuschend. Der Shah riet mir zur Aufgabe meiner verschwörerischen Unternehmungen. Doch ich gab die Hoffnung nicht auf. Ein zweiter Gesandter wurde nach Teheran auf den Weg geschickt. Mein Schreiben an den Shah gipfelte in den Worten:

Als getreuer Sohn erbitte ich von Eurer Majestät in dieser kritischen Stunde Hilfe als ein Suchender nach Gerechtigkeit und als Kreuzfahrer gegen Intrigen und die Mächte der Spaltung.

Der Shah wies erneut jede Verwicklung in den Konflikt so höflich wie deutlich zurück:

Wir sollten Unsere Beziehungen zu Unserem Bruder Jehangir nicht überanstrengen!

Der Gedanke, daß mich die Gunst des Schicksals wieder einmal in entscheidender Stunde verlassen hatte, machte mich traurig und verwirrt. Überall um mich verdichteten sich die Intrigen. Auch bei meinen Soldaten brütete die Tatenlosigkeit eine Apathie aus, die zu Widerspruch und Ungehorsam führte. Ich konnte Anfang und Ende meiner Planspiele nicht mehr überblicken und dachte daran, daß nach meinem Oberbefehlshaber und Freund Vikramaditya nun vielleicht ich selbst auf der geheimen Liste meiner Stiefmutter stand. Ich war jetzt dreiunddreißig Jahre alt. Ein sinnloser Tod ... ging mir durch den Kopf. Doch dann beruhigte ich mich bei dem Gedanken: Besser ein sinnloser Tod als ein sinnloses Leben.

*

Inmitten dieses Nebels der Unsicherheit erreichten mich neue verwirrende Nachrichten vom kaiserlichen Hof: Mahabat Khan hatte offensichtlich zu einem Schlag gegen Nur Jahan ausgeholt und, wie es hieß, den Kaiser und die Malika in einem Handstreich seiner Garde gefangengenommen.

Der einzige Schritt, über den ich mir jetzt klar war: Daß ich, wollte ich überleben, mein Lager in Nasik aufgeben mußte. Ich entschloß mich also zum Aufbruch im Juni Sechzehnhundertsechsundzwanzig – in der Hoffnung, angesichts der veränderten Lage vielleicht auch für mich neue Möglichkeiten zu finden. Natürlich konnte ich nicht wagen, den Weg nach Agra einzuschlagen. Ich zog es vor, mich nach Ajmer, unserem alten Stützpunkt, zu wenden und erreichte die Stadt und Festung zweiunddreißig Tage später. Dort ging ich barfuß zu dem Grabmal des Sufi-Heiligen Moin-ud-din Chishti, wo ich länger als sonst öffentlich betete und nach den vorgeschriebenen Ritualen rechts und links Almosen verteilte, um des Segens des Islams zu Ehren der Mogulherrscher würdig zu sein.

In der Überzeugung, daß meine Rebellion angesichts der neuesten Ereignisse in Agra gegenstandslos geworden war – oder besser: daß sie sich als ein unumgänglicher Schritt auf dem Weg zur Wiederherstellung der Ordnung im Reich erwiesen hatte –, verkündete ich auf einer einberufenen Versammlung der Einwohnerschaft und der Imame unter großem Beifall, daß ich fest entschlossen sei, nach Besteigen des mir zustehenden Mogul-Thrones in Ajmer eine marmorne Moschee von unvergleichlicher Schönheit nahe dem Mausoleum des heiligen Sufis Moin-ud-din Chishti zu erbauen.

Wie die Zugvögel ihrem geheimnisvollen Ziel mit Hilfe ihres Instinkts entgegenfliegen, nahm ich den Weg, den mein Vorfahr Humayun fünfundachtzig Jahre vorher auf seiner Flucht nach Persien gezogen war. Ich hoffte, vielleicht gegen jede Hoffnung, nach der Kontrolle über das Gebiet von Sind mit Hilfe eines neuen diplomatischen Vorstoßes die kühle Neutralität des Shahs zu brechen. Bevor ich die Festung Thatta erreichte, schickte ich den hohen persischen Edelmann Ishak Beg nach Teheran mit

meinem letzten Ersuchen um Hilfe, das Reich meiner Väter vor der Auflösung durch die beständigen Verrätereien hinter der Szene von Agra zu bewahren.

Die Mission wurde vom Schicksal durchkreuzt. Bevor dem Gesandten die erbetene Audienz beim Shah gewährt wurde, hatten sich in Agra die Ereignisse überstürzt. Mein Vater war schwer krank, doch nicht mehr Gefangener von Mahabat Khan. Nur Jahan hatte dank ihrer überwältigenden Hinterlist scheinbar die alte Überlegenheit wiedergewonnen. Nachdem sie ihre reizlose Tochter Ladili schnellstens mit meinem und Ladilis Halbbruder Shariya verheiratet hatte, sonnte sich der Prinz in der Rolle des nun unumstrittenen Thronfolgers... Die Boten von Agra über die Bergpässe nach Persien ritten ihre Pferde zu Tode. Die Meldungen überschlugen sich. Ich erfuhr, daß meine Anhänger am Hof, darunter mein immer rechnender Schwiegervater Asaf Khan, hinter der Bühne eifrig am Werk waren, die zähe Malika endgültig schachmatt zu setzen. Mein Vater Jehangir hatte sich in seiner Hörigkeit Nur Jahan völlig ausgeliefert und zuletzt auf jede Verantwortung als Bewahrer der Mogul-Dynastie ruhmlos verzichtet...

*

Zu Beginn des Monats Oktober Sechzehnhundertsechsundzwanzig begann ich mit der Belagerung der persischen Festung Thatta. Meine Hoffnung, daß sich die Garnison noch vor Wintereinbruch wegen ihrer Versorgungsschwierigkeiten ergeben würde, erfüllte sich nicht. Auch wurde die Belagerung im Hinblick auf Menschen und Kriegsmaterial kostspielig. Meine kleine Armee verlor den Mut angesichts der Aussichtslosigkeit der Unternehmung. Die zusätzliche Furcht, von der von Nur Jahan gegen mich geschickten Armee eingekesselt und gefangengenommen zu werden, machte mich zu einem willenlosen Träumer.

Wieder blieb mir nichts als die Flucht in die schwache Sicherheit des Dekkan. Dort durfte ich für eine Weile Luft schöpfen – ohne zu ahnen, daß sich die Wolken über meinem Haupt plötzlich zu lichten begannen.

Völlig überraschend erreichte mich hier ein Brief des alten Mahabat Khan:

> *Ich sehe einem Gegenschlag ins Auge, der mit Hilfe Eurer Hoheit das Reich vor dem Zusammenbruch unter dem Gewicht der Schuld gewissenloser Streber nach Reichtum und Macht retten soll!*

Mit *meiner* Hilfe –!

Ich wußte sehr wohl, daß der Vorschlag des Generals vor allem seinem eigenen Interesse diente. Dennoch schrieb ich zurück:

> *Ich sehe in Euch einen Mitreisenden auf der Straße des Rechts und betrachte es als einen Vorzug, mit Euch gegen Unrecht und Ungerechtigkeit gemeinsam anzukämpfen.*

Was war geschehen?

Als um die Mitte des Monats März meine beiden Söhne Dara Shukoh und Aurangzeb im kaiserlichen Feldlager ankamen und von Nur Jahan in Obhut genommen wurden, beschied die Malika: Mahabat Khan sei

> *wegen grob fahrlässigen Umganges mit Staatsgeldern unehrenhaft zu entlassen.*

Der alte General antwortete sofort: Er besetzte das völlig überraschte Feldlager, das sich gerade auf dem Weg nach Kabul befand. Mein charaktervoller Schwiegervater Asaf Khan floh kopflos nach der einst von Kaiser Akbar erbauten Festung Attok, um in Sicherheit die weitere Entwicklung abzuwarten. Das Wichtigste aber war: Der so stolzen wie fintenreichen Malika Nur Jahan gelang es im letzten Augenblick, im Gewand einer Zofe zu ihren treuen Truppeneinheiten zu entfliehen.

Mein Vater Jehangir war viel zu willenlos, sich seiner Stellung als Großmogul zu erinnern und ließ sich von Mahabat Khan in dessen eigenes Lager geleiten. Nur Jahan, mittlerweile wieder mutig, veranlaßte die ihr hörigen Truppen, einen Angriff auf das Lager Mahabat Khans zu unternehmen. Die Sache ging schief, und die kluge Malika beschloß, freiwillig an die Seite ihres kaiserlichen Gemahls zurückzukehren, den Mahabat Khan unter ritterlicher Kontrolle hielt. Mein Schwiegervater Asaf Khan indessen, noch immer in Attok, besann sich seiner eigenen Macht als – noch nicht abgesetzter – Großwesir meines Vaters, eilte zurück und stiftete eine Art Burgfrieden.

Während sich jetzt das kaiserliche Heerlager nach Kashmir auf den Weg machte, wo mein Vater Jehangir in der klaren, kühleren Luft Linderung seiner Leiden suchte, erinnerte sich Mahabat Khan meiner Person – und meiner immerhin noch schlagfertigen Armee. So zog er mit der seinigen eilig nach dem Dekkan, um sich hier mit meinen Truppen zu vereinigen. In meinem Hauptquartier in Jumar sanken wir uns in die Arme.
»Waren wir nicht schon früher Freunde?« strahlte der alte Stratege.
Ich erwiderte, meine verschiedenen Gedanken unterdrückend:
»Es ist lange her, General.«
Er hob großmütig die Schultern:
»Die Zeiten ändern sich, Hoheit.«
Ich dachte: Wenig auf dieser Welt verbindet so stark wie gemeinsame Ablehnung gegen einen Dritten.

*

Das Tal von Kashmir gelangte schon früh in den Einfluß der Hindu-Herren. Später, unter Kaiser Ashoka, drang der Buddhismus ein. Zugleich blieb Kashmir ein Schwerpunkt der brahmanischen Kultur, und hinduistische Fürsten schmückten die Stadt mit ihren Monumenten. Seit mein Großvater Akbar Kashmir eroberte, wurde es zur zweiten Residenz der Moguln, die zu der natürlichen Schönheit herrliche Gärten hinzufügten.
Hier erhoffte sich mein Vater Jehangir Genesung, und tatsächlich überstand er den Sommer. Doch als er im Herbst nach Lahore zurückkehren sollte, mochte er sich auch den allerbesten Sänften nicht mehr anvertrauen.
Mit dem Starrsinn alter Menschen, die ihr Ende nicht wahrnehmen wollen, ordnete der Kaiser für den fünfundzwanzigsten Oktober Sechzehnhundertsiebenundzwanzig eine Jagd an. Als er seine Sänfte

auf einer Felsklippe abstellen ließ, wo er sein Gewehr bequem in Anschlag bringen konnte, mußte er mit ansehen, wie einer der Treiber in die Tiefe stürzte. Man berichtete mir, mein Vater wäre in seiner Verwirrung der festen Meinung gewesen, die Flügel des Todesengels hätten ihn selbst gestreift und der Treiber sei nur durch Versehen getroffen worden. Der Kaiser verweigerte sogar das ihm zur Stärkung gereichte Weinglas – was man für das bedenklichste Zeichen hielt. Als noch absonderlicher aber mußte sein Entschluß angesehen werden, daß er sich ›für alle Fälle himmlischer Sicherheit‹ von einem Jesuitenpater, der ihn in letzter Zeit ständig begleitet hatte, die christlichen Sterbesakramente reichen ließ.

Der einsame Berg-Ort lag zwischen Rajaur und Bhimbar, und der Tag war ein Freitag, als der Kaiser röchelnd den Geist aufgab. Wie fast schon üblich, flüsterte man von Gift, das ihm seine von Nur Jahan verachteten Ärzte gegeben hätten, um den Untergang der Malika herbeizuführen.

Auch der Prinz Shariya zeigte seltsame Krankheitssymptome, obgleich er zu Nur Jahans Verzweiflung gerade an diesem Tag nicht in ihrer Nähe war. Innerhalb eines Tages waren ihm sämtliche Haare ausgefallen, und er suchte in Lahore ärztliche Hilfe. Die Malika ließ ihn durch Eilboten an das Lager des Kaisers rufen.

Als mein Vater Jehangir am Nachmittag des sechsundzwanzigsten Oktober das Bewußtsein verlor, sorgte mein Schwiegervater Asaf Khan sofort dafür, daß seine gefährliche Schwester in ihren Gemächern festgehalten wurde. Bedeutete Nur Jahans Wort bisher absolute Autorität, so hatte Asaf Khans wohl vorbereiteter Kunstgriff ihre Macht von einem Augenblick zum anderen ausgelöscht. Niemand wagte es, sich für die Befreiung der gefürchteten Malika einzusetzen. Und ebenso verschwanden mit ihr alle jene hinter Gittern, die die Thronfolge meines Bruders Shariya unterstützt hatten.

Asaf Khan kannte nur zu gut die gnadenlose Unbarmherzigkeit seiner Schwester, die er – gemeinsam mit seinem Vater Mirza Ghiyas Beg – einst so erfolgreich in die Stellung der allmächtigen Herrscherin hineinintrigiert hatte. Jetzt gedachte er seine eiserne Fessel nicht auch nur für eine Minute zu lockern ...

Die Ereignisse jagten einander. Als mir gemeldet wurde, daß mein Vater Jehangir in den Abendstunden des achtundzwanzigsten Oktober zu seinen Ahnen eingegangen war, hielt ich den Atem an. Das war der

Augenblick, auf den ich seit nun fast fünf Jahren fixiert gewesen – und ich befand mich im tiefsten Dekkan, Hunderte von Meilen entfernt! Doch ich muß die vielen Einzelberichte, die in meinem Lager stündlich auf mich einstürmten, zusammenfassen. Zugleich mit der Bekanntmachung vom Ableben der Majestät ließ Asaf Khan den einstigen Liebling meiner Stiefmutter, den Prinzen Shariya, öffentlich als *der Krone unwürdiger, stotternder Idiot* erklären. Dem Volk machte man bekannt, daß die *gefährliche Lücke an der Spitze des Mogulreiches*, wie man es formulierte, nur dadurch geschlossen werden konnte, indem der minderjährige Sohn meines ältesten Bruders, des verstorbenen Prinzen Khusrau, zum Thronfolger ausgerufen wurde.

Der junge Prinz Dawar Bakch, der als Gefangener jahrelang im Harem gehalten worden war, sträubte sich zunächst beharrlich. Doch erfolgte noch in Bhimbar eine Proklamation, daß die Thronfolge rechtmäßig auf den ältesten Enkel des Kaisers Jehangir übergegangen sei.

Meine beiden kleinen Söhne Dara Shukoh und Aurangzeb brachte man im Harem ihres Großvaters Asaf Khan in Sicherheit, während Nur Jahan durch schwer bewaffnete Wachen in Zaun gehalten wurde.

Und doch gelang es der Vielerfahrenen, eine geheime Botschaft an den Prinzen Shariya in Lahore gelangen zu lassen: Der Kaiser sei tot und er, Shariya, solle sich auf eine militärische Auseinandersetzung mit den Streitkräften des Großwesirs Asaf Khan vorbereiten ...

Den in seiner Tiefe unsicheren Prinzen ergriff schlichte Panik, als er vom Ende unseres Vaters und der Erhebung seines Neffen Dawar Bakch erfuhr. Auf den Rat seiner Frau Ladili, Nur Jahans Tochter, beschloß Shariya nun, sich selbst eiligst zum Kaiser ausrufen zu lassen. Er versiegelte den in Lahore aufbewahrten größten Teil des Staatsschatzes und brachte wirklich in aller Hast die Aufstellung einer schlecht ausgerüsteten Armee von immerhin, wie man mir meldete, mehreren tausend Mann zustande, die sich seinem Neffen, dem jungen Dawar Bakch, entgegenstellen sollte.

O Schicksal! Dem einen gibst du reife, dem anderen unreife Melonen zu essen!

Es kam, wie es kommen mußte. In einem kurzen Gefecht wurde der durcheinandergewirbelte Haufen von der kleinen, aber kriegserfahrenen Streitmacht Asaf Khans mühelos in alle Winde vertrieben.

War ich ein Gehetzter, so Shariya ein Gestoßener. Der arme Kahlkopf eilte zurück in die schützende Festung von Lahore, ließ die Tore schließen und gedachte sich auf eine Belagerung vorzubereiten. Doch als das Heer Asaf Khans in wilder Wut der Stadt näherrückte, öffnete die Besatzung die Tore. Den verzweifelten kranken Prinzen stöberte man unter einem Haufen alter Teppiche im Harem des Palastes auf ...
Das darauf folgende ergab sich – fast muß ich sagen: von selbst. Shariya wurde in üblicher Weise mit glühenden Eisen geblendet und in eine lichtlose Zelle des Gefängnisses auf der hinteren Seite des Forts geworfen.
Bei dieser Gelegenheit fand man noch zwei Söhne von Jehangirs unglücklichem Halbbruder Daniyal, die – obgleich vom Kaiser aus Furcht vor Verrat zweiundzwanzig Jahre eingekerkert – angeblich mit Shariya gemeinsame Sache gemacht haben sollten. Die unschuldigen Prinzen wurden wie der junge ›Kaiser‹ Dawar Bakch von Asaf Khan sofort eigenhändig mit dem Messer abgeschlachtet. *Taktya takta* – Thron oder Sarg ...

Ich kenne die Berichte, die wahrscheinlich von Nur Jahans Tochter und Shariyas Gemahlin Ladili in Umlauf gesetzt wurden, nach denen Asaf Khan bei mir angefragt haben sollte, was mit den Gefangenen zu geschehen habe. Ich hätte daraufhin geantwortet:

In Bestätigung Eurer hochwillkommenen Mitteilung der Festnahme der Schuldigen möchte ich Euch anheimstellen zu erwägen, ob es angesichts der ständigen Bedrohung der Sicherheit des Reiches nicht angebracht wäre, meinen kaiserlichen Vorgänger Dawar Bakch sowie den unnützen Bruder Khusraus, Shariya, wie die beiden Söhne Daniyals unauffällig in den verdienten Aufenthaltsort ihrer Taten zu befördern ...

Tatsache ist, daß ich mich mit Mahabat Khan auf dem Weg nach Norden befand und mein Schwiegervater Asaf Khan davon überzeugt war, daß nur schnelles Handeln die Lage klären konnte.
Ich muß es ertragen, daß mir diese blutbefleckten Fußspuren zum Mogul-Thron später von meinem Sohn Aurangzeb gnadenlos vorgehalten wurden.
Mein Schwiegervater Asaf Khan hatte meine beiden Söhne Darah

Shukoh und Aurangzeb gezwungen, dem blutigen Schauspiel zuzusehen. Sie waren zwölf und neun Jahre alt. Sie haben es nie vergessen. Vor allem Aurangzeb nicht. Er rechnete es mir später als meine alleinige Schuld an, um seine eigenen Vergehen dieser Art zu rechtfertigen.
Der Regen fällt niemals allein auf ein Dach.

Während meines Marsches nach Agra erreichte mich ein Eilbote des Großwesirs mit – als Echtheits-Zeichen der Mission – einem Original-Siegelring meines Vater, des verstorbenen Kaisers. Asaf Khans Botschaft lautete:

Der Thron der Moguln wartet auf Euch, daß Ihr ihn baldigst besteigt!

Dazu erfuhr ich, daß das Reichsheer in Lahore eingetroffen sei, im Gepäck den Leichnam des Kaisers Jehangir und die mit Seidenschnüren sorgfälltig gefesselte Nur Jahan. Die Blendung Shariyas hatte wie üblich nur das rechte Auge betroffen, wie man mir berichtete. Der Sinn blieb der gleiche.

So grausam das Schicksal meinen Bruder und die anderen unschuldigen Prinzen auch ereilt hatte – noch waren mir die Einzelheiten des Massakers nicht im ganzen Umfang bekannt –, so wurde um mich doch plötzlich alles hell. Es erschien mir zwecklos, daß ich mich in nachdenkliche Selbstbetrachtungen und die Frage nach dem Sinn des Wofür und Warum verlor. Am Ende mußte ich zufrieden sein, daß sich hinter dem Verhalten meines niemals ganz zu durchschauenden Schwiegervaters offensichtlich keine Falle verbarg. Meine Rettung war: Er brauchte mich.

Seit ich nach meinem öffentlichen Abstinenzschwur nur noch gelegentlich kleine Mengen Likör trank, war ich kaum jemals übermütig gestimmt und nie ließ ich die Vorsicht außer acht. Die jahrelangen Kämpfe mit ihren Enttäuschungen hatten das Feuer meines Ehrgeizes gedämpft, wenn nicht fast gelöscht; meine körperliche und geistige Kraft aber war nicht geschwächt.

*

Ich zählte nun fünfunddreißig Jahre. Der Tod meines Vaters, obgleich für lange Zeit herbeigesehnt, traf mich dennoch schwer. Ich hatte ihn trotz allem verehrt und auch geliebt. Meine Auflehnung galt vor allem seiner unberechenbaren Hörigkeit gegenüber der Malika. Ich erinnerte mich seiner Zuneigung zu mir und seiner vertrauensvollen Gespräche in meiner Jugend. Er war ein hochgebildeter und wissenschaftlich fundierter Gelehrter, wie es auf dem Kaiserthron wohl noch keinen vor ihm gegeben hatte. Mein Vater hätte ein leuchtendes Vorbild für die hochmütigen Europäer sein können, nicht nur aufgrund seines unstillbaren Wissensdurstes, sondern auch durch seine kritische Vernunft.

Als einmal ein Gelehrter meinem Vater klar zu machen versuchte, daß Widder zum Kampf gegeneinander neigten, weil gewisse Würmer in ihren Hörnern sie dazu reizten, erklärte der Kaiser:
»Dann muß derselbe Wurm auch in den Hörnern der Weibchen vorhanden sein. Da diese aber nicht zum Kampf neigen, ist eine solche Vermutung unwahr.«

Plötzlich war mir mein Vater wieder nahe – oder besser: *ich ihm*, wie in den Tagen, da er noch nicht von Nur Jahan beherrscht wurde. Und besonders erinnerte ich mich daran, wie er mir die alten Geschichten des großen Poeten Firdausi nahegebracht hatte – oder jene die Liebe und den Wein feiernden Dichtungen des Hafis. Ein Gedicht hatte ich sogar auswendig gelernt, weil mein Vater es besonders liebte, und sein Echo klang in mir nach:

> *Saghi, schenk ein den Wein*
> *und laß den Becher kreisen!*
> *Im Anfang schien die Liebe leicht,*
> *die dann zum Rätsel ward.*
> *Von deinen Locken wurden alle Herzen wund.*
> *Wie find ich Frieden doch in deinem Haus,*
> *da ruft die Karawanenglocke schon zum Weiterzug!*
> *Färb den Gebetsteppich mit Wein, wie es der Weise sagt,*
> *dann wirst du, Pilger, auch vom Sinn des Weges*
> *deinen Teil erfahren.*
> *Wie kann Geheimnis auch verborgen bleiben,*
> *das bei Zusammenkünften verhandelt wird!*

*Hafis, erhalt dir des Geliebten Gegenwart,
entsage dieser Welt, wenn du gefunden, den du liebst!*

*

Bevor ich den Zug nach meiner künftigen Residenz Agra antrat, mußte ich die vorgeschriebene viertägige Trauerfrist einhalten. Einige meiner Offiziere mißbilligten diese unnütze Verzögerung, aber ich war nicht gewillt, den Anstand zu verletzen.
Gebete mit den Imams und Mullahs, Almosen und Speisung der Armen füllten die der Erinnerung an den Verstorbenen geweihten Tage.
Zu der von meinen Astrologen als günstig erkannten Stunde des fünften Tages verließ ich Jumar in prachtvollem Aufzug. Zweitausend Rajputen-Reiter von der Garde Mahabat Khans bildeten die Spitze des glänzenden Zuges. Ich folgte auf meinem schneeweißen Araberhengst, flankiert von einer Schar Leibwächter in kostbar bestickten rot-weißen Uniformen. Im ganzen belief sich meine Truppe auf zehntausend Mann – ein eindrucksvolles Gefolge in stolzer Geschlossenheit. Um Erfolg zu haben, muß man aussehen, als habe man Erfolg.

Die Glorie meiner erfüllten Träume schien sich auf die mich umgebenden Reiter und Pferde bei ihrem Zug über die weiten Staubstraßen zu übertragen. Zu ihren Seiten riefen und winkten die Menschen aller Altersgruppen und Stände. Auf diesem so lang ersehnten letzten Wegstück zu meinem Königtum war ich darauf bedacht, das traditionelle Schauspiel von Ehrfurcht, Frömmigkeit, Toleranz und Freundlichkeit zu bieten.
In der Stunde des Triumphes blickte ich wie meine Ahnen zum Himmel und erflehte den Segen Allahs für eine Regierung voller Gerechtigkeit und Toleranz gegenüber allen meinen künftigen Untertanen. Während der Aufenthalte unterwegs verließ ich in der Nacht oft das Zelt und verharrte unter den Lichtern des Himmels; dabei dachte ich an das alte Sprichwort: Die kleinen Sterne scheinen immer – die große Sonne geht oft unter.
Ich rief mir auch die Ereignisse der letzten fünf Jahre in mein Gedächtnis zurück. Noch vor kurzer Zeit hatte mich Mahabat Khan im Auftrag Nur Jahans verfolgt, um mich lebend oder tot gefangenzunehmen. Nun begleitete mich derselbe Mann auf dem Weg nach Agra. O Schicksal! Wer kennt deine verschlungenen Gedanken? Eine

fremde Seele ist undurchdringlich wie ein dunkler Wald. Nur über Stufen kannst du zur Höhe der Treppe emporsteigen. Das geheimnisvolle Buch unserer Bestimmung ist das Werk eines Bühnenschriftstellers von unvergleichlicher dramaturgischer Kunstfertigkeit. Der Marsch von Jumar nach Agra war für mich der Weg meines Lebens, wie ich es zu überblicken vermeinte.

Bevor ich mein Lager in Jumar verließ, hatte ich den General Khan Jahan Lodi als neuen Gouverneur im Dekkan bestätigt, der sich jetzt zusammen mit Mahabat Khan mir angeschlossen hatte. Dabei war mir bekannt, daß der stolze Afghane ursprünglich der Malika Nur Jahan ebenso ergeben wie mir feindlich gesinnt war. Ich wollte mich großmütig zeigen. Eine Stunde Gerechtigkeit, so heißt es, gilt mehr als ein Leben im Gebet ...
Lodi nahm seine Ernennungsurkunde mit sichtbarer Bewegung entgegen. Es sollte nicht lange dauern, bis er sich mit anderen unzuverlässigen Herren in einem Umsturzplan verbündete ...

Auch auf dem Weg nach Agra gab es bereits Hinweise auf Verrat, so in Gujarat, wo die Schwester meiner Frau Arjumand Banu mit dem dortigen Gouverneur, dem hirnlosen Saif Khan verheiratet war. Das sollte ihn keineswegs an seiner Absicht hindern, mich bei dem feierlichen Empfang im Gedenken an die durch mich ins Unglück gestürzte Nur Jahan unschädlich zu machen. Zum Glück erfuhr ich rechtzeitig von dem Komplott und konnte die Begrüßung nun meinerseits nutzen, ihn selbst zu seiner eigenen Überraschung mitsamt den wichtigsten Verschworenen in Ketten legen zu lassen. Zwei Tage später entschloß ich mich auf die Fürsprache Arjumands hin, ihn zu begnadigen und ihn mit seiner Familie unter entsprechender Kontrolle in ein entlegeneres Territorium zu versetzen.

Die Überquerung des indischen Schicksalsflusses Narbada wurde nach alter Hindu-Sitte begangen. Beide Ufer waren von tausend irdenen Lampen erleuchtet, die sich, soweit das Auge sehen konnte, in endlosen Reihen hinzogen. Der oberste Astrologe der Region, Jagannath, stellte aufgrund seiner heiligen Bücher fest, daß ein Monarch, der es versäumte, den Wassergöttern entspechend zu huldigen, unweigerlich verheerende Fluten, schreckliche Feuersbrünste und gefährliche Rückschläge auf militärischem oder wirtschaftlichem Gebiet zu verantworten haben würde. Nachdem ich dem Astrologen und den Göttern meine pflichtschuldige Ehrerbietung erwiesen und mich von allen furchtbaren Bedrohungen großzügig freigekauft hatte, stand als nächstes für den fünften Januar mein Geburtstag auf dem Plan, der diesmal besondere Feierlichkeiten verlangte. Wieder folgten die üblichen Gebete, Koran-Rezitationen, Almosen-Spenden, Armenspeisungen, Geldgeschenke an die bevorrechtigten Edlen, Gesänge und die Versammlung von Dichtern und Geschichtsschreibern, Elefantenkämpfe, Pferde- und Kamelrennen – und nicht zu vergessen der große Festschmaus, begleitet von Musik und Darbietungen der besten Akrobaten der Gegend. Die Feiern dauerten von Sonnenaufgang bis Mitternacht.

Da ich der Trunkenheit abgeschworen hatte, entbehrten meine Feste der besonderen Eigenheiten, derer sich der Hof meiner Vorfahren Babur und Akbar und meines Vaters Jehangir erfreute. Für mich war Nüchternheit der Lohn meines Ehrgeizes.

Ein altes Sprichwort sagt: Brüder haben ein Geblüt, aber selten ein Gemüt.

Gerade an diesem meinem sechsunddreißigsten Geburtstag erhielt ich die Nachricht von den Einzelheiten des blutigen Schauspiels im Harem des Palastes von Lahore, dem noch andere dieser Art folgen sollten. So war mein Halbbruder Prinz Shariya nach seiner Blendung angeblich bei einem ›Fluchtversuch versehentlich getötet‹ worden ...

Ich kann nicht leugnen, daß die Beseitigung der letzten Rivalen bei der Thronfolge in mir eine Art grausamer Genugtuung auslösten. Obgleich ich bereits mit der Tötung meines älteren Bruders den späteren Anklägern ausreichend Stoff geliefert hatte, entsprach ein solches Blutbad nicht meinem Charakter. Heute erkläre ich mir meine direkte oder indirekte Schande damit, daß die lange Wanderung durch die Wildnis der Rebellion in mir das Timuridenblut wiedererweckt und einen Überlebenswillen entwickelt hatte, der jede Rücksicht auf Menschlichkeit in den Hintergrund zu drängen drohte. Mehr denn je glaubte ich an meine Bestimmung und damit an mein Recht, alle Schlangen, die auf meinem Weg lauerten – soweit ich ihrer habhaft werden konnte – unter meinen Füßen zu zertreten. So zögerte ich auch nicht, die Handlungsweise meines kaltblütigen Schwiegervaters zu billigen. Sah ich doch hinter jedem Busch eine Falle und in jedem Schatten einen Geist, der mich töten wollte. Die Furcht verleitete mich zum Haß und der Haß zur Herzlosigkeit – eine Folge von Leidenschaften, die nicht zur Größe, sondern zur Schwäche führt.

Ebenso weiß ich jetzt, daß diese in meinem Namen vor Aurangzebs Augen ausgeführte Metzelei auch das Vaterbild meines zweitjüngsten Sohnes für immer prägte. War Aurangzeb bis dahin schon ein abweisendes, ernstes Kind, so schienen von nun an seine Blicke, wenn sie mich trafen oder wenn ich sie als sein Vater suchte, einen unauslöschlichen Haß zu verraten, auch wenn sein Mund beharrlich schwieg. Noch ahnte ich nicht, daß dieser Sohn einmal mein gnadenloser Richter sein sollte ...

Der neuerliche Einzug in die heilige Stadt Ajmer auf meinem Weg nach Agra war die letzte eindrucksvolle Station auf dem Weg zum Thron. Unsterblich, geschmückt mit ehrwürdigen Zeugen seiner Geschichte, hatte Ajmer durch die Jahrhunderte bedeutende Könige und Kaiser in seinen Mauern gesehen, die hier in Demut die geweihten Stätten von Hindus und Muslimen aufsuchten.

»Wo wir in Ajmer auch hingehen«, hatte mein Ahne Akbar zu mir gesagt, »ist geheiligter Grund und Boden.«

Damals, vor drei Jahrzehnten, war er barfuß den langen Weg nach Ajmer gepilgert, um Allah für das Geschenk eines Sohnes zu danken. Auch ich hatte hier im Mausoleum des persischen Heiligen Moin-uddin Chishti mein Knie gebeugt. Jetzt betete ich um Vergebung meiner an den Verwandten begangenen Sünden und um den Segen für mein künftiges Amt. Jeden Tag, den ich mich in Ajmer aufhielt, versenkte ich mich am Totenschrein und opferte einhunderttausend Rupien für die Priester und die Armen.

Mahabat Khan, der das Ehrenkleid eines Mekkapilgers trug, geleitete mich aus dem Heiligtum in den Hof. Als mich die riesige Menge sah, da ich aus der Moschee heraustrat, erhob sich der laute Ruf ›Allah-i-Akbar!‹, und mein oberster Kammerherr ließ nach alter Sitte Hände voller Halb-Rupien über mein Haupt herabregnen.

Bevor ich die Stadt Ajmer verließ, ernannte ich ihn vorsorglich zum Gouverneur des Territoriums und verlieh ihm ein Ehrenkleid und ein mit Gold eingelegtes Schwert, das im goldenen Gehänge den eingravierten Namen meines Ahnen Humayun trug. Ich wußte, daß der alte General großen Wert auf persönliche Aufmerksamkeiten legte.

Als ich zwei Tagemärsche von Agra entfernt war, wurde von den

Minaretts aller Moscheen in der Hauptstadt verkündet, daß ich zum Kaiser ausgerufen worden sei. Die Botschaft überbrachte mir ein besonderer Gesandter, unterzeichnet ›in Gehorsam und Loyalität‹ von meinem Schwiegervater Asaf Khan und den Ältesten des Kronrates. Der alte und neue Großwesir schrieb:

> *Die Diener des Reiches erwarten sehnsuchtsvoll die Ankunft Eurer Majestät. Alle gesetzlosen Abenteurer und unrechtmäßigen Anwärter auf den Thron büßen in ihren Gräbern für ihre Sünden gegen den Staat. Botschaften sind auf fliegenden Pferden in alle Provinzen unterwegs, und es wurden Anordnungen erlassen, daß der Aufruf im Namen Eurer Majestät in allen Moscheen des Reiches verlesen werde. Neue Geldmünzen liegen bereit für den glücklichen Tag Eurer Thronbesteigung. Hoch und Niedrig in dieser zeitlosen Stadt Agra planen einen Staatsempfang für Eure Majestät, wie er noch keinem Herrscher bisher bereitet wurde. Unsere Herzen sehnen sich danach, sich vor dem vom großen Allah erwählten Kaiser zu Boden zu werfen.*

Am Donnerstag, dem achtundzwanzigsten Januar Sechzehnhundertachtundzwanzig, erreichte ich die Außenbezirke der Hauptstadt. In einem Garten, der bereits viele Feierlichkeiten und Feste der Moguln erlebt hatte – darunter besonders den Einzug des Kaisers Babur vor fast einem Jahrhundert – versammelte sich auf ein überall vernehmbares Signal hin die Gruppe der auserwählten Astrologen, um die günstigste Stunde für meinen Einzug in die ehrwürdige Residenz zu errechnen. Mit mir wartete mein gesamtes Gefolge zwölf Tage lang auf das Ergebnis der Sterne. Die hinduistischen und muslimischen Weisen stimmten nach einigem Streit darin überein, daß die Konstellation der Planeten den vierten Februar für meinen Einzug in Agra und meine Krönung als geeignet bestimmt hätten.

Sofort wurden die entsprechenden Vorbereitungen getroffen. Ich ritt auf einem von prächtigen Schabracken fast ganz verdeckten Elefanten in einer mit goldgestickten Seidenvorhängen geschmückten *Howdah*. Der Prunkzug bewegte sich zur genau festgelegten Stunde nach den Morgengebeten durch das Westtor von Agra.

Die erste Hauptstadt des Indiens der Moguln war mit mehr als einer halben Million Einwohnern eine der größten Städte des Reiches, und es hieß, daß ein Reiter ihren Umfang kaum in einem Tag umrunden könne. Agra bestand aus einem Gewirr von zweistöckigen Backstein- und Lehmziegelhäusern, in denen Kaufleute und Hindu-Händler lebten, und daneben aus einem Meer von strohgedeckten Hütten der übrigen Bevölkerung.

Am Jamuna-Fluß, zu Seiten des gewaltigen Roten Forts mit seinen Palästen, breitete sich die vornehme Welt der Einflußreichen, des Adels und der Höflinge, soweit sie nicht im Palastbezirk ihre Quartiere bewohnten. Hier gab es prunkende Wohnbauten mit Gärten und Kühle spendenden Marmorbrunnen, Tempel und Moscheen und die üppigen Paläste der kaiserlichen Prinzen. In den Straßen und Gassen drängten sich Karren und Sänften zwischen dem Strom der verschleierten oder nicht verschleierten Frauen, Muslims und Hindus, Brahmanen und Handwerker, demütige Sklaven und stolze Eunuchen, Kinder und Greise, Bettler und hochaufgerichtet einherschreitende Herren, die ihren undurchsichtigen Geschäften nachgingen.

Der Einzug in den Palastbezirk erfolgte wieder zur errechneten Minute. In der *Halle der öffentlichen Audienzen* des Kaisers Akbar hatten sich die Würdenträger des Reiches in allem Glanz versammelt. Am Ende der Halle erhob sich eine etwa drei Fuß hohe mit einem Baldachin überdachte Plattform, die von einem silbernen Geländer umgeben war und in der sich die höchsten Herren des Adels drängten. Hinter und oberhalb der Plattform ragte ein riesiger Thron aus schwarzem Marmor, an seinen vier Ecken flankiert von lebensgroßen silbernen Löwenstatuen, die in ihren Pranken einen Baldachin aus massivem Gold hielten. Die Wände zu beiden Seiten des Thrones bestanden aus Marmorgittern, durch die den Frauen des Harems – unter denen sich auch Mumtaz Mahal befand – Einblick in den Saal gewährt wurde.

Livrierte Diener ließen auf zwei großen Kupferkesseln einen Trommelwirbel erschallen, und die schweren Samtvorhänge hinter dem Thron öffneten sich. Zwei Wächter mit Schwertern in der Hand traten ein und stellten sich zu beiden Seiten des Thrones in stolzer Haltung auf.

Darauf folgte ich den Wächtern. In meinen Ohren glänzten Diamanten. Ich trug einen enggebundenen Turban aus gemusterter Seide und ein blaues Gewand, das von einem Gürtel aus Goldbrokat zusammengehalten wurde. An allen Fingern meiner Hände schimmerten juwelenbesetzte Ringe; um den Hals trug ich eine schwere Perlenschnur. Ein goldenes Schwert und ein ebensolcher Dolch steckten in meinem Gürtel.

Der Großwesir Asaf Khan trat vor und verlas die Huldigungserklärung. Danach stieg ich die Stufen des Thrones hinunter, und der Oberste Mullah setzte mir die Mogulkrone aufs Haupt. Der Name, den ich als neuer Herrscher annahm, war der längste der bisherigen Geschichte der Moguln:

Abu Muzaffar Shalabuddin Muhammad Sahib-i-Qiram Sani.

Die Kesselpauken auf den Galerien rund um den Platz erdröhnten. Die wartende Menschenmenge rief ein lautes *Salaam*. Alle verneigten sich tief, berührten mit der rechten Hand den Boden und legten, sich wieder aufrichtend, die Hand an die Stirn.

Als ich erneut auf meinem Thron Platz genommen hatte, flüsterte mir einer der Würdenträger ins Ohr: Der Großwesir erwarte meinen offiziellen Dank für seine Taten in Lahore. Ich spürte Asaf Khans kalte Augen auf mir ruhen. Ich sprach den Dank nicht aus. Ich wollte, daß das Geschehene geschehen bleiben sollte, ohne es mehr als unbedingt notwendig bekannt werden zu lassen.

Dafür gab ich das Zeichen für den Aufmarsch der Kampfelefanten. Kurz darauf erschienen die Kolosse draußen auf dem Platz und marschierten in einer Reihe auf den *Diwan-i-am* zu. Ihre Rüssel waren mit goldenen Bändern umwunden; an ihren bestickten Schabracken hingen Glöckchen und Quasten. Vor dem Haupteingang der Großen Halle verhielten sie und gingen mühsam in die Knie. Auf besonderen Befehl trompeteten sie einen Gruß.

*

Alle Feierlichkeiten dieser Tage wurden in einer besonderen Festschrift für die Hofchronisten aufgezeichnet. Das Volk von Agra umlagerte zu Tausenden das Rote Fort. Als ich am anderen Morgen auf dem kaiserlichen Aussichtsbalkon, der *Jarokha*, erschien, brauste wieder der Ruf ›Allah-i-Akbar!‹ – Gott ist groß! – über die weiten Uferwiesen zu Füßen der Palast- und Festungsanlagen zu mir empor, und ich dachte an den Tag vor nun dreiundzwanzig Jahren, als ich als Dreizehnjähriger an der Seite meines Großvaters Akbar von hier aus den unheimlichen Kampf der Elefantenbullen meines Bruders Khusrau und meines Vaters entscheiden mußte. Auf diesem Thronsitz hoch über den Mauern, der nur dem Herrscher vorbehalten ist, saßen zu meiner Rechten Asaf Khan und zur linken Mahabat Khan – die beiden Männer, die mich auf dem gewundenen Weg bis jetzt begleitet hatten. Ich zählte bereits sechsunddreißig Lebensjahre, aber man versicherte mir, daß ich einen jüngeren Eindruck machte, als mein Alter besagte; die Sorgen und Verzweiflungen der letzten Jahre hatten noch keine Falten in mein Gesicht gegraben. Die rotweißen Prunkgewänder, die ich trug, sollten die Ausstrahlung des neuen Kaisers betonen. Der auserwählte Enkel des großen Akbar Padishah hatte seine Bestimmung gefunden; die Vorhersage des Brahmanen Gobind Rai waren in das Erz der Geschichte eingegraben.

Wie erwartet, wurde das begehrte Amt des Premierministers meinem Schwiegervater, dem Großwesir Asaf Khan, und das des Oberkommandierenden der Streitkräfte dem alten General Mahabat Khan übertragen. Beide empfingen einen sehr hohen Ehrensold. Asaf Khan erhielt den hochangesehenen Ehrentitel *Yamin-ul-Mulk* und Mahabat den klangvollen eines *Khan-i-Khanan*. Beide wurden damit die mächtigsten und gefürchtetsten Beamten des Mogulreiches. Asaf Khans Lebenslinien zeigten deutlich die eines ungewöhnlich intelligenten und berechnenden Mannes wie eines noch ungewöhnlicheren Erbes von Mirza Ghiyas Beg. Daß er dazu mein Schwiegervater war, erhöhte noch seinen Einfluß und seine Volkstümlichkeit, die er schon immer klug zu nutzen wußte.

Mahabat Khan auf der anderen Seite verkörperte soldatisches Ehrgefühl und unerschrockene Loyalität. Hätte Mahabat Khan die Krone gewollt, so hätte er sie zwei Jahre zuvor, nach meiner schweren Niederlage, haben können. Doch er stand zu mir – nicht weil seine Treue zu Jehangir geringer, sondern weil seine Treue zu der Mogul-Dynastie größer war. Er erkannte, daß die einzige andere Möglichkeit ein noch gefährlicherer Bürgerkrieg gewesen wäre. Vielleicht ist es nicht falsch, wenn ich sage, daß Mahabat Khan es war, der das Mogulreich bewahrte. Obwohl ich fürchte, daß die Tage dieses Reiches ohnedies gezählt sind – sei es wegen unserer eigenen inneren Kämpfe, sei es durch die immer überlegenere Einmischung der Europäer, die schon längst den Fuß in der Tür Indiens haben. Vergessen wir nicht, daß sie es waren, die die Gewehre und die Kanonen erfanden. Die Chinesen kannten das Schwarzpulver längst für das Feuerwerk zu Neujahr oder Großvaters Geburtstag. Den Europäern – besser: den Deutschen – blieb es vorbehalten, es für wesentlich unfriedlichere Zwecke zu entdecken. Je klarer das Wasser, um so weniger Fische. Je klüger der Mensch, um so weniger Weisheit ...

Aber ich wollte von meiner Krönung berichten. Die Verleihung von Gaben, Ehren und Ländereien erreichte – trotz der überlieferten Großzügigkeit meiner Vorgänger – nie gekannte Ausmaße. Meine Frau Arjumand Banu, die ›Auserwählte des Palastes‹, erhielt jetzt noch einen neuen Ehrennamen: *Taj Bibi* – ›Dame der Krone‹. Bisher hatte sie mir vier überlebende Söhne und zwei Töchter geschenkt und führte die Liste der jetzt Begünstigten mit hunderttausend Rupien an. Dazu gewährte ich ihr eine jährliche Apanage von einer Million Rupien. Auch meine Kinder wie die jungen oder auch nicht mehr jungen Damen des Serails durften sich des ihnen zuteil werdenden Segens entsprechender Summen erfreuen ...

Beinahe hätte ich über den großzügigen Gaben dieser Tage ein Geschehnis vergessen, das sich nach meinem Empfang in Agra ereignete: Die Begegnung mit meinen beiden Söhnen Dara Shukoh und Aurangzeb, die zusammen mit Asaf Khan aus Lahore gekommen waren und die weder ich noch meine Gemahlin Mumtaz seit ihrer Geiselnahme vor zwei Jahren wiedergesehen hatten. Die beiden Knaben waren nun dreizehn und zehn Jahre alt. Als ich Dara Shukoh in die Arme schloß, traten mir Freudentränen in die Augen. Er war nun fast ein Jüngling mit einer so liebevollen Anschmiegsamkeit, daß ich – ungerechterweise, wie ich zugeben muß – kaum des Jüngeren gewahr wurde, der mit finsteren, zum Boden gesenkten Blicken am Eingang des Gemaches verharrte. Erst meine Frau mußte mich daran erinnern, daß dort noch ein anderer Sohn auf die Begrüßung wartete.

*

Während ich mich mit meinen Beratern aus den endlosen Feiern und Gottesdiensten allmählich auf meine Herrscherpflichten besann, erinnerte ich mich auch meiner zuvor allmächtigen und scheinbar unüberwindlichen Stiefmutter Nur Jahan. Niemals in der arabischen, persischen oder Mogul-Tradition hatte es eine Frau gegeben, die es mit solchem Aufwand aller weiblichen *und* männlichen Fähigkeiten erreicht hatte, zu herrschen. Aber es war keine weise Herrschaft, die ihren Untertanen gegolten hatte, sondern die eiskalte Zielstrebigkeit einer Machtbesessenen ...

Nun also erfuhr ich, daß man die einstige Malika auf stillschweigende Anordnung ihres Bruders Asaf Khan wie auf inständige Bitten ihrer Nichte Mumtaz Mahal hin zwar nicht befreit, aber auch nicht nach Agra entlassen hatte. Meine Frau wurde nicht müde, mich daran zu erinnern, daß unsere Verbindung im eigentlichen ihrer Tante zu verdanken gewesen sei und flehte mich immer wieder an, es mit Bestrafungen genug sein zu lassen.
Nur Jahan schien zu wissen, wie die Dinge standen. Mit kluger Gelassenheit nahm sie den ihr aufgezwungenen Ruhestand an und entschloß sich heldenhaft, vorerst auf weitere Intrigen und Mordanschläge zu verzichten. Immerhin war sie erfahren genug, um zu erkennen, daß Spielen nur manchmal Kunst ist – aufhören zu können aber die größte. Jedenfalls gibt es kein schlimmeres Mißverständnis, als wenn eine Frau einen Mann zu verstehen glaubt. Vielleicht war dies einer der Gründe, warum sich mein Vater selbst aufgab ...

Was seine Gemahlin angeht, so lebte sie von nun an bei einer Pension von jährlich zweihunderttausend Rupien zusammen mit ihrer Tochter Ladili, der Witwe des unglücklichen Prinzen Shariya, zurückgezogen in einem kleinen Anwesen am Stadtrand von Lahore. Dort beschäftigte sie sich mit der Errichtung des Grabmals für meinen Vater, den Kaiser Jehangir – eine Aufgabe, die ich ihr bei ihrer künstlerischen Begabung ganz überlassen durfte. Seltsam – gerade ihr starkes architektonisches Gefühl hätte uns verbinden können, hätte uns nicht unser beider Ehrgeiz zu Feinden gemacht.
Das Grabmal Jehangirs in Lahore entspricht etwa dem Stil jenes anderen, das Nur Jahan für ihren Vater Ghiyas Beg in Agra erbauen ließ. Jenes ist größer, wenn auch kaum kostbarer als das von Mirza Ghiyas Beg. Beide sind mit herrlichen Marmor- und Edelstein-Einlagen und den fast schon üblichen vier Minaretts geschmückt, die auch für mein Lieblingswerk charakteristisch werden sollten.
Später entwarf die frühere Malika noch ein kleines, ähnliches Grabmal für sich selbst nahe dem ihres kaiserlichen Gatten. Zwischen beiden Grabdomen erhebt sich jetzt das Grabmal ihres Bruders Asaf Khan. Nur Jahan überlebte meinen Vater um achtzehn Jahre,

Obgleich ich allen Grund zu haben glaubte, meine einstige wahrhaft böse Stiefmutter zu hassen, versöhnte mich zuletzt die Würde, mit der diese ehrgeizige, herrschsüchtige Frau, obwohl längst nicht mehr in Ketten, ihre enge Einsamkeit zu tragen bemüht war. Ich selbst sah sie niemals wieder, aber ich ließ mir regelmäßig über ihr Tun Bericht erstatten. Es hieß, daß sie sich zeitweise in das tröstende Studium des Korans versenke. Doch es lag nicht in ihrer Natur, sich in Versenkung zu üben. Für diese immer rechnende und berechnende Frau gab es zuviel zu erinnern – und zu vergessen.

Die einstige Kaiserin besaß Verstand und intuitiven Scharfsinn genug, die sie befähigt hätten, auch mein Herrschertum zu bereichern. Doch mit dem Tod meines Vaters und danach ihres Lieblings Shariya verlor sie die Flügel ihrer Meister-Ränke, die sie zuvor in solche Höhen getragen hatten. Andererseits konnte ich ihr – entsprechend der Erkenntnis: *Einmal ein Intrigant – immer ein Intrigant* – nicht mehr gestatten, auch nur von fern an den Angelegenheiten des Staates teilzuhaben. Ein Wunder, daß ich ihrem Würgegriff entkommen konnte – zu einer Zeit, da sie rücksichtslos willens und imstande war, jeden auf das Rad zu flechten oder über dem Feuer zu rösten. Zu meinem Glück war zuletzt *sie* es, die die Schlacht verlor, und sie zahlte einen sehr viel niedrigeren Preis, als sie verdient hatte.

Sich in den Möglichkeiten der Geschichte zu verlieren, gleicht dem Suchen eines Blinden in einem dunklen Raum nach einer schwarzen Katze, die es dort nicht gibt ...

Mir selbst genügte es, nachdem Nur Jahan und alle möglichen Nebenbuhler in der Thronfolge aus dem Weg geräumt waren, daß ich endlich den mir zustehenden Thron bestiegen hatte.

Doch das Schicksal sollte über meine Gutgläubigkeit lachen. Ich hatte versäumt, meinen dritten Sohn Aurangzeb rechtzeitig auszuschalten, der lebte, um seine Brüder zu töten, mich einzukerkern und den Pfauenthron an sich zu reißen. Wie sagte einmal ein Weiser?

Das Leben ist eine Krankheit, von der wir nur im Tod genesen.

Noch aber lebte ich – Ich, Shahjahan, der Schatten Allahs auf Erden.

IV

DER GROSSE MOGUL

Zwei Begriffe bestimmten mein Leben: Liebe zur Schönheit und Zwang zum Krieg. Schönheit war von meiner Jugend an meine Sehnsucht – so wie ich mich von Kindheit an nach meiner Mutter sehnte. Sie lebte, aber ich mußte mich der traditionellen Zieh-Mutter unterwerfen. Schönheit bedeutete für mich Freiheit – Freiheit im Schaffen, im sichtbaren Darstellen meiner Sehnsucht durch Bauen. Diese Sehnsucht galt aber auch dem Menschenbild, das ich suchte, in das ich eindringen, ›im Schönen zeugen‹ durfte, wie es der griechische Philosoph Plato lehrte.

Nach meiner Krönung lebte ich in den darauffolgenden Monaten – von einem kurzen Feldzug nach Gwalior abgesehen – in Agra und erfreute mich mit meiner Familie einer Sorglosigkeit und Sicherheit, die wir seit mehr als sechs Jahren nicht gekannt hatten.

Neben dem Glanz des Hoflebens und der Förderung der schönen Künste von der Malerei bis zur Musik fand ich endlich auch Gelegenheit, mich auf meinem Lieblingsgebiet zu betätigen. Schon im Alter von fünfzehn Jahren hatte ich mich für die Architektur interessiert, vor allem für den indisch-persischen Baustil, der sich bereits in den Grabbauten meiner Ahnen abzeichnete. Als mir damals mein Großvater Akbar in Kabul ein verkommenes Anwesen aus vergangenen Tagen als Quartier anwies, machte ich mich sogleich mit zusammengesuchten Handwerkern und Künstlern daran, es nach eigenen Vorstellungen wiederherzustellen, und der Kaiser war ebenso erstaunt wie erfreut. Seitdem trug ich in meinem Herzen geheime Pläne – vor allem von meinem Sommerpalast in der Nähe des Roten Forts in Agra.

Nachdem ich im Aufstand gegen meinen Vater Jehangir die Hauptstadt grausam geplündert hatte, gedachte ich Agra nach meiner

Thronbesteigung zum glänzendsten Fürstensitz der Welt zu machen. Zu Ehren meines Großvaters wollte ich sie *Akbarabad* nennen; doch die ständigen Kämpfe auch während meiner Regierungszeit ließen die Pläne nur unvollkommen zur Ausführung gelangen.

Zunächst aber kam der Ausbau des gewaltigen Forts – was auf eine einzige große Umgestaltung der roten Sandsteinpaläste aus der Zeit des Kaisers Akbar mit Pavillons, Hallen, Moscheen und Gartenanlagen mit Brunnenbecken aus dem von mir geliebten weißen Marmor hinauslief. An die Stelle wuchtiger Formen trat kostbare Eleganz bis in die kleinsten, von mir selbst bestimmten Einzelheiten. Im Innern meiner Paläste bevorzugte ich vor allem die Edelstein-Einlagen, die in persischer Art die Wände schmückten.

Meine ersten zehn Regierungsjahre werden als die Zeit des höchsten Glanzes bezeichnet. So entstand nach meinem Entwurf die Ausstattung des *Diwan-i-am,* der Großen öffentlichen Audienzhalle, der private Kaiserpalast und der *Diwan-i-khas,* die private Audienzhalle.

Zu meinen Lieblingsräumen gehörte der *Sis Mahal,* der ›Spiegelpalast‹, wie man meine Baderäume, das fensterlose *Hammam,* nannte. Wenn ich sie aufsuchte, erstrahlten sie von Tausenden von Lämpchen, deren Licht von den zahllosen winzigen Spiegeln an den Marmorwänden und -decken zurückgeworfen wurde. In den Nischen fiel parfümiertes Wasser in Kaskaden herab in die albasternen Becken. Ich vermag das Schauspiel nicht zu schildern, wenn sich die Schönen des Harems in diesem Märchenreich bei zarter Sitarmusik vergnügten und ihr Lachen sich mit dem Raunen des perlenden Wassers mischte. In der Winterzeit hielt ich hier gern meine Beratungen ab, da es in dem riesigen Palastgebiet sonst keine beheizbaren Räume gab.

Mein letztes Lieblingswerk innerhalb des Roten Forts ließ ich mitten in der Zitadelle errichten: Es ist die *Moti Masjid,* die Perlenmoschee. Das intime, winzige Gebetshaus ist aus schimmerndem Marmor geschaffen. Blaugraue Adern durchziehen das gebrochene Weiß des edlen Materials und opalfarbene Reflexe spielen über die filigranfeinen Relief-Bildhauerarbeiten. Überhaupt war dies die einzige Absicht: Jedes meiner Baudenkmäler sollte bei aller Verschiedenheit in Größe und Bestimmung die anderen in seiner Vollkommenheit und Schönheit übertreffen ...

Was aber den von mir erträumten Sommerpalast anging, so sollte er, durch einen unterirdischen Gang mit dem Festungsareal verbunden – ebenfalls ganz aus weißem Marmor und überragt von einer hochragenden, schlanken Kuppel aus demselben Material – alles, was in Persien oder Indien jemals geschaffen worden war, in den Schatten stellen.

Sehr bald nach meiner Thronbesteigung begann ich auch die kaiserlichen Ateliers um ein Vielfaches zu vergrößern – vor allem für die Anfertigung meiner eigenen Porträts in erforderlicher Anzahl im Hinblick auf meine Volkstümlichkeit. Was nutzt der Name eines Herrschers, wenn sich die Untertanen kein Bild von ihm machen können? So gab ich bei dem mir von Händlern empfohlenen holländischen Maler Rembrandt van Rijn vierzehn Porträt-Zeichnungen in Auftrag, die mir gelungen erschienen. Dabei wollte ich mich auch in meiner Barttracht von meinem Vater und dem Großvater unterscheiden. Während sie den Schnurrbart bevorzugten, wie ihn die jungen Türken als Zeichen ihrer Männlichkeit zu tragen pflegen – mit herabhängenden Spitzen, um Allah nicht zu verärgern, wie es heißt - ließ ich mir von nun an einen feinen Vollbart wachsen. Man schmeichelte mir, daß er mein Profil veredele.

Als geborener Architekt lagen mir Bauformen und arabische Ornamente, wie ich sie bei meinen Bauten bevorzugte, näher als die eigentliche Malkunst, bei der ich vor allem auf die Herstellung von Bildnissen Wert legte.
Anders verhielt es sich mit der Musik. Hier glaubte ich eine Verbindung zur Architektur zu erkennen, in ihren Schwingungen, Harmonien und Kontrasten, ihrem rhythmischen Auf und Ab bis zu vollendeten Höhen, wie sie mir bei meinem künftigen Lieblingskuppelbau vorschwebten. Da in der islamischen Tradition die Musik eine geringere Rolle spielt als in der indischen, waren seit den Tagen meines Großvaters Akbar die meisten Sänger und Tänzer vor allem Hindus. Hatte Akbar bereits dreihundert Hofmusiker um sich, so vermehrte ich diese Zahl noch, wobei mir die Schönheit der jungen Körper, sei es bei Mädchen wie bei Jünglingen, entsprechend dem Geschmack meines Vaters Jehangir, nicht weniger wichtig war als der Klang ihrer Stimmen oder ihrer Instrumente.
Blieb die Musik bisher der alten Tradition entsprechend vorwiegend

religiösen Feierlichkeiten vorbehalten, sollte sie nun im weiteren Sinn der höfischen Unterhaltung dienen. Dabei legte ich persönlichen Wert auf die in Musik umgesetzten hinduistischen Gedichte und Stimmungsbilder, die den Tageszeiten zugeordnet werden und die als männliche oder weibliche *Ragas* bekannt sind. Wurden sie früher gesungen und nur im Hintergrund zart von Instrumenten begleitet, so übernahmen an meinem Hof allmählich mehr und mehr die Instrumente die Rolle der menschlichen Stimme, wobei die Spieler durch den ästhetischen Reiz ihrer Bewegungen, den Gesichtsausdruck wie die kostbare durchscheinende Kleidung gleichzeitig das Auge des Schauenden verzauberten. Wichtig blieb, daß bei dieser musikalischen Darbietung die Improvisation in niemals gebundenen Rhythmen vorherrschte. Im Lauf der Jahre hielt ich mir an die zweitausend Musiker, die aus allen Gegenden Asiens stammten.

Schon mein Vater Jehangir hatte, nicht zuletzt durch den Einfluß Nur Jahans, mit Vorliebe Juwelen gesammelt; ich baute die Sammlungen – die nur kostbarste Stücke enthalten durften – erheblich aus. Den riesigen Kohinoor-Diamanten ließ ich, bevor ich ihn am Grab meines Großvaters zur Schau stellte, mit über zweitausend kleineren Diamanten einfassen. Für das Grab des Propheten Mohammed in Medina stiftete ich einen Kerzenleuchter, der neun Ellen hoch und aus massivem Gold gearbeitet war. Dabei trat das Gold nicht in Erscheinung, da es von unzähligen Diamanten, Rubinen und Smaragden verdeckt wurde.

*

Besonderen Wert legte ich im Hinblick auf den mir verliehenen Titel eines *Herrn der Welt* auf die Gestaltung eines entsprechenden Herrschersitzes, der in seiner erlesenen Kostbarkeit alles überstrahlen sollte, was man jemals unter einem ›Thron‹ verstand.
Der von mir in Auftrag gegebene neue Thronsitz, ebenfalls aus massivem Gold und vollständig bedeckt mit Diamanten, gleicht eher einem Diwan, auf dem man gut zu zweit sitzen oder liegen kann. Die sich darauf befindenden Kissen ließ ich mit unzähligen eingestickten Perlen und Rubinen schmücken. Dieser Diwan-Thron ruht auf sechs Säulen in Sitzhöhe, die derart mit Smaragden besetzt sind, daß sie wie ein einziger Edelstein schimmern. Darüber tragen vier weitere mannshohe Säulen, bedeckt mit Diamanten und Smaragden, einen

wiederum fugenlos mit Diamanten besetzten Baldachin, über den zwei Pfauen aufragen. Sie schlagen ihr Rad aus Smaragden, Saphiren und Diamanten. Zwischen ihnen steht ein Gefäß mit einem künstlichen Edelsteinbaum, der in allen Farben tausendfältig glitzert und leuchtet, was ich durch geschickt aufgestellte, verdeckte Lampen noch zu steigern vermochte. Bei der feierlichen Einweihung dieses meine Regierung symbolisierenden Thrones trug ich ein mit Juwelen so reich besticktes Kleid, daß ich zweier Diener bedurfte, die mich beim Besteigen stützen mußten. Meine Gemahlin Mumtaz Mahal prangte in entsprechendem Gewand an meiner Seite.

Grundsätzlich bevorzugte ich bei meinen Bauten den von mir besonders geliebten schneeweißen Marmor wegen seines zarten Alabasterschimmers. Er stammt aus den Steinbrüchen im südwestlichen Hindukush-Gebirge, und natürlich war dieses edle Baumaterial nicht zuletzt durch den weiten Transport der schweren Blöcke sehr kostspielig. Mein Sohn Aurangzeb warf mir diese Vorliebe später als die Wirtschaft des Reiches belastende Verschwendung vor – als wenn es jemals zuviel der Schönheit in unserer Welt geben könnte! Aber das änderte nichts daran, daß die überreiche Verwendung dieses für mich beinahe magisch-faszinierenden Materials zum Kennzeichen fast aller Bauten meiner Epoche wurde. Was ich dafür geeignet hielt, ließ ich aus dem weißen Marmor herstellen: Fußböden, Mauerwerk, Säulen und Ornamente, Fenstergitter und Türelemente, Brunnenbecken und Treppen, Terrassen und Gartenbänke. Für die Fenster meines Schlafraumes wurde der Marmor so dünn geschliffen, daß er wie milchiges Glas wirkte.
Weiß-goldene Sonnensegel aus Seide schmückten meine Palastanlagen, dazu Seidenteppiche und -polster, goldenes Eßgeschirr mit Edelsteinverzierungen und silberne Springbrunnen, aus denen Rosenwasser sprühte. In meinen Gemächern liebte ich chinesische Vasen aus hauchfeinem Porzellan mit feiner Unterglasur-Bemalung.

Diese Pracht, die die des persischen Shahs und des als vermessen angesehenen Königs von Frankreich überstrahlte, kann ich nur mit dem Glücksgefühl erklären, das mich erfüllte, wenn ich an die vergange-

nen Jahre der Flucht und Demütigung dachte. Die täglichen Kosten der Hofhaltung wurden vom Schatzmeister auf zwölfhundert Kilogramm Silber errechnet, was vor allem meiner damals beginnenden Palastbautätigkeit anzurechnen ist.
So widmete ich auch fast die Hälfte meiner Tagesarbeit, wenn ich es mir leisten konnte, der Beschäftigung mit architektonischen Entwürfen.
In meinen Ateliers arbeiteten über fünfhundert Künstler meine Skizzen aus, nach denen Holz- oder auch Silbermodelle ausgeführt wurden. An ihnen ordnete ich dann wieder die mir notwendig erscheinenden Veränderungen an. Ich beteiligte mich an jeder Planungsphase. Niemals geschah die endgültige Ausführung ohne meine letzte Entscheidung. In den Werkstätten arbeiteten Künstler aus aller Herren Länder – so ein venezianischer Goldschmied namens Veroneo und ein Steinmetzmeister Ahmed aus Lahore. Als Leiter der Modellabteilung hatte ich den von mir hochgeschätzten Türken Ustad Isa Effendi bestimmt, mit dem ich auch oft über meinen geplanten Traumpalast nahe dem Roten Fort am Ufer des Jamuna-Flusses sprach ...
Als erstes ging ich daran, die großen Bauwerke meines Großvaters Akbar, wenn nicht abzureißen, so doch zu erneuern und durch die von mir besonders geliebten zierlichen Marmor-Pavillons zu bereichern oder zu ersetzen. Außer den Fenstern aus dem feingeschliffenen Alabaster-Marmor lieferten mir jetzt portugiesische Händler die ersten Glasfenster und ebenso Spiegelglas für die Deckendekorationen meiner Paläste.
Aus dem Schutt der abgerissenen Bauten im Innern des Roten Forts in Agra ließ ich einen ummauerten Berg auftürmen. Seine Höhe krönte ich mit der winzigen, von einem Innenhof umgebenen, ebenfalls weißmarmornen Perlen-Moschee. Sie sollte die schönste in der Welt werden ...

Eine eigene Art von Zierat, dessen handwerkliche und künstlerische Eigenart ich förderte, sind bilderreiche Fliesenarbeiten, die *Kaschi*, wie ich sie an der äußeren Festungsmauer in Lahore anbringen ließ und die sich mit Elefanten-Szenen, Bildornamenten und Blumenranken in beträchtlicher Länge und Höhe hinziehen. Diese Kacheln, die auch in der nahegelegenen Moschee von Wasir Khan zu finden sind, zeigen Verwandtschaft mit denen an der Außenmauer des von mir

bewunderten Palastes von Gwalior, die auf die Nähe des Punjab zu Persien hinweisen ...
In Lahore ließ ich in dieser Zeit die Gartenanlagen von *Schalimar Bagh* anlegen, wo die Schönheit des weißen Marmors in einem eleganten Pavillon und einem Wasserfall aus dem Grünen und Blühen hervorleuchtet. Das Ganze umschließt eine gewaltige Mauer aus rotem Sandstein, die durch unzählige Ziernischen gegliedert wird, wie sie bereits mein Großvater Akbar bei den Toren der Festung von Agra hatte anbringen lassen. Meine Gärten von Schalimar wurden so zum vollendeten Zusammenklang von Natur und Architektur, der auch meine künftigen Bauschöpfungen in Delhi bestimmte. Die immer wiederkehrende Verwendung des von mir bevorzugten weißen Marmors sollte – zusammen mit den kunstvollen *Pietradura*-Einlegearbeiten – den Glanz und kulturellen Reichtum meiner Herrschaft verkörpern.

Was den Besitz an kostbaren Steinen angeht, so übertraf meine Sammlerleidenschaft noch die meines Vaters Jehangir. Der magische Glanz der Kleinodien bannte mich in solcher Weise, daß man behauptet, ich hätte einmal bei einem großen Festbankett während des verführerischen Auftritts zwölf freizügiger Tänzerinnen von den mir von Asaf Khan überreichten Juwelen nicht aufsehen können und den schönen Körpern der jungen Frauen keinerlei Beachtung geschenkt – was als unentschuldbares Versäumnis angesehen wurde. Im übrigen versicherte man mir, daß ein Juwelen-Fachmann vierzehn Jahre benötigt hätte, alle in meinem Besitz befindlichen Pretiosen aufzulisten und zu schätzen ...

Wichtig erschien mir vor allem der Straßenbau. Als zentrale Achse des Reiches ließ ich die von Lahore nach Delhi führende Allee anlegen, die in ihrer Länge von vierhundert Meilen von Bäumen gesäumt ist. Zugleich entstanden in jeder meiner Lieblingsstädte prachtvolle Marmorpaläste.
Während in Europa der wilde Religionskrieg bereits zehn Jahre lang die Länder und die Seelen verwüstete, kam in mir jetzt der Gedanke auf, neben Agra eine zweite, zentralere Hauptstadt zu schaffen. Mit dem wachsenden Reichtum in meinen Ländern wuchs die Bedeutung der Residenzen in Agra, Delhi und Lahore. Nach dem erzwungenen ständigen Wechsel der Feldlager mit ihrem Nomadenleben gewann

die höfische Wohnkultur für mich einen ungleich höheren Wert als unter meinen Vorgängern Akbar oder Jehangir.

*

Mein Tagesverlauf begann etwa eine Stunde vor der Morgendämmerung in meinen Gemächern auf der Ostseite des Roten Forts in Agra. Von dort ging mein Blick über das grüne Flußtal des Jamuna, wo bereits das quadratische Sockelgeschoß meines geplanten Sommerpalastes mit seinen Dienerquartieren entstand.
Nach den vorgeschriebenen Waschungen schritt ich über die Marmortreppen vorbei an den goldüberdachten Pavillons, wo einige meiner zweiundsiebzig Frauen wohnten, von denen acht mir Kinder geboren hatten. Von dort war es nicht weit zu dem achteckigen Turm mit den Gemächern meiner Lieblingsfrau Mumtaz Mahal. Glücklicherweise zeigte sie sich auch nach unserer Verheiratung weit weniger ehrgeizig als ihre machtbewußten persischen Verwandten – und gerade das war auch der Grund für meinen Entschluß, viele Fäden der Regierungsgeschäfte durch ihre zierlichen Hände laufen zu lassen – gleich ob ich mich in einer der Residenzen aufhielt oder auf den unerläßlichen Feldzügen befand. Darüber hinaus vertraute ich Mumtaz das Staatssiegel an, sodaß fast jedes Dokument seinen Weg durch den Harem ging, den sie in vollkommener Weise jenseits der unvermeidlichen Intrigen beherrschte.

Den eigentlichen Anfang meines Arbeitstages beging ich in meiner Perlenmoschee *Moti Masjid*, die eher einem erlesenen Marmorgemach entspricht. Dort ließ ich die Gebetsperlen durch meine Finger gleiten, während ich meine Morgenandacht verrichtete.
Anschließend folgte der kurze Weg zur äußeren Palastmauer, wo ich mich pflichtschuldig auf dem Aussichtsbalkon, der *Jarokha*, dem Volk zu zeigen hatte. Bei dieser Gelegenheit wurden auf dem offenen Platz zwischen Festung und Fluß neugefangene Elefanten oder die beliebten Elefantenkämpfe vorgeführt, die bei mir allerdings nur äußerst selten mit dem Tod des einen Kolosses enden durften. Meistens ging es bei solchen Kämpfen um Wettbewerbe zwischen bestimmten Favoriten, auf die die Besitzer oder Beteiligten hohe Wetten abschlossen.

Nach dem allmorgendlichen Auftritt auf der *Jarokha* begab ich mich in die Halle der öffentlichen Audienzen, den *Diwan-i-am*. Dort standen bereits die hohen Staatsbeamten in genauer Reihenfolge unter den Säulen der großen Halle, in der ich, von Trommel- und Trompetenschall begleitet, um acht Uhr in der rückwärtigen Kaiser-Nische erschien, die den Pfauenthron beherbergte.

Bei dieser öffentlichen Audienz wurden die üblichen Ernennungen ausgesprochen, Belohnungen an verdiente Diener des Reiches ausgestellt, Berichte von Behörden und Provinz-Statthaltern entgegengenommen, aber auch edle Pferde oder ebenfalls ausgesuchte Elefanten gezeigt.

Der Mittwoch war den Rechtsangelegenheiten und Urteilsfällungen gewidmet. Um die Bedeutung des Ortes zu betonen, standen in meiner unmittelbaren Nähe einer der höchsten Verwaltungsbeamten und der Oberste Henker, der von vierzig seiner Gehilfen begleitet wurde. Einige von ihnen trugen auf ihren Schultern eine Axt, andere verschiedene Peitschen bei sich, um im Ernstfall meinen Richtspruch sofort und öffentlich auszuführen.

Nach dem etwa zwei Stunden dauernden Empfang im *Diwan-i-am* zog ich mich wieder in meine Gemächer zurück, um anschließend in dem auf der Südseite einer offenen Terrasse oberhalb des Flusses gelegenen *Diwan-i-khas*, der Halle der privaten Audienzen, mit dem Ältestenrat Staatsangelegenheiten zu besprechen oder ausländische Botschafter und Staatsgäste ausgiebig anzuhören. Hier war der Angelpunkt der Macht im Reich, und dem entsprach auch die Ausstattung dieser wichtigsten Repräsentationsräume meiner Residenz. Die Marmorsäulen ließ ich mit kunstvollen Reliefs gemeißelter oder mit Halbedelsteinen ausgelegten Blumenornamenten schmücken. Hier gab es nicht nur politische Geschäfte auszuhandeln; vor diesem passenden Hintergrund erfolgte auch die Besichtigung kostbarer Gemälde oder Stickereien, neuer Baupläne meiner Architekten, aber auch von edlen Jagdleoparden oder kostbaren Falken.

Im königlichen Turm, dem *Shah Burj*, hingegen fanden die ganz internen Besprechungen statt, zu denen nur die Prinzen oder Ersten Staatsbeamten geladen wurden und von denen sich jeder sofort zurückziehen mußte, wenn seine Sache abgehandelt war.

Damit begann im allgemeinen die Mittagszeit, zu der ich in meinen Privatgemächern die Mahlzeit einnahm. Da diese auf dem Fußboden stattfand, wurden zum Schutz der Teppiche große bestickte Ledermatten ausgebreitet, und darüber wieder weiße Baumwolltücher, auf denen man die Gold- und Silbergefäße mit den verschiedenen Speisen servierte.

Nachdem ich meine Hände gewaschen hatte, mußten die Eunuchen die Eßgefäße den beiden ausgesucht schönen Mädchen reichen, die zu meinen Seiten knieten und mir die Speisen vorlegten. Während der Essens-Zeremonie wurden musikalische Unterhaltungen, Preislieder auf meine Taten oder Siege vorgetragen. Waren Ehrengäste geladen, so erhielten sie bei dieser Gelegenheit, umrahmt von Tänzen und Musik, ihre erlesenen Geschenke aus meiner Hand.

War das Mittagsmahl beendet, pflegte ich mich nach einer kurzen Ruhepause den Angelegenheiten des Harems zu widmen. Dabei vergab ich wohltätige Unterstützungen an bedürftige Witwen oder Waisen oder unterhielt mich mit den Prinzessinnen und ihren weiblichen Gästen, die dort großzügig, mitunter monatelang, bewirtet wurden.
Nach den am frühen Nachmittag folgenden öffentlichen Gebeten in den Moscheen von Agra oder Delhi beschäftigte ich mich wieder mit Verwaltungsarbeiten, bis ich um halb acht Uhr am Abend die letzte Sitzung abhielt und dann, nach fast zwölfstündigen Regierungsgeschäften, im Harem die Abendmahlzeit einnahm, die meine Frauen musikalisch begleiteten.
Wenn ich etwa um zehn Uhr zu Bett ging, begannen hinter einem Vorhang sorgfältig ausgewählte Vorleser, mir Reisebeschreibungen, Heiligengeschichten oder historische Berichte vorzutragen. Dabei bevorzugte ich die Aufzeichnungen meiner Ahnen, vor allem die des Kaisers Babur. Diesen Tagesablauf pflegte ich in Friedenszeiten regelmäßig einzuhalten – außer freitags, wo keine Empfänge stattfanden.

Ich hatte den festen Willen, mich ganz meiner Rolle eines ›Herrn der Welt‹ hinzugeben und jede Stunde zu genießen – doch nicht in den Rauschzuständen meines Vaters Jehangir, die ihn zuletzt von jeder Tat fernhielten. Vor allem ging es mir um Aufgaben, die ich mir selbst stellte.
Bei meinen Kriegszügen durch die Länder Indiens beggenete ich nicht nur weisen Sufis wie Ghulam Jilani, sondern auch buddhistischen Heiligen, die mir den Zugang zum Geheimnis der Meditation zu öffnen versuchten. Bei allem guten Willen zeigte ich mich aber offenbar doch so stark von meinem mongolisch-islamischen Erbe ge-

prägt, daß mir die absolute Versenkung in die Tiefen der Konzentration – auch des Atmens – allzu beschwerlich schien. Das einfache Hinwenden des Geistes auf ein einziges völlig gegenstandloses Objekt, das mit der konzentrierten Beobachtung des Hebens und Senkens der Bauchdecke beginnt, empfand ich als undurchführbar. Immer wieder brachen meine Gedanken in fremde Vorstellungen aus. Ich erfuhr bei dieser ›einfachen‹ Aufgabe sehr deutlich, wie widerspenstig der in solchen Dingen ungeübte Geist ist. Das große Ziel, nämlich die Reinigung des Geistes und die Entfaltung der Weisheit auf diesem Weg, der nur in die Gegenwart und nicht in die Vergangenheit oder Zukunft führt, soll ja einem Licht gleichen, das mit seinen Strahlen den eigenen Geist erfüllt, ihn durchdringt und alle Lebewesen mit der allumfassenden Liebe des Erleuchteten Buddha durchflutet ...
Dies ist gewiß eine sehr unzulängliche Beschreibung dessen, was das Wesen der Meditation bedeutet. Es erwächst aus dem tiefen Vertrauen in die Weisheit des Buddha und seine Lehre, die wieder ein ungeheures Vertrauen in uns selbst voraussetzt ...

In der Tat verlor ich niemals eine Art Mißtrauen mir selbst gegenüber – oder besser: Ich war immer voller Unsicherheit angesichts der mystischen Magie der Sterne, obwohl diese Einstellung keineswegs meiner islamischen Erziehung entsprach. Die Astrologen kamen aus dem Süden Indiens an meinen Hof und ebenso über den Hindukush. Einige von ihnen besaßen gründliche Kenntnisse, doch die größere Zahl von ihnen war zu nichts anderem als höchst irreführenden oder fragwürdigen Auslegungen imstande.
Seit ich nach einer blutigen, erfolglosen Rebellion auf endlosen Fluchtwegen, nach undurchsichtigen Allianzen und in meinem Namen erfolgter Morde den Thron bestieg, fand ich mich in stillen Stunden mehr denn je befangen in Zweifeln und Furcht.
Da ich niemals vollen Trost im Schoß der wahren Religion gefunden hatte – dazu waren meine Erfahrungen von meiner Kindheit an zu wenig hilfreich gewesen – blieb es unter diesen Umständen fast natürlich, daß ich gewohnt war, meinen fragenden Blick auf die berufsmäßigen Verkünder des Schicksals zu richten. Sie alle sagten mir einen ungefährdeten Weg voraus. Die einzige Ausnahme war der weise Ghulam Jilani. Er vernahm einige Donnerschläge in der Ferne und warnte mich vor drohenden Unwettern.

Ich selbst bin ja zu zwei Dritteln Hindu; meine Großmutter wie meine Mutter waren Rajputen-Prinzessinnen gewesen, so daß von meinen vier Großeltern nur der liberale Akbar von Geburt Muslim war. Hingegen waren sowohl meine erste Gemahlin, die Tochter eines Urenkels des bedeutenden Shahs Ismail Safavi wie auch meine Lieblingsfrau Mumtaz Perserinnen von Geburt, also schiitische Muslime. Meine erste Frau bedeutete mir nichts. Es genügte, daß meine Stiefmutter Nur Jahan sie wie auch unsere Tochter im Harem betreute. Zwei Jahre vor meiner Thronbesteigung, während ich auf der Flucht die Länder durchirrte, starb die blasse Prinzessin mit zweiunddreißig Jahren, ohne jemals den ihr zustehenden Platz beansprucht zu haben. Niemand hatte an meiner Gleichgültigkeit Anstoß genommen – schon gar, seit ich auf Nur Jahans Befehl mit deren Nichte Arjumand verheiratet war. Jetzt ließ ich meine erste Gemahlin in einem der großen Mogul-Gärten in der Nähe des Mausoleums meines Großvaters Akbar an der alten Straße von Agra nach Sikandra beisetzen.

Die strenggläubige Mumtaz Mahal veranlaßte mich vor allem – nicht zuletzt durch den wachsenden Einfluß der Muslim-Hierarchie am Hof – den Mullahs mehr und mehr Rechte einzuräumen. Dennoch war ich bemüht, schon in meinen frühesten Dekreten religiöse Toleranz an den Tag zu legen.
So verbot ich den von meinem Vater Jehangir eingeführten Brauch, wonach jeder Höfling ein Miniatur-Porträt des Herrschers an seinem Turban zu tragen verpflichtet war. Ebenso hob ich die an Akbars wie Jehangirs Hof übliche Form der Huldigung auf, nach der jeder Untertan in einer Art Anbetung vor dem Herrscher wie beim Gebet mit der Stirn den Boden berührte.
Auch wenn ich den vorgeschriebenen Kniefall vor der allmächtigen Majestät abschaffte, so sah ich mich doch als der von Gott erwählte ›Schatten Allahs auf Erden‹, der für das Wohl seiner Untertanen Verantwortung trug. Eines habe ich jedenfalls gelernt: Der Mensch tut nichts Gutes, ohne dazu getrieben zu werden. Die Glocke tönt nicht, wenn sie nicht angeschlagen wird.

Wenn ich heute rückschauend die Lebensfreude meiner Vorfahren betrachte, wie sie etwa in den freizügigen Aufzeichnungen Baburs oder meines Vaters Jehangir aufscheint, wende ich meinen Blick auch auf die allgemein so gern scheu übergangenen oder wissentlich totgeschwiegenen Geheimnisse des Liebeslebens in unserem Kulturkreis, das sich trotz mancher Verdammung in den heiligen Schriften stets einer keineswegs verdrängten Wirklichkeit erfreute.
Was mich selbst angeht, so waren die Jahre meines Heranwachsens im großen und ganzen von Entsagung bestimmt. Das Bild meines Vaters und des von Nur Jahan bestimmten Hofes drängte mir früh das eigene Streben zur Macht auf. Dann folgte die schwere Zeit der ständigen Flucht. Wenn Liebe gleich Gewöhnung ist, dann liebte ich meine zweite Gemahlin Mumtaz Mahal, die ›Dame des Palastes‹, mit jedem Kind, das sie mir schenkte, mehr. Aber das erkannte ich erst später. Auch hatte ich junge Männer um mich, als Musiker oder als Tänzer und Vorleser, die mir jetzt noch in meiner Einsamkeit dienen. Allerdings war ich kein römischer Kaiser Hadrian, der seinen toten Liebling zum Gott erhob ...

Wie ich bereits sagte, lernte ich die Liebe spät. Dann aber beschäftigte ich mich in meiner Mußezeit gern mit den alten persischen Überlieferungen über die vielgestaltige Liebe, die wohl in wenigen Kulturen, die Griechen ausgenommen, einen so wesentlichen Platz einnahm wie in Persien. Wie ich las, löste sich der Begriff ›Liebe‹ erst langsam von den vorgeschichtlichen Riten der Fruchtbarkeit, um sich, vom Altertum ausgehend – das hieß für Persien: vom Hellenismus eines Alexander – zu dem höfischen Ideal zu entwickeln, das dann in der Verbindung mit dem Islam bisher ungekannte Bedeutung erlebte. So wuchs die Liebe über die körperliche Begierde oder die Erregung des Schönheitssinnes hinaus zu philosophischer Tiefe, die gleichzeitig zu einer Vollendung der Poesie führte, ohne die unsere Tradition nicht zu denken ist. Die persische Seele, die – in Verbindung mit der indischen – den Höhepunkt der künstlerischen Ergriffenheit gerade auch auf dem Gebiet der Liebe in sich vereint, ist nicht nur weit davon entfernt, menschliche Freuden zu verachten. Sie bedeuten im Gegenteil den Antrieb zum Auskosten der ganzen Vielfalt aller ihrer Spielarten. Auch die größten Dichter Persiens verschmähten keine Form der Liebe als ein Mittel der Vollendung, mochte die eine verdammt sein vom Standpunkt strenger Moral oder die andere gepriesen ob der Erhabenheit ihres Zieles. Unabhängig von Perioden des Ruhmes oder der Not erwuchs nicht nur das Verlangen nach der Harmonie des Jenseits, sondern auch die Sehnsucht, alle Freuden des Augenblicks auszuschöpfen. Diese Sehnsucht findet sich in Saadis mystischen Oden wie in den gewagtesten Versen nicht nur dieses großen Dichters wie auch in den zarten Miniaturen oder sehr deutlichen Darstellungen aus der Mogul-Zeit in ihrer kostbaren Verfeinerung.

Der Erbe einer alten Herrscherfamilie von den Bergen am Kaspischen Meer, der Emir Kai-Kabus ben Eskandar, verfaßte in der Mitte des elften Jahrhunderts nach christlicher Zeitrechnung ein *Buch der Ratschläge*, das er seinem Sohn widmete und das alle Fragen vom Schachspiel oder dem Bad bis zu der für den Verfasser ebenso wichtigen wie gefährlichen Liebe behandelt. Der reife Emir erläuterte die Haltung eines persischen ›Ehrenmannes‹ in seinen *Ratschlägen*, von denen ich mir einige aufgezeichnet habe:

> *Bemühe dich, mein Sohn, dich nicht zu verlieben, weder in alten noch in jungen Jahren. Falls es dir dennoch widerfährt, mißtraue deinem Herz und hüte dich, dich ohne Unterlaß dem Liebesspiel hinzugeben. Die Liebe ist durch und durch nur Gram, Qual und Schmerz. Fern von dem geliebten Wesen wirst du zur Zielscheibe des Schmerzes. Mit einem Jahr des Glücks kann man nicht den Schmerz der Trennung eines Tages loskaufen. Hüte die Lust unter dem Zepter deines Herzens ...*
> *Wenn du dich aber in jemanden verliebst, so sei er wenigstens der Mühe wert. Er sei nicht so etwas wie eine gute Freundin oder ein Jünger von Ptolemäus oder Platon. Ein bißchen Schönheit muß schon dabei sein. Er soll auch Anmut haben, damit die Schwätzer schweigen und man es dir nachsieht, denn die Leute scheuen sich nicht, am liebsten Übles zu reden*

... Und wenn du irgendwohin eingeladen bist, dann laß dich nicht von deinem Freund begleiten. Wenn du ihn aber doch mitnimmst, so widme ihm keine Aufmerksamkeit vor den Augen Fremder. Vor allem glaube nicht, daß ihn ein jeder mit deinen eigenen Augen sehen wird. Wie der Dichter gesagt hat:
»Wehe mir, wenn du erscheinst in aller Augen
So, wie du dich den meinen zeigst.«

In dem Kapitel über die Liebesfreuden empfiehlt der Emir Vorsichtsmaßregeln:
Wisse mein Sohn, daß du, wenn du jemanden liebst, mit ihm nicht dauernd, ob trunken, ob nüchtern, Verkehr haben sollst. Wenn dein Samen aus dir austritt, so ist es sicher, daß er der Keim zu einer Seele oder einem Wesen ist und dazu bestimmt, Frucht zu tragen. Wenn du den Liebesakt ausübst, so sollst du es nicht in trunkenem Zustand tun. Vermeide beizeiten, jede sich bietende Gelegenheit wahrzunehmen. Wer nicht weiß, zu welchem Augenblick sich eine Sache schickt, ist nur ein Tier. Der Mensch muß jedes Ding zu seiner Zeit tun, wenn er sich vom Tier unterscheiden will.
Was Frauen und Jünglinge angeht, so halte dich nicht nur an ein Geschlecht; auf diese Weise kannst du dich der Vergnügungen erfreuen, die jedes von beiden zu bieten hat und du vermeidest die Feindschaft dessen, den du vernachlässigt hast. Wenn ich gesagt habe, daß es schlecht sei, die Liebe im Übermaß zu betreiben, so ist es noch schlimmer, sie ganz zu unterlassen. Vollziehe sie daher nur, wenn es dich gelüstet, nie aber zwangsweise.
Im Sommer gib dich mit Jünglingen ab, im Winter mit Frauen ...

In seinen *Hundert Vorschriften* rät Obeid-e Sakani:

> Kaufe so viele von den jungen Turk-Sklaven, wie sie bartlos zu haben sind, gleichgültig zu welchem Preis. Sprießt ihnen erst der Bart, verkaufe sie um den Preis, den man dir gibt.

Der andalusische Philosoph Ibn Arabi stellte fest:

> Gott selbst ist es, der sich in den Augen des Liebenden in dem geliebten Wesen darstellt. Es ist unmöglich, ein Wesen anzubeten, ohne sich in ihm die Gottheit vorzustellen ...
> So ist es auch in der Liebe: ein Geschöpf liebt in Wirklichkeit niemand anderen als den Schöpfer ...

In den alten muslimischen Dichtungen wendet sich die Leidenschaft gern dem Wein und schönen jungen Menschen zu. Das gilt besonders für den Dichter Hafis, den mir schon mein Vater nahebrachte:

> *Der Taumel, den die Liebe stiftet,*
> *war der Erde unbekannt,*
> *bis durch den Zauber deines Augenspiels*
> *der Aufruhr in der Welt entstand!*
> *Ich, der Verwirrte, gehörte zu jenen,*
>
> *die wandelten auf der rechten Bahn,*
> *doch die Schlinge auf meinem Weg*
> *war dein dunkles Lockenhaar!*
> *Löse den Gürtel deines Kleides,*
> *damit mein Herz sich öffne,*
> *denn nur an deiner Seite*
> *finde ich Errettung!*
> *Bei deiner Treue sei's beschworen,*
> *geh' zu Hafis Grab,*
> *der diese Welt verließ*
> *mit dem Verlangen nach deinem Angesicht!*

Seit den ersten islamischen Jahrhunderten hatte es die Bruderschaft des Sufismus unternommen, die starren muslimischen Regeln durch philosophische und metaphysische Gedanken zu beleben. Über die Mannigfaltigkeit der Lehren und der Überlieferungen hinweg aber gilt die Auffassung: daß jedes menschliche Wesen unter der Hülle des Körpers den göttlichen Funken in sich trägt, den der Gläubige aus dem Gefängnis des Fleisches befreien muß. Dabei klingen zusammen: Meditation, Rezitation bestimmter Formeln oder Koran-Verse, Wein, Musik, Tanz und Rauschgifte. Doch die wesentliche Bedingung unseres Daseins bleibt die Liebe:

> *Die Seele, die von wahrer Liebe nicht geprägt,*
> *sie gilt für nichts, ihr Dasein birgt nur Schande.*
> *Sei liebestrunken. Alles ist ja Liebe.*
> *Nie kommst du zum Geliebten ohne Liebeswerk.*
> *Fragt man nach ihrem Wesen, sprich ›des freien Willens sich begeben‹.*
> *Wer sich von seinem Willen nicht befreit, der hat ihn nicht.*

Was für die alternden Frauen galt, betraf erst recht die Jünglinge. Der Dichter fragt:

Wie kann man eine welke Rose besingen?

Und er erläutert in seinem *Buch über den Bart*:

Die Rose starb im Garten. Wo geb den Strauch ich hin?
Wo sonst es Schönre gibt, was soll mir diese hier?
Die Schönheit ist ein Käfig, ihr Reiz ein Vogel drin.
Der Vogel ist entflogen, was soll der Käfig mir?

*

Ich liebte meine zweite Gemahlin Mumtaz Mahal, die ›Dame des Palastes‹. Aber ich hatte, wie alle Herrscher unserer Dynastie, auch einen Harem, von dem ich zunächst geringen, doch später, nach Mumtaz' Tod, zunehmenden ›Gebrauch machte‹. Leider muß ich gestehen, daß dieser sehr materielle Ausdruck eine gewisse allgemeine Berechtigung hat ...

Das Wort *harem* ist der arabische Ausdruck für ›Verbotenes Heiligtum‹. Am Mogul-Hof benutzt man den persischen Ausdruck *zenana*. Es ist in Wirklichkeit die ›Stadt der Frauen‹. Jede von ihnen bezieht ein eigenes Gehalt und hat ihre eigenen Dienerinnen. Jede von ihnen verfügt über eigene Gemächer mit Bildern, edlen Teppichen und sprudelnden Brunnen – nur daß es keine Türen gibt, die man verschließen kann, denn es ist die Aufgabe der Frauen, stets für den Besuch der Majestät bereit zu sein ... Dazu gibt es Intrigen, Haß und Eifersüchteleien. Die Schönen haben ständig Angst, von älteren Frauen oder weiblichen Sklaven vergiftet zu werden. Auch ist allgemein bekannt, daß manche Frauen immer wieder die Eunuchen zu bestechen versuchen, damit sie als Dienerinnen verkleidete junge Männer in die *zenana* bringen.
Solange die alte Begum Salima, die Cousine Akbars, noch lebte, wurde dieser Palastkomplex als ein Ort geschäftiger Betriebsamkeit und tückischer Intrigen in Zaum gehalten. Später, unter der Herrschaft Nur Jahans, verlagerte sich die ›Betriebsamkeit‹ auf auserwählte Kreise. So galt die hermetische Abgeschlossenheit der *zenana* durchaus nicht für alle männlichen Wesen. Seitdem können Herren von genügendem Rang aus gewisser Distanz den umworbenen Da-

men ungehindert ihre Aufwartung machen und sich um deren Hilfe bemühen. War das entsprechende Geschenk ansehnlich genug, konnte der Bittsteller sicher sein, daß man sich zum Beispiel bei der Malika Nur Jahan oder beim Kaiser selbst mit warmen Worten für ihn einsetzen würde.

Im übrigen waren die jungen oder gereiften Damen, die sich keineswegs geringerer Beliebtheit erfreuten, durchaus nicht arm an irdischen Gütern. Eine von ihnen, die als Zofe der Malika Dienst tat, soll mehr als hunderttausend Rupien an Vermögen besitzen. Diese Tatsache wurde erst bekannt, als man die hübsche Person beim verbotenen Liebesspiel mit einem Eunuchen ertappte, dessen Herz nicht beschnitten war. Zum Skandal wurde die Angelegenheit erst, als ein anderer Kastrat, der sie liebte, seinen Nebenbuhler tötete ...
Auch spielen sich in den abgeschlossenen Serails, wie ich immer wieder höre, erbitterte Fehden unter den Lieblingsfrauen ab, die bis zur Raserei gehen mit ihrem Haß, der Treulosigkeit, ihren tückischen Streichen – und dem grenzenlosen Neid gegenüber denjenigen, die ihrem Herrn durch Gesang, Tanz oder ihre Unterhaltungskunst am wohlgefälligsten sind.

Von dem französischen Reisenden Tavernier, der sich nicht nur am Hof zu Agra, sondern auch in Persien aufhielt, hat man mir eine Schilderung von dem Leben der Frauen des Shahs zugeleitet, wie er es als Europäer sah:

Wenn die Frauen des Königs unterwegs sind, so soll man es vermeiden, sich ein oder zwei Meilen im Umkreis in jenem Gebiet aufzuhalten. Viele weiße Eunuchen machen zwei oder drei Tage vorher den Weg frei und prügeln das Volk davon. Die schwarzen Eunuchen verbleiben zum persönlichen Schutz der Frauen. Wenn es am Tag, an dem der König mit ihnen ausging, geschah, daß jemand in einem Graben oder an einem beliebigen anderen Ort eingeschlafen war und sich nicht rechtzeitig zurückgezogen hatte, wurde er im Augenblick des Entdeckens in Stücke gehauen oder ohne weiteren Prozeß auf der Stelle getötet.
Als sich Shah Abbas der Zweite mit seinen Frauen im Zeltlager befand, war einer der Bediensteten, der die Wimpel aufziehen geholfen hatte, unglücklicherweise in einem der Zelte eingeschlafen. Als die Frauen des Königs eintrafen, fanden sie den Schlafenden und stießen bei seinem Anblick

schrille Schreie aus. Die Eunuchen ergriffen ihn, ohne ihn zu wecken, wickelten ihn in den Teppich, auf dem er geschlafen hatte, und gruben ihn lebendig ein.

Als der Shah Safri, der Vater von Shah Abbas dem Zweiten, auch eines Tages mit seinen Frauen auf Reisen war, trat ein Bauer, der anderswo sein Recht nicht hatte finden können, heran, um dem König eine Bittschrift zu überreichen. Bevor er ein Wort sagte, durchbohrte der König den armen Menschen mit zwei Pfeilschüssen. Er fiel auf der Stelle tot um ...

Nun, ganz so streng sind die Bräuche bei uns nicht. Wenn die Haremsdamen reisen, ist dem Volk freilich Vorsicht anzuraten. Meistens sitzen die Frauen auf Elefanten in *Howdahs* oder Sänften mit goldenem Gitterwerk, durch das sie alles sehen, aber nicht gesehen werden können. Tief verschleierte Sklavinnen zu Pferd begleiten sie. Sogar der Elefantentreiber trägt ein Tuch über dem Kopf, um der Sitte zu genügen, und an der Spitze des Zuges eilen Eunuchen mit langen Schlagstöcken, um vor allem gaffende Männer zu vertreiben. In den Lagern auf den kaiserlichen Märschen herrscht die gleiche strenge Kontrolle: doch davon habe ich wohl schon aus den Tagen meiner Kronprinzenzeit berichtet, als ich im Gefolge meines Vaters Jehangir ins Feld zog.

Und damit wäre es wieder Zeit, mich nach der mehr oder weniger amüsanten Abschweifung den Staatsgeschäften zuzuwenden. Dem strahlenden Glück meiner ersten Regierungszeit folgte – ganz gegen die Voraussagen der allwissenden Astrologen – die harte Wirklichkeit erneuter kriegerischer Unternehmungen.
Beißt dich ein Hund und du beißt ihn nicht wieder, so sagt er: Du habest keine Zähne. Dieser schlichten Volksweisheit kann sich auch der ›Schatten Allahs auf Erden‹ nicht entziehen ...

Bei aller Prachtliebe und dem Bestreben, die Macht und Kultur des Mogulreiches der Welt gegenüber angemessen darzutun, vergaß ich nicht die Wirtschaft – und vor allem nicht die Armee. Wie mir meine Beamten versicherten, hatten sich die Steuereinnahmen des Reiches seit den Tagen meines Großvaters Akbar bis zum Beginn meiner Regierung mehr als verdreifacht. Andererseits konnten mir meine brav rechnenden Staatsdiener nicht verheimlichen, daß sich die Ausgaben vervierfacht hatten. Für mich war es zudem wichtig, die ständig wachsende Anzahl von Adligen im Auge zu behalten, die mit immer höheren militärischen Rängen ausgezeichnet werden wollten, während die offiziellen Truppenstärken keineswegs zunahmen.

Zu dieser Fehlentwicklung gesellte sich noch ein schwerwiegendes Übel: nämlich das ständige Streben, das Mogulreich nach dem Süden, in den stets umkämpften hinduistischen Dekkan auszudehnen. Dies bedeutete – trotz zeitweiliger nicht unbedeutender Gewinne – eine auf die Dauer schwere finanzielle Belastung; und das erforderte wieder die Notwendigkeit neuer Steuern. Was zur Folge hatte, daß sich die Lehnsherren immer rücksichtsloserer Eintreibungsmethoden bedienten. Hinzu kam der illegale Wucher der skrupellos herrschenden Provinz-Statthalter.

Nicht nur, daß die Feindseligkeiten zwischen den Religionsgemeinschaften immer wieder aufflackerten; vor allem sah ich mich genötigt, den Großwesir Asaf Khan zu beauftragen, alle ehemaligen Vertrauten und Anhänger Nur Jahans im Auge zu behalten. Dabei bedachte ich wenig, daß die unvermeidliche Hexenjagd neue Unzufriedenheit mit wachsenden Intrigen und Gegenintrigen hervorrufen mußte.

Ein alter Favorit meines Vaters Jehangir, oder besser: meiner Stiefmutter Nur Jahan, war der so ansehnliche wie mächtige Afghane Khan Jahan Lodi. Seine Loyalität und scheinbare Ergebenheit hatten ihn nicht weniger als seine körperlichen Vorzüge für den Kaiser wie Nur Jahan gleich wertvoll gemacht. Beide überhäuften ihn mit Ehren und Reichtümern. Niemals zuvor hatte ein Afghane am Mogulhof solch schwindelerregende Höhen erklommen.

Khan Jahans Leibgarde zählte mehr als zwanzigtausend Mann, alles gut ausgerüstete, hervorragend geübte Soldaten von vollkommener Ergebenheit gegenüber ihrem Herrn. Ungewöhnliche Landlehen verliehen ihm den notwendigen Reichtum, neue Freunde in seinem Herrschaftsgebiet zu gewinnen und alle Verbindungen auszubauen. In der Tat stellte der Khan einen Staat im Staate dar, und kein anderer, auch nicht Asaf Khan oder sonstige Nachfahren Ghiyas Begs, der einstigen *Stütze des Staates*, vermochten sich gegen ihn zu behaupten. Mit seinem Einfluß und seiner Autorität war er schon zu meines Vaters Zeit der zweite Gebieter am Hof nach Nur Jahan.

Zwiespältigkeit ist ein Charakterzug, der die meisten Menschen auszeichnet, die die Vorsehung zu Großem bestimmt hat. Obgleich ein heißblütiger Afghane, hatte Khan Jahan in seinem Herzen eine fast zärtliche Zuneigung für die alte Kulturnation der Perser. Ihre Sprache, ihre Bauten, ihre Dichter, ihre Städte und ihre Herrscher faszinierten den Nachkommen der Gebirgsnomaden. Als gebürtiger Sunnite pries er dennoch die Schiiten wegen ihres Mutes, ihrer fanatischen Glaubenskraft und ihrer Ergebenheit.
Oft hatte Khan Jahan Lodi seine Gedanken mit meinem Vater, dem Kaiser Jehangir, ausgetauscht, der in nüchternen Stunden eine bemerkenswerte Aufgeschlossenheit für die verworrensten Mysterien an den Tag legte. Drei Jahre vor seinem Tod beauftragte der Kaiser den Khan, ein Buch über die Geschichte des Sufismus zusammenzustellen. Das Werk über diese geheimnisvolle Bruderschaft mußte unvollendet bleiben.

Als die Gemeinsamkeiten zwischen dem Prinzen Parvez und dem Khan für Nur Jahans Empfinden zu stark wurden, versetzte ihn die Kaiserin in den Süden des Reiches. Er wurde nach Bengalen geschickt – ein Entschluß, der weitreichende Folgen hatte. Die Ereignisse der nächsten drei Jahre, einschließlich des Todes des Kaisers Jehangir und des Prinzen Parvez, machten den Khan zum tatsächlichen Herrn der Mogul-Territorien im Dekkan. Sogar die Nachricht von Shariyas Niederlage und meine Ausrufung zum Kaiser brachte Khan Jahan nicht zu der Einsicht, daß er ein Diener des Reiches war. Auch sein Zögern, von mir die offizielle Ernennung zum Gouverneur des Dekkan anzunehmen, bedeutete ein Bekenntnis zu der einstigen Malika Nur Jahan. Das hieß, daß er von niemand anderem als ihr, auch nach ihrem Sturz, Befehle entgegenzunehmen gedachte. Die Kluft zwischen uns blieb. Augenscheinlich hatte sich der stolze Nachkomme alter Dynastien in seinen Berechnungen geirrt.

So war es einer meiner ersten Schritte nach der Thronbesteigung, einen hochrangigen Gesandten zu beauftragen, dem Khan in höflicher Deutlichkeit zu verstehen zu geben, daß ich mich keinesfalls mit etwas anderem als seiner vollständigen Unterwerfung zufriedenzugeben gedächte. In beiläufiger Erinnerung an die ihm bereits zugekommenen Belohnungen teilte ich ihm mit:

Undankbarkeit ist schlimmer als ein See-Ungeheuer, das sich als gehorsamer Diener aufspielt. Wenn Wir Eure früheren Dienste für das Reich in Rechnung stellen, neigen Wir gegenüber dem Uns gezeigten Ungehorsam zur Nachsicht. Kehrt nach Agra zurück und Ihr werdet die Eurem Rang gemäßen Ehrungen empfangen. Seid Ihr uneinsichtig, wird Euch der Arm der Gerechtigkeit treffen, wo immer Ihr sein mögt. Ich bin nicht Kaiser von Hindustan geworden, um Zeuge der wankenden Autorität des Reiches zu sein. Es ist Unser Bestreben, alle Mogul-Territorien und Emirate zu festigen, mögen sie im Norden, Süden, Westen oder Osten gelegen sein. Ihr seid eingeladen, an diesem großen Werk teilzuhaben, denn Ihr besitzt das erforderliche Talent und große Erfahrung. Der Gesandte wird Euch persönliche Gründe darlegen, die Uns zu diesem großzügigen Angebot bewogen haben. Wir hoffen, daß Ihr nicht in Eurer Loyalität zaudern oder straucheln werdet.

Khan Jahan Lodi beriet sich mit seinen Getreuen im Dekkan. Sie fürchteten eine Falle und warnten ihn davor, meinen Beauftragten schon jetzt nach Agra zurückzubegleiten. Der Gesandte wurde dementsprechend ohne eine offizielle Antwort entlassen.
Sicherheitshalber beschloß der Khan, das wichtige Fort von Mandu zu besetzen. Doch der Gouverneur der Stadt war wenig geneigt, sich auf die Seite des Khans zu stellen. Nachdem dessen Rebellenstreitmacht das meiste ihres Pulvers verschossen hatte, ging der Gouver-

neur von Mandu zum Angriff über und zwang den Khan zur Kapitulation. Dermaßen gedemütigt, entschloß sich Khan Jahan zu einem Entschuldigungsbrief an mich, in dem er fügsam um Vergebung bat. Ich nahm die Entschuldigung an und schrieb zurück:

Die eigenen Fehler zu erkennen, ist ein Zeichen von Weisheit. Wir freuen uns, daß Euch der große Allah den Mut und den Scharfsinn verlieh, bedingungslos auf den Pfad der Loyalität zurückzukehren. Wir haben keinen Augenblick daran gezweifelt, daß Ihr früher oder später Euren Fehler erkennen und korrigieren würdet. Die Wiederherstellung der Loyalität von alten Dienern ist die wahre Quelle der Stärke des Reiches!

In der Hoffnung, daß Ihr imstande sein werdet, die Ehre und das Ansehen der Moguln im Dekkan zu erhöhen, bestätigen Wir Euch und Eure Vertreter in diesen Bereichen. Wir sind bestrebt, alle Mogul-Ländereien ohne Verzögerung unter Unsere Kontrolle zurückzubringen.

Gewalt kann notwendig werden, wenn diplomatische Verbindungen versagen. Die Sultane mögen versichert sein, daß Wir keinerlei Eroberungsabsichten im Süden hegen. Zugleich möge es aber auch klar sein, daß Wir keinen Angriff von ihrer Seite unbeantwortet lassen werden.

Die Aufgabe, die Euch obliegt, ist nicht einfach, doch sind Wir überzeugt, daß Ihr die Geschicklichkeit besitzen werdet, sie in der erforderlichen Zeit zu bewältigen. Falls notwendig, werden Wir Verstärkungen auf den Weg schicken.

Der Khan zeigte sich erleichtert und beschämt. Daß ihm der Süden erneut anvertraut wurde, bedeutete auch für mich eine schwerwiegende Entscheidung. Seine nicht unwichtigen Feinde am Hof hatten ihr Ziel verfehlt, mich gegen ihn einzunehmen. Für den Augenblick, fühlte ich, war es besser, ihn von Agra fernzuhalten. Ich hatte ihm seine Treulosigkeit vergeben; vergessen hatte ich sie nicht.

Und so kam es, daß ich ebenso geduldig wie vergeblich auf Nachrichten von diplomatischen oder militärischen Erfolgen aus dem Dekkan wartete. Als Meldungen über allzu geschäftstüchtige Unterhandlungen Khan Jahans mit unzuverlässigen Territorialfürsten eintrafen, begann ich an meiner eigenen Weisheit zu zweifeln und versetzte den Khan nach Malwa. Der entsprechende Erlaß ließ es an unverhohlener Deutlichkeit nicht fehlen.

*

Zwei Jahre nach meiner Thronbesteigung erhielt ich die Nachricht, daß Khan Jahan von Malwa aus mit den aufständischen Sultanaten im Dekkan gefährlich konspirierte. Ich beschloß, mich mit einer Armee auf den Weg nach Süden zu machen. Es war die erste militärische Unternehmung als Kaiser. Ich mußte dem aufrührerischen Afghanen-Khan zeigen, daß ich zu meinem Wort stand. Hatte ich ihm doch anfangs geschrieben:

Seid Ihr uneinsichtig, wird Euch der Arm der Gerechtigkeit treffen, wo immer Ihr sein mögt!

Meine Gemahlin Mumtaz Mahal bestand darauf, mich zu begleiten. Sie sagte vorwurfsvoll:
»Ich habe all die Jahre mit ihren ständigen Feldzügen an deiner Seite verbracht. Bei deinen Sorgen auf dieser Flucht durfte ich dich immer wieder trösten. Nun bin ich die Anstrengungen von Staub und Hitze gewöhnt. Ich könnte es nicht ertragen, wenn dir in meiner Abwesenheit etwas zustieße!«
»Du wirst es nicht verhindern können«, wehrte ich ab. »Schließlich brauchen unsere Kinder auch die Mutter.«
»Die Kinder sind in guten Händen. Ich lasse mir ständig von den Erzieherinnen und Ammen Bericht erstatten«, gab Mumtaz fast gekränkt zurück. »Ist es ein Fehler von mir, daß du mir wichtiger bist?«
Ich blickte ihr besorgt ins blasse Gesicht.
»Aber du hast gerade wieder ein Kind zur Welt gebracht!«
Sie nickte stolz:
»Unser dreizehntes!«
»Khan Jahan Lodi ist mit Abstand mein gefährlichster Feind«, stellte ich nachdenklich fest. »Er wird auch dich nicht schonen, wenn er mich besiegt.«
Mumtaz schmiegte sich an mich.
»Ich bin bei dir. Du wirst mich beschützen. Und wenn Allah will, sterben wir gemeinsam.«
»Dazu«, gab ich lächelnd zurück, »ist es wohl noch zu früh!«
»Dann laß uns gemeinsam leben«, strahlte Mumtaz.

Es war Anfang Dezember, als ich Agra verließ und den Grenzfluß Narbada überschritt. Ich mußte dem aufrührerischen Afghanen-Khan zuvorkommen, bevor er sich mit den Sultanaten im Dekkan vereinigte. Die sich ergebenden Gefechte und Schlachten wurden grausam und gnadenlos geführt. Wobei die taktische Klugheit des verräterischen Gouverneurs ebenso wie meine Rachsucht eine Rolle spielten. Es wollte scheinen, als habe Mumtaz' Mut den Sieg davongetragen. Nach siebzehn Monaten fanden die schwersten Kämpfe, die ich bisher geführt hatte, ihr erbarmungsloses Ende. In einem einfachen Behältnis wurde mir der Kopf des unbeirrbar tapferen Khans übersandt, und dazu die Meldung:

Es gibt keine Rebellen mehr im Land. Der Sieg ist vollkommen. Sie sind alle untergegangen im Meer des Ungehorsams. Die Sonne Eurer Majestät leuchtet voll und klar.

Es wäre mir lieber gewesen, man hätte mir befehlsgemäß den Afghanen, den ich trotz allem achtete, in Ketten vorgeführt.

Zugleich wurde bei mir angefragt, was mit dem gefangenen Sohn des Khan Jahan Lodi geschehen solle. Meine unversöhnliche Antwort:

Man möge erwägen, ob es ihm erlaubt sein dürfe, mit seinem unreinen Atem die saubere Luft dieses schönen Landes zu verpesten.

Der junge Mann, der wie sein Vater im Kampf überwältigt worden war, wurde mit einer glühenden Eisenstange auf den rasierten Kopf erschlagen.

So fand eine Revolte ihr Ende, die zuletzt einen gefährlichen Schlag gegen die Einheit des Reiches bedeutet hatte. Der Afghane Khan Jahan Lodi war eigenwillig und selbstsüchtig bis zu einem Punkt, wo die Selbstliebe zur Selbstzerstörung wird. Er war einer von denen, die die Ehre über das Leben stellen und für die jedes Nachgeben eine unverzeihliche Schande bedeutet. Er hatte sich mir zuerst angeschlossen, als ich ein hoffnungsvoller Knabe war. Er hatte mich verlassen, als er sah, daß meine Stiefmutter Nur Jahan zur legitimen Herrscherin wurde. Für ihn wie für mich war der Ehrgeiz ein ursprünglicher Instinkt großer Seelen. Zufrieden zu sein mit dem, was man besitzt – so hatte er seinem Sohn gesagt – bedeute eine Verneinung der Naturgesetze. Er war besessen von dem Vorrecht des afghanischen Volkes wie von keiner anderen Leidenschaft. Unterwerfung galt für ihn nur als ein so notwendiges wie vorübergehendes Geständnis, das niemals von Dauer sein durfte. Er rebellierte nicht, um mich zu stürzen, sondern um seines eigenen Zieles willen, das seine Ehre war: Afgha-

nistan mußte seine Eigenständigkeit behalten, es durfte niemals in einem anderen Reich aufgehen. Und gerade das wiederum erkannte ich als *mein* Ziel. Anstatt Kabul zurückzuerobern, wählte der Khan den Süden des Reiches als Basis für die Herausforderung meiner Autorität. Auch als Todfeind vereinigte er in sich selbst das Beste von Afghanistan und das Vornehmste der rajputischen Tapferkeit. Ich wußte, was ›Rajpute‹ bedeutet: Nachkomme der Könige.
So mußte er wie sein Sohn nach altem Mogul-Gesetz sterben.

*

Nicht zuletzt durch das verderbliche Spiel des Khan Jahan Lodi waren die Sultanate im Dekkan im Lauf der Jahre zur Spielwiese für korrupte Kleinfürsten geworden. Indessen war das Mogulreich, wie es mein Großvater Akbar hinterlassen hatte, ohne ihre Unterstützung nicht zu halten. Auch mein Schwiegervater, der Großwesir Asaf Khan, konnte mir keinen sicheren Weg nennen, den Süden dauerhaft zu befrieden. Ich erinnerte ihn an das Wort, daß einst Akbar zu mir gesagt hatte: ›Ein Soldat, der überlegt, ist verloren.‹ Der Satz klingt noch heute wie eine Glocke in mir nach.
Es blieb niemand anderes als der längst nicht mehr junge Mahabat Khan, den ich mit der Aufstellung einer neuen, zuverlässigen Armee betreuen konnte. Ich selbst gedachte den Feldzug anzuführen. Dem muslimischen wie dem Hindu-Adel wurde bedeutet, daß dieser Kampf ihre Tapferkeit und ihre Loyalität auf die Probe stellen würde. Mein *Firman* wurde auf allen öffentlichen Plätzen und in allen wichtigen Moscheen verlesen:

Wir wollen keinen Eroberungskrieg, sondern wir müssen bestätigen, was uns gehört.

Die Hofastrologen wurden angewiesen, gemeinsam Tag und Stunde meines Aufbruches zu errechnen. Einundzwanzig der bevorzugten Haremsdamen waren eingeladen, sich dem Zug anzuschließen, darunter wieder meine Gemahlin Mumtaz Mahal. Sie trug ihr vierzehntes Kind im dritten Monat unter ihrem Herzen. Sie wollte unter keinen Umständen allein in Agra zurückbleiben, obwohl ihr lange Wege durch unwirtliche Gebiete bevorstanden. Auch ordnete ich an, daß sich eine Gruppe von ausgesuchten Tänzern, Musikern, Unterhaltungskünstlern und Lehrern dem Gefolge anschloß. Es war mein Wille, daß dieses Unternehmen an äußerem Glanz und Waffenstärke alle bisherigen der letzten hundert Jahre übertreffen sollte. Als jetzt Zweiundvierzigjähriger war ich im vollen Besitz der mir von Gott verliehenen Lebensfreude in Frieden und Krieg.

*

So verließ am neunundzwanzigsten September Sechzehnhundertdreißig ein gewaltiges, hervorragend ausgerüstetes Heer die um Agra gelegenen Garnisonen. Als Maskottchen wurde ein wenige Tage zuvor von der berühmten Laila geborenes Elefantenbaby an der Spitze des Zuges auf kunstvoll geschmücktem Wagen von zwölf schneeweißen Elefantenbullen mit edelstem Stammbaum gezogen. Es folgten die Kavallerie, Infanterie, Artillerie, das Elefantenkorps und Schwärme von Marketenderinnen und Händlern. Die von solchen Massen von Menschen und Tieren verursachten Staubwolken dämpften ein wenig die Begeisterung der Volksmenge, die sich zur Bewunderung des Schauspiels eingefunden hatte. Münzen im Wert von zehntausend Rupien wurden zum Wohl der sich drängenden Armen über die Köpfe der marschierenden Kolonnen hinweg geworfen – der traditionelle Abschiedsgruß in den Krieg ausrückender Heere.
Mein Lieblingselefant Kalandar schritt majestätisch, mit einer am Vordersitz unter dem Baldachin der kaiserlichen *Howdah* befestigten Kopie des heiligen Korans dahin. Als Symbol des feierlichen Anlasses nahm der oberste Imam den Rücksitz unter dem Baldachin ein. Zur Seite des Elefanten ritt eine Garde von vierundzwanzig Edelknaben auf Pferden mit gold- und silberschimmerndem Geschirr. ›Allah-i-Akbar!‹-Rufe stiegen zum Himmel, bis die Dunkelheit über den letzten Marschkolonnen herabsank.

Ich selbst zog es vor, die ersten beiden Abschnitte der Reise in einem Prunkboot auf dem Jamuna-Fluß zurückzulegen, das bereits mein Großvater Akbar bei seinen Feldzügen benutzt hatte. Das kaiserliche Appartement auf dem zweiten Deck bildete eine verkleinerte Nachbildung meiner Privaträume im Roten Fort von Agra. Die Diener und Mitglieder des kaiserlichen Haushalts wurden im Unterdeck versorgt. Die Damen des Serails und meine Gemahlin Mumtaz folgten in einem eigenen Prunkschiff; dahinter segelten zehn weitere Fahrzeuge mit ihren adligen Belegschaften.
Zu beiden Seiten des Flusses marschierten Einheiten der Sicherheitskräfte am Ufer entlang. Es war dafür gesorgt, daß dieser Zug, halb

zu Wasser, halb zu Lande, auch in der Nacht ›einen Anblick für Feen und Engel‹ darbot, wie es in meinem Erlaß hieß.

Nach Sonnenuntergang, als die Lampen angezündet wurden und die Klänge der Musikanten vom kaiserlichen Boot über das Wasser tönten, wollte es scheinen, als ließen die Götter Weihrauch auf den langsam dahingleitenden Riesenzug herabregnen.

Im Gegensatz zu meinem Vater Jehangir war ich kein ausschweifender Genießer, noch hielt ich mich für einen Akbar, dessen Belustigungen oder Sorgen einen Maßstab für seine Lebenskraft darstellten, die ihn antrieb. Für mich lag unendliche Freude in der Harmonie und Schönheit meiner Umgebung. Die Welt, wie sie Allah geschaffen hatte, war in Menschen und Dingen *schön*. Die Unausgewogenheit, die sie umschattete, blieb Menschenwerk.

Als Jüngling hatte ich einmal ein kleines Gedicht verfaßt über das Lächeln der guten braunen Erde unter Sonne und Mond. Es endete mit dem Wunsch, den Mond immer in meiner Tasche zu tragen, denn er war für mich in seinem Kommen und Gehen am Himmel nicht zuverlässig genug. Das Schöne in der Natur entzückte mich so sehr, daß ich mich danach sehnte, die Harmonie, die das Auge wahrnahm, in Stein und Marmor nachzubilden. In meinem Geist erschien immer wieder der weiße Palast am Ufer des Jamuna als ein Zeugnis meiner Ergriffenheit und Dankbarkeit gegenüber dem göttlichen Geist, der der Schöpfung ihre Vollendung gab. Noch ahnte ich nicht, daß dieses Bauwerk meines Lebens, dessen Pläne bereits in mir selbst fast fertig waren, einem sehr anderen Zweck dienen sollte als der Lobpreisung eines vollendeten *Lebens*gefühls ...

Die sieben Tage, die ich auf dem Flußboot verbrachte, bildeten ein Beispiel für die Art von Lebensfreude, wie ich sie mir im größeren Maßstab einmal für die Tage in meinem Traumpalast vorstellte. Es gab genügend liebenswürdige Musik, Wein und anregende Gespräche, um Freude zu empfinden und zu verbreiten. Ein junger Sänger, er hieß Mian Momin, mußte mir jeden Abend zur Laute mit seiner hellen Stimme klassische Hindu-Kompositionen vortragen. Für mich war solche Musik wie guter Wein, und oft saß ich auf meinem Polster allein und lauschte den Worten und Tönen, die der junge schöne Mensch scheinbar unerschöpflich vor mir improvisierte.

Der Jüngling zeigte noch keinen Bartwuchs. Er trug einen kunstvoll gebundenen, pastellfarbenen Turban, Perlohrringe und um den Hals einen großen Saphir an einer Goldkette. Zu einem Hemd aus feinster durchsichtiger Baumwolle kam eine lange seidene Schärpe um die Taille. Unter leichten Überhosen aus Gaze trug er eine engsitzende seidene Hose. Die Sinnlichkeit, mit der er seinen Gesang vortrug, schien von vollendeter Unschuld und war doch faszinierend und getragen von tiefem Gefühl.

Einmal, als mir Momin eine besonders meisterhafte Darbietung schenkte, erhob ich mich in meiner Bewunderung und bat ihn, mit in mein Gemach zu kommen und eine Tasche mit Goldmünzen als Geschenk anzunehmen. Eine Freudenträne rann über seine Wange, als ich ihm die Gabe überreichte. Meine nächsten Diener, die Zeugen waren, priesen Gott für die Gnade eines sterblichen Menschen, einen Augenblick lang Unsterblichkeit zu vermitteln. Ich wußte jetzt, was ich später bestätigt fand, daß Musik für mich die einzige Form des Vergnügens war, die uns dem Geist des Universums nahebringt.

*

Ich sagte oft die Wahrheit, wie ich sie sah, aber zuweilen machte ich den Fehler, die Dinge mit falschen Namen zu benennen. Mein Kampf im Dekkan war, wie ich erklärte, ein Kampf gegen die Abhängigkeit von den Sultanaten. Heute weiß ich, daß – wie bei der Auseinandersetzung mit dem Afghanen Khan Jahan Lodi – Rache und Beharren auf meinem Willen die Hauptmotive für diesen Marsch nach Süden waren ...

Als einzige Basis der Mogulmacht inmitten der Wüste des Ungehorsams war Burhanpur geblieben, doch hatte sich seit Akbars Tod die Zahl der Getreuen immer mehr verringert. Unangefochten erreichte ich dieses südliche Bollwerk und baute es als Ausgangsposition für Unternehmungen gegen Ahmednagar und später, wenn nötig, gegen Bijapur und Golconda aus.

Mit meiner und meiner Truppen Anwesenheit in Burhanpur fanden die bisher beinahe üblichen Desertionen im Reichsheer plötzlich ein Ende. Anstelle von Unzufriedenheit gab es Treueversprechen und freiwillige Unterwerfung. Die Stimmung in den vorher aufsässigen Sultanaten schlug um; man erkannte, daß weder Intrigen noch Schwerterrasseln gegen meine bewaffnete Macht von Nutzen sein konnten. Die Stärken und Schwächen der Sultanate waren mir von früher sehr gut bekannt. Mit meinem im Grunde menschenfreundlichen, manchmal aber auch bewußt grausam erscheinenden Wesen erzeugte ich ein Klima von Ehrfurcht, sowohl im eigenen wie im feindlichen Lager.

Anders als mein Vater Jehangir legte ich mir äußerste Vorsicht auf, wenn es um Ehren und geldliche Belohnungen ging. Während mein Vater diese entwertete, indem er sie mehr oder weniger wahllos an die verteilte, die ihn – sei es durch geschicktes Lob, durch impulsive Zuwendung oder durch unüberprüfbare Versprechen – beeindruckten, so gewährte ich meine Anerkennung grundsätzlich nur erwiesenen Verdiensten. Ich erinnerte mich dabei an die Worte meines Großvaters Akbar:

»Ehren, mit denen Unfähige belohnt werden, sind die schlimmste Form von Tyrannei gegenüber den Fähigen.«

*

In dieser Zeit fand ich wieder Gelegenheit, meine Gemahlin Mumtaz aufzusuchen. Sie hatte die langen Märsche in ihrer Sänfte zurückgelegt und brauchte viel Ruhe. Bisher hatte mir immer ihr Lächeln entgegengeschimmert wie ein Licht, aus ihr geboren und anscheinend ein ewiges, sich selbst immer wieder erneuerndes, gleichsam ein silbernes Glück, das zu klingen schien, obwohl es lautlos war.

Heute lag sie, umgeben von ihren Frauen, auf einem Diwan ihres seidenen Zeltes und las. Als ich eintrat, ließ sie das Buch sinken und blickte mir liebevoll, doch mit seltsam müden Augen entgegen. Ich wußte, daß ihre Niederkunft nur noch Tage, wenn nicht Stunden, auf sich warten ließ.

»Was liest du gerade?« fragte ich mit etwas gewaltsamer Munterkeit. »Lenkst du dich auf fröhliche Art ab?«

»Ich lese die Gedichte des andalusischen Dichters Ibn-Hazm«, erwiderte sie. »Obwohl er schon über sechs Jahrhunderte tot ist, zeigt er den ganzen Tiefsinn der arabischen Dichtung, die ja älter ist als unsere persische. Leider ist die Übersetzung schwierig.«

»Und was schreibt er?« fragte ich nicht sehr teilnehmend; ich hatte anderes im Sinn.

Mumtaz lächelte mit ihren müden Augen und erwiderte schlicht: »Über den Tod.«

Ich erschrak:

»Was für Gedanken trägst du in dir, Arjumand?«
Sie griff wieder nach ihrem Buch und las mir das Gedicht des Poeten vor:

Wenn ich aus Liebe sterbe, sterb' ich als Bekenner.
Doch bist du mir zugetan, bleib ich leben gern.
So haben uns berichtet glaubenswerte Männer.
In ihrer Wahrheit überzeugend und der Lüge fern.

Während ich erschüttert schwieg, schloß Mumtaz das Buch und schickte ihre Dienerinnen mit einem Wink hinaus. Dann sagte sie beinahe flüsternd:
»Ich zähle schon siebenunddreißig Jahre und gebäre dir ein Kind nach dem anderen. Ich fühle mich alt und häßlich.«
Ich drückte ihr einen Kuß auf die Stirn:
»Das Alter der Frau beginnt dort, wo die Liebe aufhört.«
»Meine Tante Nur Jahan«, sagte Mumtaz errötend, als wolle sie ablenken, »ist noch heute eine vollendet schöne Frau, wie man mir sagt.«
»Du bist dafür eine um so schönere Mutter«, stellte ich fest, »ich bin bereits neununddreißig Jahre alt. Aber jede Stunde, die ich bei dir verbringe, macht mich jünger.«
Sie schien sich zu besinnen und sagte dann:
»Keiner ist so alt, daß er nicht leben will, und keiner so jung, daß er nicht heute sterben kann.«
»Du trägst ein neues Leben in dir«, schüttelte ich ernst den Kopf.
»Das vierzehnte Kind ...« murmelte sie. »Und jedes nimmt ein Stück von der Mutter fort.«
»Für mich bringt mir jedes Kind dich näher«, tröstete ich sie. »Du wirst niemals alt.«
Sie atmete tief auf und gab zurück:
»Die Tragödie des Alterns besteht nicht darin, daß man alt wird, sondern daß man nicht mehr jung ist. Kannst du mich überhaupt noch lieben?«
»So etwas darfst du nicht sagen«, erwiderte ich unwillig. »Die Liebe lebt in der Wiederholung. Und die Wiederholung macht aus der Begierde eine Kunst. Wenn ich liebe, ist es jedesmal das einzige Mal, daß ich liebe.«
»Gleich, *wen* du liebst?« fragte Mumtaz. Es klang ruhig, ohne jeden Hauch von Eifersucht.

Ich sagte ebenso:
»Die Verschiedenheit des Gegenstandes ändert nichts an der Einmaligkeit der Leidenschaft. Es verstärkt sie nur noch.«
»Auch wenn sie enttäuschend war – ?«
Ich streichelte ihre blasse Hand. Von draußen her hörte man lachende Frauenstimmen.
»Das verstärkt sie nur noch«, sagte ich. »Und vor allem verstärkt es meine Sehnsucht nach dir.«
Mit einem Seufzer blickte sie an sich selbst hinunter, als gehöre der gewölbte Leib nicht zu ihr:
»Wirst du meiner nicht einmal überdrüssig werden, mein Herr und Gebieter?«
»Darüber denke ich nicht nach«, sagte ich. »Es ist schön zu wissen, daß es eine Frau gibt, die mir immer nahe bleibt. In einer Heimkehr, wenn man jemanden zurückgelassen hat, ist immer Unsicherheit. Wenn du mich auf meinen Feldzügen begleitest, weiß ich, daß ich geborgen bin. Und jetzt schenkst du mir das vierzehnte Kind.«
»Wenn Allah will«, lächelte sie schwach. »Und jedes von ihnen hat sein eigenes Schicksal. In letzter Zeit überkommt mich oft Angst.«
»Wovor?« fragte ich. »Viele Kinder sind die größte Sicherheit für den Bestand unserer Dynastie.«
»Sind sie es wirklich?« bemerkte Mumtaz mit unruhigen Augen.
»Ich denke vor allem an unsere vier Söhne«, sagte ich. »Obgleich mir Dara Shukoh genügen würde. Er ist mir am ähnlichsten.«
»Ich weiß«, lächelte sie. »Und dir am nächsten.«
»Er ist der künftige Kaiser«, fügte ich hinzu.

Mumtaz hielt noch immer meine Hand. Unvermittelt brach es aus ihr hervor:
»Und wenn ihm etwas zustößt?«
»Dann hätten wir noch drei andere. Wer ist dir der Liebste, meine Arjumand?« fragte ich zärtlich.
»Ich bin die Mutter«, wehrte sie ab. »Wer ständig glücklich sein will, muß sich oft verändern. Ich darf meine Töchter nicht vergessen.«
»Jahanara«, sagte ich zuversichtlich. »Sie ist nicht nur die Älteste. Ich liebe sie als meine zweite Arjumand. Ich liebe sie, weil sie niemals herrschen will – wie du.«
»Du denkst an Nur Jahan?«
Ich nickte.

»Aber etwas hast du mit meiner Tante gemeinsam!«
»Und das wäre?« fragte ich mißtrauisch.
»Sie entwarf das Grabmal für deinen und für ihren Vater. Das von meinem Großvater Ghiyas Beg in Agra wird ein Juwel. Es könnte von dir sein.«
»Mein weißer Marmorpalast am Jamuna-Fluß wird noch kostbarer«, versicherte ich. »Dort werden wir glücklich sein, wenn die Kämpfe vorüber sind.«
»Die Kämpfe sind niemals vorüber, solange wir leben«, sagte sie matt. »Und wer glücklich ist, sollte nicht noch glücklicher werden wollen.«
Sie lehnte sich zurück und schloß die Augen, als sie hinzufügte: »Ich werde niemals dort wohnen.«
Dann lächelte sie tapfer: »Wenn ich noch älter bin und bei dir bleiben darf, möchte ich mit dir in einem kleinen Haus in einem großen Garten am Fuß des Himalaya leben.«
»Du magst dort immer einige Zeit in der kühleren Luft verbringen«, sagte ich. »Aber sonst wirst du in unseren Palästen von Agra, Lahore oder Delhi residieren. Vergiß nicht, daß ich der Kaiser von Hindustan bin.«
Sie seufzte tief.
»Manchmal wünschte ich, du wärest es nicht.«
»Hältst du mich für zu schwach?« fuhr ich auf.
Sie schüttelte den Kopf.
»Die Frauen bewundern den Mann ihrer Wahl wegen seiner Stärke – aber sie lieben ihn wegen seiner Schwächen.«

Plötzlich hatte sie wieder Tränen in den Augen.
»Ich werde den Marmorpalast am Jamuna niemals bewohnen. Unlängst träumte ich, daß ich dich aufsuchen wollte. Aber die Wachen ließen mich nicht zu dir. Du lebtest hoch über den Mauern, die mich erdrückten. Ich rief um Hilfe. Ich erwachte, aber ich war sehr allein.«
»Jeder von uns kennt seine traurigen Träume«, sagte ich liebevoll. »Wichtiger ist, was der Tag bringt.«
Plötzlich tastete sie wie beschwörend nach meinen Händen.
»Versprich mir, daß du nie wieder heiraten wirst. Und daß du mir das schönste Begräbnis ausrichtest, das jemals eine Kaiserin hatte!«

Ich schwieg. Bei aller Bestürzung dachte ich: Sie ist doch nur eine Frau. Aber ich verstand, als sie fortfuhr:
»Ich werde in meinen Kindern immer bei dir sein. Die Erinnerung ist das einzige Paradies, aus dem wir nicht vertrieben werden können.«
Ist es schon so weit? dachte ich und erschrak. Ihr Gesicht strahlte jetzt eine fast unwirkliche Zuversicht aus, als sie wie zum Abschied flüsterte:
»Es werden mehr Tränen über erhörte Gebete vergossen als über nicht erhörte.«

*

Zu den Sorgen um meine Gemahlin erreichte mich in diesen Tagen die Nachricht, daß mein Ältester und Lieblingssohn Dara Shukoh in seinem sechsundzwanzigsten Lebensjahr an den Blattern erkrankt war und sich in Lebensgefahr befand. Die Ärzte waren nicht imstande, sein hohes Fieber zu dämpfen.
Mumtaz und Dara Shukoh – das waren die mir nächsten Menschen. Ich befahl Gebete für die Genesung meines Sohnes und verteilte mit eigener Hand Almosen an die Armen. Außerdem pilgerte ich barfuß zu dem zehn Meilen von Burhanpur entfernten Schrein eines als heilig gerühmten Sufis.
Seltsam: Trotz meines tiefen Kummers erwachte wieder mein unbändiger Wille zum Sieg über meine Feinde.

Ist es nicht wirklich ein Wunder, daß ein Mensch, dem ja mit jedem Atemzug sein Tod, und er weiß nicht, in welcher Gestalt, nähertritt – daß der Mensch angesichts der furchtbaren Möglichkeiten um ihn nicht trübsinnig wird, sondern dennoch in seiner Bereitschaft zur Daseinsfreude verharrt?

Die Geschichte der Menschheit ist ein Meer von Blut und Tränen, in dem die wenigen friedlichen Zeiten wie einsame Inseln schwimmen.

Ich war nach Burhanpur gekommen, um dem bösen Bund der drei südlichen Sultanate von Bihanpur, Ahmednagar und Golconda gegen mich zu trotzen. Nicht zuletzt gestählt durch die Erfahrungen im persönlichen Bereich, gedachte ich die Machtprobe zunächst jenseits der Gewalt zu suchen. Trotz der Vorbehalte meiner Generäle entschloß ich mich, zur Wiederherstellung meines durch den Verrat Khan Jahans geschwächten Ansehens an die betreffenden Höfe Geheimagenten in diplomatischer Mission zu entsenden. Wobei die ›Mission‹, schlicht gesagt, in bemerkenswerten Geldangeboten bestand.

Es war ein Versuch, nicht mehr. Das Heer stand ohnedies bereit. Und das Spiel erzielte das gewünschte Ergebnis – insofern, als die zuvor von Khan Jahan so erfolgreich zusammengeschmiedete Einheit der untereinander rivalisierenden Sultanate ein überraschend schnelles Ende fand. Nichts brütet Erfolglosigkeit besser aus als interne Zwietracht.

Der von mir für die bevorstehenden Kämpfe neu ernannte Kommandeur war Iradat Khan, der Sohn des alten Oberbefehlshabers Mahabat Khan. Iradat galt bald als der fähigste und furchtloseste meiner Truppenführer. Ich unterstellte ihm ein Drittel der Armee mit dem Auftrag, die Territorien zu besetzen, die seinerzeit den Schiitenherrschern von Khan Jahan Lodi überlassen worden waren. Besonders ging es mir um die Gebiete, die außerhalb der drei zunächst befriedeten Sultanate den Afghanen-Khan, der selbst den Schiiten zugeneigt war, in ihrem Aufstand gegen mich unterstützt hatten.

Ich nannte den großen, gut gebauten und mir ergebenen General Iradat Khan gern meinen Sohn. Trotz seiner Jugend war er es jetzt, dem die Ehre der Eröffnung der von ihm ersehnten Schlacht zukam. Sie begann mit Angriffen auf die Widerstandsnester, die schon erkennen ließen, daß die Rebellen auf die Dauer der Reichsarmee nicht gewachsen sein würden.

Die Kämpfe wie die Verwüstungen im Umfeld von Ahmednagar waren grausam, doch ich verlor nicht meine Überzeugung, daß es besser ist, gekämpft und gewonnen, als gekämpft und verloren zu haben. Entsprechend der Tradition im Mogul-Reich wie in allen asiatischen Ländern wurden Iradat Khan und die Offiziere, denen der Erfolg zu verdanken war, reich belohnt.

Vorerst fühlte ich mich sicher, daß im Lauf der Zeit auch die übrigen Fürsten im Dekkan keine andere Möglichkeit sehen würden, als um Frieden nachzusuchen. Leider nahm ich bei der Fülle der Siegesmeldungen nicht wahr, daß sich die Sultanate in dem Augenblick wieder erheben würden, da ich nach Norden abgezogen war. In dieser Region war die schiitische Glaubensrichtung tief verwurzelt; es erschien aussichtslos, das Volk mit den Auslegungen der sunnitischen Fundamentalisten zu beeindrucken.
Diese schwerwiegende Tatsache hatte bisher wohl noch kein Mogul-Herrscher erkannt, und die Befürchtung mag nicht falsch sein, daß der Dekkan zuletzt zum Grab des Mogulreiches werden könnte. Die Armee meines Großvaters Akbar hatte einen hohen Preis dafür zahlen müssen, daß er dem Land seinen Stempel aufdrückte – mehr noch, als es einst dem großen buddhistischen Apostelkaiser Ashoka gelungen war. Das von Ashoka hinterlassene Vermächtnis wurde zur Herausforderung für seine Nachfolger. Sie alle sehnten sich danach, das weniger als halb getane Werk zu vollenden.

Ich sah meinen Stolz darin, daß ich manche Dinge von meinem Großvater gelernt hatte, zum Beispiel: Daß ein Sieg auf dem Schlachtfeld niemals als endgültig betrachtet werden darf. Obgleich Ahamednagar *nieder*geworfen war, konnte von einer *Unter*werfung der Sultanate nicht gesprochen werden.
Im Sommer verschlimmerten beispiellose Monsun-Regenfälle und Hungersnöte zusammen mit den ständigen Anschlägen der Untergrundkämpfer unsere Lage. Immer wieder flammten Gefechte und Intrigen unter den Fürsten auf, bis es endlich nach dem Giftmord an

einem mir ergebenen Raja so weit kam, daß Iradat Khan eine neue Offensive begann, die zur vorerst endgültigen Unterwerfung der Aufständischen führte.
Was für ein boshafter Krankheitsherd ist der Krieg! Er schenkt Sieg auf der *einen* und Tod auf *jeder* Seite. Seine scheinbar ›ewige‹ Ordnung bleibt ein armseliges Trugbild. Überall hinterläßt er Ruinen und weinende Mütter, Krüppel und unfruchtbare Erde.
Ich zerstörte Burhanpur und trieb die Sultanate von Bihanpur und Golconda an, ihre schwerfälligen Brüder auf den kleinen und winzigen Thronen ringsum untereinander aufzuhetzen . . .
War das der Friede, den ich ersehnte? Erfahrung ist ein langer Weg und eine teure Schule.

*

Während ich in meinem Lager bei Burhanpur die Möglichkeit weiterer Maßnahmen gegen die unermüdlichen Rebellen erörterte, wurde ich eilig ins Haremslager gerufen. Die Geburt von Arjumands vierzehntem Kind stand unmittelbar bevor. Ich hatte sie seit unserem letzten Gespräch nicht mehr gesehen und erfuhr jetzt, daß für sie die letzte Zeit der Schwangerschaft noch nie so qualvoll geworden war wie diesmal.
Noch heute, nach so vielen Jahren, kann und will ich mich nicht in die Beschreibung von Einzelheiten dieser traurigen Tage verlieren. Ich fand meine Arjumand in einem Zustand, der keine Gespräche mehr erlaubte. Die Ärzte konnten die Blutungen nicht aufhalten. Was ich nie bisher erlebt hatte: Zum ersten Mal handelte ich wider den Brauch. Ich hob das Neugeborene auf und hielt es in meinen Händen. Mumtaz nahm es nicht wahr. Ich hörte, daß mich die Amme daran erinnerte, daß man für den Fall, daß es ein Mädchen sei, den Namen Gauharana vorgesehen habe. Und da es sich ja unzweifelhaft um mein Werk handelte, nickte ich und entschloß mich, das rote, zappelnde, schreiende Wesen schön zu finden.
Meine Frau Mumtaz Mahal verblutete drei Tage später, ohne daß sie mir noch Lebewohl sagen konnte. Es war der siebzehnte Juni Sechzehnhunderteinunddreißig, ein glühend heißer Tag. Das Ende bedeutete für sie Erlösung.

Für mich aber war es, als liebte ich sie erst jetzt, da sie mir weder das Leben noch der Tod mehr nehmen konnte. Mumtaz war längst zu ei-

nem Teil meiner Seele geworden. Ihr Tod traf mich wie der keines Menschen in meiner Nähe bisher. Mit einem Erschrecken überkam es mich: Ich bin der Kaiser. Ich habe die Macht, vielen Menschen den Tod zu bringen – aber ich habe *nicht* die Macht, das Leben eines Menschen zu bewahren.
Als ich zu Mumtaz von meinem geplanten Marmorpalast am Jamuna sprach, hatte sie unvermittelt gesagt: Ich werde niemals dort wohnen. Jetzt wußte ich plötzlich: Dieses Bauwerk sollte *ihr* Wohnsitz werden: *Taj Mahal* – die Krone aller Paläste.

*

Trotz der vielen Frauen meines Harems war Mumtaz die Erste Dame des Reiches und der festen Überzeugung, daß die absolute Unterordnung unter den Willen des Gatten und des Herrschers der krönende Glanz einer Frau ist. Dies hatte sie, obgleich schlichteren Gemütes, von niemand anderem als ihrer Tante und meiner Stiefmutter gelernt, die in wohllautenden Versen wie in bescheidener Prosa erklärt hatte, daß *sie* die wahre Herrscherin über Hindustan sei, weil sie erwählt war, von ihrem kaiserlichen Herrn Jehangir regiert zu werden. In der Tat ruhte damals auf dem Einfluß der Sippe des *Itimad-ud-Daulah* Mirza Ghiyas Beg die Regierung des Mogulreiches. Das Grabmal des persischen Abenteurers und Großvaters meiner Gemahlin wurde neben dem des Kaisers Humayun in Delhi das wichtigste und anregendste Vorbild meines geplanten Bauwerkes am Jamuna-Fluß.

Einst hatte die Witwe von Mirza Ghiyas Beg, Asmat Begum, auf dem Sterbebett zu ihrer Tochter Mehrunissa, der späteren Kaiserin Nur Jahan, gesagt:
»Ich habe keine besonderen Kostbarkeiten, die ich dir hinterlassen kann. Der große Allah hat dir genug weltliche Reichtümer verliehen. Ich möchte aber eine Tradition an dich weitergeben, die stets unser größter Schatz gewesen ist: Gehorche deinem Gatten immer mit einem Lächeln. Das ist der Schlüssel des Glückes nicht nur in jeder Ehe, sondern auch in der Familie. Dieser Befehl ist von besonderer Bedeutung für den, mein Kind, den die Vorsehung erwählt hat, an der Seite eines Herrschers zu sitzen. Bewahre meine Worte: Im Gehorsam zu ihm wirst du über Hoch und Niedrig in Hindustan herrschen. Sonst aber wirst du, wie manche andere, im wirren Labyrinth

eines wuchernden Serails verloren sein. Möge Allah dich beschützen!«

Nur Jahan gab den Rat an ihre Nichte Arjumand Banu und ebenso an ihre Tochter Ladili weiter. Als ich mit der siebzehnjährigen Arjumand verheiratet wurde, schenkte ihr Nur Jahan eine goldene Plakette, in die einige Verse von ihr selbst eingraviert waren. Sie besagten, daß Gattentreue und Gehorsam der edelste Schmuck seien, mit dem sich eine Frau selbst ehrt. Arjumand trennte sich niemals von diesem Geschenk. Nun, da sie nach neunzehnjähriger glücklicher Lebensgemeinschaft von mir ging, wie sie keinem meiner Vorfahren beschert war, fand man die Plakette in einem Silberkästchen nahe ihrem Bett, daneben eine winzige Kopie des heiligen Koran.
Seitdem trage ich die kleine goldene Platte bei mir und werde sie bis zum Ende meiner Tage behalten. Ich weiß, daß man mich oft beobachtet hat, wenn meine Finger unbewußt über die Stelle meines Gewandes strichen und sich das Licht meiner Augen in Schwermut trübte. Ich erinnerte mich der Zeit, da ich voll hoher Hoffnungen brannte, auch wenn mir Verzweiflung niemals ganz fremd war. Jetzt schien es in mir nur noch kalt und schwach zu glimmen. Nachdem Mumtaz mich verlassen hatte, überkam mich ein Gefühl der Einsamkeit, als sei ich von der Vorsehung im Stich gelassen worden ...
Ich befahl eine zweijährige offizielle Hoftrauer. Keine Festlichkeiten, keine Konzerte waren zugelassen. Das Tragen von Geschmeide, der Gebrauch von Wohlgerüchen waren wie jede Zurschaustellung von Pracht verboten. Auch später herrschte an meinem Hof alljährlich den ganzen Monat *Zikad* über, in dem die Kaiserin verschieden war, grundsätzlich Staatstrauer.

Ich habe Arjumand-Mumtaz, die ›Auserwählte des Palastes‹, geliebt, wie ich das Schöne geliebt habe. Mumtaz bot mir, der ich mich nach der Mutter sehnte, gleichsam als Ersatz ihre Jugend an.
Je älter wir werden, um so unbegreiflicher wird der Reichtum der Vergangenheit, die Unbezahlbarkeit der Jugend, mag sie für uns auch noch so arm gewesen sein. Wieviel ersehnten wir, gerade weil wir es *nicht* besaßen. Jetzt haben wir alles oder besser: Wir glauben, alles zu *wissen*, und sehnen uns nach dem Reichtum des Nichtwissens zurück. Unser Leben ist eine ewig unerfüllte Liebe – wie ein Bauwerk, das

wir in den Himmel hinein türmen wollen. Meinen Gartenpalast wollte ich mit seiner weißen Marmorkuppel wirklich *fast* in den Himmel türmen. Neben der Kuppel aber gehörten dazu die vier Minarette – als Abbild der vier Jahreszeiten unseres Lebens: Kindheit, Heranwachsen, Mannbarkeit und Rückschau ...
Vollendung heißt Ende. Das Glück liegt immer im Anfang. Eine ganz erfüllte Liebe ist eine verlorene Sehnsucht mehr. Ist es nicht so, daß der Gegenstand unserer Liebe gleichsam unter *unseren Händen* weiterwächst – zum ewigen Verlust? Ist unsere Sehnsucht nur darum ewig?

Der Gedanke, den in meinem Innern längst vollendeten Marmorbau am Jamuna zur letzten Ruhestätte meiner Frau Mumtaz zu machen, und die allmähliche Verwirklichung dieser Pläne brachte Trost in meine Trauer. Gleich nach Regierungsantritt hatte ich zu dem von mir erworbenen Gelände unweit vom Roten Fort einen unterirdischen Gang anlegen lassen, der zu dem gleichzeitig errichteten quadratischen Sockelbau führte, dessen viele Zimmer einmal das Gesinde bewohnen sollte. Der vormalige Besitzer des weiten, von einer roten Sandsteinmauer umschlossenen Gebietes, der Raja Jai Singh – der Nachfolger Man Singhs von Jaipur, des Schöpfers der herrlichen Burganlage von Amber – hatte es mir im Austausch gegen andere kaiserliche Besitztümer überlassen ...

Noch aber befand ich mich in meinem Lager bei Burhanpur. Da meine Gemahlin hier, viele Tagemärsche von Agra entfernt, gestorben war, ließ ich ihren Körper zunächst im Park von Zainabad nahe dem Tapti-Fluß beisetzen, wo ich die Zeltstadt errichtet hatte.
Erst jetzt, da ich nach dem Tod von Mumtaz wieder zu mir zurückfand, überkam mich der Schrecken über das Ausmaß der Verwüstungen, die der Krieg – den ich selbst, wie ich mir eingestehen mußte, vom Zaun gebrochen – ausgelöst hatte. Plötzlich erschien mir das Morden um der Macht willen furchtbar sinnlos.
Bei einer von mir einberufenen Versammlung der führenden Offiziere kündigte ich meinen Entschluß an, nach Agra zurückzukehren. Ich vertrat die Meinung, der Dekkan möge künftig für sich selbst sorgen und befahl, ohne die Stellungnahme der versammelten Kommandeure abzuwarten, daß die Vorbereitungen für einen Angriff in Richtung

Bijapur aufgegeben und in Absprache mit den Astrologen der Zeitpunkt für den Abmarsch festgelegt werden solle. Zwei meiner wichtigsten Offiziere, darunter Iradat Khan, wandten voller Überzeugung ein, daß ein Rückzug nach den letzten Erfolgen als ein Eingeständnis der Unbesiegbarkeit der Sultanate angesehen werden müßte. Ich mochte ihre Argumente nicht hören. Mein Entschluß war gefaßt.

Zum Vizekönig für den Dekkan gedachte ich meinen Schwiegervater Asaf Khan einzusetzen. Abgemagert und leicht verwundet, war er noch immer eine anerkannte Persönlichkeit und der Geeignetste für diesen schwierigen Posten. Doch den alten Mann reizte der abgelegene Dekkan wenig; er zog es vor, mit mir nach Agra zurückzukehren. Ich folgte seinem Wunsch. Der Posten des Großwesirs entsprach seinem Alter und seiner Erfahrung. Als nächsten Vizekönig bestimmte ich den ebenfalls nicht mehr jungen Afghanengeneral Mahabat Khan. Er hatte einen großen Teil seines Lebens kämpfend im Dekkan verbracht und besaß genaue Kenntnisse über die politischen und sozialen Spannungen und Risse, die quer durch die Herrschaftsgebiete der Sultane verliefen. Er nahm mein Angebot an in der Überzeugung, daß es ihm gelingen würde, die schiitischen Länder – mit Hilfe von Waffen oder Diplomatie – zur Anerkennung des Kaisers als ihren Souverän zu veranlassen. Ich selbst erwartete oder verlangte nicht mehr als die nominelle Oberherrschaft, die die innere Struktur der Sultanate nicht beeinträchtigen sollte. Ich hatte erkannt, daß die Unterjochung dieser nicht nur in der Religion durch eigene Tradition geprägten Länder wegen der Ferne von Agra nicht durchsetzbar war.

Nach einem Aufenthalt von einem Jahr, drei Monaten und sechs Tagen brach ich Anfang März Sechzehnhundertzweiunddreißig von Burhanpur auf.
Was mich am meisten bedrückte, war, daß ich den Heimweg nicht nur mit höchst unvollkommenem kriegerischen Erfolg, sondern vor allem ohne meine am meisten geliebte Gemahlin antreten mußte. Oft wachte ich in toddunklen Nächten auf und beklagte die rührende Erinnerung an ein Wesen, das mir unendliche Liebe und Güte geschenkt und das ich wie in einer gewissen Hörigkeit – die vielleicht sogar auf Gegenseitigkeit beruhte – immer in meiner körperlichen Nähe gehalten hatte, als fürchtete ich fremde Versuchungen. Damals wußte ich

noch nicht, daß der Talisman ›Zeit‹ das einzige Mittel ist, den Schmerz zu lindern.

Und da es auch in unserer tiefsten Trauer stets einen Trost gibt, erreichte mich in den Stunden des Aufbruchs die Meldung, daß sich mein Sohn Dara Shukoh dank der Vorsehung und der Hilfe der Ärzte auf dem Weg der Besserung befinde. Die Blattern heilten ab, das Fieber war zurückgegangen.

Das halbe Leben ist bereits vergangen, bevor wir wissen, was Leben ist.

Der lange Zug in Richtung Agra verlief ereignislos mit den üblichen Unterbrechungen durch Jagdveranstaltungen, Tanz- und Musik-Zwischenspielen. Ich selbst war nicht in der Stimmung, mir die Vergnügungen der Sinne zu erlauben. Ich suchte Trost im Gebet und im Zwiegespräch mit frommen Männern in der Stunde nach Sonnenuntergang. Und ich wußte: Der Shahjahan, der Agra jetzt betreten würde, war nicht mehr der, der die Hauptstadt zwei Jahre vorher verlassen hatte.

Ein Schatten meiner selbst, ritt ich durch die schmucklosen Straßen der Stadt in beklemmendem Schweigen.

Niemals war die Heimkehr eines Mogul-Herrschers stiller vor sich gegangen. Ein trauriger Kaiser war auch für das Volk ein bedrückendes Erlebnis; gilt es doch als das Recht der Menschen, in ihrem Monarchen das Symbol strahlenden Glückes zu bewundern.

Den Körper meiner Gemahlin Mumtaz Mahal hatte ich in Burhanpur zurückgelassen. Ihre Überführung sollte in besonderer Weise geschehen. Ein halbes Jahr später entschloß ich mich, meinen Sohn Shuja zu beauftragen, die irdischen Reste seiner Mutter in einem goldenen Sarg und in feierlicher Prozession nach Agra zu geleiten. Im Garten des vorgesehenen Palastbaues am Jamuna-Fluß wurde ein vorläufiges Grab errichtet und der Leichnam erst nach Fertigstellung der neuen Krypta an seinem endgültigen Platz zur Ruhe gebettet. Die Gruft erhielt zunächst ein provisorisches Gewölbe im Untergeschoß, über dem das eigentliche Gebäude in die Höhe wuchs.

*

Agra trug nicht mehr das frühere Gesicht. Waren zuvor die sonnigen Ebenen und der tief blaue durchsichtige Himmel für mich eine Quelle von Freude und Erhebung gewesen, so schienen mich nun die Paläste und Moscheen, die Gärten und die Straßen der Hauptstadt daran zu

erinnern, daß ich nicht die Kraft besaß, das Vergangene zurückzuzwingen.
Die freudlose Heimkehr warf ihre Schatten über den gesamten Hof. Ich flüchtete mich in Diskussionen mit Philosophen und gelehrten Astrologen. Einer von ihnen war Mullah Farid. Er galt als der bedeutendste Sternkundige dieser Zeit und hatte die Gabe, sein Wissen von den Planetensystemen mit geistvollen Gesprächen über göttliche Wunder und ihre Auswirkungen auf die Belange der Menschen zu verbinden. Ich war von seiner Auslegung der Naturgesetze gefesselt – im Gegensatz zu manchen anderen, die mit tiefster Überzeugung das sagten, was sie nicht meinten oder so taten, als verstünden sie, was sie von sich gaben ...

Mullah Farid erschien zur abgesprochenen Stunde bei mir in einfacher Kleidung. Er strählte mit seinen feinen Fingern den ebenso langen wir spärlichen Bart und blickte mir, ohne jede Andeutung einer Verbeugung, forschend ins Gesicht. Ich erhob mich, den heiligen Mann zu empfangen. In der Tat war eine solche Art der Begrüßung für einen Muslim unüblich, schon gar für einen Herrscher. Ich lud den Mullah ein, an meiner Rechten zu sitzen. Er erkannte, daß dies nicht die Stunde war, um übersinnlichen Tiefgang zu erörtern und kam sogleich auf das zu sprechen, was mir am Herzen lag. Ich gab den Dienern ein Zeichen, sich zurückzuziehen.
Er wartete eine Weile und begann:
»Eure Majestät, ich bin Astrologe von Beruf und durch Übung. Meine Aufgabe ist es, die Wunder der Natur zu lesen und zu erklären. Wie die Sonne, die Sterne und die Planeten sind auch die Menschen ein Werk Gottes. Die tief in Euer Antlitz eingegrabenen Linien, Herr, haben mich auf der Suche nach dem Grund dieser Veränderung zu Euch geschickt. Erlaubt mir, mein Meister, zu sagen, daß mich, als ich Euch wiedersah, die Farbe Eures Haares bestürzt hat. Nicht die Jahre, sondern die Schwere des Kummers ließen sie in so kurzer Zeit ergrauen. Ich bin gekommen, um zu versuchen, Eure Seele der Ruhe zuzuführen, die das Universum ausstrahlt. Unser Leben ist nicht die einzige Verbindung von Mensch zu Mensch, und der Tod nicht das Ende, sondern ein neuer Anfang. Die Liebe stirbt niemals. Sie ist ein Feuer, das auch von den wildesten Stürmen des Schicksals nicht gelöscht werden kann. Eure hochverehrte Gemahlin ist nicht mehr sichtbar an Eurer Seite – aber glaubt mir, o König der Könige, daß

sie an Eurer Seite bleibt, solange sich die Erde um ihre Achse dreht. Der Geist ist wie die Liebe unzerstörbar. Auch die Wasser von tausend Strömen können das Licht nicht auslöschen, das sie ausstrahlt.«

Er machte eine Pause und fuhr fort:
»Habt Vertrauen, Herr. Ohne Vertrauen ist ein Mann nichts – mit Vertrauen alles. Eure Gemahlin bleibt nicht nur lebendig in Eurer Liebe und Güte, sondern auch in den vier starken, sonnengleichen Söhnen, mit denen sie Euch gesegnet hat. Überwindet Euren Schmerz, Herr, und besinnt Euch auf Euren bewährten Mut wie auf den Mut derjenigen, die tausend Kronen aufgegeben hätte, um diese Falten aus dem Antlitz ihres kaiserlichen Gemahls zu löschen. Überlaßt ihre mütterliche Seele nicht der ewigen Pein. Sie kann erst zur Ruhe kommen, wenn Ihr den Frieden in Euch selbst wiedergefunden habt.«
Er erhob sich und blickte mich wieder mit seinen gütigen Augen an. »Verzeiht mir, wenn ich die Grenzen der Schicklichkeit überschritten habe. Das ewige Leben, die Ehre und das Glück Eurer dahingegangenen Gemahlin liegen in der Hand Eurer Majestät.«

Formlos und selbstverständlich verließ der Astrologe den Raum, während ich in Schweigen zurückblieb. Ich fühlte, wie das Vertrauen in mich selbst und in die Zukunft zurückkehrte. Und damit der Gedanke, daß mein seit Jugendtagen erträumter weißer Marmorpalast am Jamuna-Fluß nun Wirklichkeit werden sollte – als die letzte Heimat meiner toten Gemahlin. Die Worte des Mullah Farid sollten in allen Ornamenten des gewaltigen Kuppelbaues wiederkehren: ›Die Liebe stirbt niemals.‹
In dem türkisch-persisch-christlichen Baumeister Ustad Isa Afandi hatte ich einen mir gemäßen Mann gefunden, der vom Künstlerischen wie vom Handwerk her geeignet war, meine Ideen in Marmor umzusetzen. Ich gab ihm Geld und Zeit. Ich vermittelte ihm den Begriff für sein Schaffen: Steinerne Unsterblichkeit. Und das hieß hier: Solange es Gott gefällt, soll dieses Bauwerk zum Staunen der Welt bestehen. Und wenn es einmal fällt, wie alles vergeht, so soll es genügen, daß es die Menschen, die es gesehen haben, niemals vergessen ...

Aus dem grauen Gleichmut verwandelte sich mein Kummer von neuem in loderndes Leben. Meine Regierung sollte von einem niemals gekannten Glanz überstrahlt werden. Alles, was kostbar – besser: alles, was *schön* war, sollte unter meinem Herrschertum das Reich der Moguln auszeichnen.

Der Kronprinz Dara Shukoh war jetzt neunundzwanzig Jahre alt und mit Gottes und der Ärzte Hilfe von den Blattern völlig genesen. Wie ich selbst hatte er keine entstellenden Narben zurückbehalten.

Nachdem ich den ältesten Sohn meines Vaters, Khusrau, im Jahr Sechzehnhundertdreiundzwanzig beseitigen mußte, brachte der selbst verschuldete Tod meines zweitältesten Bruders Parvez in der schweren Kampfzeit um die Thronfolge für mich eine gewisse Hilfe.

Mein Vater hatte der Familie des Prinzen einen Palast innerhalb des Roten Forts und fast alle seiner einstigen Landlehen auf Lebenszeit überlassen.

Ein Jahr nach meiner Thronbesteigung entsprach ich einem Vorschlag meiner Frau Mumtaz, die vierzehnjährige Tochter von Parvez, die so hübsche wie liebenswürdige Nadira Said-un-Nissa Khanum, mit meinem ältesten Sohn Dara Shukoh zu verloben und ihr damit die Möglichkeit zu geben, einmal Königin von Hindustan zu werden. Diese Verbindung mit ihrem Vetter stellte für mich eine Geste der Wiedergutmachung dar, die alle Herzen berührte, und zudem ein neues Aufblühen alter Mogul-Traditionen.

Mit der Vermählung der beiden jungen Menschen hielt ich die Zeit für gekommen, die offizielle Hoftrauer zu beenden. Die öffentlichen Feierlichkeiten sollten auch dem Volk von meiner neu erwachten Lebensfreude Zeugnis geben. Wie üblich wurde mit Hilfe der Sterndeuter das günstigste Datum festgelegt. Dann ergingen die Einladungen an die Herrscher der befreundeten Länder und besonders an die Königreiche jenseits des Hindukush-Gebirges.

Meine älteste Tochter Jahanara und die künftige Kronprinzessin Nadira Begum wurden von mir beauftragt, für alle Einzelheiten der Hochzeits-Festlichkeiten zu sorgen. Das kaiserliche Schatzamt erhielt Anweisung, für das Aufgebot der Prinzessin und die drei angemessenen Festwochen bis zu dreihunderttausend Rupien auszuzahlen – eine Summe, die in dieser Höhe aus solchem Anlaß noch niemals angesetzt worden war.

Berühmte Musiker, Tanzmädchen und Schauspieler aus ganz Hindustan wurden angewiesen, sich vier Wochen vor Beginn der Feierlichkeiten nach Agra auf den Weg zu machen. Die besten Feuerwerker aus dem Dekkan sollten ein ›Schauspiel für Götter‹ vorbereiten. Für Dichter und Geschichtsschreiber wurden entsprechende Belohnungen ausgeschrieben, damit sie von dem großen Ereignis Zeugnis ablegten.

Die Schüler der persischen und indo-persischen Schulen sollten ihre Vorschläge einreichen, um

soviel Glückseligkeit wie möglich unter dem Klang der Hochzeitsglocken zusammenzubringen.

Die Astrologen sagten für das Paar ›einen blauen Himmel und eine neue Welt des Glücks‹ voraus. Wer konnte damals ahnen, *wie* für die beiden Menschen diese ›neue Welt des Glücks‹ aussehen sollte ...
Jetzt nannte ich die nun siebzehnjährige Nadira *Shirin* nach den alten persischen Erzählungen. Ihre lebhafte Unschuld und vollendete Schönheit waren schon längst Gesprächsstoff im Harem gewesen. Ich hatte das Mädchen eingeladen, mit mir auf dem Aussichtsbalkon über den Mauern des Roten Forts den Elefantenkämpfen und Sportübungen der Jünglinge unseres Landes zuzuschauen; auch begleitete sie mich zuweilen bei den Jagden in den nahen Waldgebieten. Nadira war eine begabte Sängerin von klassischen Raga-Melodien, wobei ich schon früh bemerkte, wie gern ihr mein Sohn Dara zuzuhören pflegte.

Nach genauer Berechnung des Sufi Ghulan Jilani sollte die Hochzeit am fünfundzwanzigsten Januar des Jahres Sechzehnhundertvierunddreißig stattfinden. Bedeutende Maler, Dekorateure und Schriftkünstler arbeiteten zwei Wochen lang am Aufbau der Geschenke. Allein die Gaben aus meinen privaten Sammlungen hatten einen Wert von über zweihunderttausend Rupien und glänzten als strahlende Mitte der Aufstellung. Die Juwelen aus dem Besitz der Dekkan-Sultanate blendeten das Auge mit ihren Kostbarkeiten. Sammlungen von erlesenen Geschenken aus Gujarat, Malwa, Mewar, Bengalen und anderen Ländern des Reiches leuchteten vor dem Hintergrund von Brokaten, Seidenstoffen und anderen Köstlichkeiten in Farbe und Entwurf.

Dieser milde Januartag sollte auch für mich einen Neuanfang bedeuten. Zum ersten Mal seit dem Tod meiner Gemahlin Mumtaz traten die königlichen Musikkapellen wieder auf und ließen die traditionellen Hochzeits-Tonfolgen an allen wichtigen Straßenkreuzungen in Agra erklingen. Kurz nach den Mittagsgebeten erschien die kaiserliche Familie, die Aufstellung der Geschenke im Großen Säulensaal zu besichtigen. Eine Stunde vor Sonnenuntergang kam mein Sohn Dara Shukoh, um ihnen seinen Besuch zu widmen. Obwohl noch jung an Jahren, war er beherrscht genug, sein Glücksgefühl zurückzuhalten; er zeigte niemals Freude oder Sorgen. Dara war aufgewachsen an einem Hof, dem keine Pracht, keine Trauer und kein Greuel fremd war. Ein leises Lächeln war alles, womit er seine Zufriedenheit und seine Dankbarkeit erkennen ließ. Diese Ausgeglichenheit brachte mir Dara Shukoh als meinen liebsten Sohn nahe und ebenso dem Reichsrat, der in ihm die Wiedergeburt eines Akbar Padishah zu erkennen glaubte.

Die älteren Haremsdamen, wie alle anderen Frauen, die zum Serail gehörten – es waren an die dreitausend, ich selbst habe sie nie gezählt – kamen anschließend, um die Pracht zu bewundern, als die Lampen entzündet wurden. Diese Lichter verliehen der Schau den Schimmer einer anderen Welt. Als ich in Begleitung von Jahanara und Nadira Begum erschien, ertönten Trompeten. Einer der Hofpoeten las mit lauter Stimme ein Gedicht zur Ehre der Mogul-Dynastie. Ich überreichte dem verdienten Dichter ein Ehrenkleid und tausend Goldmünzen.

Es heißt, daß die Bedeutung eines Mogul-Kaisers zuerst im Harem erkennbar ist und dann erst am Hof. Daher wußte ich, daß der große Auftritt vor den älteren Damen des Serails über alles entscheidet. Meine Freude an Aufwand und großer Gestik, vereint mit feierlicher Würde, war unersättlich. So trugen selbstverständlich alle Damen, die aus diesem Anlaß hier erschienen, Gewänder von einer Kostbarkeit, die nicht nur das Auge, sondern auch die Phantasie verzauberten. In der Halle selbst traten sie in strenger Ordnung, gemäß ihrer Stellung und dem Rang ihrer Familien an. Töchter und andere weibliche Angehörige nahmen ihre genau festgelegten Plätze hinter den Seniorinnen ein. Den vierzig höchstgestellten Damen kamen Sitzplätze auf den Diwans zu. Die Herren des Adels waren von dieser schimmernden Versammlung ausgeschlossen. Sie verbrachten die Stunde zwanglosen und fröhlichen Zusammenseins in den ihnen zustehenden Räumen des Palastes.

Nadira Begum erschien in einem rotseidenen Gewand – nicht als Braut, sondern als Tochter des Sultans Parvez. Sie wartete hinter ihrer Mutter, um mir ihre Ehrfurcht zu erweisen. Zusammen mit meiner Tochter Jahanara schritt ich zuerst zu dem Hauptpfeiler in der Mitte des Säulen-Saales, wo ich die Begrüßung der Damen entgegennahm, die sich danach zu meinen Seiten aufstellten. Ich erwiderte die tiefe Verbeugung meiner künftigen Schwiegertochter mit einer zarten Berührung ihres Hauptes. Unter allgemeinen Ausrufen der Bewunderung nahm ich aus der Tasche meines Gewandes einen Halsschmuck von Perlen und walnußgroßen Rubinen und legte ihn Nadira um den Nacken. Sie sank, ihre Dankbarkeit bezeigend, in die Knie; doch ich hob sie sofort wieder empor. Im ersten Jahr meiner Regierung hatte ich diese persische Sitte des Fußfalles abgeschafft, weil ich sie als nicht dem Islam entsprechend empfand. Nadira stand gesenkten Hauptes, als ihre Mutter vortrat und mir ein Betel-Blatt, Cardamon und Zucker darbot. Ich nahm die traditionelle Gabe und bemerkte scherzhaft:
»Jetzt braucht Ihr nur noch ein Safran-Zeichen auf meine Stirn zu malen, um aus mir einen echten Brahmanen zu machen!«
Dabei entgingen mir keineswegs die zu Eis erstarrten Mienen einiger Imams und Mullahs, denen sich in auffallender Weise mein jetzt sechzehnjähriger Sohn Aurangzeb zugesellt hatte.

Zwei volle Stunden verblieb ich in der von Schätzen schimmernden Halle und führte Gespräche mit jung und alt. Als es für mich Zeit wurde wieder zu gehen, ertönten aufs neue die Trompeten. Ich erinnere mich an diesen Abend als an einen der unbeschwertesten in meiner Regierungszeit.
Am nächsten Tag fanden die Feiern im Haus der Brautmutter statt, wo die Geschenke von Nadiras Eltern ausgestellt waren. Auch hier erschien ich in Begleitung der kaiserlichen Prinzen und Prinzessinnen, um die Gaben zu bewundern. Es waren Juwelen und kostbare Kleider im Wert von mindestens dreihunderttausend Rupien.
Meinem Sohn Dara schenkte die Mutter der Braut die schönsten Perlen, die Sultan Parvez während der Tage seines Vizekönigtums im Dekkan getragen hatte.
Die feierlichste Stunde kam, als ich, nach der Rezitation von Versen aus dem heiligen Buch, der Braut eine in Gold gebundene Kopie des Korans mit den Worten überreichte: Bei ihrem Eintritt in die Ehe

möge sie dieses Buch in Ehren halten und seinen göttlichen Verpflichtungen in Treue folgen.

Daraufhin wandte ich mich ihrer Mutter mit der Aufforderung zu: Sie möge die Hände erheben zum Zeichen der Bestätigung des ehelichen Treuegelöbnisses als Schlüssel zum Glück ihrer Tochter. Anschließend stimmte der Oberste Mullah feierliche Gebete für das Wohlergehen der junge Eheleute an, in die alle Anwesenden einfielen.

Einundzwanzig Sklavenmädchen und Dienerinnen aus vielen Ländern begleiteten die Braut ihrem Rang entsprechend in ihren Palast.

Die Festlichkeiten zogen sich bis zum ersten Februar hin. Für zwei Wochen erglänzte die Stadt Agra im Licht von Tausenden buntfarbiger Lampen. An jedem zweiten Tag stiegen die flimmernden Kaskaden des Feuerwerks zum bestirnten Himmel, während die Menschen in den Straßen tanzten und sangen.

Aus Persien und den unabhängigen Staaten Zentralasiens erschienen besondere Abordnungen, um mich zu dem glücklichen Ereignis zu beglückwünschen. Auch sie brachten Geschenke im Wert von Millionen Rupien für das junge Paar.

Shah Abbas der Zweite übersandte einhundertundein Rubine von reinstem Glanz in einem Kasten aus geschliffenem schwarzem Marmor. Kein indischer Juwelier war imstande, den Wert dieser Steine auch nur annähernd zu schätzen. Allgemein nahm man an, daß es dieselben waren, die seinerzeit meine Ahne Humayun dem Shah Tahmasp vor annähernd einem Jahrhundert überreicht hatte.

Am siebenten Februar zogen meine anderen Söhne Shuja, Aurangzeb und Murad in Begleitung ihres Großvaters Asaf Khan und anderer hoher Würdenträger in einer Prozession zum Palast von Dara Shukoh, um ihn zu beglückwünschen und in die Halle der öffentlichen Audienzen zu der großen Hochzeits-Zeremonie einzuladen. Dara bestieg den herrlich geschmückten Elefanten Gajraj, der auf beiden Seiten von je einundzwanzig kostbar gekleideten Pagen begleitet wurde. Der Zug glich, nach den Worten des Hof-Dichters Mirza Muhammad Ali

den Engeln, die in die Schlacht der Wahrheit gegen die Falschheit marschierten.

Die drei Prinzen, der Großwesir Asaf Khan und der General Mahabat Khan folgten gleich danach.

In der Halle der öffentlichen Audienzen begrüßten unzählige Gäste aus allen Ländern des Reiches Dara Shukoh mit Weihrauch und Blumengebinden, als er zu seinem erhöhten Sitz am Mittelpfeiler des weiten Raumes schritt. Kurz danach traf ich beim Schall der Trompeten und der Klänge der kaiserlichen Musikkapelle ein. Der große Auftritt unter den in der Halle wiedertönenden Akkorden beschwor eine Vorstellung, die der Hofpoet Mirza Muhammad Ali beschrieb:

Als käme der Himmel herab zur Erde, um einen Zauber zu besichtigen.

Wieder gab es Zeremonien und Gebete, denen die feierliche Überreichung eines Halsbandes von Gold und Perlen an Dara Shukoh folgte. Mein Vater Jehangir hatte es einst mir selbst bei meiner Hochzeit mit der jungen Arjumand Banu umgelegt. Für einen Augenblick senkte sich schmerzliche Erinnerung auf meine Seele. Doch da hörte ich die leise Stimme meiner toten Gemahlin in mir: Die Erinnerung ist das einzige Paradies, aus dem wir nicht vertrieben werden können ...

Beim großen Festzug am Schluß des Feierns ließ man Gold- und Silbermünzen im Wert von zweihunderttausend Rupien über die Häupter von Dara und seiner jungen Gemahlin herabregnen. In Agra und den Nachbarprovinzen folgte für eine Million Bedürftiger eine Speisung mit Ziegenfleisch. In allen Hauptmoscheen des Reiches wurden Gebete für das Glück des jungen Paares verlesen.
Ich war es, der diesem Glanz mein Siegel aufdrückte. Ich war der Große Mogul.
In dieser Stunde vergaß ich ganz, daß in unserem Leben das *Glück* regiert und nicht die Weisheit.

Im Februar des darauffolgenden Jahres heiratete mein zweiter Sohn Shuja die Tochter von Mirza Rustam Safvi; wieder wurde die Hochzeit zum prächtigen Ereignis, doch stand sie in keinem Vergleich zu dem Glanz der des Prinzen Dara. Aurangzebs Heirat mit Dilraz Banu Begum im Jahr Sechzehnhundertsiebenunddreißig hingegen verlief einfach und still. Dafür gab es Gründe.
Wie zu befürchten, war die Ruhe im Dekkan nur ein Zwischenspiel. Nach dem tapferen Veteran Mahabat Khan hatte ich das Vizekönigtum meinem jetzt achtzehnjährigen Sohn Aurangzeb übergeben. Unabhängig von unserem kühl-fernen Vater-Sohn-Verhältnis zeigte er sich als Soldat wie in seinen politischen Zielen streng, leidenschaftlich selbstbewußt und vollkommen überzeugt von dem, was von ihm als meinem Stellvertreter zu erwarten war. Seine Kenntnisse von den Sultanaten waren gründlich und unbeeinflußt; sein Verstand und seine Mäßigung schienen ihn zu einer besonderen Rolle in der Geschichte unserer Dynastie zu befähigen.

In diesen Tagen starb der alte General Mahabat Khan, und es ist bezeichnend, daß gerade er sein Soldatenleben im Dekkan beendete. Er hatte einmal bemerkt:
»Sage mir den Ort und die Art des Todes eines Mannes, und ich will dir sagen, was für ein Mensch er war.«
Und in der Tat wuchs er im Dekkan zum Feldherrn heran – und das Schicksal bestimmte seine Rückkehr dorthin, um ihn zur Höhe seines militärischen Erfolges zu führen. Mahabat Khan sicherte die Autorität des Reiches durch seinen Kampfesmut.
Und dennoch starb er als ein bitter enttäuschter Mann. Sein hoffnungsloser Versuch, das uneinnehmbare Fort von Parenda trotz großer Verluste zu stürmen, veranlaßte mich zu einer harschen Kritik an seinem Aufmarschplan. Der stolze General, der bereits seit mehreren

Jahren an einer schmerzhaften Fistel litt, gedachte sich selbst zu töten, doch ein schiitischer Heiliger erinnerte ihn:
»Was von Allah gegeben wurde, kann nur von Allah genommen werden!«
Daraufhin bat Mahabat Khan um die Erlaubnis zu einer Pilgerfahrt nach einem beschaulichen Ort, wo er ungestört meditieren konnte. Ich sah keinen Sinn darin – gerade für einen Mann der Tat wie ihn, den ich zu kennen glaubte. Meine Antwort war ein ebenso höfliches wie entschiedenes Nein. Wieder rang er mit sich selbst um seine Loyalität in neuer Verzweiflung. Als er sich nach langem Zögern einem als berühmt geltenden Arzt im Dekkan wegen der Operation seiner Geschwulst anvertraute, starb er unter dem Messer des Chirurgen. Ich trauerte tief um ihn; war ich mir doch bewußt, was ich ihm verdankte.

*

Schon mein Großvater Akbar hatte mir von den stolzen Afghanen erzählt, mit denen ich – nicht zuletzt durch Khan Jahan Lodi – meine eigenen Erfahrungen machen mußte. Obgleich offiziell eine Provinz des Mogul-Reiches, mußte Afghanistan immer wieder von uns erobert werden. Die angeborene Liebe zur Unabhängigkeit und ihre Abneigung gegen jede fremde Autorität verlieh den afghanischen Stämmen die Eigenart ewiger Rebellen. Babur herrschte über sie mehr als zehn Jahre, doch das gegenseitige Mißtrauen war so groß, daß der Kaiser in seinen Aufzeichnungen vermerkte:

> *Die Worte Treue und Freundschaft bleiben in den Staub geschrieben, soweit es die Beziehungen zwischen unseren beiden Völkern betrifft.*

Humayun mußte Kabul dreimal erobern, bevor er die Stadt als Ausgangsbasis für die Wiedererlangung Indiens benutzen konnte. Akbar und Jehangir konnten ihre Ansprüche auf diese Region nur für kurze Zeit aufrechterhalten. Entfernung, Stammesfehden wie das Klima hinderten sie an größeren Unternehmungen in Zentral-Asien. Vielleicht waren ihre Ansichten vernünftiger als die meinen. Ich war von dem Gedanken besessen, alle Länder zurückzuerobern, die einst Timur unterworfen hatte. Und tatsächlich besaß keiner meiner Höflinge den Mut, mich von diesem phantastischen Vorhaben abzuhalten. Und dem entsprach der Preis, den ich zuletzt an Ansehen, Glaubwürdigkeit und Geld zu zahlen hatte.

Und dennoch bestand ich darauf, meinen Traum von der Ausdehnung des Mogulreiches bis nach Persien zu verwirklichen. Der erste entscheidende Schritt für den Einmarsch in die Länder jenseits des Oxus war die Befriedung von Afghanistan. Tatsächlich gelang es mir, einige schwankende Häuptlinge mit Hilfe entsprechender Geldsummen zeitweilig auf meine Seite zu bringen. Ich schickte meinen Sohn Shuja und andere hohe Offiziere nach Kabul, die Auszahlungen ebenso wie den Aufbau der Verwaltung zu überwachen. Trotz meiner Friedensbeteuerungen hatte ich zuletzt die Eroberung von Samarkand im Sinn.

»Nichts ist so tyrannisch wie ein schlechtes oder unzureichendes Gesetz«, sagte ich zu meinem Großwesir Asaf Khan. Meine Anordnungen wurden getreulich ausgeführt. Während eines Jahres kehrten Frieden und Ruhe in Kabul ein. Die Berichte, die ich von meinem Sohn Shuja erhielt, sprachen von

> *den Segnungen Allahs, in denen das Mogulreich von Hoch und Niedrig respektiert wird und daß die widerspenstigen Stimmen in keinem Teil des Landes mehr vernommen werden.*

Nachdem ich mich in Kabul selbst von dem schönen Schein überzeugt hatte, bereitete mir bei meiner Rückkehr die Stadt Lahore den Willkommensgruß eines Helden. Während jetzt viele Fürsten Zentral-Asiens meine Oberhoheit anerkannten, blieb das Verhältnis zu Persien unsicher. Weder ich noch der jetzige Shah Safri gaben den Anspruch auf die Grenzstadt zwischen Afghanistan und Persien, Kandahar, auf. Der kranke Shah und ich nannten uns offiziell ›Brüder‹ – doch jeder wußte von den Absichten des anderen.

Da starb der Shah am zweiten Mai Sechzehnhundertzweiundvierzig. Das persische Reich hatte viel von seiner Macht verloren. Die Türken-Sultane waren mehrmals von Westen her und im Osten die Uzbeken einmarschiert. Die Tataren wie die Moguln nahmen an den Grenzen an sich, was sie wollten. Kandahar blieb unter unserer Souveränität.

Der neue Shah Abbas der Zweite war gerade achtzehn Jahre alt, als er den Thron bestieg, und er schien sich des Verlustes von Macht und Einfluß seines Landes bewußt zu sein.

Er schickte mir einen Brief, in dem er keinen Zweifel daran ließ, wie er dachte. Kandahar, hieß es darin, sei schon ein Teil Persiens gewesen, bevor die Dämmerung der Schöpfung hereinbrach.

Ich war verblüfft und schickte eine Note zurück, in der ich ebenso feststellte, daß die Zeit der diplomatischen Feinheiten offenbar leider vorüber sei und daß die Souveränität der Moguln über Kandahar bestünde,

seit Unser großer Ahne Babur das Reich von Hindustan gründete.

Ohne eine Antwort abzuwarten, beauftragte ich meinen Sohn Aurangzeb, eine Armee ›für die Stärkung Unserer Streitkräfte in Kandahar‹ anzuführen. Was ich nicht wußte, war, daß der junge Shah bereits von dem Grenzort Bala Hisar Besitz ergriffen hatte und daß die Masse meiner Garnison in Kandahar entweder geflohen oder sich mit den Gruppen der unzufriedenen Söldner verbunden hatte, die ihre Dienste den Meistbietenden zu verkaufen bereit waren.
Ungeachtet der lauernden Gefahren marschierte Aurangzeb in Richtung Kabul, nicht nur, um Kandahar zu halten, sondern um die Perser auch aus den von ihnen eroberten Gebieten zu vertreiben.

Aurangzeb war überall. Er trug weder eine Rüstung noch einen Schild. Sein Vertrauen in Allah war vollkommen. Den Tod nannte er den besten Freund eines Mannes und eine Welt ohne Ende. Jede Ausschweifung war ihm fremd. Als Tatmensch verlor Aurangzeb ungern seine Zeit mit Diskussionen. Doch das Perserreich blieb unerobert. Mittlerweile war ich selbst wieder nach Kabul aufgebrochen und richtete dort mein Hauptquartier ein. Der heraufkommende Winter machte die Lage noch schwieriger. Aurangzeb nahm die Niederlage als von Allah gegeben hin. Er erbat nicht einmal neue Befehle von mir. Nun sollten die Prinzen Dara Shukoh und Shuja, wie ich meinte, erfüllen, was Aurangzeb versäumt hatte.
In den bitter kalten Wintertagen empfing ich Aurangzeb in Kabul auf seinem Rückzug. Zwei Jahre später beauftragte ich ihn noch einmal mit einem größeren und besser ausgerüsteten Heer. Und wieder kehrte er als Besiegter nach Kabul zurück. Diesmal wartete ich über zwei Monate, bis ich ihn empfing. Er erklärte mir ruhig, daß ein Mann nichts anderes sei als ein Instrument nach Allahs Willen. Ich wollte nicht wahrhaben, daß auch Aurangzebs zweite Niederlage in meinem eigenen Über-Ehrgeiz begründet war.

Dennoch entschied ich mich, eine neue Mammut-Armee zur Rückeroberung von Kandahar auf den Weg zu schicken. Diesmal ernannte ich meinen ältesten Sohn Dara Shukoh zum Oberkommandierenden. Ich zog ihn nicht nur darum vor, weil er mir der liebste von allen Söhnen war. Dara Shukoh stand dem religiösen Liberalismus Akbars und meines Vaters Jehangir nahe und studierte sogar den hinduistischen Mystizismus. Er war zuverlässig und nachdenklich. Aurangzeb war vielleicht der bessere Soldat, aber Dara war eine stärkere Persönlichkeit, ein Mensch des Lernen-Wollens und unendlicher Naturliebe.

Am ersten Februar Sechzehnhundertdreiundfünfzig verließ Dara Lahore im vollen Bewußtsein der Gefährlichkeit seiner Aufgabe. Gefühlsmäßig lehnte er lange Belagerungen ab. Angesichts der offenbar unerschütterlichen Verteidigung Kandahars entschloß sich Dara zum Sturmangriff, bevor Ausbrüche der Eingeschlossenen ihn selbst gefährdeten. Es gab große Blutverluste, wenige Gewinne und viele Rückschläge. Während Aurangzeb seinen Mißerfolg dem Willen Allahs zuschrieb, begründete ihn Dara mit der ungeheuren Überlegenheit der persischen Artillerie und der starken Willenskraft des jungen Shahs, der Kandahar zu seinem Prestige-Objekt gemacht hatte. Als Dara nach Lahore zurückkehrte und er mir seinen Bericht vorlegte, stellte ich halb lächelnd und halb traurig fest, daß er seinen Mißerfolg keineswegs der unberechenbaren Macht des Schicksals zuschrieb. Ich schloß Dara in meine Arme, fest überzeugt, daß die Zukunft des Reiches bei ihm in guten Händen liege. Leider sollte sich diese Feststellung als schlechte Prophetie erweisen...

War ich einst ein Vulkan von rationalem und irrationalem Ehrgeiz, so waren diese Feuer nun am Erlöschen. Kandahar verhöhnte mich wie nie zuvor. Meine eingebildete Klugheit wie mein militärischer Scharfsinn lagen verschüttet in den unzugänglichen Bergschluchten zwischen Kabul und Kandahar. Der langsam emporwachsende schneeweiße Kuppelbau am Jamuna-Fluß sollte zum Monument meiner Sehnsucht werden – Kandahar das meiner Lebensniederlage.
Ich blieb für mich selbst stets ein Rätsel. Auf der einen Seite wollte ich wie mein Großvater Akbar sein, auf der anderen ein Teil meines Vaters Jehangir und ein Philosoph, der das Göttliche mit dem Unberechenbaren gleichsetzte...

Auf meiner Seele lastete die Schmach von Kandahar. Einst hatte ich geglaubt, daß ich niemals den Geschmack der Niederlage auf der Zunge verspüren würde. In meiner Verzagtheit flüchtete ich mich in den schweren Schiras-Wein, den auch mein Vater bevorzugt hatte. Hinzu kamen einige Pfeifen mit Opium und die entsprechenden Vergnügungen des Leibes in meinem Harem, den ich so viele Jahre vernachlässigt hatte. Musiker, Tänzer und Tänzerinnen verschönten meine Tage und mehr noch die Nächte. Doch sie halfen mir wenig, zu meinem früheren Selbstvertrauen zurückzufinden. Reue ist unweigerlich das tödlichste Gift jeder sinnlichen Freude. Bald mußte ich feststellen, daß ich um so tiefer in den Abgründen des Mißtrauens gegen meine eigenen Fähigkeiten versank. Zuletzt ermüdeten mich die Genüsse mehr als früher meine Aufgaben als Herrscher. Die Lust des Augenblicks war für mich niemals der Sinn des Lebens gewesen. Nun, da ich sie suchte, erfüllte mich doppelte Leere.

Schlimmstenfalls konnte man mir gelegentlichen Mangel an Wirklichkeitssinn vorwerfen, wenn ich mich allzu sehr in meine künstlerischen Träume verlor. Eine Marmorintarsie, die von den Europäern *Pietradura* genannte Einlegearbeit von Halbedelsteinen und verschiedenfarbigem Marmor in zartesten Blumen- oder Pflanzenornamenten, konnte mich ebenso fesseln wie der Aufriß einer sich über schlankem Hals erhebenden Marmorkuppel, die vor dem verblühenden Abendhimmel flimmerte ...
All das führte mich zu einer zeitweise geistigen Entrücktheit, die mich immer mehr von meinem Sohn Aurangzeb entfernen sollte. Galt das jetzt auch für die anderen Menschen?
So erfuhr ich durch Zufall, daß man mich des allzu vertraulichen Umganges mit meiner ältesten Tochter Jahanara und unwürdiger Beziehungen zu den Frauen meiner Generäle verdächtigte. Hinzu kamen die bösartigen Berichte weißer Reisender, die zwar keinen Zutritt zum Hof, dafür aber um so fragwürdigere Informanten hatten, wenn sie nur genügend ›Handsalbe‹ ins Spiel brachten ...

*

Hatte ich wirklich vergessen, daß für mich das Feldlager des Soldaten und nicht das Serail die Schule des Lebens war?
Am Hof meines Vaters Jehangir war neben dem Afghanen Khan Jahan Lodi der Gouverneur von Bundhela, Bir Singh Dea, zu höchsten

Ansehen gelangt – nicht zuletzt wegen seines Anteils an der Ermordung des kaiserlichen Historiographen und Heerführers Abul Fazl, der mehr zu Papier brachte, als ihm selbst gut tat. Schließlich wollte die Malika Nur Jahan bestimmen, was der geschichtlichen Überlieferung an die Nachwelt wert war ...

Was Bir Singh Dea anging, so hatte ihn mein Vater neben Khan Jahan als seinen treuesten und vertrauenswürdigsten Ratgeber betrachtet. Ich selbst glaubte, die menschliche Natur besser zu durchschauen. Ich setzte Loyalität eher mit einem Instinkt gleich und nicht mit besonderer Tugend. Alle, die in den Tagen der Auflehnung gegen meinen Vater nicht auf meiner Seite waren, sah ich als meine Gegner an, und ich beschloß bei meiner Thronbesteigung, einen nach dem anderen von all denen zu beseitigen, deren Vertrauenswürdigkeit mir irgendwie verdächtig erschien. Auf dieser Liste von Würdenträgern stand Bir Singh ganz oben. Der Gouverneur von Bundhela starb allerdings bald, und so entkam er seinem Schicksal. Die ihm übertragenen Ländereien gingen an seinen ältesten Sohn Jauhar Singh über. Er sah für einen Mann keinen Grund, seine Fesseln zu tragen, auch wenn sie aus Gold waren. Wie für den Afghanen Khan Jahan Lodi war ihm der Gedanke, sich einem fremden Herrscher zu unterwerfen, unerträglich. Die Geschichte wiederholte sich also – nur, daß es sich bei Jauhar Singh um einen der mächtigsten Hindu-Fürsten handelte. Als ich seine Machenschaften durchschaute, marschierte ich selbst nach Gwalior, um die Durchführung einer dreiseitigen Zangenbewegung mit Hilfe meines Sohnes Aurangzeb und der zuverlässigsten Generale zu sichern. Selten war eine solche Streitmacht aufgeboten worden, um ein Fürstentum wie Bundhela in die Knie zu zwingen. Das Charisma von Nur Jahan beherrschte noch immer einen Teil der Herren in den südlichen und zentralen Regionen. Die in meinem Namen erfolgten Exekutionen von Prinzen meines eigenen Hauses, vor allem aber die Ermordung meines Bruders Shariya wie die Kaltstellung der allmächtigen Malika, waren bei einem großen Teil des einflußreichen Hochadels nicht vergessen.

Ich gedachte ein Exempel zu statuieren und in diesem Teil des Reiches endgültig die Ruhe herzustellen. Jauhar Singh, der wenig Neigung zeigte, zu kapitulieren, zog sich in die Festung Orcha zurück. Seine Hoffnung auf Unterstützung anderer Hindu-Fürsten erfüllte sich nicht. Keiner von ihnen wagte es, sich meinen Zorn zuzuziehen.

Es gab Kämpfe und Niederlagen für Jauhar Singh, der zuletzt noch einmal Zuflucht zur Diplomatie nahm, indem er seine Lehensverpflichtung mir gegenüber bestätigte. Ich schickte einen hochrangigen Gesandten nach Orcha, um die Übergabe der Festung auszuhandeln. Die Bedingungen waren: Drei Millionen Entschädigungszahlungen, Rückgabe der besetzten Gebiete und Aushändigung eines der Enkel Jauhar Singhs als Geisel; dazu die schriftliche Verpflichtung, zum Neujahrstag an meinem Hof persönlich zu erscheinen.

Jauhar Singh empfing meinen Gesandten nicht nur mit Ehren, sondern mit auffallender Unterwürfigkeit. Sein sonniges Lächeln konnte meinen Abgesandten nicht täuschen, der die Verhandlung in der Art orientalischer Botschafter eröffnete, indem er mit feierlichen Worten die göttlichen Eigenschaften seines kaiserlichen Gebieters pries. Worauf er – mit geringerer Überschwenglichkeit – Jauhar mitteilte, daß der Kaiser in seiner göttlichen Weisheit beschlossen habe, den Raja an einen sicheren Platz zu schicken, bevor das Vergangene in der Hölle der Vergessenheit versinke und Jauhar Singh durch neuen Verrat die Reichseinheit noch einmal gefährde. Woraufhin der Raja dem Gesandten unmißverständlich zu verstehen gab, daß er lieber kämpfend zu sterben, als sich zu unterwerfen gewillt war.

Die neu entflammenden Feindseligkeiten wuchsen sich aus zu einer nationalen Erhebung gegen die ›feurigen Wurfspieße der Moguln‹, wie es in volkstümlichen Gesängen aufklang. So entschloß ich mich, meinen Sohn Aurangzeb trotz seiner Jugend zu beauftragen,

die Vorhut der rebellischen Abtrünnigen zu zermalmen zum Ruhm des Reiches und des Islam.

Diese Aufgabe kam dem längst erkennbaren Ehrgeiz des frühreifen Jünglings und seinem nicht weniger deutlichen Bekenntnis zum orthodoxen Glauben entgegen. Schon früher hatte sich gezeigt, daß er seine verstorbene Mutter Mumtaz Mahal so wenig liebte wie mich. Aurangzeb kannte nur ein Ziel: Ausrottung aller Ungetreuen – und das waren vor allem die ›Ungläubigen‹ im Sinne des strengen Islam. Noch bereitete mir dieser jugendliche Haß-Überschwang geringere Sorge. Ich zeigte mich sogar erfreut über den Eifer des Prinzen und forderte seine Adjutanten und Offiziere auf, die Begeisterung ihres Oberkommandierenden zu respektieren. Leider bedachte ich zu dieser Zeit nicht, daß ich das Feuer des Aufruhrs damit nur noch mehr entfache. Und nicht nur das: Daß ich hier zum ersten Mal Gefahr für meine eigene Herrschaft heraufbeschwor ...

Ein kleines Feuer kann schnell ausgetreten werden, doch wenn wir es länger wüten lassen, sind keine Flüsse imstande, es zu löschen. Könnten wir im Buch des Schicksals lesen, wäre manche menschliche Tragödie niemals geschehen.
Aurangzeb zögerte nicht, über Bundhela Zerstörung und Vernichtung zu bringen. Seine Unterführer rieten ihm zur Mäßigung, aber der junge Prinz war wenig geneigt, seine Erfolge durch Menschlichkeit abzuschwächen. An seinen Großvater Asaf Khan schrieb er:

Die Rebellen verstehen nur die Sprache des Schwertes. Wir wollen keinen Abtrünnigen überzeugen, sondern ihn mit Gewalt unterwerfen und seinen Anhängern keine Gnade gönnen. Jauhar Singh will Unabhängigkeit – wir werden ihm den Tod bescheren. Der große Allah ist mit uns. Die Ungläubigen werden vergeblich zu ihren Göttern beten.

Über das Volk von Bundhela brach eine furchtbare Katastrophe herein. Die Verluste durch den Monsunregen verschlimmerten noch die Lage.
Jauhar Singh wußte sehr wohl, daß es kaum möglich war, mit überbewertetem Heldentum und leerem Magen zu überleben. Es gelang ihm und seinem Sohn, aus Orcha zu entfliehen. Es war nicht das erste Mal, daß er meinen Truppen in die Wildnis unbewohnter Gebiete entkam. Für ihn und seinen Sohn war die Vaterlandsliebe ein moralischer Grundsatz; mehr noch bedeutete für einen Rajputen Leben und Tod ein Ganzes. Eines war der Beginn des anderen. Unterzugehen in einem ungleichen Krieg, war für einen Rajputen der Weg zur Unsterblichkeit, wie es auch Khan Jahan Lodi gezeigt hatte.

Alle bedeutenden Forts von Bundhela fielen in kurzer Zeit. Aurangzeb blieb seinem Schwur treu: Alle Hindu-Heiligtümer wurden entsprechend dem Rat seines obersten Imams geschändet, Hindu-Priester und Tempelwächter ihrer Häuser und Lehen beraubt, die Figuren der Götter und Göttinnen zerschlagen und in den nächsten Teich oder Fluß geworfen. Die berühmte Shiva-Statue im Tempel von Chaurgarh wurde mit Kohle geschwärzt, bevor man sie mit dem Hammer in winzige Stücke schlug. Allein das aus dem Tempel von Chaurgarh geraubte Gold und Silber – von den Kunstwerken zu schweigen – wurde auf einen Wert von fünfundzwanzig Millionen Rupien geschätzt.

Es war Aurangzebs erste Bewährung. Sein Hunger nach Raub und Zerstörung der Kultur aller ›Ungläubigen‹ wuchs noch mit seinem Alter. Allein während meiner Lebenszeit sollte er – entsprechend den höchsten Grundsätzen des Islam, wie er es nannte – mehr Schätze aus den Hindutempeln rauben, als in den Gewölben des Roten Forts von Agra aus der Regierungszeit des Kaisers Akbar ruhten. Und Akbar besaß, wie es hieß, mehr Gold und Silber als alle anderen Herrscher in der Welt zusammen ...

Und so ergab es sich, daß Aurangzebs Jagd auf Jauhar Singh nahe der Grenze von Golconda endete. Die Flüchtlinge wurden von der Mogul-Armee samt einem großen Teil des Harems in ihrem Lager eingekreist und gefangen. Die dem Bericht nach *so treuen wie tapferen Damen* in die Hand des Feindes fallen zu lassen, bedeutete für den Hindufürsten eine Entehrung der noblen Bundhela-Tradition. Da die für die heilige Verbrennungs-Zeremonie erforderliche Holzmenge in der Eile nicht zusammenzubringen war, ergriff der Raja selbst das Schwert. Er nahm es auf sich, die als *so zart wie Lilien und frisch gefallener Schnee* gerühmten Frauen zu töten. In Minuten wurde das Lager zum Schlachthaus, wo die Mogul-Soldaten, über ›Glieder ohne Frauen und Frauen ohne Glieder‹ spottend, nach Herzenslust wüten durften.

Jauhar Singh und seinem Sohn gelang es noch einmal, in den Dschungel zu entkommen. Dort wurden sie zuletzt – was selbst Aurangzeb nicht vollbracht hätte – von einer Räuberschar überfallen und in Stücke gehackt. Die Körper-Reste wurden wenige Tage später von Suchtrupps der Mogul-Armee gefunden. Sie schickten, der Gewohnheit entsprechend, die Köpfe des Raja und seines Sohnes nach Agra.

Jauhar Singh war besiegt und getötet; das Feuer der Freiheitsliebe und Selbstachtung in Bundhela glühte weiter. Dafür wurde es zum besonderen Abenteuer, die verborgenen Schätze dieses reichsten Fürsten von Hindustan ausfindig zu machen, die sich in Dschungelverstecken und geheimen Gewölben verbargen.

Unduldsamkeit hat auf dieser Welt einen ewigen Frühling. Eine fromme Grausamkeit gebiert die nächste. Für Aurangzeb sollte das bedeuten: Massenbekehrungen und nicht weniger massenhafte Entweihungen von Hindu-Heiligtümern. Der herrliche, für seine prachtvolle Architektur weit berühmte Tempel von Orcha wurde bis auf den Grund zerstört. Die Großmut eines Akbar war vergessen.
Fürstliche Paläste wurden rücksichtslos nach verborgenen Schätzen durchsucht. Die Beute blendete Aurangzebs Augen. In einem Brief an mich gebrauchte er die höchsten Lobpreisungen zur Beschreibung der von ihm zusammengerafften Reichtümer, die es dem großen Allah gefallen habe, in unseren Schoß zu werfen. Die unschätzbaren Mengen von Perlen, Gold, Schmuckstücken von feinster Kunstfertigkeit wurden in seiner Gegenwart in versiegelte, stählerne Kästen gepackt und unter strengster Bewachung nach Agra geschickt.

Die Orgie von Räuberei und Zerstörung lähmte das Volk von Bundhela. Für die Söhne und Verwandten von Jauhar Singh befahl Aurangzeb die gewaltsame Bekehrung zum Islam. Die Weigerung, dem Hinduismus abzuschwören, bedeutete Tod.
Zwei von Jauhar Singhs Enkeln entkamen diesem Schicksal wegen ihres zarten Alters. Anstelle dessen wurden beide auf einem Auge geblendet und vor die Wahl gestellt, entweder innerhalb von sechs Monaten zu Anhängern des Propheten zu werden oder das zweite Auge zu verlieren. Am letzten Tag vor Ablauf der Frist entschlossen sich beide, das Gebet zum Preise des Propheten aufzusagen. Auf diese Weise wurden alle neunundsiebzig nahen Verwandten des Rajas getötet oder bekehrt.
Die Frauen der regierenden Familie von Bundhela wurden wie üblich entweder Sklavinnen oder an die Mogul-Offiziere verschenkt, die sie in ihren Harem aufnehmen wollten. Aurangzeb selbst war ein Asket; Frauen lockten ihn nicht. Er sah sich selbst in der Rolle eines Messias und getreuen Dieners Allahs – eines Bannerträgers, dafür bestimmt, das Licht des Islam in Hindustan zu verbreiten.

Der einzige, der es wagte, seine Stimme laut gegen diese Tyrannei zu erheben, war ein frommer Brahmane, der dem Prinzen eines Tages in einer belebten Straße begegnete und ihm zurief, daß es alle Menschen ringsum hören konnten:
»O du Enkel des großen Maharaja Akbar, deine Lebensaufgabe ist es,

der Stimme des Volkes zu lauschen. Unsere Leiden und unsere Qualen kommen von dir, aber unsere Seelen gehören uns. Gott schenkte dir den Sieg und so gab er dir die Möglichkeit, uns zu dienen. Das ist die höchste Form des Königtums, wie es unsere heiligen Schriften offenbaren. Weiche nicht von dieser hohen Bestimmung ab. Laß die Liebe die Waffe sein, mit der du unser Land regierst!«

Als man mir von dem Vorfall berichtete, erkundigte ich mich sogleich, wie sich mein Sohn auf den Anruf des heiligen Mannes verhalten habe. Man sagte mir, daß Aurangzeb befohlen habe, den bereits Festgenommenen am nächsten Tag vor ihn zu führen. Der Brahmane zeigte sich ohne Angst, sogar entzückt über die Gelegenheit, zu dem Prinzen von Angesicht zu Angesicht zu sprechen. Er wurde in den Palast gebracht, um den erwarteten Urteilsspruch anzuhören. Aurangzeb blickte auf den bescheidenen Mann mit der klaren Stirn und den furchtlosen Augen. Der Prinz ließ keinen Zorn erkennen, eher die kalte Nüchternheit eines Richters, als er ihn aufforderte, zu wiederholen, was er ihm am Tag zuvor zugerufen hatte. Der Brahmane gehorchte; dann fügte er, wie man mir berichtet hat, hinzu: »Könige unterscheiden sich im allgemeinen nicht von ihren Untertanen. Der Lotos duftet für sie so süß wie für den gemeinen Mann. Wir alle sind Teile einer göttlichen Offenbarung. Mißtraue uns, und du mißtraust dir selbst. Nur der Glaube ist es, der Treue gebiert. Ich bin einer von denen, o Prinz, denen Gott manchmal etwas ins Ohr flüstert. Man hat mir geraten, ich solle dich an die Unklugheit deiner Politik erinnern. Ich habe meine Pflicht getan. Schick mich auf das feurigste Rad, wenn es dir gefällt. Ich werde frohlocken über die Erfüllung von Gottes Willen.«

Es soll eine tönende Stille ringsum im Saal geherrscht haben, als der Brahmane schwieg. Aurangzeb saß unbeweglich auf dem Thron des Vizekönigs. Der Adjutant, der zu seiner Rechten stand, wartete auf seinen Befehl. Der Prinz blickte unentschlossen drein. Niemals war ihm eine Wahrheit in so schlichten wie deutlichen Worten gesagt worden. Jedenfalls war er zu stolz, die eigene Niederlage einzugestehen. Er konnte natürlich nicht – nicht einmal im Prinzip – einem Mann zustimmen, dessen Gott ein anderer war als der seine. Er bezeichnete den Brahmanen verächtlich als einen ›Mondsüchtigen‹ – der einzige Weg, auf dem er den frommen Mann ungestraft ziehen lassen konnte. Aurangzebs Unduldsamkeit schien für eine Weile gemildert. Die ihm noch in Bundhela gegebene Zeit blieb in gewisser Weise eine Periode der Selbstkontrolle ...

Ich habe viel über meinen Sohn, der mein größter Feind werden sollte, nachgedacht. Im Grunde seines Herzens, das allerdings nicht mit der üblichen menschlichen Wärme schlägt, ist er auf seine Art ein frommer Mensch. Er war niemals in der Lage zu erkennen, daß es zuletzt nur einen Gott, ein Volk, einen Himmel und eine Hölle gibt. Diese Unfähigkeit, die göttliche Weite zu erahnen, zeichnet sein Leben als Herrscher. Die mystische Vielseitigkeit und Unübersehbarkeit des Hinduismus blieb jenseits seines vom Islam und seiner Eindeutigkeit geprägten Verstandes. In seinen Briefen an mich – solange er mich noch als Kaiser anerkannte – betonte er zuweilen diese Aufforderung und die

Unvereinbarkeiten, die die Hindu-Religion zum Gelächter der Weisheit macht.

Zugleich berichtete er mir eingehend von den sagenhaften Reichtümern und der Schönheit Bundhelas. Was die Natur versäumt hatte, betonte er, werde durch die begabten Architekten, Gärtner, Bauern und Handwerker vervollkommnet. Die Landschaft entzückte ihn mit ihren Flüssen, ihren Tälern und Wäldern wie jeden, der die Natur liebt. Fast wider Willen lobte er die Menschen des Landes, ihre Mannhaftigkeit, ihre Gefolgschaftstreue und Liebenswürdigkeit, sofern man ihren Stolz nicht verletzte. Doch wenn Aurangzeb über den künftigen Frieden sprach, nachdem er die Ruhe wiederhergestellt habe, siegte die Selbsttäuschung über die Realität. In seinen Briefen versäumte er niemals, mich aufzufordern, das Land zu besuchen und selbst die Erfolge seiner ersten militärischen Unternehmungen zu besichtigen. Ich folgte der Einladung – mehr der Befriedigung meiner eigenen Neugier wegen, als mich über die Art und Weise seiner Herrschaft befriedigt zu zeigen.

Meine Reise von Agra nach Orcha dauerte zweiundzwanzig Tage. Dort wurde ich mit Meldungen und Gerüchten über blutig unterdrückte Aufstände empfangen. Aurangzeb widersprach heftig und versicherte mir, daß im Fürstentum vollkommener Friede herrsche

und alle widerspenstigen Elemente ausgemerzt seien. Ich glaubte die Menschen des Landes besser zu kennen und bemerkte freundlich, daß ein fortwährend unterjochtes Volk nicht auf unbegrenzte Zeit den Frieden halten könne. Aurangzeb, der – sehr zu Recht – eine Kritik aus meinen Worten herauslas, erwiderte, daß Menschlichkeit, Gerechtigkeit und Vernunft nur solange Geltung hätten, wie sie mit dem Wort des heiligen Propheten übereinstimmten:
»Als erstes kommt der Islam. Alles andere ist zweitrangig. Sagt nicht der Prophet selbst, daß der Himmel und die Sterne für den Gläubigen ein Zeichen sein sollen?«
Ich konnte mir ein Lächeln über den frommen Eifer meines Sohnes nicht versagen, doch meine Umgebung spürte die Wolken meines Unwillens, die über unserer Begegnung lagen.
Ich begab mich in die Landstriche, wo sich die rebellischen Elemente verbergen sollten. Das Volk war durch die lange Leidenszeit in seinem Patriotismus keineswegs duldsamer geworden; die Rebellion war nicht erstickt.

Aurangzeb zeigte sich von den elenden Lebensbedingungen unberührt. Von den Erfolgen seiner Statthalterschaft erblickte ich vorwiegend Ruinen. Ich hielt mich in meiner Meinung über die Auswirkungen seines religiösen Fanatismus vorerst noch zurück – in der Hoffnung, daß die Zeit und die Erfahrung eine heilsame Ernüchterung in seinem Eifer mit sich bringen würde.
Bei einem Abschiedsempfang erhielt Aurangzeb Ehrenkleider von höchstem Wert, aber nicht die erwartete Bestätigung als offizieller Vizekönig des Dekkan. Der Vater-Sohn-Konflikt nahm erkennbare Formen an. Ich wußte, daß Aurangzeb mir meine Geburt von einer Hindu-Prinzessin niemals vergeben würde.

Alle Tragik der Menschen untereinander beruht auf ihrer unzureichenden Kenntnis voneinander. Das gilt auch von den Völkern. Die vierte Dekade des siebzehnten Jahrhunderts nach christlicher Zeitrechnung war in Hindustan eine Periode der Unsicherheit und politischer Verwirrung. Der Tod meines Ahnen Babur hatte in Agra ein Macht-Vakuum hinterlassen, das sein Sohn Humayun nicht entsprechend auszufüllen in der Lage war. Humayun war ein guter Mensch, aber kein guter Herrscher, der weder die Visionen noch die Kraft seines Vaters besaß. Die andauernden Unruhen im Mogulreich und vor allem in Bengalen reizten die portugiesischen Händler, die sich mit bewundernswerter Rücksichtslosigkeit bereits auf Ceylon, den Molukken und in Goa festgesetzt hatten. Sie begannen sich gleichsam als eine europäische Vorhut auf dem indischen Kontinent einzurichten. Zugleich bauten sie durch sorgfältige Planung und großzügigen Gebrauch ihres materiellen Reichtums ihren Besitz zu weitreichenden Geschäftsverbindungen aus, die sie durch Sklavenhandel und Piraterie erfolgreich ergänzten.

Den bengalischen Hafen Hugli, unweit der späteren englischen Niederlassung Calcutta und an einem der unzähligen Wasserarme der Gangesmündung gelegen, hatten die Portugiesen in eine starke Festung verwandelt, die auf der einen Seite durch einen Flußarm und auf der anderen Seite durch weite und tiefe Gräben geschützt war. Hier trafen Handelsschiffe aus Goa wie aus China oder den Molukken ein. Schwere Kanonen und Feldbatterien wurden an den strategisch wichtigen Punkten überall um den Hafen aufgestellt. Innerhalb eines Jahres wurde Hugli zu einem blühenden Zentrum des portugiesischen Lebens mit fragwürdigen Gast- und Spielhäusern, Tanzhöhlen und den dazugehörigen Sklavenmädchen, Bierläden wie einer

Kirche, in der Männer und Frauen jeden Sonntag zusammenkamen, um sich von den Sünden der vergangenen Woche freisprechen zu lassen. Dabei setzten die eifrigen Missionare bei der unwissenden Bevölkerung die alterprobten Bekehrungsmittel ein, um die Menschen vom Glauben ihrer Väter abzubringen.

Wo immer sie sich festbissen, ließen die Portugiesen zunächst das Eigentum von Hindus und Muslims in Ruhe. Doch starben diese und hinterließen minderjährige Kinder, wurden sie als Sklaven verkauft und ihr Eigentum beschlagnahmt. Sie duldeten keine anderen Priester in ihren Gebieten. Kam zufällig ein Hindupriester dorthin, wurde er zu Tode gequält; war er Muslim, hielt man ihn für längere Zeit fest. Das Gepäck der Reisenden wurde vor allem nach Tabak durchwühlt, auf den sie ein Monopol zu haben behaupteten. Im Gegensatz zu den Hindutempeln waren ihre Kirchen verdächtige Orte, in denen ständig in besonderen Lampen Kampfer brannte. Entsprechend ihrem Glauben waren die Kirchen mit wenig geschmackvollen Bildern vollgestopft. In den Kirchen der Engländer, die ja auch Christen sind, finden sich, wie man mir berichtete, keine solchen Götzenbilder zur Verehrung.

Der Anreiz des Geldes und gewinnreicher Tätigkeit ließen die Zahl der Kirchgänger in der Kolonie schnell anwachsen. Wie die portugiesischen Händler in Hugli mit Hilfe ihrer legalen oder illegalen Mittel riesige Reichtümer zusammenrafften, säten sie bewußt Mißliebigkeiten zwischen Reichen und Armen, was im allgemeinen hieß: zwischen Christen und Hindus und Muslimen.

Im Jahr Fünfzehnhundertvierunddreißig hatte Humayun den Portugiesen das Salzmonopol gegen eine Zahlung von jährlich zehntausend Rupien überlassen. Solange die Fremden diese Summe in die Schatzkammer des Reiches einzahlten, nahm auch später mein Großvater Akbar keinen Anstand daran. Ihn beschäftigten dringendere Sorgen im eigenen Haus. Akbars religiöse Toleranz bewahrte die *Firinghi* (die – zumeist christlichen – Ausländer) von Hugli vor jeder Vergeltung für ihr anspruchsvolles Gebaren. Zugleich beeinflußten die mittlerweile in Agra tätigen Missionare den Kaiser, ihre tüchtigen Landsmänner in Hugli zu unterstützen. Akbar tat nicht nur nichts, die benachbarten Regionen vor der brutalen wirtschaftlichen Ausbeutung zu schützen; er gab den *Firinghis* auch neue Privilegien für die Ausdehnung ihres Handels auf Bihar und Orissa. Die Toleranz des Kaisers wurde zu einer Vollmacht für die Portugiesen, ihre Vertragspflichten *nicht* zu erfüllen.

Was meine Person, Shahjahan, angeht, so hatten die Eindringlinge guten Grund, mir von Herzen zu mißtrauen – ebenso, wie ich meine Rachegefühle pflegte. Als ich noch Kronprinz war, hatten sie, die damals schon über vorzüglich ausgerüstete Truppen verfügten, meine Bitte um Hilfe gegen die den Moguln feindlichen Sultanate zurückgewiesen; und später, als ich gezwungen war, mich gegen meinen Vater Jehangir aufzulehnen, brachen die weißen Soldaten ihren Neutralitätsvertrag und bekannten sich offen zu meinem Bruder Parvez und dem ihm damals noch treuen Mahabat Khan, als mich beide nach meiner Niederlage von Allahabad verfolgten.

Da es die Portugiesen nach meiner Thronbesteigung trotz dreimaliger Aufforderung versäumt hatten, mir als Zeichen ihrer Ergebung das übliche Geschenk zu übersenden, schickte ich im Jahr Sechzehnhunderteinunddreißig den General Kasim Khan mit einer Armee nach Hugli und dem Auftrag,

die lästigen Fremden zur Hölle zu schicken.

Das war für die Portugiesen genügend Anlaß, auf das Schlimmste gefaßt zu sein. Der portugiesische Kommandant verstärkte die Verteidigung der Stadt, brachte alle Muslime, deren Loyalität ihm zweifelhaft erschien, kaltblütig um, bat den Gouverneur von Goa um Verstärkung und schickte Schiffsladungen mit Frauen und Kindern auf die Molukken-Inseln. Zuletzt hielt er es für angebracht, an den Mogul-Gouverneur von Dacca Ergebenheitserklärungen für mich, den neuen Kaiser, an meinen Hof in Agra zu senden. Da die Hintergründe nur zu leicht zu durchschauen waren, beachtete der Gouverneur auf meine Anweisung hin die taktische Note nicht. So kam es bald zu hin- und herwogenden Kämpfen zur See, die unsere schwache Flotte große Opfer kosteten.

In Hugli selbst wütete die Rache gegen alle Muslime. Häuser wurden geplündert und wegen einiger nichtbezahlter Rupien in Brand gesteckt, Handwerkern wurden wegen ihrer Weigerung, Christusbilder zu verkaufen, die Hände abgehackt, Jungen und Mädchen in Freudenhäuser der portugiesischen Offiziere gebracht und alle Scheußlichkeiten verübt, die menschliche Hemmungslosigkeit hervorbringen kann.

Es dauerte sechs Monate, bis die Reichsarmee in Stärke und Ausrüstung imstande war, die Festungsanlagen von Hugli zu erstürmen. Dort hatte man, wie mir berichtet wurde, bereits in Lissabon Verstärkungen für einen Großangriff auf das Mogulreich angefordert. Dem kam die Reichsarmee durch einen Angriff ihrerseits zu Wasser und zu Lande zuvor. Doch wieder siegte die Überlegenheit der portugiesischen Flotte. Kasim Khan gelang es mit Mühe, eine Barriere aus Booten über den wichtigsten Flußarm zu errichten, um die *Firinghis* zu hindern, auf diesem Weg zu entkommen. Die Portugiesen aber lenkten ein brennendes Floß auf die Barriere, und so gelang vielen von ihnen trotzdem die Flucht.

Mein Oberbefehlshaber ließ darauf unter den Festungsanlagen drei Stollen vortreiben, in denen Minen gelegt wurden. Zwei von ihnen wurden von den Eingeschlossenen entdeckt und entschärft. Die dritte wurde unter ein massives Gebäude vorgetrieben, ohne gefunden zu werden. Danach versammelte sich ein großer Teil der Mogularmee auf der anderen Seite, als bereite man einen Angriff vor. Wie erhofft, zogen die meisten der Verteidiger in den Teil der Stadt, wo die Mine lag. Als genügend von ihnen zusammengeeilt waren, wurde die Mine gezündet. Mein Hofchronist Abdul Hamid berichtete mir kurz und bündig:

Viele Ungläubige wurden zum Flug in die Lüfte geschickt. Die Krieger des Islam aber eilten zum Schlachtfest.

Die Eingeschlossenen kämpften wie betrunkene Teufel, bevor sie dem Ansturm unterlagen. Hugli kehrte zurück in die Arme des Mogulreiches.

Während der portugiesischen Oberschicht das Wunder gelang, mit ihren Familien und ihrem kostbarsten Besitz auf einer Flotte zu entkommen, plünderten die Mogul-Soldaten die eroberte Festung und erfreuten sich an den gleichen Schändlichkeiten, die die Portugiesen zuvor an den Muslimen verübt hatten: Sie brandschatzten die Besitzungen der weltlichen und geistlichen Herren, machten jeden *Firinghi* zum Kriegsgefangenen, setzten Tausende von bengalischen Sklaven in Freiheit und töteten alle Weißen, die sich der Gefangenschaft widersetzten. Hunderte von portugiesischen Frauen wurden in ordinäre

Freudenhäuser geschleppt und für Festlichkeiten der Sieger verpflichtet, von deren Gebräuchen man besser nicht spricht ...

Die Berichte von den Einzelheiten der portugiesischen Niederlage wurden mir auf einem mit kostbarer Beute beladenen Elefanten überbracht. Darunter befanden sich wertvolle europäische Sammlungen aus den geheimen Gewölben des Forts von Hugli und Gemälde aus der Kirche. Man brachte auch zwölf bei uns bis dahin nicht bekannte Hunde mit, welche ›Bulldoggen‹ genannt wurden und die die privaten Besitzungen der portugiesischen Herren bewacht hatten. Die Tiere wogen jedes an die hundertzwanzig Pfund und fraßen entsprechende Mengen von Ziegenfleisch, Milch und Honig. Ich zeigte mich erfreut über ihre Größe und Kraft und befahl, nahe meiner eigenen Wohnung im Palast ein besonderes Hunde-Haus zu erbauen. Ich gab ihnen Namen nach meinen Lieblingselefanten und sorgte für ihre Pflege und Fütterung. Doch schienen sich die Tiere in der ungewohnten Umgebung nicht wohlzufühlen – oder war es die Abneigung der ihnen wenig freundlich gesinnten Pfleger? Jedenfalls starben die Tiere im Zeitraum von weniger als einem Jahr.

Wie ich erfuhr, gab es in Europa Berichte, daß ich auf Drängen meiner Gemahlin Mumtaz Mahal – die ja bereits verstorben war – die Christen gnadenlos verfolgte. Alle portugiesischen Faktoreien im Reich sollten zerstört, katholische Priester von Elefanten zerstampft und viertausend Christen in die Sklaverei verkauft worden sein.
In Wahrheit ordnete ich an, daß alle in Hugli gefangenen portugiesischen Männer und Frauen nach Agra gebracht werden sollten. Wie ich weiterhin hörte, warf man mir die langen Leidensmärsche von angeblich viertausendvierhundert Portugiesen vor, die durch das glühend heiße Land von der Gangesmündung durch Bengalen bis hoch nach Agra getrieben wurden. In Wirklichkeit waren es eintausendvierhundert Gefangene, von denen allerdings viele den Anstrengungen des ein Jahr dauernden Marsches erlagen. Als dann der Zug von vierhundert *Firinghis* Agra erreichte, wurden diese ›Kreaturen von jenseits der Meere‹, wie man sie nannte, von der hiesigen Bevölkerung neugierig empfangen. Niemals bisher hatte man so viele weiße Frauen und Männer bei uns gesehen.

Zwei Tage nach ihrer Ankunft besuchte ich mit Angehörigen meiner

Familie das Lager, das ihnen außerhalb von Agra angewiesen worden war. Man bot ihnen aus diesem Anlaß in der kaiserlichen Küche bereitete Speisen, dazu Wein an. Ich freute mich über ihren Appetit und ordnete an, daß diejenigen, die sich zum Islam zu bekennen bereit waren, freikommen und geeignete Stellungen erhalten sollten. Leider nahm nur ein kleiner Teil dieses Angebot an. Den vor allem aus standhaften Priestern bestehenden Rest trieb man mit Auspeitschungen und Spießrutenlaufen durch den Basar, wo sie mit Schmutz beworfen wurden, um anschließend auf die verschiedenen nordindischen Gefängnisse verteilt zu werden, wo sie, wie mein Hofchronist notierte,

unerleuchtet zur Hölle fuhren.

Den portugiesischen Frauen wurde der Glaubenswechsel nicht angeboten. Die Herren vom Reichsrat durften sich diejenigen aussuchen, die sie für ihren Harem wünschten. Die übrigen wurden unter den hohen Adel verteilt, um die Damen in den Harems zu bedienen. Ich selbst wählte mir von ihnen vier hübsche Mädchen für mein eigenes Serail aus. Es gab reichlich Tränen, als die Frauen von ihrer vorgesehenen Bestimmung erfuhren. Einige waren, wie man mir bald danach versicherte, mit ihren neuen Herren und Aufgaben durchaus zufrieden. Die meisten allerdings schwanden in ihrer Einsamkeit ziemlich schnell dahin.

All das hinderte nicht, daß sich innerhalb von ein oder zwei Jahren die Portugiesen in Agra wieder in Zahl und Einfluß so weit erholten, daß sie ihren gefangenen Glaubensbrüdern aus Hugli helfen und alle Christen trotz der zerstörten Kirche unbehelligt in Agra leben konnten.

Dennoch vergab ich den *Firinghis* niemals, daß sie mir in den Tagen meiner Revolte ihre Hilfe versagt hatten. Heute muß ich gestehen, daß ihre Sünden nicht größer waren als die meiner anderen Gegner. Von der Höhe blickt man am besten in die Ferne. Jedenfalls kann nicht bestritten werden, daß in Hindustan niemals fremde Kaufleute solche Gelegenheit fanden, sich so zu bereichern wie die Portugiesen – und daß niemand diese Gelegenheit mehr mißbrauchte ...

Auch weiterhin gab es immer wieder notwendige kriegerische Unternehmungen, bei denen ich und mein Sohn Aurangzeb unsere Armeen getrennt ins Feld führten. So mußte mehrere Male Golconda wiedererobert werden, dessen berühmte Edelsteinminen mir am Herzen lagen.
Bei den ständigen Kämpfen kam es dazu, daß sich zwischen den Söldnern und Marketendern Weiber aller Rassen umhertrieben. Sie waren verschleppt oder bei den Plünderungen gefangen, von Christen verkauft oder von ihren Männern verlassen worden. Solange sie jung waren, wurden sie mit Liebe geplagt, wenn sie alt wurden, mit Schlägen. Gewöhnlich geschah es, daß sie bei irgendwelchen Rückzügen mit dem Gepäck im Stich gelassen wurden oder kläglich am Wege endeten.

Um diese Zeit zog sich mein Schwiegervater und Großwesir Asaf Khan aus seiner offiziellen Tätigkeit zurück, um in Lahore den Ruhestand zu genießen. Nachfolger im höchsten Staatsamt wurde sein Sohn und Mumtaz Mahals Bruder Shaista Khan, der die Macht, aber nicht die Fähigkeit seines Vaters erbte.
Während vor den Stadtmauern von Lahore der prunkvolle *Schalimar-Bagh*-Palast mit seinen Gärten entstand, ließ ich für Asaf Khan in der Festung von Lahore einen Marmorpalast errichten, um auch bei meinen Besuchen eine geeignete Empfangsgelegenheit zu haben. Als Asaf Khan im Jahr Sechzehnhunderteinundvierzig starb, hinterließ er außer seinen Palästen Silber, Wertgegenstände und Vermögen im Wert von unzähligen Millionen Rupien – immerhin bemerkenswert für einen Mann, dessen persischer Vater Mirza Ghiyas Beg als mittelloser Glücksritter ins Land gekommen war ...

*

Bereits nach Fertigstellung der Palastanlagen in Agra hatte ich einen Standort für meine neue Hauptstadt gesucht, die ich *Shahjahanabad* zu nennen gedachte. Ich entschied mich für die Nähe der alten Sultansstadt Delhi, acht Kilometer flußaufwärts entfernt von dem Grabmahl meines Ahnen Humayun. Abgesehen von der zentralen Lage waren es vor allem zwei Bauwerke, die mir Delhi als künftige Residenz reizvoll erscheinen ließen: Das Mausoleum Humayuns und der *Kutub Minar* – der erregendste aller Türme in der Welt, soweit ich von ihr etwas aus Bildern weiß.

Als zum Ende des zwölften Jahrhunderts die muslimischen Eroberer die alte Rajputen-Hauptstadt und das indische Heer vernichteten, errichtete ein Heerführer der Sieger, Kutub-ud-din Aibak, ein befreiter türkischer Sklave, einen Turm, der an den Sieg der islamischen Soldaten erinnern sollte. Das dreiundsiebzig Meter hohe Bauwerk wurde im Jahr Elfhundertneunundneunzig vollendet. Sein Ruhm ging schon damals um die Welt. Der komplizierte Grundriß läßt den roten Sandstein-Wunderbau auch an seiner fünfzehn Meter breiten Basis zierlich erscheinen. Zahllose Reliefs verstärken den Eindruck einer schwerelos schwebenden Architektur. Da sich der Turm nach oben sehr verjüngt, wirkt er höher, als er tatsächlich ist. Für mich bleibt er das eindrucksvollste Denkmal des jungen Islam, und die Jahrhunderte seiner Erbauung konnten ihm nichts anhaben. Übrigens machte sich Kutub-ud-din selbst zum Sultan. Sein Nachfolger wurde sein Schwiegersohn, der ebenfalls ein freigelassener Sklave war. Auf diese Weise wurde die sogenannte ›Sklaven-Dynastie‹ in Delhi begründet. Sie regierte bis zum Ende des dreizehnten Jahrhunderts ...

Der Grundstein für meine neue Residenz wurde wieder nach genauen Berechnungen der Astrologen gelegt. Neun Jahre später war nicht nur der kaiserliche Palast vollendet, sondern auch ein Großteil der neuen Stadt. Wie in Agra umschließt auch in Delhi das Fort eine rote Sandsteinmauer, die hier weniger zur Verteidigung gedacht ist als zur würdigen Darstellung der Mogul-Macht.
Die ganze Anlage hat eine Länge von über einem Kilometer und eine Breite von sechshundert Metern. Bereits das dreißig Meter hohe Eingangstor ist geeignet, dem Gast den Atem zu rauben. Auch hier gibt es neben den Stallungen und Kasernen für zehntausend Soldaten einen großen Platz, an dessen Ende die von vierzig Säulen bestimmte

Halle der öffentlichen Audienzen aufragt, in der ich täglich um acht Uhr morgens und vier Uhr nachmittags zu erscheinen pflegte. Der riesige Vorplatz war dann ganz von seidenen Segeln beschattet, während in der mit Silber- und Goldplatten gedeckten Halle die vornehmsten Adligen ihre Plätze einnahmen. Der hohe Balkon mit dem Thronsitz ist ein Juwel aus edelsteinverziertem Marmor.

Im östlichen Teil des Areals liegen hinter den Obstgärten auf einer breiten Terrasse die kaiserlichen Privatpaläste. In ihrer Mitte liegt wieder die *Halle der privaten Audienzen*, in der, anschließend an die öffentlichen Empfänge, der Kronrat tagte. Zweiunddreißig mit Edelsteinornamenten geschmückte Säulen tragen hier die Decke aus massivem Silber. In ihrer Mitte erhebt sich jetzt auf einer Marmorplatte der Pfauenthron, der bei besonderen Anlässen auch in die öffentliche Audienzhalle verbracht wird. Auf dem Gesims des Sockels hatte ich die Inschrift anbringen lassen:

> Gibt es das Paradies auf Erden, so ist es hier und immer hier!

Ich fürchte, daß meine damalige Vermessenheit nicht ungestraft bleiben wird. Wie ich erfuhr, verachtet mein Sohn Aurangzeb die übertriebene Pracht dieses Herrschersitzes, obwohl er es war, der den Pfauenthron von Agra nach Delhi schaffen ließ.

Unter dem Thron strömt der ›Paradiesfluß‹ – ein siebzig Meter langer Kanal, in dem zur Kühlung Trinkwasser fließt – teils unter den Palästen, manchmal mitten durch sie hindurch. Die Haremsdamen pflegen sich damit zu vergnügen, daß sie sich gegenseitig in kleinen goldenen Schiffchen Botschaften zuschicken.

Etwas weiter vom Thronsaal entfernt befindet sich, auch er von kühlendem Wasser umspült, der *Sitz der Gerechtigkeit*, der allerdings, da ich mich wenig mit Rechtsfragen beschäftigte, vorwiegend als Sekretariat diente. Der Raum ist geschmückt mit einem Marmor-Relief in so feiner Meißelarbeit, daß es im Sonnenlicht durchscheinend wirkt.

Meine anschließenden Privatgemächer, ebenfalls mit massiven Silberdecken und reichen Edelsteinkrustierungen, schließen sich an. Auch mein Schlafzimmer hat eine durchgehende Wasserspülung. Wenn ich um zehn Uhr abends zu Bett ging, mußte mir ein ausgesuchter junger Rezitator mit besonders wohlklingender Stimme hinter einem Wandschirm vorlesen. Bei Sonnenaufgang forderte es meine Pflicht, daß ich mich – wie in Agra – pünktlich auf dem vom Bett nur vier Schritte entfernten *Jarokha*-Balkon dem Volk zeigte ...

In meiner Einsamkeit liebe ich es, mich in die Pracht dieser meiner ganz von mir erdachten und erbauten Palastanlage zurückzuversetzen, die ich gewiß nicht wiedersehen werde. So ließ ich an der Decke des größten Saales im Haremspalast, des *Rang Mahal*, ein zwei Tonnen schweres Ornament-Relief aus Gold und Silber anbringen; die Wände schmücken zweitausend Miniaturen in Edelsteinrahmen. Ein Marmorbrunnen mit arabischen Rippenbecken versprüht Rosenwasser, und zu Füßen des Palastes breitet sich der ›lebensspendende Garten‹, in dem ich nur rote Blüten duldete.

Neben der Halle der privaten Audienzen ließ ich für den Staatsrat ein Bad einrichten, das wohl das kostbarste in der Geschichte der Bäderkultur sein mag. Am Ende der Palastbauten entstand der kreisrunde ›Kaiserturm‹, von dessen drittem Stockwerk sich nicht nur ein herrlicher Blick über den Fluß und die Stadt bietet; er weist auch eine einmalige Besonderheit auf: Die Innenräume des Turmes sind in jeder Hinsicht geschützt vor unerwünschten Lauschern, was bei der allzu guten Akustik der Palasträume sonst niemals der Fall sein kann. Bei diesem Kaiserturm ließ ich an den Außenmauern über eine Marmorkaskade den Paradiesfluß herabströmen, der in den runden Innenräumen alle Geräusche übertönt.

Zwischen Bad und Turm legte ich noch auf zwei Terrassen den mit Zypressen und blühenden Büschen bepflanzten Mondgarten an, dessen zwei weiße, dem Frühling und dem Herbst gewidmete Marmorpavillons mit kleinen Wasserfällen abends im Schein bunter Lampen leuchteten ...

*

Ich war nun zweiundfünfzig Jahre alt und weit entfernt vom Strahlenglanz meiner einstigen Selbstüberzeugung. Und doch darf ich sagen, daß mein Ansehen in den Ländern des Reiches und bei den Nachbarländern niemals heller geleuchtet hatte als jetzt. Noch wagte es niemand, die Frage auszusprechen: Wer nach ihm? Ich lebte schon jetzt länger, als es allen meinen Mogul-Vorfahren beschieden war. Der Hofarzt Hakim Alauddin Khan hatte allerdings meinem ältesten Sohn Dara Shukoh bereits einmal angedeutet, daß meine Uhr bald abgelaufen sei. Oft entdeckte ich mich dabei, stundenlang in Abgeschiedenheit über Dinge nachzugrübeln, die mit meinen kaiserlichen Aufgaben nichts zu tun hatten ...

Meine Beschäftigung mit der Architektur und der Anlage von Gärten, die Entwürfe für Paläste und Pavillons, geschaffen aus meiner Lieblingsverbindung von rotem Sandstein und weißem Marmor, waren in der Tat verzweifelte Versuche, dem unvergeßlichen Geist meiner Gemahlin Arjumand in Agra oder in Delhi ihrer würdige Heimstätten zu schaffen. In den kurzen drei Jahren meines Kaisertums zu ihren Lebzeiten hatte ich ja nichts als Kampf und Umherziehen gekannt; nun gedachte ich alles nachzuholen, was ihr an meiner Seite Freude bereitet hätte. Ich fand ein wunderbares Vergnügen darin, Gärten mit Blumenteppichen in Lila, Gold und Grün anzulegen, mit perlenden Brunnen, schattenspendenden Pavillons und strengen Alleen. Begeistert von den Formen und Proportionen, sah ich in der sich steigernden Harmonie von Stein, Wasser und Bäumen die vereinten menschlichen Tugenden. Zu Mahabat Khan hatte ich einmal gesagt: Kann es Zufall sein, daß Gott der Allmächtige zuerst einen Garten pflanzte und erst danach den Menschen hineinsetzte? Für mich war es unzweifelhaft, daß der Mensch zur Erkenntnis des Schönen geschaffen wurde und daß Schönheit ein entscheidender Teil des menschlichen Strebens nach Vollkommenheit ist. Immer wollte ich mich ja, wenn nicht unmittelbar als Baumeister, so doch als Architektur-Kenner und Förderer meiner Epoche bestätigen, solange die Brandung der Jugend in mir noch nicht im Sand des Alters verronnen war.

Obgleich der Bau erst später begonnen wurde, so plante ich doch schon jetzt gegenüber dem Roten Fort, über dem brodelnden Leben meiner Stadt Shahjahanabad, die Große oder Freitagsmoschee – *Jami Masjid* – mit ihren gewaltigen Zwiebelkuppeln, den Minaretten und den Riesentoren ihrer Umfassungsmauern. Sie sollte die größte Moschee, wenn nicht der Welt, so doch Indiens werden. Den großen viereckigen Hof umgeben auf drei Seiten Arkadengänge, die drei monumentale Torbauten durchbrechen. Die Moschee selbst erhielt je fünf Seitenschiffe rechts und links des Hauptschiffes, dem außen der hohe Giebel mit überwölbter Vorhalle und die größte Kuppel vorgelagert sind. Hier sollte das Farbenspiel des hellroten Sandsteins, des weißen und des schwarzen Marmors, der Einlegearbeit die großen Linien der Architektur betonen ...

*

Aber ich bin der Zeit vorausgeeilt. Vorher entstand ja mein Sehnsuchtswerk in Agra, und zwar aus doppelter Liebe: zu meiner Frau Mumtaz und der Liebe zu mir selbst. Und das wieder hieß: zu meiner Schaffenskraft. In dieser Liebe glaubte ich alles zu finden, was ich durch das Schwert versäumte.

Ich, Shahjahan, der Große Mogul, lebte in *allem* in der Gegenwart, aus der sich, wie selbstverständlich, die Zukunft in hellem Glanz erhob. Ich war weder ein Prophet noch ein Visionär. Alles wissen wollen, hieß für mich: nichts wissen *können*.

Doch wenn ich im nächsten Abschnitt meiner Erinnerungen für längere Zeit bei den Einzelheiten des Taj Mahal verweile, so muß ich meine wohlwollenden Leser, wenn es sie jemals geben sollte, um Nachsicht bitten. Die für mich – gerade im Hinblick auf alles Kommende – so wichtige Betrachtung des Werdens und Vollendens meines sichtbaren Lebenswerkes könnte manchen ermüden. So hätte ich volles Verständnis, wenn sie diese für mich gleichsam als Rechenschaft wesentliche und (glücklicherweise) handlungsarme und undramatische Passage schlicht überschlagen ...

*

Am Beginn meiner Bauvorstellungen lag mir, wenn ich es so sagen darf, der *Körper* meines Sommerpalastes mehr am Herzen als seine *Seele*. Ich verlor mich in die Studien der Grabbauten meiner Vorfahren – gerade weil sie viel mehr Palästen als Gräbern glichen. Drei von ihnen beschäftigten mich besonders: Das des Kaisers Humayun in Delhi, das des mächtigen Afghanenfürsten Sher Shah in Sasaram und vor allem das des Mirza Ghiyas Beg in Agra.

Wie aus der Tradition indischer Gartenpaläste erhebt sich das Monument Sher Shahs als achteckiger Kuppelbau aufgelockert und zugleich bereichert durch Kioske und Pavillons. Man machte mich darauf aufmerksam, daß diese ›Zwiebelkuppel‹, wie sie als Krönung der späten Mogul-Periode fast regelmäßig erscheint, trotz ihrer Lotos-Form – das Lotosblatt symbolisiert für den Inder die aus den Fluten des Ganges aufsteigende Sonne – weder eine indische noch islamische Schöpfung ist. Sie soll von den Mongolenstämmen abstammen, die die zwiebelförmigen Holzkuppeln bereits vor vierhundert Jahren erbauten. Aber sind die ›Moguln‹ nicht zugleich die persische Version der ›Mongolen‹ – ?

Das gewaltige Grabmal meines Ahnen Humayun in Delhi, das älteste der berühmten dieser Art, erhebt sich in großartiger Würde über einem mächtigen quadratischen Unterbau aus rotem Sandstein, über dem die schön gezeichnete weiße Marmorkuppel aufsteigt. Die Rotsandsteinwände sind wirkungsvoll mit Ornamenten aus weißem Marmor eingelegt.

Als mein Vater Jehangir im dritten Jahr seiner Herrschaft das unvollendete, vernachlässigte Grabmal Akbars zu Sikandra erblickte, war er mit der bisherigen Anlage unzufrieden. Er ließ das Bauwerk nach seinem eigenen Geschmack palastartig fertigstellen und die Tore, besonders aber den prachtvollen, moscheeartigen Eingangsbau mit seinen Minaretten hinzufügen, wobei sich bereits der auch von mir angestrebte Stilausgleich zwischen islamischen und Hindu-Bauformen zeigte.

Die Gemahlin meines Vaters, Nur Jahan, erbaute mindestens drei Mausoleen: außer dem ihres Vaters Ghiyas Beg und dem ihres Gatten Jehangir auch ihr eigenes bei Lahore. Für den Bruder der Kaiserin und Vater meiner Gemahlin Mumtaz, Asaf Khan, den ich zum Khan i-Khanan – zum Oberbefehlshaber – und später zum Gouverneur von Lahore berief, entwarf ich selbst das Grabmal.

*

Alle diese Bauten sollten in meinem eigenen Palast am Jamuna gleichsam ihren Höhepunkt finden.
Die Arbeiten hatten mit der Anlage der tiefen Fundamente und dem sich über ihnen erhebenden, acht Meter hohen gewaltigen Sockelbau begonnen, der ursprünglich die Räume für die zahlreiche Dienerschaft aufnehmen sollte. An der Nordseite führen zwei Treppenhäuser hinunter zu den allein zum Fluß hin gelegenen siebzehn Kammern, die ein schmaler Korridor verbindet. Diese gewölbten Räume, die zum Teil mit Stuckdekorationen und Malereien verziert sind, zogen sich ringförmig an den vier Seiten um das ganze Gebäude. Einen Teil von ihnen, vorwiegend auf der Südseite, also zum Haupteingangsgebäude hin, ließ ich jetzt wieder zuschütten, die Zugänge, darunter auch die Tore auf der nördlichen Uferseite, vermauern. Die Bau-Aufsicht übertrug ich dem Raja Jai Singh, von dem ich früher das von einer roten Sandsteinmauer umfriedete Grundstück erworben hatte.

Für den sich nun über dem massiven Sockelbau erhebenden Palast berief ich einen Rat der besten Architekten und Künstler zusammen. Aus diesem Kreis prüfte ich alle Ideen und Anregungen, bevor ich den auszuführenden Entwurf bestimmte. Der allen vorgesetzte Meister aber war Muhammad Isa Afandi oder Ustad Isa, von dem ich nicht weiß, ob er ein byzantinisch-christlicher Türke aus Schiras oder in Agra gebürtig war. Ich sah in Ustad den kongenialen Gestalter, das Werkzeug meiner Inspiration. Er war die Seele der ungeheuren organisatorischen und künstlerischen Leistung, die ich um so mehr bewundere, da ich mich selbst während der Bauzeit nur selten in Agra aufhalten konnte. Für mich war Ustad Isa der Schöpfer des Hauptentwurfes, den ich billigte – und damit der größte Baumeister meiner Zeit. Zudem wirkte ein französischer Goldschmied, Austin de Bordeaux, am Pfauenthron wie später an der Gestaltung des mit Edelsteinen besetzten Goldgitters mit, das zuerst das Grab meiner Mumtaz umschloß und das ich zuletzt durch das filigranfeine Marmorgitterwerk ersetzen ließ. Ebenso stand ein italienischer Abenteurer namens Geronimo Vereneo als Juwelier und Silberschmied in meinen Diensten. Man hat sich bemüht, jenem Italiener die Erfindung der gerade im Taj Mahal zu höchster Vollendung gebrachten *Pietradura*-Intarsien zuzuweisen; doch ist mir sehr wohl bekannt, daß diese Kunst über die Araber, die sie möglicherweise von den Byzantinern entlehnt haben, wenigstens zwei Jahrhunderte früher nach Indien gekommen ist. Auch stammt ja der älteste Jaina-Tempel in Mewar mit seinen kostbaren Karneol- und Achat-Einlegearbeiten aus der ersten Hälfte des fünfzehnten Jahrhunderts nach christlicher Zeitrechnung ...

Was die Ausführung des riesigen und doch fast ›zierlichen‹ Gebäudes angeht, so habe ich die bis zu zwanzigtausend Handwerker, Künstler und Steinmetzen niemals mit Gewalt zur Eile angespornt, so sehr mir auch das Werk am Herzen lag. Sie schufen für mich die Anmut der Bogengänge und Kuppelwölbungen wie die wohlgeformten Minaretts, die an den vier Ecken der riesigen Bodenplatte gleich auserlesenen Sklavinnen bereitstehen für den Ruf ihres Gebieters. Unter der Anleitung von Ustad Isa entstanden die schweren Metallgitter mit ihren Koranversen in persischer Kalligraphie, die mit Edelsteinen geschmückten und durchbrochenen filigranfeinen Marmorgitter im Innern wie die unvergleichlichen *Pietradura*-Einlagen, die die Außenmauern wie ein kostbares Netz überziehen.

Mein Plan war, daß die gesamte Anlage, bestehend aus dem Eingangsbau, einer Moschee und einem Gästehaus, symmetrisch gruppiert um den Hauptbau unweit des Roten Forts mit jedem Einzelteil, jedem Marmorblock, jedem Brunnen und jedem Baum nicht nur meine persönliche Idee, sondern auch die Tradition und Größe der Mogul-Kultur widerspiegeln sollte – ebenso wie das architektonische Gepränge oder das Kunsthandwerk, die vergeistigte Harmonie des Materials und der Bauformen, die Werte der Philosophie wie der Religion, die Schönheits-Sehnsucht in der Kunst und die Liebe zur Schöpfung. Denn jedes Kunstwerk ist ja auch ein Teil dieser Schöpfung wie jeder Grashalm oder ein eisstarrendes Gebirgsmassiv ...

Der Name *Taj Mahal*, für den ich mich im Hinblick auf dieses mein Lebenswerk entschied, entspricht dem Begriff ›Krone‹, so wie ›Mahal‹ Palast oder Residenz bedeutet. Taj Mahal heißt also im eigentlichen ›Königliche Residenz‹, was auch dem ursprünglichen Zweck der Anlage entspricht.

Ich weiß, daß das Wort ›Taj‹ auch sinngemäß als Abkürzung des Namens meiner Gemahlin Mumtaz ausgelegt wird. Doch dies ist irrig. Erstens wird der Name einer Frau üblicherweise niemals in zwei ungleiche Teile gespalten, und zweitens entspricht die gesamte Anlage – trotz der veränderten Bestimmung – noch immer der ursprünglichen eines Gartenpalastes.

Auch scheue ich mich nicht, zu erwähnen, daß es Bestrebungen gibt, die ersten Anfänge des Taj Mahal in einem Palast eines Rajputen-Fürsten aus dem vierten Jahrhundert zu sehen. Mein Ahne Babur habe diesen Bau als Gartenpalast umgestaltet und darin sein Ende gefunden, worauf ich ihn dann zum Mausoleum verändert hätte. Auch sei der Pfauenthron so alt wie der Palast Baburs und habe als Sitz des Kaisers in der Kuppelhalle des Taj gestanden, wo sich jetzt der Kenotaph von Mumtaz Mahal befindet. Eines jedenfalls bestätigen auch sämtliche Auslegungen des von mir bestimmten Namens: daß der Name ›Mahal‹ als der Begriff ›Palast‹ gedacht war und ist.

*

Im Juni des Jahres Sechzehnhundertzweiunddreißig wurde das erste alljährliche Totengedenkfest zu Ehren meiner Gemahlin in meiner und meiner Tochter Jahanaras Anwesenheit mit aller Darbietung königlichen Prunkes begangen. Bei der zweiten *Urs* im Jahre Sechzehnhundertdreiunddreißig hatte der Bau bereits Gestalt angenommen und war die Grabanlage über der Gruft fertiggestellt, die von einem goldenen Geländer von mehr als vierhundert Kilogramm Gewicht, verziert mit Edelsteinen und Diamanten, umschlossen wurde. Prachtvolle goldene Leuchter umstanden die Grabstelle.
In der Vorhalle des Kuppelbaues führt eine Treppe in das Untergeschoß hinab. Einmal im Jahr, am Todestag der Kaiserin, wurde die Krypta mit dem Sarkophag geöffnet; nur auserwählte Mitglieder des Hofes durften sie für die Zeremonie des *Urs* betreten ...
Vor allem hatte ich den mit der Gesamtaufsicht beauftragten Raja Jai Singh angewiesen, die ständige Versorgung mit dem weißen kostbaren *Makrana*-Marmor aus Jaipur sicherzustellen. Hier mußten die sorgfältig bearbeiteten Marmorplatten dann über eine drei Meilen lange aus Ziegelsteinen errichtete Rampe – ähnlich wie bei den ägyptischen Pyramiden – hinaufbefördert werden.
Bei jedem Sonnenuntergang war das Werk Stein um Stein in die Höhe gewachsen, bis nach sechs Jahren das Hauptgebäude im Äußeren vollendet war. Der Architekt Ustad Isa berichtete mir in den Dekkan, wo ich mich in dieser Zeit aufhielt:

> *Über der inneren Kuppel, die wie das Herz der Engel leuchtet, wurde eine schön geschwungene, den Himmel streifende zweite Kuppel errichtet, die jene innere Kuppel himmlischen Gepräges krönt. Ihr äußerer Umfang beträgt zweiundneunzig Meter, und über ihr wurde eine zehn Meter hohe goldene Spitze, strahlend wie die Sonne, angebracht, die fünfundsiebzig Meter über der Erde thront.*

Für die islamische Architektur verbindet die Kuppel den Himmel mit der Erde. Der quadratische Grundriß des Bauwerks stellt das stoffliche Universum dar, während die Kuppel das Symbol für das Himmelsgewölbe ist. Das Achteck der Kuppel*basis* steht für das Vergängliche; der Bereich des Jenseits beginnt bei der goldenen Zinne der Kuppel. Der gesamte Bau bedeutet ein Ebenbild von Gottes Thron im Paradies, wo die Flüsse der Gnade aus einer riesigen, von vier Eckpfeilern gestützten schneeweißen Perle strömen.
Das damals schon legendäre goldene Geländer um das Grab meiner

Gemahlin ließ ich später durch das marmorne Gitterwerk ersetzen, das ein kunsthandwerkliches Meisterwerk blieb. Der mit Jaspis verzierte Zugang im türkischen Stil wurde mit goldenen Halterungen zusammengefügt.

Die kostbare *Pietradura*-Einlegetechnik mit ihren Edelstein-Mosaiken aller Farben in weißem Marmor war bereits bei dem von meiner Stiefmutter Nur Jahan für ihren Vater Ghiyas Beg, den *Itimad-ud-Daula*, errichteten Grabtempel in Agra verwendet worden. Ein einziges Blütenmotiv wie das einer Lilie oder Fuchsie, einer Mohnblüte oder eines Geißblattes, wurde aus bis zu fünfunddreißig verschiedenen Edelsteinen wie Türkisen, Jade, Achat, Korallen, Lapislazuli, Onyx, Blutstein, Karneol, Jaspis, Granat oder Malachit komponiert. In die Ost- und Westseite des Mumtaz-Kenotaphs wurden Gottes neunundneunzig Namen eingraviert.

Die Endabrechnung des Bauwerkes betrug fünf Millionen Rupien, zur laufenden Pflege wurde das Jahreseinkommen von dreißig Dörfern bestimmt ...

Als ich im sechsten Jahr nach dem Tod von Mumtaz meine Residenz von Agra nach Delhi verlegte, konnte ich mich selbst nur noch bei meinen gelegentlichen Besuchen vom Fortschritt der Arbeiten überzeugen. Bevor ich Agra verließ, waren weder die Gerüste entfernt, noch waren die Einlegearbeiten und Blumenschnitzereien besonders weit fortgeschritten, zumal ich die besten Kunsthandwerker auch an meinem Palast im Roten Fort arbeiten ließ. So darf ich nach einigermaßen sorgfältiger Berechnung als eigentliche Bauzeit des Kuppeldomes etwa zehn und ein halbes Jahr ansetzen, für die Dekorationen und die Nebenbauten, vor allem für das riesige Hauptportal fünf Jahre und für die Moschee und die Versammlungshalle wie den Vorhof insgesamt etwa siebzehn bis sogar zweiundzwanzig Jahre. Jedenfalls war das Gesamtbauwerk Sechzehnhundertdreiundfünfzig vollendet.

Goldene Hängelampen, silberne Kandelaber, kostbare Teppiche und ein mit Perlen bestickter Grabbehang, der mehrere hunderttausend Rupien kostete, vervollkommneten die inneren Räume des Taj Mahal. Hinzu kamen die silbernen Türflügel und das Hauptportal, das ich mit einem Beschlag von elftausend Nägeln verzieren ließ, deren jeder Kopf von einer Silbermünze verschiedener Prägung gebildet wurde.

Die ungewöhnlich hohen Aufwendungen erklären sich aus mehreren Gründen. So kosteten die notwendigen Gerüste beinahe soviel wie das eigentliche Bauwerk, da man sie mangels Holz aus Stein oder Ziegeln konstruieren mußte. Abgesehen von den höher bezahlten Baumeistern und Kunsthandwerkern aus dem Ausland, wurden fast ausschließlich kostbare Materialien verwendet – wie der bereits erwähnte aus Jaipur kommende, so schwer zu gewinnende wie zu bearbeitende schneeweiße Marmor. Hinzu kam die Fülle der Edelmetalle, Halbedelsteine und Edelsteine, sogar Diamanten oder Perlen.

Die verschiedenen Tor- und anderen Bauten aus rotem Sandstein sollten die Erscheinung des weißen Marmordomes fast ins Überirdische steigern. Das palastartige Haupttor aus rotem Sandstein mit farbiger Marmorbekleidung erinnert in seiner Grundform bewußt an das der Palastanlage von Fatehpur Sikri meines Großvaters Akbar. Wie dort hat auch mein Portalbau einen Aufsatz von kleinen *Chatris* – Kuppelbaldachinen – während die vier Ecktürme von Pavillons gekrönt werden. Die tiefen Nischen und die zierlichen Aufbauten nehmen dem gewaltigen, dreiundvierzig Meter hohen Bauwerk etwas von seiner Schwere. Auch hier herrscht das gleiche Grundprinzip eines großen überwölbten Mittelsaales mit seinen Nebenräumen an den vier Ecken.

Die Bogennischen und die in zwei Etagen angelegten Seitennischen zeigen wieder feine *Pietradura*-Ornamente, während die hohen Portalnischen von einer Inschrift aus dem Koran umrandet sind. Im Innern des Portals befindet sich die Datierung:

Vollendet durch die Gnade Gottes im Jahr Eintausendsieben der Hetchra (1647).

Vollkommene Harmonie sollte das Äußere wie das Innere des Hauptbauwerkes bestimmen. Unter der achteckigen, vierundzwanzig Meter hohen Zwischenkuppel – die weniger als halb so hoch ist wie die schlanker geschwungene Außenkuppel des Taj Mahal – steht der Schau-Sarkophag von Mumtaz Mahal. Genau darunter befindet sich der eigentliche Sarg meiner Gemahlin im Untergeschoß. Diese Anordnung wurde entsprechend unserer Tradition getroffen, die es verbietet, über das Grab eines Königs zu schreiten.

Das gedämpft einfallende Licht der Mittelhalle steigert die weihevolle Stille und Stimmung. Zugleich läßt es die Ornamente aufleuchten, die die Wände des hohen Raumes überziehen und die durch den

Schmuck von Edelsteinen plastisch hervorgehoben werden. Die kleinen Eck-Kuppelräume mit ihren durchbrochenen Marmorschnitzereien erleuchten indirekt das Innere der großen Halle und verbreiten einen unvergleichlichen Zusammenklang der Farben.

Der Schau-Sarkophag von Mumtaz Mahal besteht aus einem glänzend polierten Marmorblock, der fast noch reicher und schöner eingelegt ist, als es die Wände der Halle und die anderen Architekturglieder sind. Auf dem Kenotaph meiner Gemahlin ließ ich die kalligraphische Inschrift anbringen:

> Dies ist das Grab der erlauchten Arjumand Begum, genannt Mumtaz Mahal. Sie starb im Jahr Eintausendundvierzig der Hetchra. Die Huris des Paradieses kamen hernieder, sie zu grüßen, und die Engel sagten am Tag ihres Todes: Mumtaz möge immer im Himmel sitzen! Gott ist ewig. Er ist immer da. Gott ist Er, außer ihm gibt es keinen Gott. Er weiß, was verborgen und was offenbar ist. Er ist barmherzig und mitleidsvoll. Ihm am nächsten sind diejenigen, die sagen: Unser Herr ist Gott.

In dem mit Marmor verkleideten Fundamentbau ließ ich unter der Krypta noch als letzte Sicherheit eine dritte, tiefere Grabkammer anlegen, wie es sie auch bei den Monumenten meines Großvaters Akbar oder des Mirza Ghiyas Beg gibt.
Im Norden des Taj Mahal fällt die Terrasse zum Jamunafluß hin ab. Auf dem gegenüberliegenden Ufer hatte einst Babur seine Gärten angelegt, in denen noch Reste und Grundmauern seiner Pavillons erkennbar sind.
Mit meinem Baumeister Ustad Isa besprach ich den Gedanken, dort drüben jenseits des Wassers, verbunden mit dem weißen Kuppelbau durch eine silberne Brücke, ein gleiches Gegenstück aus *schwarzem* Marmor für mich zu erbauen, wobei ich wieder zwischen Palast und Grabmal schwankte.
Das Schicksal wollte es anders. Und es erscheint mir jetzt, da ich diese Beschreibung diktiere, wie ein Wunder, daß ich den gewaltigen weißen Bau überhaupt bis ins letzte nach meinen Vorstellungen vollenden durfte ...

*

Immer wieder erfahre ich, daß man gern herumrätselt, wer der wahre Architekt des Taj Mahal gewesen sei. Ich glaube, daß man dabei wohl vor allem europäische Maßstäbe anlegt, wo die großen Schloßbauten dieser Zeit mehr oder weniger berühmten Baumeistern zugesprochen werden. Wie die mittelalterlichen Kathedralen in Europa als Gemeinschaftswerke dem Gott der Christen geweiht wurden, bedeutet das Taj Mahal im wesentlichen die Verwirklichung meines Herrscherwillens. Mein Großvater Akbar schuf die Zauberwelt von Fatehpur Sikri, und ebenso schuf ich das Taj Mahal als Summe der künstlerischen Erfahrungen meiner Zeit. Und ich glaube sagen zu dürfen, daß selbst Sinan, der bedeutendste Baumeister der islamischen Welt, der vor einem Jahrhundert für den Sultan Suleiman die herrlichen Moscheen in Istanbul oder Edirne baute, allein kaum in der Lage gewesen wäre, einen vollkommeneren Entwurf als mein Taj Mahal zu erdenken.

Seit Timur zwang oder verpflichtete jeder Herrscher in unseren Ländern Kunsthandwerker und Facharbeiter aus aller Welt, sich in seiner Hauptstadt niederzulassen. Nur auf diese Weise war es möglich, Organisation wie Materialbeschaffung für die ungeheuren Bauprojekte zu bewältigen. Ich habe die Grundkonzeption meines Lieblingsbauwerkes erdacht und die Pläne ausgewählt, die mir von den verschiedenen Künstlern vorgelegt wurden. Neben Ustad Isa hatten sich drei Meister aus Kandahar und Multan und drei weitere aus Delhi zum gemeinsamen Werk zusammengefunden. Der oberste der Zimmerer, verantwortlich für die gewaltigen inneren Gerüstbauten und die Zentrierung der Kuppel, hieß Pia und stammte aus Delhi. Der Experte für die Kuppelkonstruktion selbst stammte, wie ich mich zu erinnern glaube, aus Istanbul. Die Spezialisten für die Kuppelspitze und die Minarette kamen aus Lahore, die Kalligraphen für die eingelegten Inschriften aus Schiras, Arabien, Bagdad und Syrien. Die Blumenschnitzer wurden aus Buchara und Delhi berufen. Der Gartenarchitekt, ein Hindu, kam aus Kashmir, dem Zentrum der indischen Gartenkultur ...

Bei der Beschreibung meines Lieblingsbauwerkes will ich auch nicht ein Gerücht vergessen, das mir erst später zu Ohren kam, als ich bereits ein Gefangener war und nichts mehr tun konnte, um die böse Legende zu widerlegen.

Da mein Haupt-Baumeister Ustad Isa nach Fertigstellung des Taj Mahal wieder in der Namenlosigkeit der vielen am Bau beschäftigten Künstler versank und wahrscheinlich Agra längst verlassen hatte, kam bei dem großen Rätselraten, wer denn wirklich der Architekt des mittlerweile berühmten Bauwerkes war, die Erklärung auf, daß ich, um die Einzigartigkeit seiner Schöpfung zu sichern, meinen besten Architekten – also Ustad Isa – nach Vollendung des Taj Mahal köpfen und seine untergeordneten Bauzeichner blenden ließ ...

Wie gesagt war ich, als ich die grausame Legende erfuhr, selbst seit Jahren meiner Freiheit beraubt, und es ist unschwer zu erraten, woher die Beschuldigung stammen könnte.

Aber trotz alledem: Was wäre der Zauber dieses Bauwerkes ohne seine im persischen Bagh-Stil angelegten Gärten? Sein Spiegelbild im Wasser der Brunnenbecken und Kanäle vervollkommnet den Eindruck eines Paradieses. Wie der Koran eine Tafel im Himmel widerspiegelt und der Baum des Lebens im Garten Eden von oben nach unten wächst, strahlt das Bild im Wasser die göttliche Schöpfung wider. Zypressenreihen führen das Auge zu dem weißen Dom am Ende der Anlagen und nicht, wie bei anderen Grabbauten der Moguln, zur Mitte hin.

Im Osten, Westen und Süden des von der hohen roten Sandsteinmauer umschlossenen Gebietes befinden sich schlichte Torbauten aus demselben Material. Rechts von dem westlichen und links von dem östlichen Tor erheben sich, jeweils auf einer kleinen Terrasse und mit zierlicher Kuppelkrönung, kleinere Grabbauten, die ich für meine späteren Gemahlinnen Sitt-an-Nisa Khanan und Sirhindi Begum erbaute. Außerdem ließ ich jenseits des Haupt-Torgebäudes *Taj Ganj* eine Moschee für meine vierte Frau Fatehpur Begum sowie eine Künstlerkolonie Mumtazabad errichten.

Nun, da es mir nicht vergönnt ist, selbst durch die von mir so liebevoll angelegten Gärten zwischen dem Eingangsgebäude, der Moschee, dem Gästehaus, den Brunnenanlagen und meinem einstigen Traumpalast zu spazieren, kommt mir immer wieder der Gedanke: Ist all diese so verschwenderische Schönheit wirklich nur die Dekoration eines Totentempels – ?

»Ich werde niemals dort wohnen«, sagte Mumtaz kurz vor ihrem Tod. Das ist nun wieder zweiundzwanzig Jahre her. Und seit fast sieben Jahren bin ich ein Gefangener. Als Mumtaz starb, war ich der Große Mogul. Das Taj Mahal wuchs empor als die Sehnsucht meines Lebens – und blieb zuletzt im eigentlichen nutzlos wie alles Schöne auf dieser Welt.

Ich, Shahjahan, habe geglaubt, die Dynastie der Moguln unsterblich gemacht zu haben. Die Zeit kommt und geht. Sie geht und kommt. Indien war seit tausend Jahren und es wird auch nach tausend Jahren bestehen. Es gab einen Dschingiskhan und es gab einen Tamerlan, auf den wir Moguln uns zurückführen. Bleiben aber wird vielleicht die schneeweiße Vision eines Bauwerkes, auf das ich aus meinem Pavillon des Roten Forts hinübersehe, ohne es noch einmal betreten zu dürfen – bis, und wie ich fühle bald, die Stunde kommen wird ...

Ich schuf den Höhepunkt der persisch-indischen Kultur. Was bedeutet es, daß jeder Traum wie jede Sehnsucht ein Erwachen findet?

Nun ruht dort die Perserin Arjumand. Ich schaue zu ihr hinüber, und ich begehre sie nicht mehr. Die Menschen aber werden ihren Namen für immer mit meinem Palast verbinden. Indien war und ist ein Schmelztiegel, nicht nur der Hindus und der Muslime, der Buddhisten, der Jainas oder der Parsen, die ihre Toten auf den Türmen des Schweigens niederlegen ... Wir haben seit alten Zeiten Verbindungen zu den Christen und zu den Juden. Einer ihrer Könige sagte: Alles ist eitel. Und mein Großvater Akbar brachte am Tor seiner längst verlassenen Palaststadt von Fatehpur Sikri die Worte des Propheten Jesus an:

Die Welt ist eine Brücke. Gehe darüber, aber baue kein Haus.

Wenn ich die Gestalten meiner Vorgänger auf dem Thron der Moguln, die Kaiser Babur, Humayun, Akbar oder Jehangir in mein Gedächtnis zurückrufe, erkenne ich gleichsam die Stufen, die zu meiner eigenen Herrschaft in der Politik wie in der Kultur führten. Bei dem Gedanken an meinen Großvater Akbar erinnere ich mich an Mirza Ghiyas Beg und dessen Tochter Mehrunissa, meine spätere Stiefmutter Nur Jahan, die unterwegs in der Wildnis einer weiten Wüste geboren worden war. Sie verstand es, mit ihrem irisierenden Zauber meinen Vater zu beherrschen und damit das Reich zu einer gewissen Größe emporzuführen – so wie sie es war, die es in die Tiefe zog. Die Geschichte meines Vaters Jehangir ist zugleich die des Lebens von Nur Jahan.

So enden meine Gedanken wieder bei Mumtaz Mahal, Nur Jahans Nichte. Die Astrologen sagten ihr ›das Licht des Wissens und den Trost des Reichtums‹ voraus. Für mich lag ihr Wissen und ihr Reichtum in ihrer Liebe und Treue zu mir, die sich nun im Taj Mahal widerspiegeln.
Arjumand Banu wurde im Jahr Fünfzehnhundertvierundneunzig in Agra geboren, also zwei Jahre nach mir. Es hieß, daß schon mein Großvater Akbar bemerkt hätte, wir beide seien füreinander bestimmt, obwohl Arjumand nicht von ebenbürtiger Herkunft war. Akbar liebte Anstand und Frühreife bei Kindern.

Möglicherweise wäre die Geschichte der Mogul-Dynastie anders verlaufen, wäre Mumtaz Mahal nicht schon vier Jahre nach meiner Thronbesteigung gestorben. Vielleicht hätte sie als Mutter abwenden können, was ich als Vater nicht verhindern konnte. Obgleich ihre hellen Augen und ihr wohlwollend-gütiges Herz voller Liebe waren, bleibt doch zweifelhaft, ob zum Beispiel die mütterliche Überredung eine Wirkung auf Aurangzebs Ehrgeiz und religiösen Fanatismus ausgeübt hätte. Seine Leidenschaften sind mächtiger als der Zwang zu herrscherlicher Vernunft. Rebellion ist für ihn – weit mehr, als es für mich in meiner Jugend war – ein Teil seiner Natur. Als seine Mutter starb, war er gerade zwölf Jahre alt ...

War es meine Bestimmung, das Glück des Schaffens im Schönen mit den Schicksalen meiner Söhne zu bezahlen? Sie alle waren Kinder von Mumtaz Mahal, und es schien, als habe ihr Tod jeden von ihnen in eigener Weise geprägt.
Die Bilder, die ich von meinem ältesten Sohn anfertigen ließ, werden oft mit denen aus meiner Jugend verwechselt; auch in seinen künstlerischen Anlagen war mir Dara Shukoh ähnlich. In ihm sah ich meinen Lieblingssohn, den ich im Gedanken an meine eigene Vergangenheit – ich war ja anfangs auch der Liebling meines Vaters gewesen – von der Gefahr meiner eigenen früheren Aufsässigkeit fernzuhalten bestrebt war. Ich zog Dara bei allen Entscheidungen in den Reichsangelegenheiten hinzu und ließ ihm bei jeder Gelegenheit die Ehren als Kronprinz zukommen, ohne mir bewußt zu sein, daß eine solche Sonderstellung die Eifersucht meiner anderen Söhne heraufbeschwören mußte.
Durch die Unterstützung, die ich Dara zuteilwerden ließ, glaubte ich mein Reich an neue Grenzen der menschlichen Kultur heranzuführen und bedachte nicht, daß sein Ende, verursacht durch seinen eigenen Bruder, auch das Ende der Reichsidee meines Ahnen Akbar bedeuten sollte.
Meinen zweiten Sohn Shuja hatte ich mit sechzehn Jahren als Vizekönig in Bengalen eingesetzt. Ebenso bemüht wie gebildet, zeigte er einen besonderen Hang zur Geschichte und schrieb auch einige historische Romane, bei denen es ihm allerdings weniger um die Vergangenheit ging, um aus ihren Fehlern zu lernen, als sich selbst mit den von ihm bewunderten Heroen gleichzusetzen. Im übrigen entsprachen seine Vorlieben denen seines Großvaters Jehangir – Alkohol und Opium.

*

Einen schweren Mißerfolg mußte ich bei meinen Bemühungen hinnehmen, die afghanische Grenzfestung Kandahar zurückzugewinnen, die während meiner Rebellion gegen meinen Vater an die Perser verlorengegangen war. Später gelang es mir, Kandahar in langen Geheimverhandlungen mit dem persischen Statthalter zurückzukaufen. Mittlerweile war die persische Artillerie dank ihrer türkischen Erfahrungen so überlegen, daß es sich der Shah leisten konnte, Kandahar von neuem zu erobern. Ich schickte Aurangzeb mit einem Heer zur Befreiung der Festung auf den Weg, doch er mußte wieder eine Niederlage hinnehmen. Nach einem von Dara Shukoh veranlaßten offiziellen Tadel wegen Aurangzebs Versagen beauftragte ich nun meinen ältesten Sohn Dara selbst, Kandahar zu befreien. Mittlerweile hatte ich für das Mogulheer aus England, Portugal, Frankreich, Schweden und Italien fünfhundert Kanoniere angeheuert. Doch wieder wurde die Reichsarmee geschlagen. Von jetzt an mußte ich befürchten, daß die Perser eines Tages das indische Reich überfallen könnten ...

Die nutzlos angeworbenen Kanoniere waren damals so bereitwillig zu uns gekommen, weil mittlerweile in Deutschland der Friedensschluß nach dem gnadenlosen Glaubenskrieg abzusehen war. Mitteleuropa blieb als Trümmerhaufen zurück – außer Frankreich, das sich für das kommende Jahrhundert zur beherrschenden Macht aufschwang. In den Ländern im Herzen des Kontinents lebte nur noch ein Drittel der früheren Bevölkerung.

Auch das Mogulreich sollte unter diesem Zusammenbruch leiden: Der Baumwollhandel ging wie der mit Gewürzen, Farben, Seide, Edelsteinen, Perlen – und vor allem mit Salpeter – erschreckend zurück.

Um die Staatskassen erneut aufzufüllen, besann ich mich auf das alte Streben meiner Vorfahren nach Vergrößerung des Reichsgebietes. So schickte ich Aurangzeb als meinen begabtesten Soldaten noch einmal – und diesmal erfolgreich – gegen das aufrührerische Golconda und die sich allzu unabhängig gebärdenden Sultanate des indischen Südostens.

In dieser Zeit sandte der Sultan von Bijapur seinen Botschafter – samt reichlicher ›Mitgift‹ von Gold und Juwelen – zu meinem Lieblingssohn Dara Shukoh. Die Folge war, daß ich mich breitschlagen ließ, das gelungene Unternehmen Aurangzebs, das nicht mehr in das Konzept Daras paßte, wegen Aurangzebs angeblicher ›Unfähigkeit‹ abzubrechen und einen wenig lohnenden Friedensvertrag mit den Fürstentümern abzuschließen. Den empörten Hinweis des Prinzen, daß die endgültige Eroberung Golcondas nur noch eine Frage von Tagen gewesen sei, beantwortete ich nicht. Ich war der Rivalitäten in meinem eigenen Haus müde. Ich fragte nicht, wie lange ein zielbewußter Fanatiker wie Aurangzeb auf die Dauer zu bändigen sein würde – und erkannte zu spät, daß die Atmosphäre unter den Brüdern und am Hof bereits vergiftet war. Als der mittlerweile fünfundzwanzigjährige Aurangzeb nicht nur das ›Freidenkertum‹ seines ›gottlosen‹ Bruders Dara Shukoh, sondern auch mein geringes Interesse an der Wirtschaftspolitik – leider nicht unberechtigt – mit bösartigen Äußerungen bedachte, sah ich meine kaiserliche Autorität angegriffen. Ich enthob Aurangzeb fristlos seines Ranges als Vizekönig im Dekkan und degradierte ihn zum gewöhnlichen Soldaten. Der dadurch in dem so stolzen wie unversöhnlichen Prinzen ausgelöste Haß sollte zuletzt nicht nur mein Leben zerstören ...

Im Sommer des Jahres Sechzehnhundertvierundvierzig begegneten sich meine vier Söhne bei einem Familientreffen in Agra. Den Anlaß gab ein Unfall ihrer Schwester Jahanara, die seit dem Tod meiner Frau Mumtaz Mahal die Erste Dame an meinem Hof war. Jahanaras leichtes Baumwollgewand hatte an einer brennenden Kerze Feuer gefangen; zwei ihrer Hofdamen stürzten sich sofort auf sie, um die Flammen zu ersticken. Die beiden Frauen starben an ihren Brandwunden. Jahanaras Leben war mehrere Monate in Gefahr, bis ihre Genesung dem Verdienst eines frommen Sufi zugeschrieben wurde, der in tiefem Gebet um ihre Gesundheit rang und ihr einen Kräuterbalsam bereitete, wie ihn der berühmte Hakim Inshallah vor fast hundert Jahren bei einem verwundeten Hindu-Prinzen angewandt hatte. Jeder wußte, daß ich meine älteste Tochter abgöttisch liebte und in ihr gleichsam die Reinkarnation meiner verstorbenen Gemahlin sah.
Das düstere Feuer der – nicht zuletzt von mir selbst veranlaßten – Rivalität meiner Söhne untereinander wurde auch nicht dadurch gelöscht, daß ich bei der Genesungsfeier Jahanaras mein Unrecht wiedergutzumachen versuchte und Aurangzebs Erniedrigung großzügig aufhob. Er durfte wieder als Vizekönig in den Dekkan zurückkehren, wo er sich dem Aufbau seiner eigenen Residenzstadt Aurangabad widmete. Doch der Haß, der sich in ihm immer tiefer fraß, weitete sich nun auf den von mir so offensichtlich bevorzugten Prinzen Dara Shukoh aus.

Als begeisterter Leser der Memoiren meines Ahnen Babur träumte ich von der Eroberung des sagenhaften Samarkand für das Mogulreich. Als im Jahr Sechzehnhundertsechsundvierzig in Usbekistan Unruhen ausbrachen, beauftragte ich meinen jüngsten Sohn Murad, dort mit einer starken Armee Ordnung zu schaffen. Das Unternehmen endete mit einer jämmerlichen Niederlage. Im Jahr danach betreute ich Aurangzeb mit der gleichen Aufgabe, der ebensowenig ausrichten konnte. Wiederum veranlaßte mich mein Sohn Dara Shukoh zu einem öffentlichen Tadel Aurangzebs, in den ich ungerechterweise Murad *nicht* einbezog. Bald mußte ich erfahren, daß sich die beiden Brüder in einem schriftlichen Vertrag zusammengeschlossen hatten mit dem Ziel:

Dara bei der nächstbesten Gelegenheit aus der Welt zu schaffen.

*

Wohl nicht zuletzt infolge der familiären Aufregungen litt ich an Magenschmerzen, die mir nicht nur den Schlaf raubten, sondern auch meinen Gesichtszügen eine ungewohnte Schärfe verliehen. Da mir jeder Genuß der Speisen verdorben wurde, lud meine Tochter Jahanara den früheren Hofarzt des verstorbenen Shahs ein, mich zu beraten. Er linderte mein Leiden so weit, daß ich auf Heilung hoffen durfte. Ich belohnte den Mediziner mit einer Geldsumme, wie sie bisher noch keiner meiner Ärzte erhalten hatte.

In Anbetracht dieses Wunders zog ich meinen Lieblingssohn Dara Shukoh besonders in meine Nähe. Ebenso aber war ich mir darüber klar, daß trotz unseres gegenseitigen Mißtrauens Aurangzeb von meinen vier Söhnen zweifellos der klügste, ehrgeizigste und – leider – auch weitsichtigste war. Wie die meisten vom Ehrgeiz besessenen Menschen, zu denen ja auch ich in meiner Jugend zählte, hatte sich Aurangzeb in die Überzeugung hineingesteigert, daß er ein Auserwählter sei, dem kein Leid geschehen konnte, da ihn die göttliche Hand beschirmte.

Diese tröstliche Gewißheit *und* mein eigenes unkluges Verhalten führte ihn nicht nur zu einem abgrundtiefen Verrat im Verein mit dem stets lauernden Shah von Persien, sondern auch zu einem Zusammenstoß auf Tod und Leben zwischen meinen beiden begabtesten und ehrgeizigsten Söhnen. Selbst ein Lieblingssohn, der sich gegen seinen Vater erhoben hatte, war nun meine Hauptsorge, *meinen* Lieblingssohn Dara Shukoh daran zu hindern, sich gegen mich zu erheben. Die Lösung sah ich darin, daß ich Dara fast ständig an meiner Seite hielt und ihn mit Reichtümern, Zuneigung und offiziellen Ehren verwöhnte. Dabei hätte ich wissen müssen: Nicht der mit seinen Studien und philosophischen Träumen beschäftigte Dara Shukoh, sondern der ungeliebte Aurangzeb, der sich im Dekkan auf einem der ständigen Feldzüge in diesem Gebiet befand, hatte die beste Möglichkeit, sich meine Erfolge zum Vorbild zu nehmen – und an der Spitze einer Armee zurückzukehren, um die Krone an sich zu reißen ...

Für Aurangzeb gab es nur eine wesentliche Erkenntnis: Daß sein irdisches Streben zusammen mit den islamischen Fundamentalisten der sicherste Weg zum Pfauenthron war. In diesem Zusammenhang ist auch ein Brief des persischen Shahs Abbas des Zweiten an Aurangzeb zu sehen, den mein Beauftragter abgefangen und mir zugeleitet hatte. Darin hieß es:

Die am höchsten bewunderte Quelle göttlicher Weisheit, das Herz des demütigen Wahrheitssuchers und Shahs ist betroffen von gewissen Entwicklungen im Mogul-Reich, die die Grundlehre des Propheten unterstützen. Andererseits brennen der maßlose dort zur Schau gestellte Glanz und eheliche Allianzen mit den Ketzern in meiner Seele. Der große Allah hat das Mogul-Reich nicht den Moguln anvertraut, daß es sich der verfluchten Ketzerei zuwendet. Diese Dynastie hat nur solange das Recht zu regieren, wie die heilige Flamme des Islam rein und klar brennt. Indem ich um Eurer Hoheit Unterstützung bitte, daß der Allwissende mir den Mut verleiht, Seinen Willen zu erfüllen, und mit dem Glauben an die Vorsehung und die Hilfe der vom rechten Geist erfüllten Menschen, hege ich keinen Zweifel, daß das schreckliche Monstrum der Ungerechtigkeit in Flammen aufgehen und nie wieder sein Haupt erheben möge.

Die Erwähnung der ›ehelichen Allianzen‹ in diesem Brief bezog sich darauf, daß einen Monat zuvor der älteste Sohn meines Sohnes Dara die Tochter des hinduistischen Raja Amar Singh, eines Schwestersohnes des Raja von Udaipur, geheiratet hatte, was in den Augen Aurangzebs zusätzlich eine herausfordernde militärische Stärkung seines Bruders bedeutete.
Ich sah die verwirrenden Kämpfe um meine Nachfolge voraus – und gedachte dafür zu sorgen, daß Dara siegte. Die Verbindung mit den

stolzen Rajputen war ohne Zweifel entscheidend für die Machtverhältnisse im Reich.
Im Grunde meiner Seele war ich liberal, doch kein Akbar. Ich kam auf den Thron mit Hilfe orthodoxer Muslime. Als ein Zugeständnis an die Fundamentalisten überredete ich Amar Singh, daß seine Tochter vor der Heirat mit Dara zum Islam übertrat.

Zum Ende des Jahres Sechzehnhundertsechsundfünfzig brach in Delhi und der Umgebung die Beulenpest aus. Sie forderte viele Menschenleben; das allgemeine Jammern erfüllte die Luft. Leichengestank und der Rauch der Verbrennungsplätze trieb die übriggebliebene Bevölkerung in die Wildnis der umliegenden Wälder. Ich tat, was ich konnte, das Elend zu lindern, aber die Zahl der Opfer und die Schnelligkeit der sich ausbreitenden Krankheit ließen mir keine andere Möglichkeit als das Gebet. Hoffnung ist die einzige Hilfe für verzweifelte Seelen.

Der Tod von fünf meiner Kinder in dieser Zeit – in schneller Folge im Alter von sieben bis elf Jahren – erschreckte mich. Bevor ich Delhi mit meinen verbliebenen drei Töchtern und Haremsdamen verließ, gründete ich mit Hilfe meiner Ärzte medizinische Zentren in der Nähe jeder Moschee. Es war der erste Versuch, Wege zu finden, die Seuche zu bekämpfen. Der Schätzung nach starben über hunderttausend Menschen, bevor sie erlosch.
Als ich meinem Arzt Hakim Jalaluddin von Schmerzen auf der linken Seite meines Unterleibes berichtete, erschrak dieser. Die Ruhe verschlimmerte meinen Zustand, und ich konnte nicht verhindern, daß sich die Nachricht verbreitete, auch der König der Könige läge krank danieder. Meine Tochter Jahanara wich nicht von meinem Lager. In meiner Verzweiflung rief ich aus:
»O Herr des Universums, gib mir die entflohenen Jahre zurück. Meine Aufgabe ist noch nicht erfüllt!«
Jahanara beruhigte mich mit den Worten aus dem Heiligen Buch: »Klagen heißt: nicht glauben.«

Im Jahr darauf kehrte ich nach Delhi zurück. Die Epidemie war nur noch eine böse Erinnerung. Obwohl noch schwach, erinnerte ich mich meiner früheren Heiterkeit. Meine Tochter Jahanara hatte entscheidenden Anteil an meiner Genesung. Ihr perlendes Lachen vertrieb die Krankheit besser, als es alle Kräutertränke der gelehrten Mediziner vermochten. Sie war so schön wie verständnisvoll und geduldig gegenüber allen, deren Ansichten der ihren widersprachen. In dieser Zeit erreichte ihr Einfluß am Hof eine neue Bedeutung, und manche Berichterstatter sprachen schon von meiner Abdankung zu ihren Gunsten. Im Gegensatz zu Nur Jahan war Jahanara wie ihre Mutter Mumtaz nicht von persönlichem Ehrgeiz erfüllt. Ihre Rolle als Friedensstifterin in den darauffolgenden Auseinandersetzungen war für mich eine unvergleichliche Hilfe. Meine Krankheit und meine Wiederherstellung waren das Vorspiel eines sich ständig steigernden Dramas von Leidenschaften, Intrigen und Verrat um mich herum.

Doch bevor ich die verhängnisvolle Entwicklung dieses jeden von uns treffenden Dramas nachzeichne, mag es angebracht sein, noch einen Blick auf die Charaktere meiner vier Söhne zu werfen.

Wir trachten nach der Wahrheit und finden in uns nur Ungewißheit.

Der Gedanke an das Leben nach dem Tode macht mir weniger Schwierigkeiten als der Gedanke an das Leben *vor* dem Tod.

D as beste Mittel, ihre Sorgen zu vergessen, war für meine Mogul-Vorfahren der Marsch auf das Schlachtfeld. Am meisten betraf das wohl die kaiserlichen Prinzen, deren Ehrgeiz im allgemeinen nur von ihrer Enttäuschung aufgewogen wurde. Erst auf dem Krankenbett wurde ich mir der Erwartungen bewußt, die in jedem meiner vier Söhne brannten. Ebenso erfuhr ich von den stillschweigenden Vorbereitungen, die sie einzeln in ihren Lagern trafen. Jeder erhoffte für sich den Thron. Jeder vertraute auf seinen Gott, und nur die Art ihres Vertrauens in die unsichtbare Hand war verschieden. Jeder hatte eine eigene Armee zur Verfügung. Jeder war auf seine Weise ein Souverän in seinem Land. Unbegrenzter Reichtum an Waffen, Ausrüstung und Geld bereiteten ihnen einen fruchtbaren Boden für ihre Hoffnungen und Pläne – und dementsprechend bildeten sich verschiedene Allianzen unter dem Adel. Die Aussicht auf einen möglicherweise vierfachen Krieg erschreckte die schwachen Herzen, während die stärkeren darin eine gute Gelegenheit für eigene Ehren und materielle Gewinne sahen.

Meine Tochter Jahanara setzte ihr liebenswürdiges Lächeln und ihre weibliche Schmiegsamkeit ein, den Streit zu dämpfen und mich zu beruhigen. Sie tat das ihr Mögliche, ihre Brüder von der ›Straße der gegenseitigen Ausrottung‹, wie sie es nannte, abzubringen. Sie schickte ihre Abgesandten nach Allahabad, Rajmahal, Burhanpur und Ahmedabad auf den Weg, um die Brüder daran zu erinnern, daß sich der Kaiser mit der Gnade Gottes von seiner schweren Krankheit erholt und die Staatsgeschäfte wieder völlig in der Hand habe.
An Dara Shukoh schrieb sie:

> *Hakim Jalaluddin Wazir Khan und zwei andere bekannte Ärzte untersuchten die Majestät vor zwei Tagen. Sie unterzeichneten eine Erklä-*

rung, daß der Kaiser – möge er uns für immer erhalten bleiben! – vollständig wiederhergestellt ist. Sie haben ihm auch geraten, seine täglichen Besuche auf der Jarokha wieder aufzunehmen; ebenso wird er im Audienzsaal ein oder zweimal in der Woche auswärtige Gäste empfangen. Gestern begab er sich zum ersten Mal in den letzten zwei Monaten in die Halle der privaten Audienzen, um den soeben eingetroffenen persischen Gesandten für fast vier Stunden zu empfangen. Weiterhin hat mir der Großwesir mitgeteilt, daß der Kaiser seine täglichen Morgen-Spaziergänge im Palastgarten wieder aufgenommen hat. Alle Ärzte stimmen darin überein, daß es keinerlei Grund für Besorgnisse gibt. Allah ist groß! Mein Bruder, ich teile Dir diese Einzelheiten mit, um Dir zu versichern, daß unser hoher Vater in seinen geistigen und körperlichen Kräften voll wiederhergestellt ist. Er macht bereits Pläne, später im Jahr Kashmir zu besuchen. Gott ist gnädig. Ich sende ähnliche Briefe an unsere Brüder Shuja, Aurangzeb und Murad. Der Überbringer dieses Briefes, Shah Fath, ein Mann von hoher Bildung, ist angewiesen, Dir die Ereignisse zu erklären, die mich veranlassen, Dich von den wahren Angelegenheiten des Reiches in Kenntnis zu setzen.

Als ich die Abschrift gelesen hatte, machte mir erst der letzte Teil des Briefes klar, daß die gutherzige Jahanara es unternommen hatte, die bereits laufenden militärischen Vorbereitungen in den vier Territorien aufzuhalten. In einem zweiten Brief bat sie Dara Shukoh, zu einem Gespräch mit mir nach Delhi zu kommen. Dara befolgte ihre Bitte. Ich sah in ihm meinen offiziellen Erben und bedachte ihn mit dem hochklingenden Titel *Shah Buand-Igbal* und einem unschätzbaren Vermögen ...

*

Muhammad Dara Shukoh war am zwanzigsten März Sechzehnhundertfünfzehn in der Nähe von Ajmer geboren, also jetzt zweiundvierzig Jahre alt. Wenige Tage vor seiner Geburt hatte mein Vater an dem heiligen Schrein eines Brahmahnen-Propheten um einen Enkelsohn gebetet. Mumtaz und ich hatten bisher nur eine Tochter. Die Geburt eines Jungen war daher ein Ereignis, das große Freude und Dankbarkeit auslöste. Mein Vater und Nur Jahan pilgerten barfuß zu dem heiligen Schrein und überreichten den Priestern kostbare Geschenke, die eigentlich dem regierenden Raja von Bijapur im Dekkan gehörten. Bei der Übernahme der Gaben stellte der Oberpriester fest, daß der erste Sohn des künftigen Kaiserpaares den Berechnungen nach ein Heiliger sein würde, der zweite ein Soldat, der dritte ein Diener der Menschlichkeit und der vierte ein Muster an männlichen Tugenden wie Mut und Ritterlichkeit ...

Wie ich erfuhr, schenkte mein Vater Jehangir dieser ›Voraussage‹ zunächst wenig Beachtung; erst in späteren Jahren, als die gottgegebenen Eigenschaften meiner vier Söhne deutlicher hervortraten, befahl er den Hofastrologen, eine vergleichende Studie über die Horoskope der vier Prinzen abzufassen und herauszufinden, ob sie Hinweise auf die Zukunft enthielten. Das Ergebnis wurde nicht bekanntgegeben. Offenbar hielt es mein Vater auf Anweisung Nur Jahans für ratsam, die Entwicklung der Dinge sich selbst zu überlassen.

Als mein Sohn Dara heranwuchs, fragte er seine Lehrer nach den Werten des Lebens, des Todes und nach dem, was danach kommt. Mit dem Älterwerden wuchs auch seine Anteilnahme an den Mysterien der Religionen. Die üblichen Beschäftigungen eines Prinzen – Jagd, Reiten, Bogenschießen oder Sport wie Ringen oder Elefantenkämpfe – beschäftigten nicht seine Phantasie.
Mein Vater Jehangir war sehr erfreut über die geistige Regsamkeit seines Enkels. Dara verschlang förmlich alle Bücher über Konfessionen, Metaphysik oder Ethik, die ihm in die Hände fielen. Besonders liebte er Geschichten über frühe Propheten oder Heilige. Ich wiederum hörte den Rat gebildeter Mullahs und anderer Lehrer, bevor ich entschied, man möge ihn nicht auf Gebiete drängen, die ihm weniger entsprachen. Ich bemühte mich, meinen Sohn vor allem in seinem Streben nach der Wahrheit zu ermutigen. Die muslimischen und hinduistischen Theologen wurden beauftragt, ihm Einblick in die alten Schriften und die Taten der heiligen Männer zu vermitteln. Bald entwickelte sich Dara zu einem Liebhaber der persischen und der Hindu-Literatur. Er liebte den weisen Firdausi und den großen Liebeskünstler Hafis, die auch mir mein Vater nahegebracht hatte.
Bei Dara neigte ich zu dem Glauben, er wäre ein zweiter Akbar und dazu auserkoren, die sozialen und politischen Ideale meines Großvaters wiederzubeleben. Akbar war im eigentlich wörtlichen Sinn des Begriffes ›un-gebildet‹. Dara hingegen war ein Schüler, der die ganze Weite des Wissens als seine Welt betrachtete, aber er verfügte in mei-

nen Augen über eine geringere instinktive Weisheit, die Akbars Größe ausmachte.

Dara wurde schon früh in den Geistlichen Rat aufgenommen. Für ihn war die Stimme des Todes ein Mahnruf des Lebens; es schien, als erwarte er beinahe stündlich den Tod; das erschreckte und ängstigte mich, obgleich er mir dadurch innerlich näher war, als ich zugeben wollte. Religiöse Enge stieß ihn ab; sie war für ihn lebensfern. Er sagte: »Es gibt nur einen Gott, und der sicherste Weg zu Ihm ist die Erweiterung der Seele.«
Sein Interesse für Yoga und die körperlichen Übungen, die in den Hinduschriften eine große Rolle spielen, förderten Daras Bemühen um die Erkenntnisse der Zusammenhänge von Geist und Materie. Er war überzeugt, daß alle Religionen in ihrer Tiefe eins sind. Göttliche Gelassenheit, schrieb er mir einmal angesichts meiner Sorgen, sei das unverrückbare Ziel jedes Glaubens. Und dann: »Es gibt keine Freude außer der Ruhe.« Er war mein Erbe, und ich machte kein Geheimnis aus meiner Anteilnahme an seinem Denken. Shuja und Aurangzeb hatten sich zeitweise mein Mißfallen zugezogen, Dara niemals. Für mich war er der Sohn von Mumtaz Mahal, deren Augen er geerbt hatte. Sie waren mandelförmig und strahlend, sodaß es schien, als lächle er, auch wenn sein Mund ernst blieb. Und er war eigentlich immer ernst – im Gegensatz etwa zu Aurangzeb, der nicht ernst, sondern grundsätzlich finster dreinschaute, obwohl er ein schöner Mensch war.
In Dara sah ich mein eigenes Ich als Mogulherrscher, verwurzelt in den Kardinal-Tugenden Mut und Mitleid. Dara wußte ebenso von meiner Liebe zu ihm, wie Aurangzeb wußte, daß er mir immer, schon von Kind an, fremd war. Aurangzeb gab zu verstehen, daß er zu mehr berufen war als zum Sieger auf dem Schlachtfeld. Dara war ein geringerer Truppenführer. Er konnte seine Soldaten nicht mitreißen, dazu war er zu bescheiden. Doch er war ein wesentlicherer Mensch als Aurangzeb – und er beging den Fehler, das seinen ungeliebten Bruder spüren zu lassen.

*

Dara Shukoh bezeichnete sich gelegentlich selbst als ein Jünger der Sufi-Bruderschaft. Ihr Gründer, Sheikh Abdul Qadir Gilani, war zu

Beginn des zwölften Jahrhunderts in Gilan in Persien geboren. Mein Sohn glaubte an den weißbärtigen Vater der ›Weisen‹ und an seine Wunder, die ihm Ruhm und Liebe in Zentral-Asien sicherten. Bereits mit zwölf Jahren war Abdul Qadir Gilani nach Bagdad gegangen, der Metropole der islamischen Kultur, wo er aus allen Teilen Transoxaniens Besucher empfing, die seinen Segen und Heilung ihrer körperlichen und seelischen Leiden suchten. *Selbstachtung, Selbstkontrolle* und *Selbsterkenntnis* – das waren die Grundprinzipien des Sheiks und seiner Jünger, die Dara in sich zu verwirklichen suchte. Seinem Bruder Aurangzeb gegenüber gestand er einmal: »Geistiges Streben geht selten zusammen mit Staatskunst.«

Jeden Tag vor Sonnenaufgang übte Dara eine Stunde lang die geistigen und physischen Kräfte im Sinn der alten indischen Yoga-Lehre, die die Sufis, die ›Weisen‹, zum Teil übernommen hatten. Zugleich war Dara abergläubisch; manche in seiner Umgebung, vor allem Astrologen, nutzten diese Schwäche aus. Bei allem, was er zu unternehmen gedachte, suchte er nach Vorzeichen. Dazu gehörte das Studium der Windrichtung, der Farbe des Himmels, das Krähen eines Hahnes oder das Bellen eines streunenden Hundes. Er brauchte lange Zeit, um zu einer Entscheidung zu kommen, und selbst diese Entscheidung war dann nur selten endgültig.

So konnte es auch kaum überraschen, daß es Dara als Gouverneur von Allahabad und des Punjab nicht gelang, das Volk hinter sich zu bringen. Sein Ansehen im Reichsrat wie am Hof war gering. Erst als es zu spät war, erkannte ich in Dara den angehenden Heiligen anstelle des künftigen Souveräns.

*

Mein zweiter Sohn Shuja war in Burhanpur im Dekkan bei Vollmond geboren worden. Die Astrologen werteten diesen Umstand als aussichtsreichen Anfang für einen Prinzen. Ein Hindu-Poet berief sich auf alte Mythologien, um den Reichtum und den Ruhm zu betonen, die dieses kaiserliche Kind erwarteten. Angenehme Gesichtszüge, große schwarze Augen und makellose Haut verrieten, daß – entsprechend dem späteren Porträt des berühmten persischen Malers Mir Hakim – ›der himmlische Geist keinen Groll gegen ihn kennt‹, wie mir die Dichter versicherten. Mit seiner Gesundheit und seinem sonnigen Lächeln wurde der kleine Prinz zum Liebling des Harems und des Hofes. Shuja wuchs auf zu einem starken und fröhlichen Jungen voller Liebe zur Natur und der Schöpfung. Er wußte früh, was er mochte und was er ablehnte.

An seinem zehnten Geburtstag schenkte ihm mein Vater Jehangir zwei persische Pferde. Er war der erste Mogulprinz, der nicht beschnitten wurde. Bei seiner Erziehung zeigte sich Shuja ungewöhnlich aufgeschlossen auf allen Gebieten. Er lernte schnell. Gern beschäftigte er sich mit der Geschichte der Moguln seit Timur und ebenso mit den persischen oder türkischen Herrschern. Er lernte große Teile des Korans auswendig – aber anders als bei Dara oder Aurangzeb gab es für ihn keine religiösen Auseinandersetzungen. Im Grunde neigte er den persischen Schiiten zu, was auf den Einfluß Asaf Khans und dessen Schwester Nur Jahan zurückging. Obgleich als gerade Elfjähriger durch mich in die sich lange hinziehende Rebellion gegen seinen Großvater verwickelt, betrübte ihn der Tod des Kaisers Jehangir tief. Vielleicht wuchs in ihm schon damals die Wurzel eines schweigenden Widerstandes gegen mich, den ich später, als ich es erkannte, als eines Sohnes unwürdig bezeichnete. In einem späteren Brief an seinen Bruder Aurangzeb gestand er, daß er in jungen Jahren immer die Hand gefürchtet habe, die ihm ein Geschenk anbot. Shuja war zweifellos älter als seine Jahre, und er entwickelte ein strenges Urteil über Recht und Unrecht.

Meine Rebellion war für Shuja eine Tragödie, die in seinen Augen die Mogul-Dynastie herabsetzte. Für ihn war sein Großvater Jehangir ein begnadetes Wesen, das lebte, um zu lieben und geliebt zu werden. Shuja war zuletzt Jehangirs erwählter Liebling, obwohl Nur Jahan diese ›Abwertung‹ seiner anderen Enkel deutlich mißbilligte.
Ich selbst nahm den Vierzehnjährigen im Jahr Sechzehnhundertdreißig im Gefolge seiner Mutter Mumtaz mit in den Dekkan und gab ihm nicht nur Gelegenheit, in der Schule des Krieges, sondern auch in den Künsten und höfischer Diplomatie zu lernen. Sein Versagen bei der Eroberung einer kleinen feindlichen Festung – eine Aufgabe, die ich ihm als Prüfung seiner militärischen Eignung übertrug – dämpfte seinen Ehrgeiz auf diesem Gebiet. Von nun an zog er es vor, mich gleichsam als Mitreisender zu begleiten.

Der Tod seiner Mutter Mumtaz Mahal traf ihn schwer. Sie war immer seine Zuflucht, sie gab ihm Zuversicht und Vertrauen in sich selbst. Ich, der Vater, war für ihn nur ein fernes Licht, das ihm niemals den Weg wies, noch seine Ängste und seinen Verstand beruhigte. Ich fand es schwierig, Shujas Gedanken zu durchschauen und entschied mich, ihn mit der Überführung des Körpers meiner Gemahlin Mumtaz Mahal nach Agra zu beauftragen. Damit war er auch dem Wirrwar des Krieges entzogen. Er entwickelte sich schnell.
Mit sechzehn Jahren gab sich Shuja ganz der Liebe hin. Als er der gebildeten, kultivierten Tochter eines Hindu-Fürsten begegnete – sie hieß Mirza Rustam Safri – war er nicht davon abzubringen, sie zu heiraten. Er hatte sie bei einem Empfang meiner Tochter Jahanara kennengelernt und verlor keine Zeit, das Mädchen zu überzeugen, daß es der Wille der Vorsehung sei, eine Verbindung der Mogul-Dynastie und ihrem Vaterhaus zu vollziehen.

Jahanara übernahm es, sich bei mir für die Verlobungsvorbereitungen einzusetzen. Ich stimmte unter der Bedingung zu, daß die Hochzeit erst nach der von Dara Shukoh mit Nadira Begum im Jahr darauf stattfinden solle. Die Hochzeit wurde drei Wochen nach der meines ältesten Sohnes festgelegt.
Mirza Rustams Tochter war so kühl und rein wie ein Eiszapfen. Die Festlichkeiten spielten sich in verhältnismäßig einfachem Rahmen ab; auch waren die Geschenke von meiner und Jahanaras Seite geringer als die für Daras Gemahlin. Die Mitgift der Familie Safri hingegen blendete alle Gäste wegen ihrer erlesenen Kostbarkeit.
Prinz Shuja schien von da an wie verwandelt. Seine Traurigkeit schwand ebenso wie sein Mangel an Selbstbewußtsein.

Im Jahr Sechzehnhundertneununddreißig ernannte ich Shuja zum Vizekönig von Bengalen und Orissa. Es war sein erstes und letztes Regierungsamt. Shuja blieb achtzehn Jahre lang in Bengalen. Als selbständiger Herr für fast zwei Jahrzehnte über einen wichtigen Teil des Reiches war es für ihn nur natürlich, daß ihn der Ehrgeiz trieb, nach den Sternen zu greifen. Im später folgenden Krieg um meine Nachfolge entwickelte er sich zu einem aufrechten und ritterlichen Soldaten; sein Kampfesmut wuchs im gleichen Maß, wie der Verrat um ihn die Oberhand gewann.
Shujas Lebensweg zeigte, daß er nicht von gleicher Art war wie seine

Brüder Dara Shukoh und Aurangzeb. Die Anlagen seines Wesens waren teilweise bestimmt von seinem Großvater Jehangir und in geringerem Maße von Kaiser Akbar; doch fand er keine Gelegenheit, zu eigener Bedeutung aufzusteigen. Es fehlte ihm der Atem für eine größere kriegerische Unternehmung, wie es der Kampf um meine Nachfolge werden sollte; doch in der Niederlage zeigte er Weisheit. Shujas Schicksal verband sich aufs engste mit dem meinen. Sein tragischer Mißerfolg wurde zu seinem größten menschlichen Sieg.

*

Muihuddin Muhammad Aurangzeb, Mumtaz Mahals sechstes Kind, wurde am vierundzwanzigsten Februar Sechzehnhundertachtzehn geboren und war unser schönstes. Vom ersten Lebenstag an schien er sich der göttlichen Gabe bewußt zu sein. Seine Erzieherinnen taten alles, um ihn zum Lachen zu bringen. Doch das einzige, was sie dem ernsthaften Säugling entlocken konnten, war eine mißvergnügte Grimasse. Aurangzeb schien nur dazu geboren, jede Gefühlsregung von sich fernzuhalten.

Als er diese Welt betrat, befanden sich mein Vater Jehangir und ich auf dem Rückweg vom Dekkan nach Agra. Die Geburt eines Knaben galt in der kaiserlichen Familie auch hier als ein Glückszeichen für die Zukunft. Die Festlichkeiten aus diesem Anlaß bestanden wie üblich aus öffentlichen Gebeten, Almosenverteilung, öffentlicher Speisung der Armen und dreitägigen Musikdarbietungen mit Tanz und Wein. Mein Vater Jehangir und ich waren nicht imstande, das geheime Buch der Bestimmung zu lesen – was in diesem Fall bedeutete: daß wir jeglichen Lustbarkeiten Einhalt hätten gebieten sollen.

Der künftige Mörder aller, die ihm im Weg standen, hatte den Ring betreten ...

Der Altersunterschied zwischen Dara, Shuja und Aurangzeb war der geringste, den die Naturgesetze erlauben. Alle drei Knaben hatten eine ähnliche Erziehung, doch unterschieden sie sich sehr in ihrer Lebenseinstellung. Während Dara Shukoh zu einem liebenswerten ›Sufi‹ aufblühte, entwickelte sich Aurangzeb zu einem ultra-orthodoxen Sunniten und betrachtete sich bald als ein Werkzeug der geheimen oder offenkundigen Absichten der Vorsehung. Für das, was er als seinen Weg sah, kannte er kein Hindernis. Was er sagte und tat, geschah im Namen der Glorie seines Gottes. Daß seine Vorstellungen von

›Gut‹ oder ›Richtig‹ von den Interessen des Reiches durchaus abwichen und vielleicht nicht weniger von den Lehren des Propheten, wollte er nicht zur Kenntnis nehmen. Sein unverrückbares Ziel, den Pfauenthron zu besitzen, gründete sich für ihn auf die unerschütterliche Überzeugung, daß ihn der große Allah auserwählt habe, der berufene Hüter des Islam in Hindustan zu sein.

Vielleicht gehört zu jedem schöpferischen Leben die große Enttäuschung – ? Die Christen haben Judas, der ihren Propheten verriet, und sie haben ihn verflucht. Er beendete sein unglückliches Leben selbst.

Ich habe oft darüber nachgedacht, ob Aurangzeb nicht mein Judas war, obgleich ich mich niemals mit einem Propheten verglichen habe. Aurangzeb verriet mich – nicht aus niedrigen Motiven, sondern weil er an sein Gesetz glaubte. Er wußte, daß ich ihn *nicht* als meinen Nachfolger wünschte. Er flüchtete sich in seine eigene vorgebliche Bestimmung, die ihm auferlegte, mein Feind zu sein.

Aurangzeb zeigte mir, daß das eigene Blut fremder und haßerfüllter sein kann als der grausamste Gegner auf dem Schlachtfeld. Er war im schrecklichsten und folgerichtigsten Sinn ›fromm‹. Mitten in einer mörderischen Schlacht in Zentral-Asien ließ er sich von seinem Kriegselefanten herab und begann in völliger Gelassenheit seine Gebete herzusagen, während der Feind entgeistert verharrte. Man rief eine Kampfpause aus, da es, wie man erklärte, unmöglich sei, einen betenden Mann zu töten.

Gab es jemals einen Herrscher, der Reichtümer verachtete und sein Leben lang vom Verkauf von Kleidern lebte, die er selbst mit eigener Hand genäht hatte? Die Lust am Geld war für Aurangzeb die Quelle allen Übels. Seine abergläubische Strenge war nicht Mittel, sondern Methode, die Befehle Allahs, wie er sie sah, zu erfüllen.
Noch vor dem Fluch des Mammons aber sah er die Ketzerei als das größte Übel an. Sein Haß auf den Bruder Dara Shukoh galt vor allem dessen Freisinnigkeit. Die Weite des Sufismus bedeutete für ihn die Abkehr von den Grundsätzen des Islam. Für seine orthodoxen Anhänger wurde Aurangzeb zum Erlöser, für andere ein gnadenloser Verfolger, der freundlich sprach, aber seinen dicken Knüppel niemals vergaß, den er in der Hand trug.

Mein Sohn Aurangzeb war aufgewachsen als ein Mensch, der nichts fürchtete als die Furcht. Bei seinen militärischen Unternehmungen in Zentral-Asien, in Rajastan und im Dekkan zeichnete er sich durch Erfolg mehr aus als alle anderen. Er gewann meine Achtung auch durch sein hohes Pflichtgefühl und seine Ehrenhaftigkeit.
Als ich nach dem Tod meiner Gemahlin Mumtaz Mahal schwer erkrankte, hielt er die große Dekkan-Armee ruhig in seiner Hand. Seine Frömmigkeit und seine Strenge trieben seine Gefolgsleute zu höchstem Mut an. Arrak oder Wein waren für ihn ebenso ein Fluch, wie er sich niemals den Umgang mit Tanzmädchen oder Konkubinen erlaubte. Man erzählte mir einmal, daß Aurangzeb eine Nacht damit verbracht habe, den Koran zu rezitieren, während neben ihm ein alabasterhäutiges Weib im Bett lag – in der vergeblichen Hoffnung, daß er sich der sich leidenschaftlich Windenden und heftig Atmenden zuwenden würde.

Zugleich gab es Zeugen für seine abgöttische Liebe zu einem siebzehnjährigen Sklavenmädchen namens Zanabadi. Als er ihr ewige Liebe schwor, kniete sie sich vor ihm hin und bestand auf einem Beweis. Der Prinz senkte den Kopf und dachte nach. Dann stand er unvermittelt auf und ging zur Tür, wo er heftig an dem samtumkleideten Klingelstrang zog. Die dafür zuständige Dienerin erschien sofort und wartete ehrerbietig auf seinen Befehl.
»Eine Flasche Ab-i-Schiras und zwei Gläser«, befahl der Prinz.
Das ältere Mädchen zog sich zurück und erschien wieder mit einem goldenen Tablett, das sie auf einen Marmortisch neben Zanabadi stellte. Der Prinz goß den roten Wein in die beiden Gläser und bot eines seiner strahlenden Gefährtin. Mit einem nichts verhehlenden Lächeln nahm sie den Wein an. Der Prinz hob das andere Glas an seine Lippen. Während in ihm Begierde und Gesetz miteinander kämpften, nahm Zanabadi ganz unerwartet das Glas aus der Hand des Prinzen.
»Ich bin keine verführerische Teufelin«, sagte sie und schmiegte sich in seine Arme. Das war der Anfang einer Liebe, die Aurangzeb, wie man mir berichtete, Flügel verlieh, die ihn zum ersten Mal in den blauen, klaren Himmel zärtlicher Menschlichkeit erhoben ...

Nur ich fand keinen Zugang zu dem Herzen dieses mir gegenüber immer verschlossenen Sohnes. Ich hörte mir an, was man über ihn berichtete, und manchmal vergaß ich auch mein Mißtrauen. Seine

Frömmigkeit schien ein Stück seiner unbefriedigten Natur zu sein – aber sie machte ihn auch stark. Niemals überschritt er die Vier-Frauen-Grenze des Islam. Er überschritt überhaupt keine Grenzen, nicht einmal in seiner Grausamkeit, die er mit aller Folgerichtigkeit und bis zur letzten Qual des Opfers ausübte, wenn es ihm notwendig erschien. Er erfreute sich nicht seiner eigenen Grausamkeit; sie ergab sich gleichsam als die Folge seiner Frömmigkeit.

Seine Gemahlin Dilraz Banu heiratete er, weil er neunzehn Jahre alt und es an der Zeit war zu heiraten. Er achtete sie und gab ihr die Stellung, die er für seine Frau verlangte. Sie war ein schönes Mädchen und bekannte sich im Lauf der Jahre zu seiner einfachen Lebensweise und der tiefen Gläubigkeit gemäß der Lehre des Propheten. Sie gebar Aurangzeb drei Töchter und zwei Söhne. Nach ihrem plötzlichen Tod im Alter von einundvierzig Jahren erbaute er ihr in Aurangabad ein Mausoleum, das gewiß nicht zufällig eine seltsam in die Höhe gestreckte Kopie meines Taj Mahal wurde. Später heiratete Aurangzeb zwei weitere Frauen, von denen er noch fünf Kinder hatte.
Ein brahmanischer Fakir sagte mir einmal voraus, daß mein dritter Sohn das Reich mit Trümmern bedecken werde. Ich habe diese Prophezeiung niemals vergessen. Vielleicht war sie der eigentliche Grund für meine bedingungslose Unterstützung von Dara Shukoh – ebenso, wie der Haß Aurangzebs gegenüber dem Älteren aus der gleichen Quelle stammen konnte. Die Vernichtung Dara Shukohs sollte das eine große Ziel in Aurangzebs Leben werden, das alles andere einschloß.

*

Es fällt mir nicht leicht, es auszusprechen: daß der jüngste Sohn von Mumtaz Mahal und mir, Muhammad Murad Baksh, in allem, was ihm anvertraut wurde, versagte. Er war im Überfluß ausgestattet mit Muskeln und einer wohlgeformten Gestalt, doch der große Spender schien seine Hand geschlossen zu halten, als er ihn mit den Tugenden des Geistes segnete. Ich gab Murad jede Gelegenheit, etwas von der militärischen Führung zu erlernen, doch er nahm sie nicht wahr. Als er sich ohne Erlaubnis schmachvoll aus Balkh zurückzog, erkannte ich ihm alle Ehren, Gehälter und Lehnsgüter ab und vertraute ihm den Gouverneursposten im Dekkan an. Nach seiner Verheiratung sollte es nicht lange dauern, bis er einen Streit mit seinem Schwiegervater Shanawaz Khan begann. Wieder verweigerte ich ihm mein Wohlwollen, und wieder verzieh ich ihm seine Torheiten. Der Gouverneursposten von Gujarat unter der aufmerksamen Beobachtung eines meiner geeignetsten Höflinge wurde seine letzte Aufgabe, bis ihn der wilde Aurangzeb beim Wettlauf um den Thron der Moguln überlistete.

Es geschieht selten, daß die Glücksgöttin den Toren begünstigt. Geboren während meines schlimmsten Mißgeschickes, konnte Murad diese Kindheitseindrücke niemals überwinden. Es war die Zeit, da ich, von meinem Bruder Parvez und Mahabat Khan als Rebell gejagt, Mumtaz Mahal und meine drei Söhne im sicheren Fort von Rohtas zurückließ und mit dem, was von meiner Armee übrig war, nach Orissa floh.

Ein paar Tage nach meinem Abschied von Rohtas kam Murad am neunundzwanzigsten August Sechzehnhundertvierundzwanzig auf die Welt. Bei seiner Geburt sah man keinen Planeten. Meine Hoffnungen lagen in Trümmern. Mumtaz und ihre Umgebung waren in tiefer Mutlosigkeit. Niemals hatte es so schlecht um mich gestanden. Auch die Geburt eines Sohnes konnte diesen Nebel von Furcht, der über Rohtas hing, nicht durchdringen.

Als sich nach dem Tod des Kaisers Jehangir mein Schwiegervater Asaf Khan und Mahabat Khan erfolgreich gegen Nur Jahan verschworen, um mir zum Thron zu verhelfen, war Murad drei Jahre alt, Aurangzeb neun, Shuja elf und Dara Shukoh zwölf. Außer Murad, der im Frauenhaus aufwuchs, waren die anderen Knaben auf getrennte Appartements im Fort von Agra verteilt. Die Erziehung der drei Prinzen leitete der Mullah Abdul Latif. Murad schloß sich seinen Brüdern im traditionellen Einschulungsalter von vier Jahren, vier Monaten und vier Tagen an. Von Anfang an zeigte sich, daß Murad nicht für geistige Studien geeignet war. Seine Interessen waren Jagd, Zuschauen beim Elefantenkampf und Reiten. Das Studium der beiden Hofsprachen Persisch und Türkisch ließ ihn kalt. Er machte bescheidene Fortschritte in Geschichte, doch keine in den Wissenschaften. Ich erkundigte mich oft bei dem Mullah nach den Neigungen des Prinzen, und dieser erwiderte immer das gleiche:
»Herr, der Prinz ist ein Soldat, aber kein Schüler. Sein Instinkt ist scharf und seine Kraft groß.«

Ich verstand, daß das, was der Mullah sagte, weniger wichtig war als das, was er ungesagt ließ. Murad enthielt sich nicht der flüchtigen Freuden, und wie er selbst ein schöner Jüngling war, bezauberte ihn Schönheit in jeder Form – und darin war er wieder mein Sohn. Im Alter von vierzehn Jahren, wenn sich die meisten Kinder noch nicht der Schmerzen des Heranwachsens bewußt sind, bestand Murad darauf, die jüngere Schwester von Dilraz Begum, der Gemahlin von Aurangzeb, zu heiraten. Als es dann trotz meines Zögerns doch zu der Heirat kam, sorgte ich dafür, daß sie in ihrem Aufwand nicht vergleichbar war mit der von Dara Shukoh oder Shuja.

Das Kind-Weib des Kindes Murad war älter als ihre fünfzehn Jahre. Murad blieb bei aller Körperstärke triebhaft und unstet im Herzen. Der Kampf mit seiner animalischen Leidenschaft in ihm verkleinerte ihn zeitweise zu einem krankhaften Jäger nach sinnlichen Vergnügungen jeglicher Art. Ich selbst hegte eine gewisse körperliche Zuneigung zu Murad. War es seine mit Schönheit verbundene ganz ungeistige Anziehungskraft? War es, weil ich selbst unter der eigenen Schwäche gegenüber meinem jüngsten Sohn litt – ?
Und darin lag wieder ein anderer Grund, ihm nicht völlig zu vertrauen. Murads Leben verlor sich in rosafarbenen Vergnügungen, bis auch ihn das Schicksal im entscheidenden Augenblick fallen ließ.

Die Tage waren trüber als der graue Staub im Sommerwind. Man hatte mir berichtet, daß über der Stadt Shahjahanabad, wie ich das neue Delhi genannt hatte, Traurigkeit lag. Die Menschen fürchteten, daß ich mit fünfundsechzig Jahren nicht mehr die Kraft besäße, die Qualen und Behinderungen eines chirurgischen Eingriffs zu überstehen. Drei Tage hatte ich keinen Urin lassen können. Ich litt unter schweren Schmerzen. Meine Ärzte waren mutlos. Die von ihnen bereiteten Kräuterauszüge blieben ohne Wirkung. Hohes Fieber ließ meinen Puls jagen. Ich atmete schwer. Man sagte mir, daß das Volk den Palast umlagere, um die neuesten Geschehnisse zu erfahren. Manche Leute glaubten, ich sei bereits tot. Andere vertrauten auf das Wohlwollen Gottes. Allgemein hielt man mich für einen barmherzigen, gütigen Herrscher, und es gab keinen Grund, zu glauben, warum nicht ein Wunder geschehen konnte.

Es tröstete mich nicht. Anderes bewegte mich, wenn die Schmerzen nachließen. Die Luft brütete heiß und erstickend, trotz der vielen Fächer im Palast. Eigentlich war längst der Regen fällig. Aus allen Moscheen, sagte man mir, höre man den Gesang: »Allah sei gnädig!« In unseren Ländern schätzt man es nicht, wenn Könige sterben. Mit ihrem Davongehen verbindet man Katastrophen wie Krieg, Aufstände, Fluten, Feuersbrünste, Hungersnöte, Erdbeben und all die anderen Zornesausbrüche der Natur.

Dann, eines Morgens, erhob sich ein Hauch von Hoffnung. Die schmerzstillenden Mittel, die mir der Chirurg gab und die als das Wunder unserer Zeit galten, schienen zu wirken. Vor dem Palast ertönte die Stimme des Trommelschlägers:
»Gott sei gelobt. Es ist der Wunsch des kaiserlichen Prinzen Hazrat-i-Adi Dara Shukoh, daß an diesem Nachmittag Massengebete gespro-

chen werden für die Gesundheit der Majestät, unseres Beschützers, des Retters des Universums. Die Muslime sollen sich in den Moscheen und die Hindus in ihren Tempeln zusammenfinden, um zum Allmächtigen zu flehen, daß der König der Könige, Kaiser Shahjahan, schnell gesunde und über unser Schicksal bestimmen möge bis zum Tag der Auferstehung. Laßt uns alle dem göttlichen Geist Ehre erweisen um Seines Erbarmens und Seiner Liebe willen für Seine Schöpfung!«
Männer und Frauen jeden Alters und jeder Religion verharrten noch immer vor dem Palast und warteten auf den Lauf der Dinge. Nach einer Weile erschien Hakim Daud, begleitet von Jagjivan und Sheikh Abul Kasim in der kuppelüberkronten südlichen Eingangshalle. Tausend Stimmen stießen den Ruf »Allah-i-Akbar!« aus, als die Ärzte feierlich das schwer bewachte Gemach betraten, wo ich sie auf meinem Lager erwartete. Die Hofärzte sowie Dara waren bereits anwesend. Die Spannung stieg, als der Tag fortschritt. Am anderen Morgen trafen Jahanara und ihre fünf Jahre jüngere Schwester Raushanara ein. Die Begum Sahiba, wie meine Tochter Jahanara genannt wurde, trug ein weißes Baumwollgewand und ihre Schwester ein ähnlich einfaches in blaßblauer Farbe. Keine hatte irgendwelchen Schmuck angelegt. Ihre Kleidung und ihre Mienen drückten Trauer aus; Hoffnung und Furcht waren in jedem Gesicht zu lesen. Hakim Daud gab mir einen bitteren Trunk, und ich verlor das Bewußtsein. Ich erwachte erst kurz nach dem Mittagsgebet des anderen Tages. Um mein Lager herum stand die Gruppe der Ärzte, angeführt von Hakim Daud. Ihre Züge zeigten Hoffnung, wenn nicht Zufriedenheit. Ich hatte offenbar die Krisis überwunden. Man sagte mir, daß man während meiner Betäubung das Hindernis im Urin-Kanal entfernt habe.

Obwohl die unmittelbare Gefahr beseitigt war, fühlte ich mich zu schwach, um wieder die Regierungsgeschäfte aufnehmen zu können. Dara Shukoh und Jahanara bildeten eine Art Regentschaftsrat. Dara war ermächtigt, die offiziellen kaiserlichen Erlasse – die *Firmans* – zu verkünden, womit er der eigentliche Herrscher wurde. Dies wieder löste bei seinen weit entfernten Brüdern Shuja, Aurangzeb und Murad Besorgnis aus. In der gemeinsamen Bemühung, alles zu erfahren und nichts zu versäumen, traten meine drei Söhne nicht nur untereinander, sondern auch mit ihren jeweiligen Anhängern am Hof in enge Verbindung. Obgleich im Besitz großer Armeen und unbegrenzter

Geldmittel, befanden sich Shuja und Murad in einer ungünstigen Ausgangslage: Sie waren nicht von dem unbedingten Siegeswillen besessen, der Aurangzeb trieb. In seinen Wertvorstellungen spielten die Mittel und Wege eine geringe Rolle. Was für gewöhnliche Menschen als Verrat und Gewissenlosigkeit gegolten hätte, war für ihn die unvermeidliche Erfüllung des Willens vom großen Allah. Gut und Böse wurden von seiner eigenen Überzeugung und nicht von Tradition und sozialem Gewissen bestimmt. Shuja und Murad hingegen gaben sich den angenehmen Lastern hin und besaßen weder den Glauben an sich selbst noch an ihre Gottheit. Ihrer beider Geheimbotschaften aus Delhi waren von meinen Agenten zum größten Teil abgefangen und kopiert, bevor sie weitergeleitet wurden. Sie enthielten präzise Berichte über meinen Zustand, Daras Aufstieg und die Art, wie seine Anhänger am Hof die Macht ergriffen. Zudem bestanden die drei Brüder darauf, daß es notwendig sei, eine gemeinsame Front aufzubauen,

> um mit allen Mitteln zu verhindern, daß der Thron einem Menschen in den Schoß falle, der es sich zur Aufgabe gemacht hat, den Islam zu entweihen.

Nach einigem Zögern meldete Murad zurück, daß er mit seinen Brüdern eine Strategie zu entwickeln gedächte, die den Gegebenheiten entspräche. In Wahrheit tat er nichts und gedachte die Initiative seiner Brüder abzuwarten.

Aurangzeb wiederum hatte in Delhi die beste Verbindung durch meine andere – Jahanara sehr entgegengesetzte – Tochter Raushanara. Sie übermittelte ihm nicht nur den neuesten Stand der Entwicklung, sondern nahm auch die schwierige Arbeit auf sich, für ihren bewunderten Bruder in der Hauptstadt Unterstützung zu finden. Raushanara war eine orthodoxe Mohammedanerin und hatte enge Verbindung mit den einflußreichen sunnitischen Familien, die in Dara Shukoh einen Ketzer sahen. Für Raushanara war Aurangzeb der unzweifelhafte Sieger in meiner Nachfolge. Da sie zudem reizvoll und durchaus nicht dumm war, konnte sie sicherstellen, daß ihr am Hof niemand in irgendeiner Weise in den Weg kam. Mir wurde die Kopie eines abgefangenen Briefes übergeben, in dem sie an Aurangzeb schrieb:

> In Delhi spielen sich die Dinge in atemberaubendem Tempo ab. Der Kaiser ist teilweise wiederhergestellt, doch hält seine körperliche Schwäche

an. Es werden Monate vergehen, bevor er imstande ist, seine täglichen Besuche in den Hallen der öffentlichen oder privaten Audienzen aufzunehmen. Unser Bruder Dara und seine Anhänger üben zur Zeit am Hof die volle Kontrolle aus. Sie haben in den letzten Wochen viele Gouverneure und Kommandeure auf strategisch wichtigen Plätzen abgelöst, was keinen Zweifel an ihren Plänen und Zielen aufkommen läßt. Man glaubt, daß der Kaiser in Kürze Dara Shukoh als seinen offiziellen Nachfolger bestätigen wird. Der gesamte Adel soll aufgefordert werden, ihm den Treueid zu leisten. Jahanara ist bereits dabei, die Vorbereitungen für die angemessenen Feierlichkeiten zu treffen. Du solltest Dir bewußt sein, lieber Bruder, daß ein großer Teil der Bevölkerung gegen diese Wahl ist. Ich glaube, daß viele Dich um Beistand bitten werden. Die Herren des Adels und viele Fürsten im Norden und Nordwesten sind zu einer Revolte bereit, wenn die Krone dem Ungläubigen zufiele. Man blickt auf Dich als auf den berufenen Anführer. Ihre Sehnsucht ist die Deine, und ich bin sicher, Du wirst sie nicht im Stich lassen. Der Große Allah ist auf unserer Seite. Du bist seit fast drei Monaten fern von Delhi und Dir dieses Nachteils sicher bewußt. Verehrter Bruder, übergib diesen Brief, wenn Du ihn gelesen hast, dem Feuer. Der Überbringer ist ein treuer Freund und ein Mann unseres Vertrauens.

Ich selbst ersah aus diesem Brief Raushanaras vor allem einen Beweis ihres Mutes und ihrer Liebe zu Aurangzeb. Er zeigte, wie tief der Riß durch unsere Familie ging. Haß trieb die Geschwister gegeneinander. Für Aurangzeb durfte kein Augenblick versäumt werden. Was er aus Raushanaras Brief herauslas, war nicht der Aufruf seiner Schwester, sondern des Propheten selbst. Er beschloß, nach Delhi zu marschieren – mit oder ohne Hilfe seiner Brüder. An Shuja schickte er eine dringende Nachricht:

Dara Shukoh ist unser gemeinsamer Feind. Seiner Anmaßung muß ein Halt! entgegengerufen werden!

Aurangzeb hatte indessen die Tributzahlungen von Gujarat und Golconda an sich gebracht und damit ein schlagkräftiges Heer ausgerüstet. Dann nahm er mit seinem Bruder Murad Verbindung auf.

Ich besaß in meiner Bibliothek das Buch des vor einem Jahrhundert gestorbenen italienischen Staatsmannes Machiavelli, der über die rücksichtslose Machtpolitik des ›idealen‹ Fürsten seiner Zeit geschrieben hatte. Es mochte auch Aurangzeb nicht unbekannt sein. Jedenfalls war sein Brief an Murad – ich erhielt davon eine Kopie – ein Meisterwerk politischer Schläue:

> Mich locken weder Gold noch Perlen. Als bescheidener Diener Allahs suche ich nichts als Wahrheit und Gerechtigkeit. Der Thron des Reiches liegt vor mir. Die Schätze und Ehrenkleider locken mich nicht. Mein einziges Lebensziel ist die Verbreitung und Festigung des Islam in Hindustan. Meine Feindschaft gegen Dara Shukoh gründet sich weder auf Neid noch auf Streben nach Macht. Wir überleben nur, wenn der Islam überlebt; sonst sterben wir wie Fliegen in der Hand böswilliger Knaben. Dara Shukoh darf niemals der Richter über unsere Bestimmung sein. Er ist ein Ungetreuer zu Beginn und Ende.
>
> Wenn wir mit Gottes Willen aus den bevorstehenden Wirren als Sieger hervorgehen, ist es meine feierliche Absicht, meine mir verbleibenden Jahre dem Werk Allahs zu weihen. Ich bin bestimmt für die Rolle eines Asketen, nicht eines irdischen Königs. Du und Shuja – Ihr besitzt genügend breite Schultern, die Last des Reiches zu tragen. Der Norden und Nordwesten wird Euer Machtbereich sein. Shuja wird die Herrschaft über die übrigen Reichsteile ausüben. Ein stilles Plätzchen im heiligen Mekka oder an einem anderen geheiligten Ort soll mein Thron sein. Ich und mein Glaube werden dort glücklich sein in dem Wissen, daß Wahrheit und Gerechtigkeit über Falschheit und Verrat triumphieren. Der Krieg, den ich mit Eurer Unterstützung plane, ist kein Nachfolgekrieg wie frühere. Er ist ein Krieg um die Bewahrung des Islam und seiner höchsten Werte.
>
> Ich erwarte begierig Deine Antwort. Ein gleicher Brief geht auch an Shuja. Ich schlage vor, daß wir gemeinsam nach Delhi marschieren. Oder wir verabreden ein Treffen nahe Agra und ziehen von dort in den Kampf, um die Gerechtigkeit wiederherzustellen, bevor sie ganz unter die Füße Unwürdiger getreten wird.
>
> Ich habe bereits schnelle Verbindungen eingerichtet von Ahmedabad nach Aurangabad und von dort nach Bengalen. Schnellste Boten mit entsprechendem Pferdewechsel unter meinem Befehl werden dafür abkommandiert. Die Zeit arbeitet nicht für uns. Wir müssen uns höchlichst beeilen. In'ch Allah – wir werden gewinnen!

Die Nachrichten überfielen mich noch auf dem Krankenbett. Zur gleichen Zeit erfuhr ich, daß Shuja und Murad einflußreiche Adlige unter ihrem Kommando versammelten und sie zur Abwehr von Daras ›Verrat‹ aufriefen. Sie entwarfen neue Grenzlinien für ihre Verantwortlichkeiten und stifteten Verwirrung durch Ankündigung ihrer eigenen Souveränität. Ihre Aufrufe wurden in den Moscheen der Hauptstädte verlesen und neue Münzen mit ihren Köpfen und Namen herausgegeben. Beide bezeichneten sich als Kaiser und hielten regelmäßige Audienzen ab, um die Huldigungen des Adels und der örtlichen Kleinfürsten entgegenzunehmen. An die Mitglieder des Geistlichen Rates wurden Ehrenkleider verliehen – vor allem für solche, die nach ihrer Abberufung von Delhi für die Brüder gestimmt hatten. Briefe von Aurangzeb gaben ihnen zusätzliche Stärkung, die sie brauchten, um sich gegen Dara Shukoh zu behaupten. Der Wille zum Überleben – und dies vor allem – spornte ihre Handlungen an. Ihr Erfolg lag in der Annahme begründet, daß ich bereits tot sei und der legale Thronfolger Dara die Nachricht um seiner eigenen Macht willen zurückhielte.

Ein Gerücht, das in Bengalen umlief, sprach von meiner bereits in Agra erfolgten Einäscherung. Murad hingegen berichtete in einem seiner Briefe an Aurangzeb von einer Mitteilung, die er von Dara erhalten habe, daß

unser verehrter Vater völlig wiederhergestellt und täglich mit den dringenden Staatsangelegenheiten beschäftigt ist.

Ich erfuhr auch von Aurangzebs umgehender Antwort:

Kann dieser Teufel jemals die Wahrheit sagen? Wir dürfen uns nicht durch seine Lügen und Märchen von unserem Entschluß abbringen lassen und an unserer Aufgabe irre machen lassen. Der Kaiser ist nicht länger auf dieser Welt von Lüge und Verrat. Einer glaubhaften Quelle nach wurde er auf Veranlassung Daras durch einen teuflischen Arzt vergiftet. In der Stadt gibt es Tumulte. Aus Furcht vor dem Pöbel hat der verfluchte Dara seine eigenen Leute an strategisch wichtigen Plätzen in und um Delhi aufgestellt. Es wurden im Namen des Kaisers Befehle erlassen, die die Rajputen-Fürsten, die unter meinem Befehl stehen, zurückrufen. Das Fürstentum von Berar ist meiner Hoheit entzogen worden. Die Kommandatur von Delhi wurde dem verfluchten, charakterlosen Khalilullah Khan aufgehalst. Der unwürdige Atheist Kasim Khan hat den Befehl erhalten, nach Amedabad zu gehen und Dich als Gouverneur von Gujarat einzusetzen. Der Staat Bihar ist militärisch so wichtig, daß ihn Dara für sich selbst in Anspruch nimmt. In ähnlicher Weise hat Dara auch die Regentschaft über Malwa übernommen.

In Anbetracht dieser Anstrengungen, unsere Stärke zu verringern, haben wir keine andere Wahl, als uns für eine Kraftprobe zu vereinigen. Allah schickte mich nicht als untätigen Beobachter schurkischer Ungläubiger auf die Erde. Shuja hat mich von seiner Bereitschaft in Kenntnis gesetzt, gegen die Ungerechtigkeit zu kämpfen. Ich kann einen gewissen Zweifel nicht verbergen, ob Du uns Deine Unterstützung leihen wirst!

Aurangzebs Worte erfüllten ihren Zweck: nämlich den schwankenden Murad anzufeuern. Impulsiv von Natur, und wenn er befürchten mußte, daß es um sein Leben ging, war sein Ungestüm desto stärker, je mehr Beherrschung er sich aufzwang. In seiner angeborenen Wildheit konnte Murads beschränkter Geist keinen mittleren Kurs steuern. In dem hemmungslosen Bemühen, seine Unabhängigkeit zu beweisen, machte er sich daran, Gujarat zu verwüsten. Der aufblühende Hafen war das erste Ziel seiner Wut. Die Speicher mit Getreide und Handelsgütern wurden ebenso wie die einheimischen und fremden Händler ausgeraubt. Die Kaufleute und Lehensträger schickten verzweifelte Hilferufe an den Hof in Delhi und forderten die Abberufung des Prinzen. Auch die fremden Botschafter erhoben Einspruch und verlangten Ersatz für das Gestohlene.

Und hier ergab sich für Dara eine von Gott gesandte Gelegenheit, Murad von der Regierung dieser reichen Gebiete abzuberufen. Ein *Firman* in meinem Namen forderte den Prinzen auf, umgehend an den Hof zurückzukehren. Zugleich wurde Kasim Khan beauftragt, die Provinz zu übernehmen, während unter Aurangzebs Führung der Marsch nach Delhi angetreten werden sollte um, wie dieser verkündete, Daras Nase in den Staub der Schande zu stoßen.

*

Während dieser zweifelhaften Entwicklungen in den Lagern der ›Befreier‹, wie sie sich empfanden, lag ich noch immer im Palast von Delhi, geschwächt von der Krankheit und gepeinigt von meinen Sorgen um die Zukunft des Reiches. Ich hatte Dara Shukoh als meinen Nachfolger ausgerufen. Die Nachrichten aus dem Dekkan, aus Bengalen und Gujarat quälten mich in meinen Träumen. Trotz leichter Besserung meines körperlichen Zustandes gab es keinen Anlaß für mich, heiter in die Welt zu blicken. Ich sah die Lichter meines Lebens erlöschen. Die immer treue und hilfreiche Jahanara tat alles, Daras Stellung an meiner Seite zu stützen. Konnte *er* den Thron noch retten? Ich sah meine Schwäche und meine Unfähigkeit, das Steuer mit Gewalt – und das hieß: mit Blut und Grausamkeit – herumzureißen.

Oft hatte ich Aurangzeb, den ich sehr früh durchschaute, eine weiße Schlange genannt, und ich ahnte in meinem tiefsten Herzen, daß ich diesen tödlich-frommen Feind von seinem letzten Schlag nicht würde abhalten können. Ebenso aber glaubte ich zu wissen, daß es möglich sein müsse, Shuja und Murad vielleicht noch vor dem unheiligen Bündnis mit Aurangzeb zu bewahren. Das Gespenst eines mörderischen Bürger- und Bruder-Krieges schreckte mich aus meinen Träumen und trieb mir Tränen in die müden Augen. Ich liebte Dara aufrichtig, und es war für mich undenkbar, daß die Krone auf einen anderen übergehen sollte.

Dara Shukoh war mein ständiger Begleiter; er schlief in der Nacht auf einem Teppich neben meinem Lager. Er ließ mich niemals allein. Eines Tages sagte ich zu ihm:
»Deine Sorge um mich bedrückt mich. Meinetwegen hast du deinen Palast seit Wochen nicht aufgesucht. Ich bin dem Schicksal dankbar, daß es mich mit einem solchen Sohn segnet. Undankbarkeit ist ein schlimmer Dämon, aber wenn er sich in einem Sohn festsetzt, wird er furchtbarer als ein Seeungeheuer. Die Verschiedenheit zwischen deinen Brüdern und dir erschreckt mich. Mumtaz Mahal schenkte euch allen das Leben und die gleiche Liebe. Du hast die Taten der heiligen Männer und die Sagen vieler Religionen studiert. Ich nähere mich dem Ende meiner Tage. Ich fürchte den Tod nicht. Gesegnet seien diejenigen, die im Bewußtsein der Wunder der Schöpfung ins Grab steigen. Ich wünschte, ich hätte in meiner Jugend mehr von den Köstlichkeiten der heiligen Bücher gekostet. Zweifel machen den Abschied schwer.«

Ich schwieg erschöpft und wartete auf eine Antwort meines Sohnes. Dara schritt langsam zu meinem Ruhebett. Er beugte sich herab und berührte meine Füße mit seinen Lippen. Dann, in einer plötzlichen Gefühlsaufwallung, drückte er seinen Kopf minutenlang wortlos auf meine Hand. Ich atmete tief und wußte: Mein Leben war erfüllt. Als Dara langsam seinen Kopf hob und zu mir aufsah, sagte er leise:
»Ich werde niemals Euer Nachfolger. Ich wäre glücklich, wenn ich Euch beschützen könnte. Ich habe Angst, mein geliebter Vater.«

Jetzt war ich es, der keine Antwort fand. Ich dachte: Die Wurzeln erzählen den Zweigen nicht, was sie denken. Was wissen wir voneinander? Und doch: Wer zuhört, versteht. Wir schwiegen beide. Ich sah das Übermaß an Liebe in seinen Augen, und ich hörte seine Worte: »Ihr, mein Vater, gabt mir Leben, Ehre und alles Glück, das einem Mann geschenkt werden kann. Das allein ist Grund genug, mich Euch zu Füßen zu werfen. Sheikh Saadi, mein Lehrer, beschrieb einmal Mißachtung gegenüber den Eltern als Selbstmord, als einen Akt gefährlichster Feindseligkeit gegen das eigene Ich. Der Dichter Hafis schrieb, daß ein Undankbarer ein verständnisloser Dummkopf sei gegenüber der Wirklichkeit der Schöpfung. Der weise Sufi Sheik Abdul Kadir verglich Undankbarkeit mit Ketzerei im weitesten Sinn des Wortes. Und mein erster Lehrer, Maulana Abdul Latif, sagte mir am ersten Tag meines Unterrichts: ›In der Dankbarkeit liegen alle Reichtümer der Welt, und in der Undankbarkeit erkennt man die verpestete Erbärmlichkeit einer verdorbenen Seele.‹ Ich habe diese Worte nie vergessen. Indem ich Euch, mein Herr und Vater, diene, diene ich mir selbst. In den Upanishadas heißt es, daß die Undankbarkeit gegenüber den Eltern der Hauptgrund für die Zerstörung von Familien, Dynastien und Nationen sei. Mein Gebet ist, daß Gott mir Kraft gibt, Euch bis in die Ewigkeit zu dienen. Leben und Tod stehen außerhalb unseres Wissens und Wollens. Unterwerfung ist die sicherste Straße zur Unsterblichkeit. Ich glaube, ich werde jetzt auch die Angst überwinden.«

Meine körperliche Schwäche war vergessen in diesem Augenblick höchster Andacht. Als Dara seine Erklärung endete, richtete ich mich auf, ihn zu umarmen und sagte:
»Ich bin glücklich, einen dankbaren Sohn zu haben. Jetzt wäre es leicht für mich zu sterben.

Und seltsam: Mit diesem Gespräch begann das Ende meines Leidens. Hakim Dawai war überrascht von der erstaunlichen Wende, als er mich am nächsten Morgen aufsuchte. Vielleicht waren Daras liebende Worte die Medizin, deren ich am meisten bedurfte.

Einen Monat später stand ich wieder auf meinen Füßen, bereit, erneut die Pflichten zu übernehmen, die ich für viele Wochen Dara und Jahanara übertragen hatte. Die Hauptstadt feierte meine Genesung. Botschaften ergingen nach Bengalen, Gujarat und dem Dekkan, um

meinen Söhnen die gute Nachricht zu überbringen, als habe ich von keiner ihrer Unternehmungen erfahren.
Doch die Kriegsvorbereitungen waren zu weit gediehen, als daß sie noch hätten aufgehalten werden können.

Shahjahan mag, wenn es nicht anders geht, leben. Aber Dara muß sterben!

schrieb Aurangzeb an Shuja. Noch einmal beschwor er seinen Anhängern gegenüber die

Notwendigkeit einer gemeinsamen Anstrengung, Dara auf seinen ihm vorbestimmten Platz in der Hölle zu schicken.

Indem ich unerschütterlich meine schützende Hand über das Haupt meines Lieblingssohnes hielt, machte ich den Konflikt erst ganz unvermeidlich. In meiner Krankheit war ich so müde wie überzeugt von der Unumstößlichkeit meines Entschlusses. Jetzt spürte ich, daß es zu spät war.

*

Zwei Monate, nachdem der Todesengel über meinem Lager geschwebt hatte, wollte ich mich nach Agra zurückbringen lassen, um mit dem Blick auf meinen Traumpalast zu sterben, der nun zum Mahnmal des Endes geworden war.
Ich verließ Delhi am achtzehnten Oktober Sechzehnhundertsechsundfünfzig und erreichte Agra siebzehn Tage später. Es war November geworden und die Luft wurde kühler. In einem Dorf fünf Meilen vor der Stadt wartete ich auf die Bestätigung des Astrologen, den Dara beauftragt hatte, einen günstigen Zeitpunkt für meine Rückkehr in das Rote Fort auszuarbeiten. Als dann zum bestimmten Zeitpunkt meine goldene und silberne Sänfte auf den Schultern von achtzehn kostbar gekleideten Gardesoldaten durch das große Palasttor getragen wurde, ertönten Hochrufe von allen Seiten. Die Willkommensbezeugungen der höchsten Würdenträger, die sich mit den zahllosen Stimmen des Gesindes und der Höflinge mischten, gaben die Stimmung einer ersehnten Heimkehr des Monarchen wider. Als ich kurz vor Mittag in Begleitung von Dara Shukoh und Jahanara langsam die Treppe emporschritt, die zum Balkon des kaiserlichen Appartements führt, begann der berühmte Sänger Jagannath mit der Rezitation eines klassischen Liedes, in dem es um den von Schauspielern

und Tanzmädchen von Ayudhya dem Lord Rama bereiteten Empfang nach vierzehn Jahren seines Exils ging. Mir erschien die Darbietung als Einführung in eine Tragödie: Ein Herrscher kehrt heim, um in dem gewaltigen Bauwerk eingekerkert zu werden, das er einmal um seiner eigenen Bestätigung willen geschaffen hatte ...

Ich wußte zu dieser Stunde wenig davon, daß das Reich eine innere Erschütterung erlebte, wie sie die Geschichte Indiens bisher nicht gekannt hatte.
Als ich auf dem Diwan meines Lieblings-Pavillons über den Mauern des Roten Forts saß und zu der schneeweißen Marmorkuppel hinüberblickte, wanderten meine Gedanken vier Jahrzehnte zurück, und ich flüsterte ein Gedicht vor mich hin, das einen Mann mit einer Seifenblase vergleicht, die die Welt spiegelt und die jäh verschwindet, als hätte es sie und ihn niemals gegeben.
Ich war in meinem Herzen betrübt und schickte meinen Diener zu Jagannath, er möge seinen Gesang beenden. Ich fühlte mich sehr schwach und brauchte Ruhe und Einsamkeit. Für die nächsten zwei Tage blieb ich allein mit meinen Erinnerungen und dachte daran, daß es Zeit sei, sie niederzuschreiben: Das, was sich in der Seifenblase spiegelt, bevor sie vergeht ... Ich ließ mir Schreibzeug bringen und begann. Ein halbes Jahr verbrachte ich mit Schreiben. Zum Kämpfen war ich zu müde.

Als das Frühjahr mit seinem Blühen begann, fühlte ich mich so weit erholt, daß ich mich entschloß, wieder nach Delhi aufzubrechen. Meine Stadt Shajahanabad war die Mitte des Mogul-Imperiums. Wer sie hatte, herrschte über das Reich.
Doch das Schicksal – und das hieß: mein Sohn Aurangzeb – erlaubte nicht, daß ich meine neue Hauptstadt wiedersah.
Wenige Meilen von Agra entfernt stellten sich meinem Zug plötzlich bewaffnete Truppen in den Weg. Meine Begleitwache rief: »Platz für den König der Könige, den Schatten Allahs auf Erden!« Die Truppen wichen nicht. Als ich einen eigenen Abgesandten nach vorn schickte, der meinen Befehl wiederholen sollte, ließ mir der Kommandeur der Truppe ausrichten:
»Seine kaiserliche Hoheit, Prinz Maihuddin Muhammad Aurangzeb, haben den Befehl gegeben, daß niemand, auch wenn er sich noch als Herrscher bezeichnet, Agra verlassen darf!«

Dabei erhoben seine Leute ihre Gewehre und legten sie auf meine begleitenden Wachen an. Ich winkte wortlos und befahl die Umkehr.

Bis jetzt hatte Aurangzeb noch nicht gewagt, sich selbst als souveränen Kaiser auszurufen, doch gab es keinen Zweifel, daß diese Absicht hinter dem außergewöhnlichen und vermessenen Überfall stand. Noch hielten mich meine Verbindungsleute auf dem laufenden. Die Art und Weise, wie Aurangzeb als Führungspersönlichkeit Shuja und Murad ermutigte, Daras Vollmacht beiseitezuschieben, verriet seine jetzt unverhüllten Ziele. Er beliebte die Rolle des selbsternannten Erlösers zu spielen, der für sich die irdisch-vergängliche Macht ablehnt. Er erkannte vielleicht früher als ich, daß es für ihn, war Dara erst einmal vom Herrschersitz in Agra verdrängt, ein leichtes sein würde, auch die beiden übrigen Brüder beiseitezuschieben.
Bei aller Müdigkeit an Körper und Seele entschloß ich mich, an Aurangzeb einen Brief zu schreiben, ohne den Überfall auch nur mit einem Wort zu erwähnen. Ich teilte ihm meine fast wunderbare Wiederherstellung mit und betonte die Notwendigkeit der unteilbaren Herrschaft über das Reich. Ich führte Beispiele aus der Geschichte an und wies auf die fast immer verhängnisvollen Ergebnisse bei Auseinandersetzungen innerhalb regierender Familien hin. Ich schrieb:

Unser aller Überleben ruht auf dem Überleben der Mogul-Herrschaft. Dara Shukoh wird Dich und seine anderen Brüder immer als gleichberechtigt und niemals als untergeordnete Vasallen behandeln.

Zum Schluß bat ich Aurangzeb fast flehentlich im Namen des Reiches und der Mogul-Dynastie, der Welt nicht das schreckliche Schauspiel zu bieten, daß hier ein unverantwortlicher Machtkampf zwischen Vater und Sohn tobe und schloß mit den beschwörenden Worten:

Komme zu mir und laß uns über alle Punkte sprechen, die augenscheinlich Deinen Geist bewegen!

Mit dieser väterlichen Einladung gedachte ich Aurangzeb an seine Pflichten als Prinz und Gouverneur im Dekkan zu erinnern. Er aber wollte mit dem Hof nichts zu tun haben, solange er in Dara den vorgesehenen Richter über sein, Aurangzebs, Schicksal sah. Er wies meinen Brief als Fälschung zurück und teilte dem Boten wörtlich mit, er möge demjenigen, der die Autorität vertrete, sagen, daß es *niemandem erlaubt ist, die Ziele des Islam an den Felsen der Ketzerei und der Ungerechtigkeit zerschellen zu lassen.*

Dabei machte er kein Geheimnis aus seiner festen Absicht, einen Heiligen Krieg gegen ›die Mächte des Bösen‹ zu unternehmen.

Die Welt um mich verdüsterte sich. War ich wirklich dazu bestimmt, fragte ich mich, gegen meine Söhne Krieg zu führen? Die Tage meiner eigenen Auflehnung gegen meinen Vater blitzten in meinen Gedanken auf. Meine eigenen Sünden drohten auf mein Haupt zurückzuschlagen. Das Gesetz der Vergeltung kennt keine Rücksicht auf Personen. In meiner Mutlosigkeit fand ich schwachen Trost darin, daß Dara fest an meiner Seite stand. Obgleich ich wußte, daß dem Kronprinzen mehr an der vornehmen Glückseligkeit und den klingenden Versrhythmen der Dichter gelegen war als an dem Getöse und Tumult des Krieges, blieb seine Treue zu mir Millionen wert. Ich war nicht mehr der selbstüberzeugte, Schwierigkeiten durch rücksichtslose und schnelle Menschenopfer überwindende Mann. Außer wenigen Getreuen gab es niemanden im Adel, dem ich noch ganz vertrauen konnte. Meine Tochter Jahanara stand an der Spitze der wenigen, die offen zu mir hielten. Sie war nicht nur populär, sondern auch außergewöhnlich klug. Ihr tiefes Mißtrauen gegenüber Aurangzeb ließ mich jetzt für Shuja und Murad Verständnis aufbringen. Auf meinen Vorschlag hin schrieb sie an Murad, er möge wachsam sein gegenüber den Versprechungen seines Bruders:

Setze in seine Worte kein Vertrauen! Ich zittere davor, den Preis auszudenken, den Du möglicherweise zu zahlen hast, wenn Du zögerst, meinen Rat zu beachten!

Die Zeit rann nicht, sie raste dahin. Ich durfte nicht mehr auf Antwort hoffen. Der Rest lag in den Händen Allahs.
Ich schickte selbst einen Brief an Shuja. Das Unglück wollte, daß der Bote nahe Patna von Banditen überfallen und getötet wurde.
Als letztes mußte ich erfahren, daß der Brief an Aurangzeb weitergeleitet worden war.

Es ist schwer für mich, von den darauffolgenden Monaten zu sprechen. Eines Tages stand mein Sohn Aurangzeb in meinem Schlafzimmer des Palastes im Roten Fort zu Agra vor mir. Niemand hatte den jetzt Einundvierzigjährigen angemeldet. Ich lag auf meinem Diwan und erwartete den Arzt. Mit vor Haß leuchtenden Augen im Asketengesicht, bebend vor rasendem Zorn, verhielt er vor mir. Plötzlich erhob er wortlos die Hand. Ich zitterte wie er.
Er schloß die Augen und schlug mir ins Gesicht. Er schlug mir, dem Kaiser, ins Gesicht!
Tränen rannen über seine Wangen. Unfähig, mich zu rühren, stieß ich hervor:
»Denkst du nicht an deine Mutter?«
»Ich will nicht an sie denken!« schrie es fast aus ihm zurück. »Sie hat mich geboren wie die anderen dreizehn Kinder. Hat sie sie geliebt, erzogen, geführt? Die beste Amme ersetzt keine Mutter.«
Er besann sich und fuhr mit zusammengebissenen Zähnen fort:
»Sie fand keine Zeit, so sagte man mir, weil sie dich auf den Feldzügen begleiten und Kinder zeugen mußte. Warum erinnerst du mich an sie? Damit *ich* mich daran erinnere, daß ich sie nicht gekannt habe? So wenig sie meine Mutter war, so wenig warst du ein Vater. Du wolltest der ›Schatten Allahs‹ sein und warst nichts als der Schatten eines Herrschers, der mit Fremdheit und Ferne auf meinem Leben lastete. Wann sahst du jemals in mir deinen Sohn? Dara Shukoh war dein Sohn und Jahanara deine Tochter. Ich hatte nur meine Lehrer, die mich zu Allah hinführten. Ich hätte dich geliebt, hättest du mir nicht nur deine Kälte und Ungerechtigkeit gezeigt. Du hast mich gemaßregelt, erniedrigt, zurückgewiesen und gnädig wieder aufgenommen, wenn es dir ins Spiel paßte. Jetzt bist du alt und krank. Deine Zeit ist um. Meine Zukunft gehört mir. Und, was wichtiger ist: Die Zukunft des Reiches gehört Allah!«

Er zitterte noch immer. Ich sah, wie er seine verkrampften, enttäuschten, von Bitterkeit verzerrten Züge zu beruhigen suchte, und ich hörte, wie er mit unheimlicher Beherrschtheit fortfuhr: »Du tatest, was du konntest, das Reich den Feinden des Islam zu überlassen. Gott gab mir den Mut und die Weisheit, gegen dieses Verbrechen anzukämpfen. Allahs Sieg ist mein Sieg. Daras Verrat ist wirkungslos. Ich bin nichts als ein Werkzeug der Vorsehung. Ich hätte auch gewonnen, wenn ich keinen Soldaten gehabt hätte, der mir half, mein Recht durchzusetzen. Deine Liebe zu Dara hinderte dich daran, das Grab zu erkennen, das er dir gegraben hat.«
Mit seinem glühenden Blick fügte er hinzu: »Ein Sohn muß den Vater achten – trotz allem. Ich werde dich nicht zum Helden machen, indem ich dich töte. Du weißt, daß ich es könnte – auch jetzt, in diesem Augenblick. Ich kenne deine Angst. Aus Angst vor mir ließest du deinen Sohn Dara auf den Platz steigen, den er sich mit deiner Hilfe sicherte. Es ist unvermeidlich, daß er in die Tiefe stürzen muß wie ein Stück ausgebrannten Feuerwerks. Es ist keinem Menschen gegeben, über die Allmacht Allahs zu triumphieren.«

Wieder hielt er inne, atmete er tief, fast stöhnend, auf.
»Da ich dich nicht töte, sollst du mich segnen als mein Vater, der du dennoch bist. Mein Weg wird lang und gefährlich sein. Deine ›weiße Schlange‹ ist ohne Furcht. Sie wird das vorgegebene Ziel erreichen. Sie wird weder schwach noch schwankend werden. Das Licht Gottes wird sie führen, bis ihr Auftrag erfüllt ist. Der Zweifel ist unser schlimmster Feind. Gott schickte mich nicht auf die Erde, um den Glauben zu verraten. Ich wurde geboren, ihn zu *stärken*. Das ist meine Bestimmung. Darum wirst du mich segnen.«
Aurangzeb wandte sich um und ließ mich fast ohnmächtig auf meinem Lager zurück. Mit einer wilden Bewegung stieß er die sprachlosen Wachen zur Seite und stürzte davon. Ich glaubte, er sei wahnsinnig.
Die Wirklichkeit war viel schlimmer.

Ich tat, was ich konnte, den geplanten Angriff auf Agra aufzuhalten. Mein letzter Versuch war, Jahanara dazu zu bewegen, Murad und Shuja mit ihrer weiblichen Überredungskunst und Diplomatie davon abzubringen, ihr Gewicht in die Schale Aurangzebs zu werfen. Mit ihrer schwesterlichen Überlegenheit beschwor sie die Brüder im Namen des Reiches,

ihre Schwerter zurückzustecken in die Scheide und gemeinsam darauf hinzuarbeiten, unsere Kultur, unser Erbe und unser Ansehen zu bereichern, anstatt uns gegenseitig zu zerfleischen.

Die besten Männer des Reichsrates standen ihr mit entschiedenen Botschaften und ihrer persönlichen Überzeugungskraft zur Seite. Zuweilen schien es, als würden Shuja und Murad unter dem Gewicht ihrer eindringlichen Bitten nachgeben. Zuletzt aber wogen die Köder von Gold und Macht schwerer als die schwesterliche Beschwörung.

Als die Kriegstrommeln in Agra zu hören waren, sammelte ich noch einmal meinen sinkenden Mut und befahl Dara, sich auf den Kampf vorzubereiten. Es war die schwerste Entscheidung meines langen Lebens, denn ich ahnte, was sie zur Folge haben mußte. Doch ich durfte sie nicht länger hinausschieben.

Als die Spannung nachließ, erwachte ich wieder zu meiner Verantwortung, und trotz meines Alters und den Nachwirkungen der Krankheit schwang ich mich zu einem Widerstandswillen auf, der meine Umgebung erstaunte.

In kürzester Zeit wurde eine mächtige, vielfach ausgerüstete Armee aufgestellt und dem Oberkommando des Raja Jai Singh von Udaipur anvertraut. Daras zweiundzwanzigjährigen Sohn Suleiman Shukoh ernannte ich um des Ansehens willen zum offiziellen Kommandeur. Die Rajputenfürsten und der Reichsrat sammelten ihre Kavallerie-Einheiten, den Gegner gebührend zu empfangen. Ihre Hoffnungen ruhten auf Dara. Es war ein Kampf auch um ihre Zukunft, ihre Rechte und ihren Platz im Reich. Es ging nicht mehr um mich, sondern auch um ihr Überleben als Hindu-Fürsten. Hindustan erwartete das Kommende mit angehaltenem Atem.

*

Rajputen-Soldaten pflegen ihren Stolz niemals den Gedanken über ihre Zukunft zu opfern. Sie leben in dem Bewußtsein ihrer Pflicht gegenüber der Vergangenheit und der Gegenwart. Jetzt lag die künftige Entwicklung in der Hand von Kräften, über die sie wenig zu entscheiden hatten. Ihr Mut war die Münze, mit der sie sich ihren Platz im Himmel und auf der Erde erkauften. Für den Tag tapfer zu leben, wenn sie eine Möglichkeit hatten, ihren Gleichmut gegenüber dem Leben zu zeigen – das war ihre Religion. Jeder sehnte sich nach der Gelegenheit, geprüft zu werden. Für einen Rajputen gab es nur einen entscheidenden Gewinn: die Krone der Unsterblichkeit. Nach ihrer Ansicht war es besser, tapfer zu sein als gut. Feigheit blieb die schlimmste Sünde von allen und der sicherste Weg, jeden Anspruch auf die Gnade der Götter zu verlieren und an die Räder über dem Höllenfeuer gebunden zu werden.

Der Bote mit meinem *Firman* erreichte den Raja Jai Singh im Palast seiner Ahnen in der rosaroten Stadt Jaipur. Es ging darum, den zu befürchtenden Angriff des Prinzen Shuja auf Agra abzufangen. Der Raja begab sich in das Familienheiligtum, schnallte sein Schwert ab und legte es zu Füßen der Gottheit nieder, bereit zu Gebet und Meditation. Da stürzte seine Gemahlin herein und beschwor ihn, indem sie ihn daran erinnerte, daß nach der geheiligten Tradition ein Kriegsgelübde dem Ehegelöbnis gleichgestellt sei und sie gemeinsam mit ihrem Gatten den Eid ablegen müsse. Darauf warf sie sich vor dem Bildnis des Gottes nieder und betete schweigend um die Erfüllung der heiligen Aufgabe.

Sieben Tage lang musterte Raja Jai Singh seine Streitmacht. Eine Woche später erreichte er Agra. Am zweiten Tag empfing ich ihn zur Audienz. Ich sagte in meiner Ansprache:
»Gegen einen Freund zu kämpfen, ist schwieriger als gegen einen wirklichen Feind. Die Aufgabe wird tausendmal schwerer, wenn der Kampf dem eigenen Sohn gilt. Euer Auftrag, Jai Singh, ist, den Prinzen zu zähmen, nicht zu töten. Bringt ihn, wenn Ihr wollt, in Ketten vor mich. Doch ich will ihn nicht tot sehen. Ihr seid Rajpute, Nachkomme von Königen. Ihr seid gegen jeden Vergleich auf dem Schlachtfeld. Der Krieg, den ich Euch anvertraue, ist von anderer Art. Führt ihn mehr mit Diplomatie als mit dem Schwert.«
Ich wartete ein wenig und fuhr dann fort: »Mein Sohn Shuja sagt: Er käme, um mich zu meiner Wiederherstellung zu beglückwünschen. Das ist nicht die Wahrheit. Er will sehen, ob ich noch am Leben bin – nicht anders als zuvor Aurangzeb. Ich bin ebenso überzeugt, daß Shuja nicht im Bewußtsein eines undankbaren Sohnes handelt. Er verehrt mich noch immer. Er ist nicht ein Rebell im wahren Sinn des Wortes. Er ist mißgeleitet in dem Glauben, daß Dara Shukoh ein

Feind des Islam sei. Es ist meine Absicht, ihn zu überzeugen, daß der Kronprinz der Beschützer aller Religionen ist, den Islam eingeschlossen. Es wird ein großer Tag sein für die Völker Hindustans, wenn Dara den Thron besteigt. Ein Bürgerkrieg würde alles zerstören. Wir müssen unsere Kräfte zusammennehmen nicht für einen Sieg, sondern für die Versöhnung. Das ist eine neue Art von Krieg – ein Krieg für den Frieden. Ich wünsche Euch Glück. Gott wird Euch helfen.«

Jai Singh verbeugte sich tief vor mir und sagte:
»Der Erfolg kommt nur durch die Gnade Gottes.«
Er hob seine Augen und seine Arme zum Himmel, dann trat er langsam zurück und hielt die linke Hand am Schwertgriff, während er die rechte mit der höflichen Geste eines Abschiedsgrußes an seine Brust hob.
Ich aber wußte, daß in der ihm auferlegten Mission ein Widerspruch lag, der gegen seine Ehre ging. Er hatte nicht gelernt, mit gebundenen Händen zu kämpfen. Je mehr er darüber nachdachte, um so furchterregender waren die Aussichten.
Auf der Höhe der Entwicklung, als ich die Order herausgab, die Suleiman Shukoh als Kommandeur gleichsam unter die Vormundschaft von Raja Jai Singh stellte, wurden die Widersprüche noch verwickelter. Die Unternehmung begann sozusagen auf dem falschen Fuß. So grübelte der Raja, und er betete um Beistand und Erleuchtung.
Als er mit seinen Truppen Mitte Januar Sechzehnhundertachtundfünfzig Agra verließ, zeigte Jai Singh ein halb stolzes, halb verzagtes Gesicht. Die Nachrichten aus dem Osten klangen beängstigend.

*

Prinz Aurangzeb ließ seinen neuen, von ihm angenommenen Titel verkünden:

Abul Faiz nagir-ud-Din Muhan, Timur der Zweite, Sikander der Zweite, Shuja Baladin Ghazi.

Jetzt hieß es, daß er beabsichtige, sich an der Spitze von fünfzigtausend Reitern und einer entsprechenden Anzahl von Fußtruppen, Artillerie und dem Elefantenkorps nach Benares in Marsch zu setzen. Ein Teil seines Heeres wurde auf einer Flotte von fünfhundert Doppeldeck-Booten auf dem Ganges eingeschifft. Jai Singh schätzte die Lage richtig ein. Shuja plante, die Reichstruppen am Überqueren des

Ganges bei Benares zu hindern und so einen Verteidigungskrieg aus vorteilhafter Ausgangslage zu führen.

Fest entschlossen, diese Strategie zu durchkreuzen, beeilte sich Jai Singh, an der Spitze der bengalischen Armee den Ganges rechtzeitig zu erreichen. In guten vierundzwanzig Stunden wurde eine Schiffbrücke über den gewaltigen Strom geschlagen. Die vergleichsweise kleine, aber besser ausgerüstete Reichsarmee setzte ans andere Ufer über und schlug ihre Zelte in der Nähe einiger Dörfer vier Meilen vom Fluß entfernt auf. So verlor der träge Shuja die erste Runde. Ganz und gar nicht träge als Gefangener seiner Sinne hingegen, gab sich der Prinz nur allzu gern den Gelüsten dessen hin, was zum Bereich des schönen Lebens zählt. So veranstaltete er jetzt zwischen Rajmahal und Benares ein sich über eine Woche hinziehendes Fest mit Musik und Tanz. Die entscheidende Hinauszögerung soll dabei eine Dame namens Niaz veranlaßt haben. Jedenfalls hieß es, daß sie es gegen eine nicht unbeträchtliche Geldsumme übernommen habe, den allzu bereiten Prinzen in ein fünfzig Meilen entferntes Freudenhaus zu locken und ihn dort mit Hilfe ihrer jugendlichen Reize so lange wie möglich festzuhalten.

Ich erfuhr, daß diese verführerische Tochter eines Lokalfürsten im Jahr zuvor in den Harem Shujas gekommen und daß es ihrem Zauber gelungen war, alle dreihundert anderen dort versammelten Schönheiten vergessen zu lassen, um seine Zeit ganz ihr zu widmen. Er hätte sie gern geheiratet, doch das war nach dem Gesetz nur möglich, wenn er eine seiner vier legalen Frauen opferte. So mußte er sich damit begnügen, Niaz als einzige auf dem Marsch nach Westen zu verwöhnen. Ich darf hier gleich einfügen, daß die Idee mit der reizvollen Ablenkung nicht, wie man mich verdächtigte, von meiner Seite kam, sondern daß es offenbar ein Beauftragter von Dara Shukoh unternahm, die Dame für seine Zwecke zu kaufen. Obendrein war sie eine begabte Sängerin, wenn der Prinz sich zu sehr verausgabt hatte oder, was gerade für diese Art Menschen besonders oft zutrifft, wenn er unter schweren Depressionen litt. Dann machte sie ihn mit ihren bengalischen Liedern sanft und ruhig. Ihre Fähigkeit, ihm sowohl die ekstatischen Freuden des Himmels zu vermitteln wie ihn aufzufangen, wenn er sich fallen ließ, war offenbar vollkommen.

So verwunderte es nicht, daß – entgegen Shujas Absicht – Jai Singh das linke Ganges-Ufer mit allen Truppen und ihrer Ausrüstung früher erreichte.
Für fast zwei Wochen lagen sich die beiden Armeen in einer Entfernung von fünf Meilen tatenlos gegenüber. Obgleich der unternehmungslustige junge Suleiman auf einem sofortigen Angriff bestand, hielt der rajputische Veteran seine Truppen in der Überzeugung zurück, daß der sicherste Weg, die Schlacht gegen die beträchtliche Übermacht zu gewinnen, darin lag, den Gegner durch Zurückhaltung herauszufordern. Die Folge davon war, daß das ganze bengalische Lager – nach dem Vorbild seines Feldherrn Shuja – sozusagen zum Freudenhaus wurde, jedenfalls was den Gebrauch von schweren Getränken und Rauschmitteln betraf.

Als sich dann der Raja Jai Singh – nicht zuletzt wegen der aufkommenden Unzufriedenheit in den eigenen Reihen – an einem frühen Morgen zum Angriff entschloß, fiel die Reichskavallerie im Galopp über die schläfrigen bengalischen Truppen Shujas herein, die unter Zurücklassung ihres Gepäcks und der gesamten Ausrüstung in wilder Panik und in alle Richtungen davonflohen. Wie es Shuja und Niaz gelang, in die Sicherheit des Ostens zu entkommen, vermochte ich nicht zu erfahren. Heute habe ich den Verdacht, daß das Paar – im Gegensatz zu meinem ausdrücklichen Wunsch – das Schlachtfeld nur mit Hilfe von Jai Singh verlassen konnte, der in seiner Ritterlichkeit offenbar die Gefangenschaft eines kaiserlichen Prinzen verhindern wollte.
Suleiman Shukoh, der den Angriff mit großem persönlichen Einsatz anführte, war zornig, als er erfuhr, daß sein Onkel Shuja nirgends aufgefunden wurde. Seine Enttäuschung war so groß und sein Mißtrauen so stark, daß er einen Bericht nach Agra schickte, der aus seiner Überzeugung kein Geheimnis machte, daß Jai Singh ein Agent des Rebellen-Dreibundes war und er es trotz aller freundlichen Ausreden verhinderte, daß ein Verfolgungskommando auf den Weg geschickt wurde, den Prinzen festzunehmen.

Obgleich über die Angelegenheit wenig glücklich, wies ich meinen Enkel unmißverständlich darauf hin, daß er keinen Zweifel an der Loyalität eines Mannes hegen dürfe, der in der Treue und selbstlosem Dienst am Reich seinen Lebensinhalt sehe. Ich untersagte Suleiman

Shukoh, Mitteilungen ohne Wissen oder Einwilligung von Jai Singh abzuschicken. Tatsächlich hätte Shujas Gefangennahme eine weit größere Gefahr bedeutet als sein Exil im abgelegenen Osten. Wie sich bald ergab, verfiel Shuja im Fort von Monghyr sehr schnell wieder in die liederliche Lebensweise, die zu seinem Unglück geführt hatte. Und wieder schwamm sein Geist in den wohltönenden Wogen der Gesänge seiner schönen Gespielin Niaz. Shujas Hoffnungen belebten sich von neuem, als die Reichsarmee in den nächsten drei Wochen in Bihar erfolglos kämpfte. Sein Schicksal zeigte sich kurz danach noch einmal gnädig, als Aurangzeb unvermittelt wie ein Meteor über der Szene erschien. Murad begleitete ihn auf einem gut geplanten Vorstoß nach Norden.

In Agra starrte man gebannt auf die Entwicklung. Jede verfügbare Waffe war nun notwendig, um dieser Herausforderung zu begegnen. Ich schickte Jai Singh eine Order, er möge einen geschmeidigen Frieden mit Shuja aushandeln und die Verbindung mit einer unserer anderen Armeen vorbereiten, die für einen Kampf gegen die schnell vorankommenden Rebellen-Kräfte eingesetzt werden konnte.

Im Nebel seines begrenzten Verstandes konnte Shuja den Sinn des Versöhnungsvorschlages von Suleiman Shukoh nicht recht begreifen, in dem er als ›verehrter Onkel‹ angesprochen und unter Berufung auf den Namen Gottes, die Mogul-Ehre und die familiäre Gemeinsamkeit um die Einstellung der Feindseligkeiten ersucht wurde. Als ihm endlich dämmerte, daß diese Annäherung das Ergebnis einer unheilvollen Notwendigkeit von meiner Seite war, erstarrte er. Bereit, Frieden zu machen – aber zu *seinem* Preis – nannte Shuja jetzt die Bedingungen: Die gesamten östlichen Regionen einschließlich Bengalen, Bihar und Orissa sollten ein Teil seines Herrschaftsgebietes sein. Auch dürfe der Hof in Agra keinerlei Einfluß auf die Angelegenheiten seiner Länder haben. Als Gegenleistung bot er den Rückzug seiner Truppen nach Rajmahal an. Auch wolle er sich selbst nicht in Unternehmungen einmischen, die die Reichseinheit zerstören könnten ...

Jai Singh sah es nun – entsprechend meiner deutlichen Weisung – als seine Hauptaufgabe an, Shuja zu zähmen, aber nicht zu töten. Tat-

sächlich ließ er nach Zerstörung des Großteils von Shujas Armee den Prinzen nach Bengalen zurückkehren. Für zwei Monate – März und April – lag die Reichsarmee fünfzehn Meilen von Monghyr entfernt und tat nichts.
Wäre Shuja durch Gewalt oder durch List in unsere Hände gefallen, wäre die Geschichte dieses Erbkrieges anders geschrieben worden. Auf der einen Seite verhielt sich Jai Singh mir gegenüber loyal, indem er den Prinzen ehrenvoll laufen ließ. Das aber enthob ihn nicht der Verantwortung, indem er Shuja im Rahmen der Rebellion gleichsam ein neues Leben schenkte. In dem Versuch, mich zu unterstützen, stärkte er – wissentlich oder unwissentlich – die Stellung meiner Feinde. Suleiman Shukoh hatte nicht unrecht, wenn er sich bei mir über die undurchsichtigen Motive des Raja beklagte. Spätere Ereignisse sollten seinen Verdacht bestätigen. Dabei war Jai Singh mir ergeben und grundsätzlich gegen diejenigen, die gewillt waren, den Thron an sich zu reißen.
Untreue hat ebenso viele Gesichter wie die Treue.

Mein hübscher junger Enkel Suleiman Shukoh sah sich in der Rolle eines großen Kriegsmannes, und dem entsprachen auch sein Ehrgefühl und seine Tapferkeit. Daß er den Mut hatte, sich über Jai Singh zu beschweren, sprach für seine Ehrenhaftigkeit, die Treue zu seinem Vater und zu mir und, was vielleicht das Wichtigste war: sein Einstehen für den Zusammenhalt des Reiches. Die äußere Erscheinung des Jünglings war so makellos wie sein Geist. Es ist ein Unglück, daß Aurangzeb das Erbrecht des ältesten Sohnes in unserer Dynastie zunichte gemacht hat.
Aber die Vorsehung fragt nicht nach unserem Glück oder Unglück – und noch weniger danach, wieviel wir ertragen können. Der chinesische Weise Konfuzius hat gesagt:

Das Glück richtet sich nach unserer Statur.

Das schlimmste Übel ist nicht die Stärke des Bösen, sondern die Schwäche des Guten.
Shuja kehrte nach Rajmahal zurück; Jai Singh und Suleiman Shukoh eilten westwärts nach Agra.
Die beiden anderen Mittelpunkte der Revolte, Ahmedabad und Aurangabad, schwirrten von Intrigen und Gegenintrigen, wie sie die Hysterie des Bürgerkrieges hervorbringt. Geheimagenten und Höflinge in doppelten oder dreifachen Untergrund-Rollen nutzten jeden zu ihrer Kenntnis gelangten Plan für ihre Zwecke. Konkubinen und in allen Farben schillernde Zwischenträger waren seit undenklichen Zeiten die immer lauernden Schlüsselfiguren im Spiel von Verrat, Untreue und Unzufriedenheit, sobald ein Thron ins Wanken geriet.
Mein zweiter Sohn Shuja, derzeitiger Gouverneur im reichen Bengalen, hatte sich, als er erfuhr, daß ich Dara Shukoh als meinen Nachfolger bestätigte, sofort zum Kaiser aufrufen lassen. Er ließ Münzen prägen mit dem stolzen Namen

Abul Faus Nasruddin Muhammad, Alexander II., Timur III., Shah Shuja Bahadur Ghasi

und marschierte in Richtung Delhi, um sich als zweiter Alexander oder dritter Timur zu bestätigen ...

Mein vierter Sohn Murad, derzeit Gouverneur von Gujarat, ließ den Finanzminister umbringen, den ich vorsichtshalber als Aufseher über seine Regierungsgeschäfte eingesetzt hatte, und plünderte die reiche Stadt und vor allem den Hafen von Surat, um sich die Geldmittel für eine angemessene Armee zu beschaffen.
Am zwanzigsten November des Jahres Sechzehnhundertsiebenundfünfzig faßte auch Murad den törichten Entschluß, sich zum Kaiser

zu krönen. Einen astrologisch günstigen Augenblick – vier Stunden und vierundzwanzig Minuten nach Sonnenaufgang – hielt er für gegeben, sich die Rechte eines Souveräns anzueignen. Zweifellos waren es vor allem Angst, Hoffnung und Mißtrauen, die zu dieser sein Selbstvertrauen stärkenden Entscheidung den Anstoß gaben. Nach den unkontrollierbaren Gerüchten mußte Murad annehmen, daß ich tot und weder Dara Shukoh noch einem seiner Mitverschworenen, am wenigsten aber Aurangzeb und Shuja zu trauen sei. Jeder von ihnen wollte Kaiser sein. Wenn Gott einen von ihnen auserwählen sollte – warum nicht ihn selbst, Murad?
Shuja hatte die Krone unter gleicher Betrachtung angenommen. Aurangzeb war vorsichtiger. Nicht etwa, daß er nicht nach dem Thron strebte. Er fand, der sicherste Weg, ihn zu verlieren, war, ihn zur Unzeit zu besteigen – und das hieß: bevor er nicht endgültig als vakant galt. Aurangzeb gedachte Schritt für Schritt vorzugehen. Er traute niemandem und kannte Gnade für keinen. Sein Vertrauen in die eigene Tücke erwies sich als unbegrenzt.

Im Fort von Champanir brachte Murad seine Frauen und Kinder in Sicherheit und bereitete sich auf einen Entscheidungskampf vor. In seinem Herzen regierte die Furcht, aber er verbarg sie unter schamloser Prahlerei. Seine Armee war ziemlich groß, doch vergleichsweise ungeübt und schlecht ausgerüstet. Der Adel war in seiner Zuverlässigkeit geteilt. Nach außen hin stand er auf Murads Seite, doch innerlich lag seine Vorliebe entweder bei Dara Shukoh oder bei Aurangzeb. Murad war zu unschöpferisch und zu mittelmäßig, um feste Bindungen einzugehen. Seine Siegeschancen waren schmal.

Nicht unähnlich meinem einstigen Bestreben, Hilfe gegen meinen Vater zu finden, unternahm Murad in Erkenntnis seiner Schwäche jetzt Annäherungsversuche an den Shah Abbas den Zweiten von Persien. Aller Wahrscheinlichkeit nach folgte er einem Vorschlag Aurangzebs. Murad selbst war nicht einfallsreich genug, eine solche Karte zu spielen. Der persische Monarch zeigte sich verständnisvoll, doch zögernd – kaum meinetwegen, sondern weil er sich nicht in einen Familienstreit mischen wollte – also genau so, wie sich damals sein Vater mir, dem Kronprinzen, gegenüber verhielt. Der Shah erkannte in solcher Einmischung offensichtlich größere Gefahren als einen möglichen Gewinn. Wäre ich, der Kaiser, wie meine Feinde es ausstreuten, bereits tot gewesen, hätte der Shah kaum gezögert, die Grenzen seines Reiches auszuweiten. Nach seiner Berechnung war der Zeitpunkt ungünstig, um sich für die verschiedenen Mogul-Raubzüge in den persischen Provinzen zu rächen. Abbas wünschte Murad das Beste, aber er ging nicht einen Zoll über einen freundlichen Gruß hinaus.

Aurangzeb mußte diese offensichtliche Gleichgültigkeit des Shahs treffen. Sein Krieg gegen den Liberalismus von Dara Shukoh galt auch den Wächtern des schiitischen Glaubens. Abbas war ein ebenso großer Feind von Dara Shukoh wie ich für Aurangzeb.
Um den enttäuschten Murad zu trösten, bildete Aurangzeb mit dem Bruder eine militärische Allianz. Die fünfzehntausend Mann unter Murads Kommando waren in Aurangzebs Rechnung ein wichtiger Faktor. Dazu gelobte er, für Murad ein eigenes, nahezu unabhängiges Königtum zu errichten, das den Punjab, Kashmir, Sind und auch noch Afghanistan umfassen sollte –

für den Fall, daß es unseren vereinten Kräften gelingt, diesen Dämon Dara zu vernichten!

Murad schluckte den Köder. Er veröffentlichte ein Dekret, das alle seine Edelleute verpflichtete, ihre Truppen für einen Angriff auf Agra vorzubereiten.
Der Zusammenschluß, betonte Aurangzeb, war das Gebot der Stunde. Die ›weiße Schlange‹ gab ihren Plan aber nicht jedem preis. Aurangzeb gedachte zu warten, bis ich nachweislich beigesetzt und Dara noch nicht zum neuen Herrscher ausgerufen war. Die Verpflichtung, den Islam zu schützen, war für ihn ein wirksameres Argument, als sich dem Gesetz der Erstgeburt zu widersetzen. Nur so konnte er der Unterstützung einer großen Mehrheit der fanatischen Fundamentalisten sicher sein.

Aurangzeb war unberechenbar wie ein Winterregen. In dieser Zeit starb seine liebenswürdige, versöhnlich eingestellte Gemahlin Dilraz Banu. Man sprach davon, daß sie in Verzweiflung über die Pläne ihres Gatten ihrem Leben ein Ende bereitet hatte.
Im Februar des Jahres Sechzehnhundertachtundfünfzig entschied sich Aurangzeb zum Angriff. Andersdenkende oder solche, die ihm zur Vorsicht rieten, wurden entweder eingekerkert oder erhielten die ›Er-

laubnis, zur Erbauung ihrer Seelen die Pilgerreise nach Mekka anzutreten ...‹

Der – neben dem alten Asaf Khan – höchstrangige Höfling und Wesir Mir Jumla, Asaf Khans Bruder, stellte sich der Angriffslust seines Großneffen entgegen. Er schrieb an Aurangzeb:

Bedenkt, mein Prinz, daß wir noch einen regierenden Kaiser haben. Ihr handelt nicht im Dienst des Reiches!

Aurangzeb beeilte sich daraufhin, ›diesen wertlosen, unerträglichen Schuft‹ für eine Weile in die Abgeschiedenheit einer Einzelzelle des Forts von Daulhabad zu verbannen.

Den mir zugehenden Berichten nach war Aurangzebs Armee gut ausgerüstet, eine schlagkräftige Truppe von über dreißigtausend Mann. In ihren Reihen gab es keine Dissidenten, keine Zweifler und keine schwankenden Herzen. Jeder Unterführer war vom Prinzen selbst geprüft, bevor ihm im Lager ein Platz zugewiesen wurde.

Aurangzeb setzte größtes Vertrauen in seine Artillerie wie auch in seine Reiterei oder das Elefantenkorps. Die zehntausend Pferde, die zur Begleitung seines Sohnes ausgesucht wurden, stellten wahre Schlachtrosse mit Flügeln dar. Als die ersten Reiter-Einheiten das Lager von Aurangabad verließen, gab er ihnen die einprägsame Mahnung mit auf den Weg:

»Ihr geht in diesen Kampf nicht wie in einen gewöhnlichen Krieg. Erinnert euch, meine Brüder, daß auf unseren Schultern die Verantwortung der Verteidigung unserer heiligen Sache ruht. Unser Freund ist Allah. In diesem Glauben schreiten wir vorwärts – nicht um Länder zu erobern, sondern die schmutzigen Gelände des Verrats und des Unrechts. Von eurem Erfolg hängt die Zukunft der großen Gemeinschaft der Muslime ab. Wir werden gewinnen. Niederlagen kommen nur zu den Feigen und Willenlosen. Der Prophet ist unser Führer, Allah unsere Erleuchtung. Glück auf!«

Eine Armee ist immer so tapfer wie ihr Anführer. Dreißigtausend Mann mit Aurangzeb an der Spitze folgten der Vorhut am fünften Februar nach dem Morgengebet. In ihren Herzen gab es keine Furcht. Babur und Akbar waren unerschrockene Soldaten gewesen. Aurangzeb war vielleicht mehr: Er fühlte sich als Verteidiger von Werten, die

in seinen Augen als das herausragende Kennzeichen seiner Sippe galten.
Fanatismus ist eine gefährliche Möglichkeit des Lebens. Ein hoher Grad von Willensstärke kann auf dem Schlachtfeld eine Waffe zur Verteidigung der Macht – und das Streben nach einem Thron zur Krankheit werden. Von dem Tag an, da Aurangzeb von Aurangabad aufbrach, wurde sein Unternehmen wirrer. Ein dreißigtägiger Aufenthalt in Bharatpur brachte alle seine Leute und seine Kommandeure durcheinander. Was beabsichtigte der Prinz? Alles schwelgte in Parolen. Einige glaubten, Murad hätte sich wieder Dara Shukoh – das hieß also mir, dem Kaiser – zugewandt. Andere glaubten, auf Betreiben Jahanaras sei eine Waffenruhe vereinbart worden. Auch soll es Vermutungen gegeben haben, ich hätte Aurangzeb wissen lassen, mein Erlaß im Hinblick auf Dara als mein Nachfolger sei als ungültig erklärt worden.
Obgleich in Bharatpur ein Wirrwar von unbestätigten Gerüchten herrschte, zeigte Aurangzeb keine Andeutung von Unsicherheit gegenüber dem Ausgang des bevorstehenden Kampfes, und während seine Armee gezwungenermaßen in der blassen Wintersonne von Bharatpur faulenzte, kam keine Stimme des Mißmutes auf. Alles wartete geduldig auf den Befehl zum Aufbruch.

*

Als in Ujjain, einer der sieben heiligsten Städte Indiens, die als das Tor zum Süden angesehen wird und wo einst die Könige von Malwa residierten, die Nachricht vom Anmarsch der über hunderttausend Mann starken Reichsarmee Dara Shukohs eintraf, erschrak Murad. Er wußte nichts von Aurangzebs Truppenzahlen. Anfragen bei ihm blieben unbeantwortet. Aurangzeb behielt seine Pläne immer für sich. Niemand erfuhr, was er beabsichtigte. Ein persisches Sprichwort sagt, daß die Macht einen König vergißt, der sich auf dem anderen Ufer des Flusses befindet ...
Um nicht in diese Lage zu geraten, beeilte sich Aurangzeb, den Narbada-Fluß zu überschreiten, der schon so oft die Schicksalslinie gewesen war, bevor ihm die Reichsarmee den Weg abschnitt.
Die Nachricht von der Flußüberquerung veranlaßte Murad, sich mit dem Bruder zu vereinen. Die beiden trafen sich in der Nähe des heiligen Dorfes Dijalpur, und ihre Umarmung war vielleicht die liebloseste in der Geschichte. Murad brauchte Aurangzeb mehr als dieser ihn.

Beide wußten, daß nur einer von ihnen Kaiser werden konnte – der andere durfte bestenfalls erhoffen, eine zeitweise geduldete Nebenfigur darzustellen. Für Aurangzeb gab es schon jetzt nur eine einzige andere Möglichkeit als den Pfauenthron: das Grab. Murad befand sich in seiner Hand. In diesen Dingen und in solcher Lage gilt weder Freundschaft noch Bruderliebe ...

Die beiden vereinten Armeen stießen schnell auf Ujjain vor. Die Späher der Reichstruppen waren entsetzt über die Tollkühnheit des Rebellenprinzen. Hoffte er, die über doppelt so starke Reichsarmee zu schlagen? Aurangzeb wußte es besser. Die Reichsarmee war in ihrer Loyalität gespalten. Wenige nur ahnten, daß ihr General Kasim Khan bereits von den Rebellen gekauft war. Jeder Mensch ist käuflich – der Preis allein entscheidet. Aurangzebs Währung war weder Gold noch Silber. Er handelte mit Religion.
Daras Oberkommandierender, der Rajpute Jaswant Singh, war ein selbstloser und fehlerloser Rajputenfürst. Wie Jai Singh war er geschickt worden, die Rebellen zu zähmen, nicht zu töten. Der Zwiespalt, in dem er sich befand, war schrecklich. Er stand zwischen Niederlage und Selbstzerstörung. Er wußte, daß Aurangzeb lieber auf dem Schlachtfeld zugrundegehen würde, als sich mir zu unterwerfen. Murad war ein unbedeutender Gefolgsmann und für Aurangzeb nicht mehr als ein zusätzliches Mittel, die Macht zu gewinnen.

Als sich Aurangzeb und Murad in Ujjain zusammentaten, betete Jaswant Singh um ein göttliches Einschreiten. Ihm starrte der Tod ins Gesicht. In einem letzten, verzweifelten Versuch, eine Schlacht zu verhindern, schickte er Aurangzeb eine Botschaft mit der Versicherung, in der er seine Loyalität gegenüber dem Herrscherhaus der Moguln betonte und als letzten Versuch eine Versöhnung vorschlug, die allein die Geschlossenheit des Reiches stärken konnte. Jaswant Singh schrieb sozusagen mit einer in Honig getauchten Feder:

> *Eure Hoheit, es ist nicht nur der Islam, der den Kindern auferlegt, dem Willen der Eltern zu gehorchen. Alle Religionen sind sich darüber einig, daß der Gehorsam gegenüber den Eltern das sicherste Mittel der Selbstverwirklichung ist. Es ist nicht die Zeit für mich, die Geheimnisse und Absichten der Schöpfung zu erforschen. Doch als ein Diener des Reiches kann ich mich nicht guten Gewissens an einem Konflikt beteiligen, der ge-*

gen unsere eigene Tradition, unsere Kultur und unsere Aufgaben vor Gott und der Gesellschaft gerichtet ist. Ich bete um Eurer Hoheit Verständnis.

Aurangzebs Blick in die Welt war vor allem getrübt durch den Haß gegen seinen Bruder Dara Shukoh. Die gütigen und weisen Worte Jaswant Singhs mußten bei ihm eine unnachgiebige, ablehnende Antwort hervorrufen:

Wenn Ihr zu dem Haus Baburs loyal steht, so kommt und verbrüdert Euch mit mir. Gemeinsam werden wir das Reich vor der Zerstörung bewahren!

Was blieb dem Raja anderes, als sich auf den Kampf vorzubereiten?

*

Um es kurz zu machen: Daras Reichstruppen wurden besiegt. Aber auch Aurangzebs Leute waren müde. Er beschloß, langsam vorzugehen.
Murad indessen wollte die übriggebliebenen Rajputen verfolgen und vernichten. Sein Ungestüm wurde gebremst von seinem Mißtrauen gegenüber Aurangzeb. In allem, was der Bruder tat oder nicht tat, sah Murad eine Falle. Wie auch immer, die beiden Armeen marschierten nach fünftägiger Pause weiter.
Jaswant Singh, von einem Schwerthieb in die linke Schulter schwer verletzt und blutend, beschloß, Daras Armee zu verlassen und sich, begleitet von zweihundert Mann seiner Rajputengarde, in seine Residenzstadt Jodhpur zurückzuziehen. Er war besiegt durch den Verrat von Kasim Khan und der anderen muslimischen Heerführer, doch er hoffte noch immer, daß die Zeit Aurangzebs Falschheit ans Licht bringen werde.

Jaswant Singhs Gemahlin aber empfand als echte Rajputentochter die Niederlage und vor allem das Verhalten ihres Gemahls als niemals hinzunehmende Schande. Sie wäre eine glückliche und stolze Frau geblieben, wäre Jaswant Singh kämpfend auf dem Schlachtfeld gestorben. Flucht bedeutete für sie eine unverzeihliche Sünde. Sie ordnete an, daß man den geschlagenen Raja daran hinderte, seine Stadt zu betreten. Alle Gitter wurden geschlossen und starke Wachen an den Toren von Jodhpur aufgestellt. Zugleich befahl die Maharani, im Garten des Palastes einen Holzstoß für ihre Selbstverbrennung aufzuschichten: Die Tradition forderte diesen Schritt. In wildem Leid rannte die Fürstin durch die Straßen von Jodhpur. Ihr schwarzes Gewand erhöhte die Trauer, die in ihren Augen und ihren Zügen brannte. Eine Frau in ihrem Schmerz erinnert an alle Schmerzen der Menschheit. Das Volk von Jodhpur säumte die Straßen, um einer Maharani zu huldigen, deren Schönheit noch immer durch die Trauer ihrer Züge hindurchleuchtete. Die Menschen sangen Hymnen nach den alten Schriften zum Lob von Ehre, Mut und Heldentum, der drei Pfeiler rajputischer Ethik. Ihre Untertanen fühlten sich als Zeugen einer Tragödie, da eine Frau von edler Schlichtheit es auf sich nahm, für ihren Gatten zu büßen. Die Maharani ging von einem Tempel zum anderen, den Segen der alles bestimmenden Gottheit anrufend, um die Ehre ihres Landes wiederherzustellen.

Man berichtete mir, daß sie freudig den Weg wieder zurückging, den sie gekommen war: zu dem Palastgarten, um sich dort ohne Zögern, mit stolz erhobenem Haupt, von den auflodernden Flammen des Sandelholzstoßes umarmen zu lassen ...

*

Die Nachricht von der Niederlage der Reichstruppen erreichte mich in den Morgenstunden des zwanzigsten April auf dem Weg nach Delhi.

Meine Hofärzte rieten mir zu einer Übersiedlung nach Kashmir in den Vorbergen des Himalaya, bevor die Sommerhitze einsetzte. Meine Tochter Jahanara begleitete mich, während Dara Shukoh in Agra zurückblieb, um die Verwaltung zu beaufsichtigen und die Entwicklungen im Osten und Süden zu beobachten. Für meine Reise hatte ich diesmal gegen Überraschungen vorgesorgt. Zu meinem kleinen Gefolge gehörte eine gut bewaffnete Truppe von fast fünftausend Mann ausgesuchter Soldaten, denen auch die Aufwartung und die Pflichten des Lageraufenthaltes oblagen. Andererseits legte ich Wert darauf, daß keine der bisher üblichen Gruppen von Musikern, Tanzmädchen und Possenreißern fehlte. Ich fühlte eine große Gelassenheit in mir, obwohl alles um mich ins Wanken geraten war.

Jai Singh und Suleiman Shukoh hatten zwar für mich über Shuja gesiegt, doch mußten die Berichte aus dem Lager Aurangzebs ernst genommen werden. Von Natur aus zuversichtlich und immer bemüht, mehr die Rosen wahrzunehmen als die Dornen, mußte ich nun erkennen, daß nicht nur drei meiner Söhne, sondern auch meine muslimischen Untertanen gegen mich waren. Zum ersten Male fühlte ich die Treulosigkeit der Glücksgöttin, an deren Wankelmut ich als Prinz niemals geglaubt hatte. Die Reichsarmee war ein Scherbenhaufen. An die vierzigtausend Mann waren zu Aurangzeb und Murad übergelaufen. Die Verbündeten marschierten auf die Hauptstadt zu.

Dara teilte mir in einer kühl-freimütigen Botschaft die Gefahren der Entwicklung mit und riet mir zur sofortigen Rückkehr nach Agra. Die Stadt war voll aller Art von Gerüchten. Keiner der Edelleute konnte seinen Mund öffnen, ohne bei den anderen Mißtrauen zu erwecken oder zu verhehlen. Anpassung und Gesinnungslumperei, so schrieb Dara, waren eine Leidenschaft, die grundsätzlich jeden beherrschte.
Ich mußte meinem Sohn recht geben. Ich erkannte, daß ich allein stand.
Die Menschen hassen die, denen sie Unrecht getan, und sie lieben diejenigen, denen sie Gutes erwiesen haben. Ihren Wohltätern gehen sie instinktiv aus dem Weg. Ihre Haupt-Triebfeder ist Eigennutz. Dankbarkeit kennen sie nur als ein lebhaftes Gefühl für noch zu erwartende Wohltaten. Versprechungen werden niemals von dem vergessen, dem sie gegeben wurden – aber sehr häufig von denen, die sie ausgesprochen haben. Man sagt, das Alter bringe mit sich Weisheit und Abgeklärtheit. Es sei die Summe – wovon? Einer Kette von Irrtümern, Lügen, vergeblicher Sehnsüchte aus fremden Quellen? Auch die Spinne lebt von anderen Leben.

Einst war der Adel der höchste Schmuck des Mogul-Hofes. Seine Loyalität, sein Ansehen, seine Gelehrsamkeit und seine Geschicklichkeit mit dem Schwert waren der Stolz des großen Akbar. Unter meinem Vater Jehangir verkamen diese Tugenden zum guten Teil. Als ich den Thron bestieg, wurden sie um so kostbarer, je seltener sie waren. Vielleicht erschöpften sie sich durch die zwei Revolten – die erste bei meinem Vater und dann von meiner Seite. Diese Entwicklung führte vollends in die Tiefe, als das Reich im Vorjahr in den schlimmsten Nachfolgekrieg gerissen wurde, den die indische Geschichte bisher kannte.
Ich konnte und wollte die üblen Nachrichten nicht glauben, doch gerade darum nahm ich Daras Vorschlag an. Am anderen Morgen

brach ich wieder nach Agra auf. Eine Ahnung sagte mir, daß dies mein letzter Marsch als Kaiser sein sollte ...

Ich fand Agra in Aufruhr. Mein Sohn Dara Shukoh setzte alles daran, jede Möglichkeit der Reichstruppen zu nutzen, um Aurangzeb aufzuhalten. Doch Dara hatte nicht die strategischen Fähigkeiten eines Asaf Khan oder Mahabat Khan. Ich liebte ihn, und darum meinten einige Menschen, er gliche mir in meinen früheren Jahren. Heute weiß ich, daß seine freundliche Mittelmäßigkeit ihm und damit mir mehr schadete, als es die Lage erlaubte.

Dara war es zuletzt, der mich drängte, alle Vorsicht beiseitezulassen und einen Großkrieg gegen alle zu unternehmen, die sich zur militärischen Auseinandersetzung bekannten. Ich neigte dazu, Daras Auffassung zu bestätigen, aber ich bestand darauf, daß die Gewehre und Kanonen erst sprechen durften, wenn alle anderen Mittel versagten.

Die kluge Jahanara unterstützte mich. Sie war der Meinung, daß gerade in diesem späten Stadium sowohl Aurangzeb wie Murad durch offen gezeigte Zuneigung und verständnisvolles Verhalten zum Einlenken gebracht werden könnten. Beeindruckt von ihrer Zuversicht, erlaubte ich ihr, an Aurangzeb noch einmal einen Brief zu schreiben, in dem sie die Gründe gegen eine bewaffnete Kraftprobe darlegte. Es war ein Meisterstück schwesterlicher Liebe. Sie schrieb:

Mein Bruder, meine Seele, möge Dich die schützende Hand Allahs gegen das Auge des Bösen immer beschirmen.
Ich benutze noch einmal die goldene Feder, die unserem großen Ahnen, dem im Himmel residierenden Babur-Padishah gehörte, um Dich an unsere Pflichten gegenüber unseren Eltern, unserer Sippe, unserer Religion und unserer Kultur zu erinnern. Du bist weiser und kenntnisreicher als ich, die unbedeutende Sucherin nach den geistigen Werten. Du bist besser vertraut mit unserer Vergangenheit und den Lehren unseres Propheten (möge die Lampe Seiner ewigen Weisheit für immer unser Führer sein!) und der Heiligen.
Ich bin niemand, der Dich an ihre Vorschriften und Gebote erinnern darf – aber, mein Bruder, ich besitze einiges, das alle geschriebenen und ungeschriebenen Gesetze der Gesellschaft überschreitet. Das Herz einer Schwester brennt in Höllenqualen über die grausamen Geschehnisse der letzten Monate. Gab uns unsere im Paradies residierende Mutter das Le-

ben, um Zeugen eines Krieges zu sein, der die Namen von uns allen aus dem Buch der Geschichte auslöschen kann?
Sieg und Niederlagen hatten bisher wenig Folgen innerhalb unserer Dynastie. Ein Bürgerkrieg aber wäre Selbstzerstörung und unvergleichlich in seinen Schrecken. Unser verehrter Vater ist betrübt bei dem Gedanken an eine bewaffnete Auseinandersetzung zwischen seinen Söhnen. Er ist von seiner Krankheit ganz genesen; die Angelegenheiten des Staates sind fest in seiner Hand. Er würde gern für alle Zeit die Mißverständnisse beseitigen, die zwischen Dir und Dara Shukoh entstanden sind. Zu diesem Zweck lädt er Dich ein, die Dinge mit ihm persönlich zu besprechen. Alle seine Söhne stehen gleich hinter ihm. Die Engel im Himmel werden Glück auf Dich herabregnen lassen, wenn Du die Einladung annimmst und die Entscheidungskraft aufbringst, eine beiderseitige annehmbare Lösung des Streites, der in den letzten Jahren entstand, auszuarbeiten.
Das Gebot des heiligen Propheten, Deinen Eltern zu gehorchen, wenn nötig unter Aufopferung Deines Lebens, bindet alle Anhänger des Islam. Unser verehrter Vater ist unser Führer, unser Licht und unser Wohltäter. Ihm zu gehorchen ist unsere Pflicht. Ich habe gesagt, was ich sagen mußte. Deine Antwort wird mit Ungeduld erwartet. Was man zu lange bedenkt, wird bedenklich. Meine Seele sagt mir, daß Du die Bitten einer älteren Schwester nicht zurückweisen wirst. Möge Dir der Große Allah ein langes und glückliches Leben schenken!
Jahanara.

Aurangzebs Antwort war wieder so kurz wie scharf. Er stellte eine Liste aller vorgeblichen Sünden Dara Shukohs auf, einschließlich der Vernichtung von Shujas Armee. Wobei er hinzufügte:

Schicke meinen verachtenswerten Bruder in seine Länder im Punjab, und ich werde kommen und meinem Vater Respekt erweisen.

Zum Schluß teilte Aurangzeb Jahanara mit, daß, während der Islam den Kindern ihre Pflichten vorschreibe, dies auch für Väter, Mütter, Brüder und Schwestern zuträfe. Ich wiederholte Jahanara gegenüber das Wort, das ich ihr im Hinblick auf Aurangzeb schon früher einmal gesagt hatte:
»Wer nicht zu genießen versteht, wird ungenießbar.«

Es war nicht schwer, zu dem Schluß zu kommen, daß Aurangzeb zu allem anderen willens und imstande war, als die Revolte zurückzunehmen. Ich ordnete die Neuaufstellung einer größeren Armee als je zuvor an und begründete den Aufruf mit dem Hinweis, daß für mich die Verpflichtung gegenüber dem Reich heiliger sei als die gegenüber einem ungetreuen Sohn.

Jahanara brach zusammen, als ihr Dara Shukoh die Nachricht vom Anmarsch der Rebellentruppen überbrachte.

Das Glück ist kleinlich, das Unglück niemals.

Die dritte und entscheidende Stunde der Auseinandersetzung hatte begonnen.

Auf dem dunklen Pfad, den wir auf Erden gehen müssen, gibt es gerade soviel Licht, wie wir brauchen, um den nächsten Schritt zu tun. Den rettenden Gedanken, falls es etwas geben sollte, müssen wir selber fassen. Meine trotz allem bekundete Verhandlungsbereitschaft mit Aurangzeb entsprang hauptsächlich den Meinungsverschiedenheiten unter meinen höchsten Würdenträgern. Die Niederlage von Jaswant Singh hatte meinen rajputischen Anhängern die Flügel gestutzt, und der Abfall von Kasim Khan förderte die Untreue unter den Muslimen. Es schien sich die Ansicht zu verbreiten, daß Aurangzeb unbesiegbar und es somit sinnlos sei, mit ihm die Klinge zu kreuzen. Auch Angehörige der Familie, wie der Bruder von Mumtaz Mahal, Shaista Khan, oder mein Wesir Mir Jumla, gerieten in den Verdacht der Treulosigkeit. Von Shaista Khan sagte man mir, er hätte sich in Briefen an Aurangzeb zu diesem bekannt ...

Trotz solcher Verwundbarkeit konnte Dara Shukoh eine neue Armee von an die hunderttausend Mann aufstellen, dazu entsprechende Einheiten von Kavallerie, Artillerie und Elefantenkorps. Jedenfalls war es ein riesiges Heer – der Zahl nach schreckenerregend, aber nicht halb so gefährlich in seiner Kampfkraft. Hoffnungslos im Herzen, brach Dara am achtzehnten Mai Sechzehnhundertachtundfünfzig auf. Heute muß ich über die Pracht lächeln, mit der mein Lieblingssohn seine letzte Selbstdarstellung drapierte. Zuerst ritt der Prinz den mit kostbaren Schabracken geschmückten Elefanten *Fateh Jang*, um dann den mit Gold und Silber beschlagenen zweirädrigen Streitwagen *Dhandrani* zu besteigen, der von sechs schneeweißen Hengsten aus edelster Zucht gezogen wurde. Damit sollte an die alte Hindu-Tradition im Sinn der Toleranz des Kaisers Akbar erinnert werden. In Dara Shukohs Begleitung befanden sich seine Frau Nadira Begum, seine Kinder und Enkel sowie einige ausgewählte Sklavinnen auf Elefanten, dazu ein kleines Gefolge enger Vertrauter.

Als ich die verklingenden Trompeten hörte, wußte ich, daß in dem Prinzen mehr Furcht lebte als Glaube, mehr Hoffnung als Entschlossenheit, mehr Eitelkeit als Demut und mehr Selbstliebe als Liebe zur eigenen Aufgabe. Akbar konnte zeitweise gegen die Strömung schwimmen – vertrauend auf die Stärke seiner eigenen Überzeugung und die Unterstützung einer großen Schar liberaler und weitsichtiger Höflinge. Doch die Treue aus den Tagen Akbars war verkommen zum Ehrgeiz des eigenen Aufstiegs in der Welt des Scheines. Fast jeder Edelmann strebte nach dem größten Gewinn in kürzester Zeit. Jeder war nur auf den eigenen Vorteil bedacht und wartete auf das Ende des Kampfes, um sich danach großzügig zu entscheiden, auf welche er sich schlagen würde. So war das Gepränge, das den Auszug Dara Shukohs aus Agra zeichnete, nur ein Mantel, der die Spannung am Hof verdecken sollte.
Ich verabschiedete meinen Sohn zusammen mit Jahanara in tiefer Bewegung. Obgleich ich Dara liebte, war ich niemals ein Feind meiner anderen drei Söhne. Ich überlegte mir ernstlich, Aurangzeb selbst aufzusuchen, um ihn von dem Weg der bewaffneten Auseinandersetzung abzubringen; doch rieten mir meine treuesten Höflinge von diesem Schritt ab, der in ihren Augen ein unwürdiges Zugeständnis gegenüber der Lästerung eines maßlosen Rebellen bedeutet hätte. Ihre Meinung war:
»Scharfer Verstand vereint mit bösem Willen erzeugt widernatürliche Ungeheuer!«

Ich hatte keine andere Wahl, als dem Rat zu folgen. Und so übte ich das alte Ritual, indem ich Dara das Schwert unseres Ahnen Timur überreichte – ein symbolischer Akt des Segens und guter Wünsche für die Bewahrung unserer Dynastie. Jahanara segnete den Bruder mit Weihrauch und hob ihre Hände zum Gebet für seine Sicherheit. Als Dara zu der Stunde, die die Astrologen als aussichtsreich erklärt hatten, von mir Abschied nahm, bat sie den Bruder weinend, er möge niemals die Tradition der Emire vor uns verletzen. Dann rezitierte sie einige Suren aus dem heiligen Buch, um die Größe und Gerechtigkeit Allahs zu preisen. Ergriffen huldigte mir Dara auf den Knien und

schwor unter Tränen, er wolle dem Reich mit seinem Leben dienen und die Werte der Moguln würdig vertreten.
Ich sollte meinen Sohn niemals wiedersehen.

*

Dara Shukoh zog mit seiner Armee in Richtung auf den Chamba-Fluß. Seine Absicht war, dort die Rebellentruppen am Übergang zu hindern und aufzureiben. Kaum hatte er jedoch ein unweit des Flusses gelegenes Dorf erreicht, als er die Nachricht erhielt: Das gegnerische Heer habe bereits an einer bisher kaum bekannten Furt den Fluß überschritten. Ein örtlicher Häuptling hatte den Vorteil gewittert und wies Aurangzeb nicht nur auf die günstige Stelle hin; er unterstützte die Rebellenarmee auch mit Booten und Flößen für den reibungslosen Übergang, nachdem ihm der stolze Prinz eine hohe Ehrenstelle unter seiner Herrschaft versprochen hatte.
Der Häuptling irrte sich leider im Wesen seines Gönners. Nachdem er das Seinige getan, wurde er festgenommen und sicherheitshalber hingerichtet. Aurangzeb liebt es nicht, geringen Leuten dankbar sein zu müssen. Er begründete es mit den schlichten Worten: »Untreue ist eine Eigenschaft, die nicht geändert werden kann. Für Wetterhähne ist bei mir kein Platz.«
Dara Shukoh indes konnte als Philosoph, der er war, selten eine klare Entscheidung treffen. Er verschwendete kostbare Tage, bis er sich auf Aurangzebs Anfangserfolg hin entschloß, den Rückzug nach der Inselfestung Samugarh nahe Agra anzutreten, wo er die nächste Unternehmung des feindlichen Bruders abwarten wollte.
Auf der anderen Seite drangen Aurangzeb und Murad in aller Eile vor, bis die Reichsarmee in Sichtweite kam. Zu seinem Sohn Muhammad Sultan soll Aurangzeb schon jetzt gesagt haben: »Die Schlacht ist so gut wie gewonnen. Agra gehört uns.«

Der bald ausbrechende Kampf in der brütenden Hitze wurde einer der grausamsten in der indischen Geschichte. Dara Shukohs Truppen fochten tapfer und errangen sogar gefährlichen Erfolg, als Aurangzeb von den verzweifelten Rajputen für eine Weile eingeschlossen wurde, bis ihre Körper von den Elefanten des Rebellenprinzen zertrampelt wurden.
Dara Shukoh glaubte, daß die Schlacht entschieden war. Bei dem Versuch, seinen wankenden Truppen Mut zu machen, beging er den

Fehler, von seinem Elefanten herabzusteigen und auf den Rücken eines bereitgehaltenen Pferdes zu springen. Als seine Leute den leeren Elefantenrücken sahen, gerieten sie in Panik. In der Annahme, der Thronfolger sei tot, verloren sie sich im sinnlosen Gefecht – um von dem vom Erfolg besessenen Feind in Stücke gehackt zu werden.

Die allgemeine Verwirrung besiegelte Daras Niederlage. Zusammen mit seinem Sohn Spher floh er aus Agra. Die sengende Maisonne vollendete, was die Waffen der Rebellenarmee begonnen hatten. Tausende von Daras Leuten lagen auf dem glühenden Boden, stöhnend von Wunden, Durst und Erschöpfung. Der Tod kam langsam zu ihnen und ließ die ausgedörrten Körper in ihren blutigen, glitzernden Waffenröcken zurück. Nur einem kleinen Rest gelang die Flucht in die Vorstädte Agras – doch nur wegen der Dunkelheit, die sich nach Sonnenuntergang rasch über das Schlachtfeld gesenkt hatte.

In den Reihen der Sieger gab es Hochstimmung und Stolz, aber keine Unordnung. Aurangzeb befahl Gebete und verlangte von seinen Truppen Mäßigung und Danksagungen. Stolz verkündete er: »Was Allah mir gegeben hat, wird Er mir niemals wieder nehmen. Allah hat meinen Sieg gewollt!«

Er umarmte Murad und fügte hinzu:»Wir sind Muslime, das ist unser Reichtum. Und unser Recht ist es, Dara von der Thronfolge zu verdrängen. Allahs Wille ist klar: Niemals wird ein Ungetreuer der Herrscher von Hindustan. Laß uns gemeinsam in Dankbarkeit die Hände erheben, Bruder. Allah ist groß!«

Aurangzeb sammelte alle zurückgelassenen Waffen und Schätze der besiegten Reichsarmee. Er war klug genug, von seinen Truppen nicht mehr als das unbedingt Nötige zu verlangen – und das auch nur ›Im Namen Allahs‹. Seine Absicht war, Dara zur Aufgabe Agras zu zwingen, bevor er selbst in die Hauptstadt vorstieß.

Indes empfing Agra den unterlegenen Thronfolger mit lähmendem Schweigen.
In meinem tiefen Kummer zögerte ich, ihn zu sehen. Durfte ich ihn anklagen? Gab es etwas zu verzeihen? War ich es nicht, der ihm das Abenteuer aufgebürdet hatte?
Auf meine Mitteilung hin antwortete Dara, daß es ihm die Scham verbiete, die kaiserliche Türschwelle zu küssen.

Ich verstand ihn und schrieb:

Große Sorgen, lieber Sohn, können keine Knochen wiederherstellen. Es ist vergeblich, sich über Vergangenes und den Tod zu grämen. Immer nur die Vorsehung vorzuschieben, ist die Weisheit der Toren und die Torheit der Weisen. Wir haben an die Zukunft zu denken. Alle meine Hilfsmittel und aller Reichtum stehen Dir zur Verfügung. Ich habe bereits einen Firman an alle Würdenträger erlassen, ohne Verzögerung neue Streitkräfte zu sammeln. Der Schatzmeister ist angewiesen, Dir die Gelder für den nächsten Kampfabschnitt zur Verfügung zu stellen. Wir müssen uns daran erinnern, daß die Sonne immer aus der Dunkelheit aufsteigt. Ich möchte, daß Du mich über Deine Pläne auf dem laufenden hältst. Vielleicht wäre es vorteilhaft, den Kampf aus der Entfernung von Lahore, Kabul oder sogar von Multan wieder aufzunehmen. Bedenke, daß Agra und Delhi zu nahe bei Samugarh liegen, um als Ausgangspunkt für Gegenangriffe zu dienen.
Ich werde tun, was ich kann, mit Aurangzeb Verbindung aufzunehmen, um ihn von der Vergeblichkeit eines Bruderkrieges zu überzeugen. Ich weiß nicht, was mir bevorsteht.
Möge Allah Dich beschützen!

Daras Frau Nadira Begum, sein Sohn Spher Shukoh und seine Tochter Jani hatten den Prinzen nach Agra begleitet. Sie waren in einem Haus außerhalb des Forts sicher untergebracht. Jahanara tat, was sie konnte, ihnen in ihrem Kummer beizustehen. Meine Hoffnung ruhte auf der baldigen Ankunft des Raja von Udaipur und Suleiman Shukohs aus dem Osten. Noch vertraute ich darauf, daß Agra über loyale und ergebene Kommandeure verfügte.

*

Die Erde ist ein Gefängnis, das wir alle durch die gleiche Tür betreten, aber wir leben in verschiedenen Zellen.
Anpassung und Gesinnungslosigkeit sind Kräuter, die in jedem Boden gedeihen, doch sie breiten sich besonders in Feldern aus, die durchpflügt sind von Mißtrauen und Zerstrittenheit. Jetzt war Agra in sich selbst geteilt. Niemand wußte, wer auf welcher Seite stand. Ich und Dara Shukoh hatten die ersten zwei entscheidenden Runden im Kampf verloren. Die Sterne Aurangzebs und Murads schienen heraufzusteigen.

Was Shuja anging, so war er geschlagen, doch nicht aus dem Rennen. Wenn Gott einen meiner vier Söhne zu meinem Nachfolger bestimmt hatte, konnte es auch Shuja sein. Allah weiß mehr als wir. Eines schien ziemlich sicher: Nur ein Wunder der Aussöhnung zwischen Aurangzeb und Dara Shukoh konnte mir den Thron bis zu meiner letzten Stunde sichern. Meine Unterstützung Daras war trotz aller Schwierigkeiten unerschütterlich. Ich kannte das Geschwätz am Hof wie auch draußen im Land. Meine Söhne und unsere Späher berichteten mir alles, und ich sah es ihnen an, ob sie es aus Vergnügen oder aus Sorge taten. Ich hörte davon, daß Aurangzeb mich als Gefangenen einzuschließen beabsichtigte. Andere waren der Meinung, daß es die beste Lösung sei – wenn man es nicht vorzog, mich unauffällig umzubringen – meine störende Person für die restlichen Lebensjahre nach Mekka, Medina oder in ein sicheres Wüstenfort zu verbannen ...

Ich mußte es also hinnehmen, wie es kam. Der Kampf Daras, den er in meinem Auftrag unternommen hatte, durfte nicht zu seiner und des Reiches Zerstörung führen. Nur unverbesserliche Dickköpfe hielten noch zu mir. Jahanara war eine Ausnahme. Sie stand an meiner Seite – einem Felsen gleich, bereit, ihre Ehre, ihr Ansehen und ihr Leben für ein Ideal hinzugeben: das Ideal kindlicher Treue. Sie tröstete mich mit der Versicherung, daß geduldige Diplomatie mehr erreichen könne als Kanonen und Elefanten.

Am ersten Juni Sechzehnhundertachtundfünfzig zog Aurangzebs Vorhut in die Hauptstadt Agra ein – ohne Fanfaren- oder Trompetengeschmetter, ohne Rücksicht auf die Gunst oder Ungunst der Stunde. Für ihn war Aberglaube die Religion schwacher Seelen. In seinem Gefolge gab es niemanden, der in die Sterne starrte. Sein erster Schritt war, seinen vierzehnjährigen Sohn Muhammad Salim zum Kommandanten von Agra zu ernennen. An allen Stadttoren wurden starke Wachen als Vorbeugung gegen Aufstände postiert: sei es von seiten meiner loyalen Heeresreste, sei es von denjenigen, die Aurangzeb ›Götzen anbetende Abtrünnige‹ nannte ...

Die Einwohner der Hauptstadt empfingen die triumphierende Armee mit mäßiger Freude. Der Großteil der Offiziere und der Höflinge hingegen beeilte sich, dem Oberkommandierenden der Agra besetzenden Rebellenarmee, Bahadur Khan, zu huldigen. Mein Schwager

Shaista Khan war der erste, der ›dem Prinzen, den Gott gesandt hat, das Reich aus den Händen der Heiden zu befreien‹, den Treueschwur leistete. Es folgte ein langer Zug der Weltlichen und Geistlichen Räte, bereit, ihr Bekenntnis im Namen der religiösen Reinheit abzulegen. Am Abend des zweiten Juni war ganz Agra, außer dem Roten Fort und der Palastanlagen, in der Hand der Rebellenkräfte. Aurangzeb hatte alles erreicht – bis auf den Thron.
Das ganze Leben ist ein Versuch, es zu behalten.
Ich war ein Gefangener in meinen marmornen Gemächern, erfüllt von einer traurigen Neugier, ob dies nun mein Ende – oder das Ende meiner Regierung bedeuten sollte. Meine einzige Gesellschaft war Jahanara Begum. Selbst ihr erfindungsreicher Kopf fand keinen Ausweg mehr. In unserer Verzweiflung suchten wir Zuflucht bei uns selbst.

Es begann eine Reihe von Verhandlungen, die keinen Zweifel daran ließen, daß Doppelzüngigkeit und Falschheit tief in die Herzen beider Seiten eingedrungen waren. In einem mir zugestellten Brief drängte mich der siegreiche Sohn mit ehrerbietigen Worten,

die unglücklichen Ereignisse der letzten Monate nicht zum Spielzimmer Eures Hasses zu machen.

Aurangzeb versicherte wieder einmal, daß er nicht vom Pfad seiner Achtung mir gegenüber abgehen werde, den er bisher getreulich eingehalten habe, und daß es nur einen einzigen Weg zum guten Ende gäbe, nämlich Dara Shukoh vom Schauplatz zu entfernen und die Regierung den Händen der getreuen Gläubigen zu überlassen:

Ich bitte um dieses Zugeständnis, nicht weil der Respekt vor Eurer Majestät geringer, sondern weil mein Bekenntnis zum Islam größer ist.

Dann wiederholte er die angeblichen Lästerungen, die

dieser fehlgeleitete Sprößling des Hauses der Moguln verbreitet hat.

Fakim Khan, der Überbringer des Briefes, war ein Mann mittleren Alters und von menschlicher Gesinnung; er unterstützte die Worte seines Herrn mit einem persönlichen Aufruf im Namen der Einheit des Reiches und ›daß es besser sei, einen Mann im Unglück zu lassen, damit alle anderen in Glückseligkeit zusammenleben könnten‹, wie er mir höflich vortrug.
Ich ließ Aurangzeb ausrichten, daß die Nachwelt unwiderruflich mit

unseren Vorfahren verbunden sei. Damit wollte ich ihn an seine Verpflichtungen gegenüber der Dynastie erinnern und ihn noch einmal darauf hinweisen, daß unsere islamischen Traditionen bedingungslosen Gehorsam eines Sohnes gegenüber den Wünschen des Vaters forderten. Ich fügte das Wort aus dem Koran hinzu:

> *Allah sprach: Suchet Wissen von der Wiege bis zum Grab. Wer nach Wissen strebt, betet Gott an.*

Ich ergänzte, daß sein Bruder Dara Shukoh sein ganzes Leben mit diesem Streben nach Wissen verbracht und sich niemals gegen Allah versündigt habe.
Zugleich mit einer neuerlichen freundschaftlichen Bitte um seinen Besuch schickte ich Aurangzeb zum Zeichen meiner Versöhnungsbereitschaft das seit Generationen in unserer Familie gehütete Schwert mit dem Namen *Amalgir* – ›Eroberer des Weltalls‹.
Aurangzeb bedankte sich höflich mit der zynischen Bemerkung:

> *Von Kindheit an war mein sehnlichstes Bestreben, Euch nachzueifern, und einer meiner tiefsten Eindrücke war, wie Ihr aus Gründen der politischen Notwendigkeit bei Eurem glorreichen Regierungsantritt mit Euren Blutsverwandten zu verfahren beliebtet!*

Diese Antwort sagte alles.

Obgleich gegen meinen Willen, blieben bewaffnete Truppen die einzige Möglichkeit, Dara Shukoh zu entlasten, auch wenn ich damit mein eigenes Ende heraufbeschwor. Für Aurangzeb konnte es bei diesem Stand der Dinge kein Zurückweichen geben. Er wartete noch einige Tage und ging dann zum Angriff auf das Rote Fort über.

Wenige geleitet das Glück bis an die Schwelle. So höflich es gegen die Ankommenden zu sein pflegt, so schnöde verhält es sich gegenüber den Abgehenden.
Nach endlosen Monaten der Krankheit und Zurückgezogenheit sollte nun meine Stunde schlagen. Ich dachte an den letzten Emir von Granada, den so jungen wie schönen, so toleranten wie nachdenklichen Maurenkönig, der vor nun fast zwei Jahrhunderten dem hinterhältigen Ansturm der Christen unterlag und widerstandslos sein Märchenreich der Alhambra freiwillig übergab, um seinem Volk den aussichtslosen Endkampf zu ersparen – um dann doch betrogen und ver-

jagt zu werden. Wie er nicht der letzte war, der das Gewand seines Königtums ablegte, um im Nichts der Geschichte zu verschwinden – so bleiben Anfang und Ende, Auftrag und Vergeblichkeit, Steigen und Stürzen das ewige Gesetz, das den Menschen von ihren Göttern, welchen auch immer, auferlegt ist ...

Die Bedrohung meiner Autorität löste in mir weniger Angst als eine unbeschreibliche Mischung von Leere und Verachtung meines eigenen Schicksals aus. Ich war ja niemals ›gläubig‹ im Sinn meines orthodoxen Sohnes. Ich glaubte an die Macht – aber auch an eine überlegene Aufgeschlossenheit gegenüber der Welt und eine Zukunft jenseits aller Dogmen vergilbender Gottheiten. Der junge Löwe in mir, der es einst mit jedem aufnahm, auch und vor allem mit dem allmächtigen Vater, war lange tot. Ich hatte zuviel von den Ränken und Winkelzügen um mich – nicht zuletzt meine eigenen – kennengelernt. Sogar die Liebe schien in mir erloschen. Was bedeutete es, Kinder zu zeugen? Die einen waren treu – die anderen nicht. Lebte, dachte, liebte ich nicht zuletzt auch nur für mich selbst – jenseits aller großen Begriffe wie Auftrag des Herrschertums, Familie, Sehnsucht, Wissen, Herrlichkeit des Thrones? Ich, ›der Schatten Allahs auf Erden‹ – ein Hohn?
Die Betonung lag, das wußte ich jetzt, auf dem Wort *Schatten*.

Noch einmal schrieb ich einen Brief, halb in Versen, halb in Prosa, an Aurangzeb. Ich verfaßte ihn in meiner eigenen Handschrift, um meine Treue zum Islam, meine gleiche Liebe zu allen meinen vier Söhnen, meine Sehnsucht nach der Einheit des Reiches, mein alles überragendes Streben nach dem Fortbestehen der dynastischen Tradition unseres Hauses darzulegen.
Zuerst aber betonte ich meine Sorge um einen Krieg, der das letzte Kapitel in den Annalen der Moguln sein konnte – und letztlich meine Überzeugung, daß Streitigkeiten innerhalb einer Familie niemals gewaltsam ausgetragen werden durften ...

Ich wußte, daß es ein guter – und zugleich mein letzter Brief war. Und ebenso wußte ich, daß er nicht gut genug war, um einen Menschen zu überzeugen, der entschlossen war, sich nicht überzeugen zu lassen.
Ich wußte aber auch, daß es in Aurangzebs Umgebung Männer gab,

die ihn anflehten, seinem Vater die Qual zu ersparen, hilflos zusehen zu müssen, wie sich seine Söhne gegenseitig zerfleischten.
Der Prinz blieb wie immer unbewegt. Endlich war der Thron in seiner Sichtweite, und Aurangzeb gehörte nicht zu denen, die sich eine Gelegenheit entgehen ließen. Sein unnachgiebiges Bestehen auf Daras Absetzung war ein geschickter Kunstgriff, um mich für alle Folgen verantwortlich zu machen. In dem Wissen, wohin mein Herz zielte, setzte er vier Bedingungen auf, die, wie er überzeugt war, niemals angenommen werden konnten.
Ich empfing seine Antwort mit einer gewissen Gleichgültigkeit. Gegen die Traurigkeit gibt es keinen besseren Schutz als die Traurigkeit.

Ich fühlte mich besiegt – nicht aber Jahanara. Sie nahm den Briefwechsel wieder auf, den ich beendet hatte. Wie zuvor setzte sie auf Gefühle, nicht auf Gründe. Sie schrieb Aurangzeb, ich sei vor Kummer niedergeschmettert, und daß ich es als einen hoffnungsvollen Hauch des Himmels empfände, wenn mein Sohn mich für ein Gespräch von wenigen Minuten aufsuchen würde. Aurangzebs ersten, rücksichtslosen Besuch am Krankenlager zwang ich mich zu vergessen.
Die Einladung wurde Aurangzeb von einer Nichte meiner Frau Mumtaz, seiner Cousine, überbracht, von der es einige Jahre zuvor hieß, daß er sie heiraten wolle. Sie war keusch, jung, liebenswürdig und bekannt für ihre Neutralität. Aurangzeb empfing sie, die ihm im Alter und ihrer Schönheit entsprach, in gemessener Höflichkeit. Er nahm die Einladung weder sogleich an, noch wies er sie zurück, sondern erklärte ihr, daß er nach sorgfältigem Bedenken seine Antwort vor dem Mittag des folgenden Tages übersenden werde und überreichte der reizenden Botin ein kostbares Halsband.
Nach Beratung mit seinen Befehlshabern ließ Aurangzeb Jahanara die Nachricht zugehen, daß er der Einladung nicht folgen könne. Für einen Dieb ist jeder Busch ein Polizist. Der Prinz sah in der Einladung eine Falle, ein Manöver, ihn in das Fort zu locken und ihm von den als Eunuchen verkleideten Garden den Rest zu geben. Dagegen schlug er mir vor, ihn aufzusuchen.

Jahanara, die nicht bereit war, die Niederlage zuzugeben, machte sich selbst auf den Weg nach dem Palast Dara Shukohs, in dem Aurangzeb Quartier bezogen hatte. Die Hoffnungslosigkeit nahm ihr alle

Furcht. Weder durch Soldaten noch durch Eunuchen aufgehalten, schritt sie in die Höhle des Löwen. Bei sich trug sie eine Kopie des heiligen Buches und ein Miniaturbildnis ihres Bruders Aurangzeb im Alter von sieben Jahren. Sie glaubte, ihm durch die Erinnerung an die Tage, da sie ihn den Koran lehrte, die Torheit des von ihm eingeschlagenen Weges bewußt zu machen.
Aurangzeb empfing die mutige Schwester mit großer Aufmerksamkeit. Erscheinung und Sprache Jahanaras waren voller Hoffnung, voller Würde und der liebevollen Zuneigung der älteren Schwester. Der Prinz hörte ihr geduldig und achtungsvoll zu, dann erwiderte er ruhig:
»Ich weiß nicht, ob dir unser Vater, der Kaiser, erklärt hat, warum ich seiner letzten Einladung zu einem ›kurzen Gespräch‹ nicht gefolgt bin? Ich will es dir sagen: Ich saß bereits auf meinem Elefanten, inmitten eines festlichen, mir angemessenen Zuges, auf dem Weg nach dem Roten Fort, als mir eine geheime Nachricht überreicht wurde: Die tartarischen Sklavinnen im kaiserlichen Harem seien angewiesen worden, mich zu ermorden, wenn ich mich dem Gemach des Kaisers nähere. Daraufhin wendete ich meinen Elefanten und kehrte in den Palast des geflohenen Dara zurück.«

Jahanara schwieg, dann erhob sie sich, um zu gehen. Aurangzeb bat sie, ihm noch ein wenig Zeit zu schenken. In diesem Augenblick trat Bahadur Khan mit einem Bündel von Papieren ein. Nach der Übergabe der Dokumente an Aurangzeb verließ der wenig angenehme Offizier mit einer fast höhnischen Verbeugung gegenüber meiner Tochter den Raum. Aurangzeb reichte das Bündel wortlos weiter an Jahanara.
Nachdem sie einen flüchtigen Blick darauf geworfen hatte, wußte sie, was diese Papiere enthielten: Es waren Mitteilungen von meiner Hand an Dara Shukoh, in denen ich ihm Mut machte und meine Waffenhilfe im Krieg gegen die rebellischen Brüder zusicherte. Diese Briefe waren in Samugarh in die Hände des siegreichen Bahadur Khan gefallen. Drei von den insgesamt siebzehn Briefen zeigten Jahanaras Handschrift ...
Die Unterhaltung endete in peinlichem Schweigen. Auf Jahanaras letzte Frage nach Aurangzebs Absicht im Hinblick auf die Sicherheit meiner Person im Roten Fort folgte nicht einmal eine ausweichende Antwort. Ich kannte sie, als Jahanara zu mir zurückkehrte: Der Palast

war für mich nicht länger ein Ort der persönlichen oder besser: meiner körperlichen Freiheit.

Am darauffolgenden Tag befahl ich, die Tore des Forts zu schließen. Die Brücken über den Graben wurden hochgezogen. Eine Truppe von fast zweitausend treuen Gefolgsleuten bereitete sich auf eine lange Belagerung vor. Schwere und leichte Kanonen wuchsen über den Bollwerken in einer Nacht wie Pilze in der Regenzeit.
Die Stadt wurde von Panik ergriffen. Der Kampf um die Festung schien unausweichlich; es gab keine Anzeichen für Verstärkungen zu meiner Hilfe. Die kleine Streitmacht unter meinem Befehl reichte keinesfalls, die Angreifer zurückzuschlagen.
Aurangzeb indes berief sich auf sein Gelöbnis: Er werde niemandem – auch nicht seinem Vater – erlauben, sich zwischen ihn und den Pfauenthron zu stellen. Es war das erste Mal, daß er den direkten Thronanspruch offen aussprach. Bisher hatte er sich mit der Verteidigung des Islam begnügt.
Um mich zu erschrecken, ließ Aurangzeb auf der Terrasse der außerhalb des Forts liegenden Freitagsmoschee eine Kanone sowie noch ein weiteres Geschütz auf dem Dach des Palastes von Dara Shukoh aufstellen. Zum Glück richteten ihre Eisenkugeln an den wunderbar starken Sandsteinmauern Akbars keinen besonderen Schaden an.

Am zehnten Juni – die Hitze brütete gnadenlos über dem Land – begann die Belagerung. Die Blockade erwies sich als so lückenlos, daß es für meine Diener unmöglich war, wie bisher durch das Tor, das zum Jamuna führte, den Palast mit Wasser aus dem Fluß zu versorgen. Die alten Brunnenschächte innerhalb des Festungsbezirkes, die jahrelang nicht mehr benutzt worden waren, gaben nur wenig, dazu bitteres Wasser, das zu trinken unmöglich war.
Zuletzt wurde mir für meinen persönlichen Gebrauch jeden Tag ein Henkelkrug mit frischem Jamuna-Wasser erlaubt. Dieses Zugeständnis erfolgte aber nur aufgrund eines dringenden Bittschreibens von mir selbst. Darin warf ich Aurangzeb vor,

> *eine Demütigung, schlimmer als einem Verbrecher gegenüber seit Beginn der Zeiten*

zu begehen. Manchmal sind scharfe Worte erfolgreicher als ein scharfes Schwert. Als neuer Herrscher konnte mich mein Sohn nicht gut verdursten lassen. Dennoch blieb der Wassermangel bei der Sommerhitze grausam.

Die Absicht, das Fort von Agra durch einen Angriff zu erobern, bedeutete für Aurangzeb keinen leichten Entschluß. Die Besatzung, vor allem die Artillerie, widerstand tapfer. Hoffnungsloser Kampf macht die Herzen härter. Die Verteidiger wußten, daß sie nicht damit rechnen konnten, die Eindringlinge abzuwehren. Der Fall des Forts konnte hingehalten, aber nicht abgewendet werden. Ich erfuhr, daß Aurangzeb den Palastbezirk lieber auf Dauer einschließen als einen Rückschlag erleben wollte, wenn er ihn im Sturm nahm. Ich war so und so sein Gefangener.
Wichtiger aber blieb für Aurangzeb die Vernichtung Dara Shukohs. Ich konnte meinem Kronprinzen noch mit Goldmünzen beladene Maultiere nachschicken und den Gouverneur von Delhi beauftragen, dem Flüchtigen die dortige Schatzkammer zu öffnen. Noch bevor der Morgen graute, befand sich der kleine Zug auf dem Weg. Die Eile erwies sich als gerechtfertigt; kurz danach war die Straße nach Delhi bereits durch Aurangzebs Truppen blockiert.
Den wilden Sieger wiederum lockte das Rote Fort weniger aus strategischen Gründen als vielmehr wegen seiner Schätze ...

Auf den Rat Jahanaras hin unternahm ich noch einmal einen verzweifelten Schritt, um eine elende Kapitulation abzuwenden. Über eine andere Nichte von Mumtaz Mahal sandte ich Aurangzeb eine Art Friedensvertrag. Mein Vorschlag war: Eine Aufteilung des Reiches mit Aurangzeb als absolutem Herrn von Agra, Delhi und den dazu gehörenden Ländereien. Der Punjab und Sind sollten an Dara Shukoh gehen, Gujarat an Murad und Bengalen an Shuja. Für mich selbst erhoffte ich

> *ein stilles Plätzchen in einer Ecke, wo ich mich auf das Ende vorbereiten kann, das jede Kreatur erwartet.*

Aurangzebs Antwort: Ich möge endlich erkennen, daß es sinnlos sei, sich gegen den Spruch des Schicksals aufzulehnen!

Am glühenden Morgen des achtzehnten Juni Sechzehnhundertneunundfünfzig gelang es einer Rebellentruppe unter Führung von Aurangzebs Sohn Muhammad Sultan, in das Fort einzudringen. Unter dem Vorwand eines diplomatischen Auftrags seines Vaters sicherte sich der Prinz die Einnahme einer Brücke am östlichen Eingangstor. Bevor die Brücke hochgezogen wurde, stürmte seine Einheit vor, überwältigte die kaiserliche Garde und verhinderte im letzten Augenblick die Schließung des großen, unüberwindlichen Stahlgatters. Der Kampf um das Rote Fort von Agra war vorüber.

V

DER GEFANGENE

Überleben ist eine Form von Feigheit. Doch diese Feigheit kommt nicht immer und nur aus der Furcht oder der Angst vor dem Untergang. Kapitulation kann auch Weisheit bedeuten, ebenso wie Tapferkeit nicht immer Tugend ist. Kapitulation kann ein Schritt sein, das Glück weniger um des Überlebens vieler willen auf das Spiel zu setzen. Manchmal liegt mehr Mut im Ausharren als im Erobern.

Ich empfahl, den Widerstand einzustellen, alle Torgitter des Roten Forts zu öffnen und den eindringenden Rebellen keine Hindernisse in den Weg zu legen. Was hätte weiterer Widerstand ergeben – außer unnötiger Verwüstung? Bevor der Aufruf zum Abendgebet ertönte, war die Besetzung unter Bahadur Khan und Muhammad Sultan durchgeführt. Kein Mitglied der kaiserlichen Familie außer Raushanara durfte das Fort verlassen. Ich und Jahanara wurden im Haremspalast eingeschlossen. Unser persönliches Gefolge von ungefähr siebzig Eunuchen, Dienern, Sklavinnen und Haremsdamen durfte seinen Dienst ohne Unterbrechung weiterhin ausüben. Auch schickte Aurangzeb eine Gruppe seiner eigenen Ärzte, die sich meiner Gesundheit widmen und ihn laufend unterrichten sollten; ebenso sorgte er für die Nahrungsmittel der Haremsküche.
Vergeblich erwartete ich den neuerlichen Besuch meines triumphierenden Sohnes; doch seine Vorsicht war größer als der Respekt.

Frauen verzweifeln seltener als Männer. Sie ziehen es eher vor, zu warten und zu beobachten und ihre Hoffnung am Leben zu erhalten. Jahanara war eigenwillig und unbeirrbar in ihren tiefsten Wünschen. Ihre Ergebenheit sowohl Dara wie mir gegenüber blieb trotz allem unerschütterlich. Sie konnte ihrem siegreichen Bruder nicht offen die Stirn bieten, aber sie zögerte nicht, den Vorteil zu nutzen, den sie sich bereits früher erobert hatte. Überzeugt von dem Unrecht, dessen auch er sich bewußt sein mußte, schrieb sie an ihn einen herzbewegenden Brief in der Hoffnung, daß er sich zuletzt doch noch auf seine Sohnespflichten besinnen würde.

Und wirklich entschied Aurangzeb nach Jahanaras drittem Brief innerhalb von vier Tagen, ihrer Einladung zu folgen und mich im Fort aufzusuchen.

Wieder zog er es vor, an der Spitze einer prächtigen Kavalkade von Garden und Leibwächtern anzurücken. Er ritt denselben Elefanten, auf dessen Rücken er in der Schlacht von Samugarh gekämpft hatte. Die Bürger von Agra säumten zu Tausenden die Straßen, um das Gepränge des Zuges zu bestaunen.

Dem Bericht meiner Vertrauten zufolge kam die Prozession kaum eine Meile vor dem Haupteingang des Roten Forts wiederum zu einem unerwarteten Stillstand. Überall ringsum herrschte Aufregung. Niemand schien zu wissen, was geschehen war. Aurangzeb stieg von seinem Kriegselefanten herab, und man sah, wie er mit dem erregten Shaista Khan sprach. Später erfuhr man, daß es sich um eine Botschaft von dem Gouverneur des Forts, Itbar Khan, handelte, nach der es wieder um eine Verschwörung gegangen sein sollte, Aurangzeb zu ermorden. Shaista Khan übergab dem Prinzen einen abgefangenen Brief von mir an Dara Shukoh, in dem ich geschrieben hatte:

Alles liegt bei Dir. Große Geldsummen sind zu Dir auf dem Weg. Bringe den Krieg zu einem Ende. Viel Glück!

Auch dieser Brief gehörte zu denen, die bei Samugarh in die Hände der Rebellen gefallen waren und die Aurangzeb damals Jahanara zeigte. Hatte ihn mein perfider Schwager Shaista Khan bewußt herausgenommen und zurückbehalten, um ihn im passenden Augenblick als Indiz für die angebliche Verschwörung einzusetzen? Heute darf ich gestehen, daß ich mit meiner Umgebung gewisse Möglichkeiten, Aurangzeb unschädlich zu machen, allerdings erwogen, aber nicht näher vorbereitet hatte. Noch war ich gelähmt von der letzten Entwicklung. Jedenfalls erreichte es Shaista Khan, daß Aurangzeb wieder sofort den Rückweg antrat. Was mich bei dem Bericht über diesen neuerlichen Vorfall befremdete, war die auffallende Wiederholung der gleichen Szene mit dem gleichen Gepränge und dem gleichen abrupten Ende. Wollte Aurangzeb öffentlich vor allem Volk zeigen, daß das eigentliche Opfer des Kampfes er selbst sein sollte, gemordet vom eigenen Vater – ?

In meinem Auftrag teilte ihm Jahanara mit, daß die sogenannte ›Verschwörung‹ der Einbildung einiger übler Geister entsprungen sei, denen an der Zerstörung der letzten Verbindung zwischen Vater und Sohn gelegen war. Von nun an gab es keinen Briefwechsel mehr zwischen Jahanara und Aurangzeb.

Zwei Tage später fand eine große Versammlung im Lager der Rebellentruppen statt, in der Aurangzeb nun als der wirkliche Herrscher auftrat. Murad war töricht genug, sich mit Versprechungen zufrieden zu geben. Nachdem Aurangzeb Agra fest in seiner Hand hatte und ich endgültig ein Gefangener war, konnte er die Jagd auf seinen Erzfeind Dara Shukoh eröffnen. Ich erfuhr, daß er seinem Sohn Muhammad Sultan erklärt hatte:

»Der Thron wird mir niemals gehören, solange dieser ketzerische Teufel nicht im tiefsten Kerker verschwunden ist!«

*

Das Alter verklärt oder versteinert. Es macht einen Menschen nackt und bloß. Wenn ich in den Spiegel blickte, sah mich ein Fremder an. Ein grauer Bart verbarg das gelbe und magere Fleisch der eingefallenen Wangen nur schlecht. Von dem Lächeln von einst waren an den Mundwinkeln zwei tiefe Falten zurückgeblieben, die nur von Bitternis sprachen. Ja, ich war ein besiegter Mann und besaß nicht mehr die Spannkraft, um zu wissen, was ich zu tun und wohin ich zu gehen hatte.

In dieser bitteren Verlorenheit glaubte ich mir dadurch aufzuhelfen, daß ich einen Gedanken in mir Wurzeln schlagen ließ, den ich anfangs als eines Herrschers und eines Vaters unwürdig beiseiteschob – bis ich mich entschied, ihn doch zur Tat werden zu lassen. Unglück kann einen Mann zu Betrug, Verrat, Intrigen und bösartiger Untreue zwingen. Die Nacht ist die Mutter der Gedanken ... Warum sollte ich nicht versuchen, wie es mir Aurangzeb schon zweimal öffentlich beweisen wollte, einen rebellischen Sohn gegen den anderen auszuspielen, um das Reich für den legalen Thronfolger zu bewahren? Vielleicht konnte dies ein Weg sein?

Jahanara war mein Gewissen, und ich wagte es, sie zu Rate zu ziehen. Ebenso wie ich in Kummer verstrickt, sah sie in meinem Plan eine Möglichkeit zum Erfolg, einen Weg aus dem Gefängnis des Harems und ein Mittel, die ›Schlange‹ zu zertreten, die unser Leben zerstört hatte.

Ich schrieb einen Brief, den ich über eine Sklavin namens Ulfat auf geheimen Wegen Murad zuspielen ließ.

Das Mädchen war bereit, ihr Leben für mich zu wagen. In der Tracht einer Wasserträgerin konnte sie durch das Jamuna-Tor des Forts entkommen und – diesmal als Tänzerin aus Benares – in das Lager des Prinzen gelangen.

Murad hatte unzählige Konkubinen und Geliebte in seinem Gefolge, als deren eine sie die Wachen passierte. Dem halb betrunkenen, halb schlafenden Prinzen gab sie sich zu erkennen und teilte ihm vertraulich mit, wie es nur einem dem Kaiser dienenden Mädchen entsprechen konnte:

»Mein Prinz, unter Gefahr meines Lebens gelang es mir, zu Euch durchzudringen. Der Kaiser gab mir die Ehre, mir einen eigenhändigen Brief anzuvertrauen. Von ihm hängt möglicherweise seine und Eure Zukunft ab. Ich müßte mich selbst als eine verachtungswürdige Undankbare betrachten, täte ich nicht, was er mir auftrug. Hier ist der Brief, den der Schatten Allahs schrieb mit seiner eigenen segnenden Hand. Ich warte auf den Befehl Eurer Hoheit.«

Später schilderte mir Ulfat die Szene in allen Einzelheiten. Murad nahm den ihm entgegengebrachten Brief – gemäß seiner Anlage *und* seinem derzeitigen Zustand – nicht zur Kenntnis und blickte mit begehrlichen Augen auf die wohlgeformte Gestalt des Mädchens:

»Ich kenne dich nicht. Setze dich hier neben mich.«

Sie blieb mit gesenktem Kopf stehen; das Blut stieg ihr in die Wangen. Sie schien wie ein Vogel davonfliegen zu wollen, doch sie besann sich und erinnerte den Prinzen daran, daß die Botschaft der Majestät sofortige Erledigung fordere. Murad nahm ungehalten den Brief von dem Marmortisch auf, wo er ihn niedergelegt hatte, brach das kaiserliche Siegel auf und gab ihn Ulfat zurück mit den Worten:

»Da! Lies es mir vor. Langsam! Auf meinen Augen liegt ein Nebel.«

Ulfat nahm den Brief aus dem Umschlag, und ohne einen Blick auf den Prinzen zu werfen, begann sie zu lesen. Es war eine kurze, fast geschäftsmäßige Mitteilung. Ich hatte jede überflüssige Zärtlichkeit und traditionsgemäße Hinweise auf die Größe Gottes und seine Gnade vermieden. Ulfat las, was ich aufgeschrieben hatte, mit ihrer sanften Stimme:

> Mein Sohn!
> Nur Aurangzeb steht zwischen Dir und dem Pfauenthron. Beseitige ihn und ich will Dich mit meinen Händen zum Herrscher von Hindustan krönen. Lade ihn zu einem Fest zu Dir ein. Das soll sein letztes Vergnügen sein, bevor er die feurigen Tore der Hölle durchschreitet. Töte ihn, auf welche Weise Du Dir ausdenken kannst. Wenn Du es nicht jetzt tun kannst, bin ich überzeugt, daß er es in naher Zukunft mit Dir tut. Es ist Deine letzte Möglichkeit.
> Aurangzeb wird nur mit Zögern zu Dir kommen. Er ist ein gerissener, mißtrauischer Mensch. Er sieht in allem, was jemand sagt oder tut, eine Falle. Wenn er nicht zu Dir kommt, gehe zu ihm und stoße den Dolch in sein abscheuliches Herz. Es gibt Wagnisse auf unserem Weg; aber nichts von Bedeutung kann jemals gelingen ohne die Bereitschaft, dafür zu sterben. Ich wünsche Dir Glück. Du bist der kommende Herrscher.

Als Ulfat die letzten Worte las, erwachte Murad aus seiner Trägheit. Der Wechsel von Hoffnung und Furcht machte ihn plötzlich nüchtern. Seine Triebhaftigkeit wich der Erwägung des Planes. Er erhob sich und schritt im Zelt hin und her. Nach einigen Minuten des Bedenkens bat er das Mädchen, nach Agra zurückzukehren und mir auszurichten: Mein Sohn Murad Baksh sei bereit, sein Leben für die Verwirklichung des ins Auge gefaßten Zieles einzusetzen.

Es liegt nicht in den Händen der Sterblichen, den Ausgang von Intrigen zu bestimmen. Man kann nur den Versuch wagen und das Beste hoffen, was immer ›das Beste‹ sein mag. Murad versuchte es nicht einmal – und dieses Versäumnis war es vielleicht widersinnigerweise, das ihn das Leben kostete. Seinen labilen Geist prägten die Tag und Nacht eingenommenen starken Getränke. Kaum hatte ihn Ulfat verlassen, verlangte er noch eine Flasche roten Schiras-Weines und leerte sie, bevor ihn ein Schwarm seiner Gespielinnen zu Bett brachte.

*

Als Murad am nächsten Morgen nach Sonnenaufgang erwachte, war mein Brief nicht mehr als eine matte Erinnerung. Es wurde ihm kaum bewußt, daß das Papier bereits seinen Weg zu den Geheimakten gefunden hatte, die Aurangzeb jeden Morgen zugeleitet wurden. Jede Konkubine in Murads Umgebung war eine von dem liebenden Bruder bezahlte Spionin.
Aurangzebs Argwohn hatte sich bestätigt: Murad stand mit mir in Verbindung, und ebenso mit Dara Shukoh.

Die Gujarat-Armee von zehntausend Mann war auf den doppelten Umfang gebracht worden. Die groß angelegten Werbungen für Murads Truppen erschreckten jetzt den immer mißtrauischen Aurangzeb und brachten ihn zu der Erkenntnis, daß er sich durch falsches Vertrauen der Gefahr eines Dolches im Rücken aussetzen konnte.
Im Gegen-Verrat ist nichts wichtiger als Schnelligkeit. Es galt, eiligst zu handeln, wenn Murad schachmatt gesetzt und endgültig unschädlich gemacht werden sollte.
Das Lager nahe Agra war nicht der beste Platz für solche Unternehmungen. Aurangzeb ordnete einen Marsch an, der vorgeblich der Verfolgung Dara Shukohs galt. Murad und sein vollständiges Heer sollten ihn bei dieser ›Jagd nach dem gemeinsamen Feind‹ begleiten. Murad wollte zurückbleiben, doch dann dachte er an sein eigenes Vorhaben und schloß sich dem Bruder an.

Als die zwei Armeen am zwölften Juni ihre Lager bei Agra verließen, beabsichtigte Murad, zwei Meilen hinter den Truppen des Bruders zurückzubleiben. Beide warteten auf eine geeignete Gelegenheit. Aurangzebs Nüchternheit behielt zuletzt die Oberhand.
Eine vollendet ausgeklügelte Intrige kann wohl als das schädlichste Werk der menschlichen Natur betrachtet werden. Aurangzeb legte seine Fallstricke mit dem Können eines geborenen Vogelstellers aus. Vorgetäuschtes Wohlwollen bleibt die größte Stärke des Verräters, wie es schon im heiligen Buch der Christen verzeichnet steht.

Der reizvolle Anblick weiblicher Formen war der einzige Gegenstand, den Murad anbetete. Zwei Tagemärsche von Agra entfernt, übersandte Aurangzeb dem immer weinseligen Bruder reiche Gaben von Früchten und Blumen durch eine Gruppe verwirrend schöner Jungfrauen, die in allen Künsten ihres Berufes geübt waren. Angesichts solch bevorstehender Genüsse vergaß Murad alle Visionen einer Krone und gold- und silberbestickter Herrschergewänder. War er nicht bereits auf dem Thron irdischer Glückseligkeit angelangt? Angesichts dieser einunddreißig vielversprechenden Liebesdienerinnen verlangte ihn nach nichts anderem. Sein Vater, sagte er sich wohl, mochte für seine eigenen Angelegenheiten Sorge tragen, und ebenso sein Bruder Dara Shukoh. Für Murad, den Sinnenmenschen, der jeden Tag als verloren ansah, der ihm nicht immer neues Spielzeug bescherte, war der dargebotene Köder zu verlockend, als daß er ihn nicht gierig geschluckt hätte. Die nächsten acht Tage, bis das neue Lager nahe Muttra aufgeschlagen war, verbrachte er seine Zeit mit süßem Wein und noch süßeren Freuden – vollkommen ahnungslos von dem Sturm, der sich zusammenbraute ...

Um die seinem Bruder gestellte Falle doppelt sicher zu machen, übersandte Aurangzeb ›Murad, meinem höchst geliebten Waffenbruder‹, vierhundert reinrassige Pferde und eine silberne Truhe mit einem Inhalt von zwei Millionen Rupien.

Das war Dein Anteil der Beute, die bei Samugarh in unsere Hände fiel,

schrieb er an Murad und fügte hinzu, daß die in Agra ihrer harrenden Schätze

nach der ihre Zeit benötigenden vorbereitenden Bestandsaufnahme gerecht aufgeteilt werden.

Hochgestimmt angesichts solch schmeichelhafter Großzügigkeit, vergaß Murad alle Vorsicht und beantwortete die in seinen Augen so überaus gutgemeinten Gaben, indem er dem fürsorglichen Bruder die kostbare Kalligraphie eines persischen Korans aus dem fünfzehnten Jahrhundert übersandte. Aurangzeb war entzückt – nicht nur über die fromme Gabe, sondern mehr noch über den Erfolg seines so klug angelegten Hinterhalts.

Zwei Tage später, wie man mir berichtete, lud Aurangzeb den jüngeren Bruder in einem herzlichen Handbrief ein, teilzunehmen

an den Feierlichkeiten anläßlich des Heldenmutes, den mein geliebter Bruder Murad Baksh bei Samugarh an den Tag gelegt hat, dessen Muskeln von Stahl sind und dessen Seele einem Feuerball gleicht.

Entgegen den Bedenken einiger seiner Kommandeure nahm Murad die ehrenvolle Einladung an.
»Was bedeutet das Mißtrauen eines Menschen, dessen Herz reich und dessen Geist rein ist?« erwiderte er seinem immer getreuen Eunuchen Ghulam-i-Alem und bestand darauf, den Besuch ohne jede Begleitung eines Leibwächters oder Vertrauten zu unternehmen. Auch ein anderer treuer Eunuch namens Shabaz wollte seinen Herrn nicht allein gehen lassen. Er bereitete sich vor, Murad zu begleiten, um ihn ›abzuschirmen vor dem Auge des Bösen und ihn zu beschützen, wenn er Beistand brauchte‹, wie er seinem Herrn versicherte. Im übrigen bediente sich die vielseitig erfahrene Damenschar aller ihrer Reize, Murads Appetit zur Teilnahme an den Feierlichkeiten anzuregen.

Am Morgen des dreiundzwanzigsten Juni wurden Murad und Shabaz eine Achtelmeile vor Aurangzebs Lager durch eine Abordnung unter Bahadur Khan und anderen hohen Offizieren empfangen. Der scharfäugige Eunuch beobachtete, daß ›ihre Herzen nicht ihre Gesichter zu beherrschen vermochten‹. Er ermahnte den Prinzen, wachsam zu sein. Murad spielte mit seiner Halskette von Gold und Perlen und lachte über die unnötige Furcht seines Dieners:
»Du bist nur darum so armselig und furchtsam, weil du so wenig Wein trinkst!«
Beide wurden in ein Prunkzelt geführt, das wirklich alle irdischen Verführungen bot. Dienerinnen von lieblichster Anmut standen hinter einem kleinen Thronsessel, der für Murad bestimmt war. Gleich nach der Begrüßungszeremonie schwebte eine Wolke tanzender Mädchen zu den Tönen zarter Musik herein. Das Klingeln der Glöckchen und der helle Schimmer sich enthüllender Körper verwandelten das große Seidenzelt in ein märchenhaftes Traumland. Das Schauspiel von Tanz und Gesängen bezauberte Murads sinnliche Begierden; es dauerte nicht lange, bis er wieder Gläser voll seines geliebten Schiras-Weines, dargeboten von den zarten Händen der allzu willigen Jungfrauen, hinuntergeschüttet hatte. Murad fühlte sich vollkommen glücklich.

In diesem Augenblick erschien Aurangzeb, ›ein Bild der Freundschaft und Zuneigung für seinen tapferen und ritterlichen Bruder‹, wie er sich wörtlich ausgedrückt haben soll. Nach einer langen, ungewöhnlich herzlichen Umarmung teilte er Murad mit, daß er den ›Helden von Samugarh‹ auf der Höhe seines Glückes zu sehen wünsche und daß er, Aurangzeb, später zu der Festlichkeit zurückkehren werde... Shabaz, der Eunuch, beobachtete alles aus seiner Ecke. Er war unruhig, als er Aurangzebs Liebesbezeigungen für Murad sah. Das war nicht die Art des Prinzen, wie er ihn kannte – das war ein Teufel im Gewand des älteren Bruders, um den Jüngeren in das Tal des Todes zu locken.

Shabaz wollte seinen Herrn unauffällig in sein eigenes Lager zurückführen, doch ein Kommando Aurangzebs brachte ihn schnell in das nächste Zelt mit den Worten:
»Das ist kein Platz für Eunuchen. Hier sitzen nur Edelleute und ihre Gespielinnen.«
Niemand konnte mir berichten, was mit Shabaz dann geschah. Es hieß, man habe ihn erwürgt.

Kopflose Liebhaber taumeln nur zu gern in den Schoß einer willfährigen Frau. Eine von ihnen hieß Arzu, wie ich erfuhr. Sie war nicht mehr ganz jung, dafür von vollendeter Könnerschaft mit ihren großen schwarzen Augen und allem Zauber der erfahrenen Liebesgöttin. Sie erschien bei Murad, als er sich nach dem Nachtmahl für eine Ruhepause zurückziehen wollte. Den treuen Shabaz vermißte er längst nicht mehr.
Die schöne Frau half dem Prinzen liebevoll, nicht nur Schwert und Dolch, die er immer mit sich trug, abzulegen, sondern führte ihn zu einem mit den feinsten Geweben aus Gujarat und dem Dekkan bedeckten Diwan. Sechs nackte Mädchen wiegten sich in rhythmischen Schwingungen, als sich Murad niederlegte. Die Hitze im Zelt war drückend; die Regenzeit hatte noch nicht eingesetzt. Murad verlangte ein Glas Wein. Arzu tanzte auf den Zehenspitzen hinter einem Vorhang hervor, füllte einen goldenen Becher aus silberner Flasche, die auf einem Tischchen neben dem Diwan stand, mit Wein und bot sie dem stattlichen Prinzen mit einer unmißverständlichen Geste an. Wie gewohnt, stürzte Murad das edle Getränk hinunter und verlangte mehr. Arzu nahm das Begehren des Mannes wahr und schickte das dienende Mädchen hinaus. Dann bat sie den Prinzen mit großer Ehrerbietung und einschmeichelnder Stimme, ihr zu erlauben, daß sie ihm seine Schuhe abziehe. Der Prinz nickte gnädige Zustimmung und erwiderte ihr Lächeln mit eindeutiger Gebärde. Arzu fiel es nicht

schwer, Unschuld vorzutäuschen, und nachdem sie Murad die Schuhe abgezogen hatte, begann sie mit bereitstehenden wohlriechenden Salben seine Füße zu massieren, wobei sie unauffällig und wie nebenbei in die Tasche ihrer langen Baumwolljacke griff...

Die zarte Berührung von Arzus gewandten Fingern vollendete, was der Wein nur halb vermochte. Murad ergriff die Leidenschaft und er erinnerte Arzu an seine Bitte um einen Becher vom ›Wasser des Lebens‹. Ihr wohl überlegtes Zögern löste in dem Prinzen ein glühendes Verlangen aus, ihre zarte Scheu zu überwinden. Dem Auftrag gemäß füllte Arzu einen neuen Becher aus der Silberflasche und bot ihn Murad mit einer Miene, die ihm sagte, daß es ihre Pflicht, nicht ihr Wille sei, die Gehorsam fordere. Murad führte den Becher an seine Lippen und trank durstig, beinahe in einer Hast.

Arzus Auftrag war ausgeführt. Murad sank, kaum daß der berauschende Inhalt des Bechers in sein Blut eindrang, in todesähnlichen Schlaf.

Aurangzeb hatte die Szene durch eine Öffnung vom anschließenden Zelt aus beobachtet und erschien sogleich danach. Zuerst befahl er, Murads Schwert und Dolch in Bahadurs Zelt zu bringen. Dann winkte er den bereitstehenden zwölf Soldaten. Sie fesselten Arme und Beine des Prinzen mit goldenen Ketten und trugen den Bewußtlosen in ein streng bewachtes Zelt am Ende des Lagers.

Kurz nach Sonnenuntergang erwachte Murad. Als er sich in Ketten wiederfand, verwünschte er den verräterischen Bruder und erflehte vom Allmächtigen Mut, die Schurkerei glücklich zu überstehen. Bis er unter Tränen erkennen mußte, was er sich selbst angetan hatte. In verzweifelter Erschöpfung fiel er von neuem in tiefen Schlaf.

Noch in derselben Nacht verließen vier Elefanten, von denen jeder eine gleiche *Howdah* trug, Aurangzebs Lager. Sie trotteten in die vier Himmelsrichtungen, um jeglichen Versuch einer Verfolgung oder Rettung zu erschweren...

*

Ich habe dieses traurige Kapitel so ausführlich erzählt, wie ich es von der ›Wasserträgerin‹ Ulfat erfahren hatte, die in der bewährten Weise auch in Aurangzebs Lager gelangte und mit ihren geschmeidigen Reizen alle Einzelheiten des schlimmen Geschehens in Erfahrung zu

bringen verstand. Nachdem sie wieder vor mir erschien und mir getreulich alles berichtet hatte, belohnte ich sie reich und vertraute sie meiner Tochter Jahanara als Dienerin an.
Ich kannte Murad Baksh und die Art seines Umganges mit Frauen. Daher war es durchaus kein Zufall, daß er auf solche Weise dem gerisseneren Bruder, für den er nichts als ein Hindernis auf dem eigenen Wege zum Thron darstellte, unterlag. Nicht einmal die Bäume des Waldes machte Gott gleich – wieviel weniger die Menschen!

Manchmal erstaune ich selbst über die Herzlosigkeit meines Berichtes. Die Einsamkeit, die Enttäuschung und die Abendkühle führen mir die Hand. All die schönen und erhebenden Worte von dem ›Wissen‹ und der ›Abgeklärtheit‹ des Alters werden für mich zur Lüge. Solange ein Mensch in der Lage ist, klar zu denken und bewußt zu leben und er auf seinen langen Weg zurückblickt, wird er sehr deutlich zuerst seine eigenen Irrtümer, aber auch die nicht weniger unvollkommene Mitwelt erkennen und wohl kaum in der Lage sein, eine ›höhere Fügung‹ oder gar ›Weisheit‹ der Vorsehung zu sehen. Natürlich fällt es der lieben Eitelkeit schwer, das eigene Ich so widerstandslos als ein winziges Teilchen des großen Nichts zu erkennen, und vielleicht ist es zuletzt wirklich das Geschenk der großen Vorsehung, dem Greis zu seiner ›abgeklärten‹ Müdigkeit zu verhelfen ...

Aurangzeb jedenfalls hatte wieder einen Sieg errungen. Murads Beseitigung war für ihn von Allah und dem heiligen Propheten abgesegnet. Für mich ist die betonte Bescheidenheit seiner persönlichen Lebensführung nur schwer in Verbindung zu bringen mit der verschwenderischen Doppelmoral seines Herzens ...
Doch wieder zu Murad. Seine Armee löste sich auf, sobald seine Gefangenschaft bekannt wurde. Eine große Anzahl seiner Offiziere bot sich Aurangzeb an, und dieser nahm sie in die eigenen Truppeneinheiten, jedoch keineswegs in geschlossenen Formationen auf. Murad selbst wurde von dem in Richtung Norden trabenden Elefanten zunächst in einen kleinen verfallenen Palast am Jamuna-Fluß nahe Delhi gebracht, der einst als Lusthaus des Prinzen Salim, meines Vaters, des späteren Kaisers Jehangir, erbaut worden war.
Allmählich bemächtigte sich das Geschwätz der Bevölkerung des Gefangenen und seines Mißgeschickes. Die Neugier verwandelte sich in

eine nebelhafte Anteilnahme für meinen unglücklichen jüngsten Sohn. Plötzlich gab es rührende Geschichten um den körperschönen Liebling der Maharani Mumtaz Mahal und des untätigen Kaisers, der, verlassen von den guten Göttern, in dem von seinem Großvater erbauten Fort zu Agra, verzweifelt und verloren, aller Freude und jeder Hoffnung beraubt, seine Stunden zählt. Ein Lied ging um, das von der tiefen Traurigkeit sang, die Murads Musik war, der er Tag und Nacht lauschte ...

Einer der wenigen Getreuen Murads, Khan Muhammad, hatte sich entschieden, das gelbe Mönchsgewand anzulegen und seinem Herrn in dieser Verkleidung zu folgen. Es gelang ihm beinahe, Murad zu befreien; doch wieder vereitelte eine Frau seinen Plan. Den Fußangeln von weiblicher Schönheit und weiblichen Intrigen konnte ein Mensch wie Murad niemals entgehen. Einzelheiten der Geschichte konnte ich nicht erfahren – nur soviel, daß sich Aurangzeb angesichts solcher Entwicklung zum Handeln gezwungen sah.

Von nun an sollte Murad seine Tage vorerst in dem Fort von Samugarh auf einer Flußinsel nahe Agra verbringen, wo Aurangzeb unliebsame Verwandte in strenger Abgeschlossenheit zu verwahren pflegte.

Als zeitweiliges Zugeständnis an das Urbedürfnis des Gefangenen erlaubte Aurangzeb seinem Bruder sogar die Gesellschaft einer seiner Gespielinnen, eines Tanzmädchens aus Benares. Auch durfte Murads fünf Jahre alter Sohn Izzad Baksh bei ihm sein.

Auf die Dauer allerdings erschienen dem mißtrauischen Gewaltherrscher solch freundliche Lebensumstände dem brüderlichen Rivalen nicht angemessen. Oder hatte wieder ein Befreiungsversuch stattgefunden? Jedenfalls erfuhr ich, daß Prinz Murad im Januar Sechzehnhundertneunundfünfzig zu nächtlicher Stunde aus Salimgarh abgeholt worden war.

*

In Madhya Pradesh, dem ›Land der Mitte‹, erhebt sich aus der Ebene ein schmaler, langer Hügelzug mit steilen Abstürzen und abgeplattetem Gipfel, auf dem sich das schönste in der prachtvollen Reihe der Rajputen-Schlösser festklammert: Gwalior. Obwohl die kraftvollen Bauten meines Großvaters Akbar zu Agra und Fatehpur Sikri die

Formen der Hindus und der Jainas mit denen der islamischen Kunst verbinden, meine ich, daß die Leistungen seiner Architekten auch in Ajmer, Lahore, in Attok am Indus oder in Allahabad noch nicht den Höhepunkt des Schaffens der Moguln auf diesem Gebiet darstellen. Akbars Gebäude in Agra und Fatehpur Sikri sind trotz ihrer Schönheiten noch nicht dem leuchtenden Vorbild des Palastes von Gwalior ebenbürtig. Zum großen Teil liegt der überlegene Reiz von Gwalior wohl in dem honigfarbenen Sandstein, den man dort verwendete, und wo etwa die daraus gemeißelten Reliefs vom wundervollen Spiel des Lichts verzaubert werden. Der dunklere Sandstein von Fatehpur Sikri hingegen zeigt weniger den Wechsel von Licht und Schatten und läßt manches kunstvolle Gebäude flach und vielleicht sogar düster erscheinen. Erst nachdem ich – etwa wie im Hof der Großen Moschee von Fatehpur Sikri bei dem Scheich Selim gewidmeten Grabmal oder in Agra – den weißen Marmor als Architekturgestaltung hinzufügte, erhielten Fatehpur Sikri wie auch Agra die eigentliche Vollendung ...
Doch dieses nur als Randnotiz eines unverbesserlichen Architektur-Liebhabers.

Die Zitadelle von Gwalior, die längst ihre Aufgabe als Residenz verlor, offenbart sich in ganzer Größe und Erhabenheit von der Terrasse im Osten des Plateaus mit ihren Türmen und Wachtpavillons, mit dem Skulpturenschmuck und den Fayence-Friesen, von denen mein Großvater wesentliche Anregungen für seine eigenen Bauten übernahm. Die Wohnräume gruppieren sich um schön gestaltete Höfe. Das Innere der Palast-Burg mit ihren unzähligen Treppen, Geheimgängen und Kerkern dient seit Akbar als Staatsgefängnis, in dem in den letzten hundert Jahren manche Prinzen und Edelleute für Unbotmäßigkeit und Verschwörungen büßen mußten. Abgelegen von den Wohnungen der Bevölkerung gilt das wahrhaft ›königliche‹ Gefängnis als uneinnehm- und unverwundbar ...
Auch dieser Aufenthaltsort erschien Aurangzeb für den Bruder zuletzt nicht sicher genug. Aurangzeb hatte seinen Tod beschlossen. Um diesem Entschluß den Anschein einer Begründung zu geben, erinnerte er sich der Tatsache, daß Murad vor seiner eigenmächtigen Erhebung zum Kaiser seinen Finanzminister getötet hatte. Dessen Sohn wurde nun aufgefordert, sein Recht auf Blutrache wahrzunehmen. So erfolgte am vierten Dezember Sechzehnhunderteinundsech-

zig in Anwesenheit des Anklägers die Hinrichtung meines jüngsten Sohnes.

Und um das Spätere gleich hier vorwegzunehmen: Als Daras Sohn Suleiman Shukoh während des Umherirrens seines Vaters in der Wüste von Sind, ebenfalls auf der Flucht, bei einem Raja im Hügelland des Punjab Zuflucht suchte, wurde der Fürst durch Drohungen und Versprechungen gedrängt, seinen jungen Gast an Aurangzeb auszuliefern. So kam auch Suleiman als Gefangener auf die Staatsfestung Gwalior, wo man den Prinzen regelmäßig vor jeder Mahlzeit zwang, *Pousta* – einen Mohnextrakt – zu trinken. Bis er nach einigen Monaten keiner Ernährung mehr bedurfte ... Ihm folgte Aurangzebs unzuverlässiger Sohn Muhammad Sultan. Auch er sollte in Gwalior sein junges Leben verlieren.

Die beiden ebenfalls in Gefangenschaft geratenen Söhne Suleiman Shukohs, also Daras Enkel und meine Urenkel, wurden im Fort von Bakkar in Sind im Auftrag Aurangzebs umgebracht.

Das Thema ›Glück‹ ist schnell erschöpft – das Thema Unglück bleibt unerschöpflich.

W ovon ich im folgenden mit blutendem Herzen berichten muß, ist eine so gnadenlose wie grauenvolle Treibjagd, die Aurangzeb nun, während ich im Roten Fort von Agra als hilfloser Gefangener festgehalten wurde, gegen den Rest unserer Familie in Gang setzte.
Mein jüngster Sohn Murad war das erste Opfer. Der Älteste, Dara Shukoh, befand sich auf der Flucht. Er hatte Agra mit einer Fülle von Schätzen, Getreuen und reicher Ausrüstung verlassen; doch die Niederlage von Samugarh hatte ihn zu einem haltlosen Menschen gemacht, dessen Kerzen erloschen waren und der im Dunkel herumtappte – in der Hoffnung, sich noch einmal auf irgendeine Weise zu befreien. Es spielte dabei für ihn keine Rolle, ob die ersehnte Hilfe von den Engeln im Himmel kam oder von seiten irgendwelcher Teufel auf dieser Erde. Wie seinen Sohn Suleiman lockte ihn der kühle Punjab zu Füßen des Himalaya. Die alte Stadt Lahore, gelegen hinter den Wassersperren von Sutlej und Blas, war seit undenkbaren Zeiten Zuflucht mancher Schiffbrüchiger gewesen.

Shuja wiederum, mein ursprünglicher Verbündeter, blieb der zweite Dorn im Fleisch Aurangzebs. Die ihm von Suleiman Shukoh und Jai Singh beigebrachte Niederlage hatte ihn ohne Zweifel gelähmt; doch Shuja war noch im Spiel, bereit für einen Neubeginn mit Hilfe glücklicher Umstände. Die verhältnismäßige Sicherheit als Vizekönig im fernen Bengalen kam ihm dabei zu Hilfe. Die Schlappe meiner Reichsarmee war für ihn eine Gottesgabe.
Aurangzeb vertraute seinen Verbündeten noch weniger als seinen Feinden. Er sah nicht weniger als drei schwere Aufgaben vor sich. Die erste war die Verfolgung und Gefangennahme Dara Shukohs. Er wußte: Von ihr hing alles ab – auch sein eigenes Überleben.
Als nächstes kam die Ausschaltung des Prinzen Shuja. Eine Geheim-

verbindung zwischen ihm und Dara blieb eine Gefahr, die Aurangzeb nicht übersehen durfte.

Endlich hatten Daras Sohn Suleiman Shukoh und Raja Jai Singh nach ihrem Sieg über Shuja nahe Benares triumphiert, doch die ihm zur Verfügung stehenden Truppen waren noch immer ansehnlich. Vorerst sorgten sie bis zu tausend Meilen zwischen Agra und Rajmahal für Shujas Ungefährlichkeit.

Die Verfolgung meines Lieblingssohnes Dara hingegen duldete keine Verzögerung. Es galt, ihn an einer naheliegenden Flucht nach Kabul oder Persien zu hindern. Aurangzeb entschied, daß zuerst der Vormarsch von Suleiman Shukoh aufgehalten werden mußte. Seine Hauptaufgabe sah er nach wie vor in der Vernichtung seines ältesten und gefährlichsten Bruders Dara, den er in einem Aufruf an seine Kommandeure einen

Sufi-Schurken ohne Beispiel in Tücke und Eitelkeit

nannte. Gleichzeitig beauftragte er seinen Onkel Shaista Khan, der sich ihm völlig ausgeliefert hatte, Suleiman Shukoh und Jai Singh auf der anderen Seite des Ganges-Flusses festzuhalten. Doch mit diesen Maßnahmen nicht zufrieden, gebrauchte Aurangzeb wieder einmal seine bevorzugte Taktik diplomatischer Doppelzüngigkeit. Zuerst sandte er an den Raja Jai Singh von Jaipur einen Brief voller Liebenswürdigkeit, versicherte ihm höchste Ehren an seinem Hof und daß die Vergangenheit vergessen sei, sodaß

eine leuchtende Zukunft anbrechen möge für alle religiösen Gruppen in diesem schönen Land.

Die Schmeichelei – zusammen mit der zarten Andeutung unerfreulicher Folgen im Falle von Ungehorsam – trug ihre Früchte.
Ein anderer Brief Aurangzebs war an den Gouverneur von Kabul gerichtet. Er teilte dem afghanischen General in deutlichen Worten mit, daß die Gewährung von Zuflucht für den Prinzen Dara gleichbedeutend sei mit Beihilfe zum Verbrechen gegen das Reich. Dazu betonte er seine Entschlossenheit, alle verfügbaren Mittel einzusetzen, um Dara Shukohs Erscheinen in Afghanistan zu verhindern. Das war dann wohl auch der Grund, daß Dara den Weg von Lahore nach Multan und nicht nach Kabul wählte.

Ebenso schrieb Aurangzeb Briefe an alle Gouverneure und Lehnsherren des Reiches mit der dringenden Bitte,

die Stimme der Tatsachen zu vernehmen und daß Untätigkeit unvereinbar ist mit dem Willen des Allmächtigen.

Aurangzeb hielt es für angebracht, selbst im Ton eines Propheten darauf hinzuweisen, daß er nur um der Erhaltung von Werten auf diese Erde entsandt sei, wie sie im Heiligen Buch festgelegt sind. Er sah sich als einen Auserwählten an, dem Gott selbst etwas ins Ohr flüsterte. Also war sein Wort Allahs Wort.

In dieser Überzeugung hatte er sich am fünften Juni des Jahres Sechzehnhundertneunundfünfzig in einem abgelegenen kleinen Dorf unweit Delhis die Krone der Moguln aufgesetzt. Den Zeitpunkt bestimmten die Astrologen – eine seltsame Ungewöhnlichkeit für einen Mann, der sich sonst grundsätzlich nach dem Koran richtete! Beklommenen Herzens las ich den mir später überbrachten Geheimbericht, daß sich Aurangzeb ›zur glückverheißenden Sekunde‹ pünktlich auf dem provisorischen, aus Schlammziegeln gefügten Thron niedergelassen und verkündet hatte: Von nun an hieße er als Kaiser – nach dem ihm von mir übergebenen Schwert – *Alamgir*. Das bedeutete ›Eroberer des Universums‹ – also eine Stufe höher als mein offizieller Titel ›Eroberer der Welt‹.

Ich sah in Aurangzebs selbstgewähltem Ehrentitel einen Hinweis auf seinen bodenlosen Ehrgeiz, seine religiöse Überzeugung – und vielleicht auch eine in ihm lebende tiefe Furcht. Niemand wird sich ›Eroberer des Universums‹ nennen – es sei denn, er fürchtet, die Welt zu verlieren ...

Nachdem ihn der Sheikh Muhammad Yahya als neuen Herrscher des Hindu-Reiches ausgerufen hatte, stieg Aurangzeb von seinem bescheidenen Sitz herab und beugte seine Knie zum Gebet. Das kleine Gefolge tat es ihm gleich. In einem kurzen *Firman* erklärte der neue Monarch, daß seine Thronbesteigung keine Geringschätzung seines Vaters bedeuten solle; für ihn sei es der einzige Weg, das Reich vor dem Zerfall zu bewahren.

»Gott weiß, daß ich ein Instrument seines Willens bin«, wiederholte er und betonte zum ungezählten Mal, daß er sich selbst zum Dienst des Allmächtigen verpflichtet fühle.

Der ungewöhnlich schlichten Krönungszeremonie folgte der Vorbeimarsch von sechzigtausend Soldaten, zwölftausend Elefanten, vierzigtausend Mann Kavallerie und zwölftausend Kanonen, eine für einen Kaiser nicht sehr bedeutende Anzahl.

Das große traditionelle Zeremoniell gedachte Aurangzeb später unter günstigeren Bedingungen nachzuholen. Gegenwärtig war der Besitz der Krone für ihn am wichtigsten – wenigstens solange seine Befehle von den Provinz-Gouverneuren und dem Adel weitgehend unbeachtet blieben.

Zu dieser Zeit wurde eine rührende Geschichte in Umlauf gebracht: Am Tag nach seiner Krönung habe der neue Kaiser kurz vor Sonnenaufgang, von keiner Wache begleitet und in seiner gewohnt schlichten Kleidung das Lager für einen Spaziergang in der Einsamkeit der Wüste verlassen. Bald seien seine Augen auf eine alte Frau gefallen. Sie trug auf ihrem Kopf einen Korb, der vielleicht ihre ganze Habe enthielt. Nach einer Wegestrecke hielt sie an, um Atem zu schöpfen. Sie legte den Korb an der Seite des staubigen Fußweges nieder und setzte sich erschöpft daneben.

Aurangzeb ging zu ihr und fragte, ob er ihr helfen könne.

»Mein Sohn«, sagte die Alte, »du siehst aus wie ein Mann von Welt. Im Lauf der Jahre habe ich das Vertrauen in die Menschen verloren, die reicher sind als ich. Meine Armut ist meine Stütze. Geh deinen Weg, guter Mann. Ich komme nach einer kurzen Rast allein weiter. Mein Mann starb vor vielen Jahren. Ich habe zwei Söhne. Sie besitzen ein wenig Land im nahen Dorf. Sie sind gute Söhne, aber ich hänge nicht von ihnen ab. Gott ist freundlich zu mir. Ich will dich nicht mit meiner Geschichte beschweren. Gehe nur, mein Korb ist nicht zu schwer für mich.«

Aurangzeb hörte ihren Worten ein wenig belustigt zu. Sein Herz aber war gerührt. Er bückte sich, nahm den Korb auf und bat die Frau, ihm zu folgen. Trotz ihres Widerstandes bestand er darauf, ihr den Dienst zu tun. Sie gehorchte und segnete Aurangzeb für seine Herzensgüte. Er trug den Korb drei Meilen weit bis zur Tür ihrer armseligen Behausung.

»Du bist ein guter Mensch«, sagte sie zum Abschied. »Möge Gott dir ein langes Leben geben.«

Als mir die freundliche Legende berichtet wurde, fragte ich mich, wie sie bekanntgeworden sein mochte, da diese Begegnung keine weiteren Zeugen kannte. Jedenfalls bin ich geneigt, zu glauben, daß, wenn sie sich so zugetragen hat, dies wohl die einzige wahrhaft gute Tat in Aurangzebs Leben war ...

*

Sechs Tage nach seiner Krönung brach Aurangzeb nach dem Punjab auf, wo der als Gouverneur vorgesehene alte Khalilullah Khan an der Spitze eines Truppenteiles den Auftrag erhalten hatte, Dara Shukoh zu verfolgen und nach Möglichkeit gefangenzunehmen. Man wußte, daß mein Thronfolger noch immer nicht nur über eine Armee von dreißigtausend Mann, sondern auch über unbegrenzte Geldmittel verfügte. Ich hatte ihm den Hauptanteil des Schatzes aus dem Roten Fort in Delhi überlassen. Viele Rajputen-Fürsten und Tributpflichtige hielten zu Dara in der Hoffnung, daß Aurangzeb seinen eigenen Anhängern zum Opfer fallen würde. In der Gefangennahme meiner Person und der Behandlung seiner eigenen Brüder sah ein großer Teil der Bevölkerung eine unverzeihliche Charakterlosigkeit.
So erhielt Dara von vielen Seiten Hilfsangebote – von Rajas, Oberkommandierenden, Landesherren, verärgerten Adligen und enttäuschten Anhängern der Rebellen. Daras Schwäche war nicht der Mangel an Hilfsmitteln, sondern der Mangel am eigenen unbedingten Siegeswillen. Nach der entmutigenden Niederlage von Samugarh gab er offen zu, daß er sich nicht imstande fühle, Aurangzeb zu besiegen. Das Beste, was er hoffen konnte, war Zeitgewinn. An Shuja und seine Anhänger in den östlichen Provinzen hatte er geschrieben, daß der einzige Weg, Aurangzeb zu schlagen, die Eröffnung einer neuen Front war. Er bot Shuja den Thron von Hindustan an, wenn er in den Kampf eintrete, dazu hohe Ehren, fabelhafte Landlehen und andere lebenslange Zuwendungen.

Indessen beeilte sich Aurangzeb, Dara Shukoh abzufangen und Shuja auszuschalten, wobei er mit allen Kräften bemüht war, Verräter aus den rajputischen Reihen gewinnbringend einzusetzen.
Dara Shukoh setzte sich nach Lahore ab, doch eine Woche später stand Aurangzebs neuer Gouverneur Khalilullah Khan vor den Toren der Stadt und forderte die Übergabe. Wieder floh Dara; es dauerte achtzehn Tage, bis er Multan erreichte. Das gab ihm genügend Zeit, sich vor den rücksichtslosen Verfolgern für immer zu retten.
In Multan versank Dara vor dem Schrein eines alten muslimischen Heiligen in Andacht und hielt Zwiesprache mit den höheren Mäch-

ten. Aufgrund großzügiger Versprechungen veranstalteten die Priester des Heiligtums Tag- und Nacht-Gebete für seinen Erfolg und salbten ihn mit einem Balsam, von dem es hieß, daß er den Kummervollen Glück bringe. Sie versicherten dem Prinzen, daß sein Ahne Humayun mit demselben Balsam auf der Stirn gesalbt worden sei, als er gezwungen wurde, nach Persien zu fliehen, um dort Unterkunft und Unterstützung zu finden.

Die frommen Worte schenkten Dara Hoffnung, doch konnten sie ihm nicht den Mut geben, den Kampf um alles oder nichts aufzunehmen. Er wußte nicht, wohin er sich wenden sollte – und, schlimmer noch, er wußte nicht, wo seine Feinde waren.
Dara blieb drei Wochen in Multan. Im Bewußtsein, daß die Meute ihm auf den Fersen war, beschäftigte er sich mit Plänen, in eine Region zu entkommen, wo ihn Aurangzeb nicht erreichen konnte. Persien erschien wegen der ihm gegenüber erwiesenen Gleichgültigkeit des Shahs als zu unsicher. Endlich entschloß sich Dara zu einem Marsch nach Bhakkar, wo er in dem dortigen, mitten im Strom gelegenen Fort Sicherheit zu finden hoffte. Die letzte Nachricht besagte, daß Aurangzeb drei Tagemärsche von Multan entfernt war. Die Eile seines Herannahens verriet seine Ungeduld, den verhaßten Bruder endlich zu vernichten.

Dara erreichte Bhakkar an einem Tag, von dem ihm die freundlichen Astrologen versicherten, daß die Götter in großmütiger Stimmung seien. Der Kommandeur des Forts begrüßte Dara mit seinem kleinen Gefolge. Die vom Wasser umgebene Festungsanlage hatte schon früher manches Schicksal zum Guten gewendet. Wenn Gott dies in vergangenen Tagen vermochte, konnte er es auch jetzt wieder bewirken. Daras Gemahlin, die immer zukunftsgläubige Nadira Begum, dankte Allah für seine Gnade und spendete Almosen im Wert von fünfzigtausend Rupien. Noch hatte Dara das Glück nicht ganz verlassen. Es schien, als seien die unsichtbaren, übernatürlichen Mächte noch unentschlossen, wohin sie sein Schicksal lenken sollten.

Als Aurangzeb Multan eroberte, mußte er wutschäumend erfahren, daß sich der Bruder bereits auf dem Weg nach Bhakkar befand. Seine vielen Ratgeber hatten ebensoviele Meinungen. Ihres Geschwätzes nicht achtend, blieb Aurangzeb bei seiner Absicht, die Verfolgung, wenn es sein mußte, bis ans Ende der Welt fortzusetzen. Längst war er sich bewußt, daß sein eigenes Überleben von der Geschwindigkeit abhing, mit der er Dara aus dem Wettbewerb ausschloß. Aurangzeb gedachte, nach der Wüste von Sind zu eilen, ohne auch nur einen Tag in Multan zu rasten.

Da brachte ein Bote die Nachricht, daß sein anderer Bruder Shuja an der Spitze einer an Zahl und Ausrüstung hervorragenden Truppe auf die Hauptstadt Agra zu marschiere. Zugleich kam die Meldung, daß sich die Rajputen-Fürsten mit Shuja verbunden hätten, ›den Feind im Land zu zerstören‹.
Es bedurfte für Aurangzeb keiner langen Überlegung, seinerseits den sofortigen Aufbruch nach Agra anzuordnen. Die fünfhundert Meilen, die Multan von Agra trennen, waren eine Herausforderung, den abtrünnigen Shuja aus dem Weg zu räumen, bevor er ihm in den Rücken fiel. Zielstrebigkeit ist eine Sprache, die alle Soldaten schnell verstehen. Aurangzebs Kriegsruf ›Rettet den Islam!‹ fand bei seinen Truppen tausendfaches Echo. Sein Motto: Niemand wird besiegt außer durch sich selbst.
Aurangzeb gedachte, Shuja bis zum halben Weg zwischen Allahabad und Agra vormarschieren zu lassen, um ihm jede Fluchtmöglichkeit abzuschneiden und ihn dann in einem Ansturm zu überrennen. Zu diesem Zweck sorgte er dafür, daß jede Furt des Jamuna-Flusses sicher bewacht war und seine Armee in der Lage sein würde, die Überquerung sicher zu bewerkstelligen.

Nach Abschluß aller Vorbereitungen schrieb Aurangzeb an Shuja einen Brief, von dem ich auf Umwegen eine Abschrift erhielt:

Machtmißbrauch hat schon manchen braven Mann ruiniert. Dein Marsch nach Agra mit einer bemerkenswerten Heeresmacht überrascht mich. Du bist ein so mutiger wie liebenswerter Bruder. Und nicht nur das: Du bist ein Mitkämpfer in dem Kampf, den wir gemeinsam auf uns genommen haben, um den Kaiser von seinen üblen Beratern zu befreien. Nach der Niederlage unseres gemeinsamen Feindes Dara Shukoh geriet der Kaiser in eine schwere Krise. Die Krankheit unseres verehrten Vaters, die Intrigen von Murad und anderen ließen mir keine andere Wahl, als die Macht anzustreben. Während dieser stürmischen Monate waren meine Gedanken bei Dir. Dir steht ein Teil der Geschenke zu, die uns Gott in

den Schoß geworfen hat. Bengalen gehört Dir. Dazu kannst Du auch Bihar haben.
Das ist aber nicht alles. Nach Wiederherstellung der Ruhe denke ich daran, Dich noch weiterhin für Deinen Anteil am Kampf gegen das Unrecht zu belohnen. Ich möchte daher in allem Ernst vorschlagen, daß Du Deine Truppen auflöst und mich als mein Teilhaber aufsuchst. Das ist die günstigste Gelegenheit für Dich, mein Mitarbeiter bei der Neuordnung des Reiches zu werden. Habe Vertrauen in meine Worte. Mißtrauen ist wohl der größte Feind von Frieden und Beständigkeit. Zuvor werden wir gemeinsam und schneller, als es die Menschen erwarten, die Ruhe wiederherstellen.
Vergiß nicht, mein Bruder, daß alles, was ich bisher getan habe, im Namen des Allmächtigen geschah. Dieses Vertrauen ist meine Stärke. Ich werde es nie daran fehlen lassen, das zu bewahren, was Gott mir gegeben hat.

Shuja glaubte kein Wort von Aurangzebs klugem Brief. Die Behandlung Murads und meine Einkerkerung waren unmißverständliche Hinweise auf seine wahren Absichten.
»Alle Menschen sind geboren, um zu sterben«, sagte Shuja zu seinen Kommandeuren. Er forderte sie auf, zu kämpfen um zu leben, und nicht zu leben um zu sterben. Auf Aurangzebs Brief gab er keine Antwort. Shuja war vorsichtiger als Murad.
Als Aurangzeb klar wurde, daß Shuja sich nicht betören ließ, schickte er seinen Sohn Muhammad Sultan, um ihm den Weg zum Jamuna abzuschneiden. Mit seinen Truppenteilen überquerte dieser den Fluß und stellte überall Wachttürme auf.
Aurangzeb war mit seiner Armee bereit, Shuja zurückzuschlagen, wenn dieser versuchen sollte, in einer rücksichtslosen Anstrengung den Fluß zu überqueren und nach Agra durchzubrechen.

Zwischen dem Ganges und dem Jamunafluß kam es zur Schlacht. Es wurde ein tödliches Handgemenge.
Einer von Aurangzebs Kommandeuren war niemand anderer als Raja Jaswant Singh, dessen schmähliche Flucht bei Dharmat einen ernsten Schlag gegen die Ehre der Rajputen bedeutet hatte. Vielleicht, um diese Schande wieder gut zu machen, entfernte sich der Raja mit seinen vierzehntausend Rajputenkriegern vom rechten Flügel, um sich im entscheidenden Moment an Shuja anzuschließen.

In der Tat sollte es eine längst geplante Loslösung sein – in Erinnerung an die Verachtung seiner tapferen Frau, die damals seinetwegen den freiwilligen Tod auf dem Scheiterhaufen gewählt hatte.

Der Übertritt Jaswant Singhs wurde als Wendepunkt im Schlachtgeschehen angesehen; doch die Hoffnung trog. Unerschütterlich wie ein Fels in der Brandung, ordnete Aurangzeb zuerst seine Flanken neu und sammelte dann seine Kräfte für einen Überfall auf die Mitte des Gegners. Shuja vermochte nicht mehr, als seine jämmerliche Hilflosigkeit zu zeigen. Er war weder imstande, aus dem Verrat des Rajas einen Vorteil zu ziehen, noch seine eigenen Truppen zum Widerstand gegen den heftigen Angriff anzuspornen.
Auf beiden Seiten herrschte Verwirrung. Shuja wußte nicht, wie er der Raserei Aurangzebs begegnen sollte, und Aurangzeb konnte sich nicht auf die Treue der verbliebenen Rajputen-Fürsten verlassen.

In diesem Durcheinander entstand ein Gerücht, daß Aurangzeb unter den Füßen eines wildgewordenen Elefanten den Tod gefunden habe. Man hatte den Feldherrn vom Rücken des in der Turbulenz der Schlacht außer Kontrolle geratenen Tieres fallen sehen. Niemand wußte, was danach geschehen war. Der Tod hat viele Türen, um das Leben herauszulassen. Wie Aurangzeb überleben konnte, blieb ein Rätsel. Ein ohrenbetäubender Schrei ›Allah-i-Akbar!‹ erhob sich, als der Prinz kurz danach auf dem Rücken eines anderen Elefanten von gleicher Größe und ähnlichem Schmuck wieder auftauchte ...
Das war der Anfang vom Ende des Kampfes. Shujas Armee stob davon wie ein Schwarm von Herbstblättern im Wirbelwind. In der nachfolgenden wilden Flucht machte Shuja – wie damals Dara Shukoh – den verhängnisvollen Fehler, von seinem Elefanten abzusteigen und für die Flucht ein schnelles Pferd zu nehmen. Es war eine Wiederholung des Vorherigen mit umgekehrten Vorzeichen. Das Verschwinden des Führers bedeutete für Shujas Truppen das Signal, daß die Schlacht verloren sei ...

Aurangzeb hatte noch einen anderen Sieg errungen. Der Sitte gemäß stieg auch er von seinem Elefanten ab – doch um öffentlich zu beten. Vielleicht dankte er Gott nicht nur für den Sieg. Es wäre auch möglich, daß er um Vergebung bat für die neue Sünde gegenüber dem

zweiten Bruder. Vielleicht betrübte ihn die Erkenntnis, daß sich das Königtum nicht mit zärtlichen Gefühlen vereinbaren läßt ...
Der Prinz Muhammad Sultan wurde zur Verfolgung Shujas ausgesandt. Der demütigende Rückzug war eine Belastung, mit der sich der fliehende Shuja nicht leicht abfinden konnte. In größter Hast erreichte er Allahabad, hoffend, daß ihm der dortige Gouverneur, der ihm Jahre zuvor in Bengalen gedient hatte, in der Festung Sicherheit bieten würde. Die Erwartung trog. Der aus Furcht vor Aurangzebs Rache entmutigte Gouverneur war trotz Shujas wiederholter Bitte unerbittlich in seiner Ablehnung, dem Flüchtigen Obdach zu gewähren.
Es blieb Shuja nichts, als weiter nach Patna zu eilen. Der dortige Kommandeur, ein schlauer Rechner, empfing den Prinzen ehrenvoll und stellte ihm die Zitadelle zur Verfügung. Die hilfreiche Geste war nur in Verbindung mit einer Liebesgeschichte zu sehen, welche die Ereignisse der letzten Wochen unterbrochen hatten. Shujas Sohn war bestimmt worden, die Tochter des Kommandeurs zu heiraten. Der Edelmann sah in der Ankunft des Prinzen eine göttliche Fügung: Seine Tochter Yasmin konnte die Frau eines Kaiserenkels werden! Shuja seinerseits hatte sofort zugestimmt, ohne zu begreifen, daß dem erfreulichen Ehebund die traurigen Umstände sehr im Weg standen. Ohne diesmal die hilfreichen Astrologen um Rat zu fragen, wurde die Festlichkeit auf den zwölften Januar Sechzehnhundertneunundfünfzig festgesetzt. Es war wohl die stillste Hochzeit in der Geschichte der Moguln. Shuja schwelgte in der schönen Vorstellung, daß sich der Beistand des Schwiegervaters entscheidend hilfreich auswirken würde. Der Kommandeur wiederum erhoffte mit dieser Verbindung noch immer die Möglichkeit, in seiner Tochter eines allzu schönen Tages die Kaiserin von Hindustan zu sehen.

Beide Hoffnungen erfüllten sich leider nicht. Als gewiß wurde, daß seine Verfolger im Anmarsch waren und das Fort unmöglich zu verteidigen sei, beschloß Shuja, in seinem geliebten Monghyr Zuflucht zu suchen. Der kalte Winterwind brauste, als sich der Prinz mit seiner jungen Frau und nicht weniger als neunzehn Familienmitgliedern, gefolgt von einer Rest-Armee von siebentausend Mann, aus dem Fort herausstahl. Der schwiegerväterliche Kommandeur durchbohrte den verantwortlichen Wachtposten mit seinem Dolch, als er von der unerwünschten Flucht erfuhr. Kurz danach übergab er die Festung an

Aurangzebs Sohn Muhammad Sultan. Seine Tochter Yasmin sah er niemals wieder ...

Zurück im eigenen Territorium, fühlte sich Shuja etwas mehr in Sicherheit und schmiedete neue Pläne, wie er seine noch immer tributpflichtigen Lehnsherren zur Verteidigung gegen die ihn verfolgenden Armeen einsetzen könnte. Noch immer gab er sich der Hoffnung hin, eine neue Schlacht gegen Aurangzeb wagen zu können. Ein sich schnell verbreitendes Gerücht, daß Dara Shukoh bei Ajmer in einem Kampf gegen Aurangzeb gesiegt habe, schien dem Bruderkrieg eine neue Wendung zu geben. Als dann Nachrichten von Daras zunehmenden Verlusten eintrafen, nutzte der Gouverneur von Bengalen die Gelegenheit, Shuja offen die Gefolgschaft zu kündigen und die Festung Rajmahal für Dara Shukoh zu sichern.
Voller Wut und Verzweiflung jagte Shuja dem Ungetreuen nach und konnte ihn kurz vor Monghyr gefangennehmen. Er ließ ihn sogleich nach Rajmahal schleppen und öffentlich vor dem dortigen Palast hinrichten. Diese Strafe war eine Warnung, die nicht unbeachtet blieb. Größere Truppenteile kehrten in die Reihen der bengalischen Armee zu Shuja zurück.

Mittlerweile war bekannt geworden, daß Dara Shukohs siegreicher Kampf gegen Aurangzeb nichts als eine fromme Legende war, Dara noch immer auf der Flucht in der Wildnis von Sind herumirrte und daß die Mogulkrone fest und unangefochten auf Aurangzebs Haupt ruhte. Die Fronten waren klar, der Feind hatte sich nicht geändert.

Eine Eigenschaft haben die Jugend und das Alter gemeinsam – die Unzufriedenheit. Muhammad Sultan wie seine Anhänger waren mit dem Verlauf der Verfolgungs-Unternehmung keineswegs zufrieden. Sie mißtrauten einander. So kam es dazu, daß sich der junge Prinz Muhammad Sultan mit einigen hundert Mann auf die Seite seines Onkels Shuja schlug. Wahrscheinlich lockte Shuja den Neffen mit einer Verheiratung seiner, Shujas, Tochter und damit der Aussicht, daß Sultan im Falle eines Sieges zum Kaiser ausgerufen werden konnte. Der außerordentlich hübsche Jüngling voll leidenschaftlichen Ehrgeizes schluckte den Köder.
Aurangzeb nahm die Sache nicht schwer und teilte seinem wieder rehabilitierten Kommandeur Mir Jumla mit:

Mein Sohn ist ein unehrenhafter Schuft ohne Intelligenz, ohne Loyalität und ohne jede Fähigkeit, seine eigenen Schritte zu übersehen. Ich bin sicher, daß er für Shuja eine schwere Belastung sein wird, wie er es bisher für uns alle war. Nimm ihn fest. Der unglückselige Prinz wird für seinen Verrat bezahlen.

Muhammad Sultan heiratete Shujas Tochter Gulrukh Banu vier Wochen nach seiner Ankunft in Rajmahal. Ich hatte diese Verbindung bereits sieben Jahre zuvor in Agra vorbereitet. Damals waren Sultan dreizehn und Gulrukh elf Jahre alt.

Der Abfall seines Sohnes mußte Aurangzebs Rachsucht um so mehr schüren. Er befahl, Shuja und Sultan aus ihrem Versteck im Flußdelta nach Möglichkeit über die Grenzen des Reiches hinauszujagen und erinnerte Mir Jumla an das Wort Allahs:

Verschone niemals den Feind!

Shujas Ende schien nahe. Er besaß keine Mittel mehr, um Aurangzeb militärisch zu widerstehen. Der erste, der diese Erkenntnis in die Tat umsetzte, war der junge Muhammad Sultan, der sich wieder ins kaiserliche Lager zu Mir Jumla absetzte. Zum zweiten Mal in drei Monaten wechselte Sultan die Fronten. Ohne besondere Erklärung ergab er sich dem General mit den Worten:
»Ich bin weder ein Heiliger noch ein Narr, sondern nur ein irrendes menschliches Wesen. Die Zeit wird die Wahrheit ans Licht bringen.«
Man schickte einen Boten an Aurangzeb, um ihn von der unerwarteten Rückkehr seines Sohnes in Kenntnis zu setzen. Die Antwort erfolgte umgehend:

Schickt ihn sofort unter starker Bewachung nach Gwalior. Ich werde mich mit ihm befassen, wenn die Operation gegen Shuja vorüber ist. Verräter müssen mit Entschlossenheit behandelt werden.

Muhammad verbrachte zwölf lange Jahre im Kerker von Gwalior, bevor sein Vater Aurangzeb Zeit fand, ihn zu empfangen. Kurz darauf starb der Prinz plötzlich unter mysteriösen Umständen. Aurangzeb war als Vater nicht weniger grausam wie als Bruder.

*

Shuja war es indessen müde geworden, ständig gegen das eigene Schicksal zu kämpfen. Mit seinen zwei Söhnen und einem Gefolge von zweihundert Leibwächtern floh er nach Dacca. Es gibt nichts Schlimmeres für einen Mann, als vom Glück verlassen zu sein. Alles, was Shuja tat, um wieder zu sich selbst zu finden, machte seine gefühlvolle Unfähigkeit zunichte. Wie es heißt, soll er auf seiner erneuten Flucht aus Dacca göttlichen Beistand erfleht haben, um das heilige Mekka zu erreichen. Nur einundvierzig der Getreuesten, davon elf Familienmitglieder und sechzehn standhafte Geistliche, blieben bei ihm.
Ihre letzte Hoffnung war der Stammesfürst von Arakan in den sumpfigen Ebenen von Burma. Der Häuptling erklärte sich großmütig einverstanden, den Kaisersohn zu empfangen und mit Truppen und Material zu unterstützen.
In dieser kritischen Stunde zeigte Shujas fünfzehnjähriger Sohn Bulant bemerkenswert tapfere Zuversicht. Er versicherte dem Vater, daß von dem Häuptling nichts Ernsthaftes zu befürchten sei. Bulants Beispiel machte Shuja und dem kleinen Gefolge Mut.
Tatsächlich wurden die Flüchtlinge mit Stammesgesängen und -tänzen empfangen. Man führte sie zu einer eigens für sie eingerichteten Ansammlung von Hütten in der Umgebung der bescheidenen Residenz und bot ihnen an, sich hier so lange zu erholen, wie sie wollten. Shujas neu erwachte Hoffnung ging sogar so weit, daß er daran dachte, von Arakan aus eine Rückeroberung von Bengalen vorzubereiten. Er übersandte dem Häuptling ein Geschenk von kostbaren Perlen, das verständlicherweise bei den Barbaren die Lust auf billige Beute erweckte ...

Monate vergingen. Der Prinz spürte, wie man ihn beobachtete und seine bescheidenen Unternehmungen wie kleinere Jagdausflüge oder Ausritte aufmerksam und mit beflissener Höflichkeit verfolgte.
Eines Tages erschien in seinem Quartier ein Bote des Stammesfürsten. Er überbrachte die Einladung zu einem den Gästen zu Ehren veranstalteten Fest. Der persönliche Brief des Häuptlings triefte von Schmeicheleien gegenüber dem ›allmächtigen‹ Mogulprinzen und von glühenden Freundschaftsbeteuerungen.
Seine Umgebung warnte Shuja vor einer möglichen Falle; doch dieser fürchtete, dem Häuptling zu mißfallen, wenn er brüsk absagte. So

sandte er seinen Sohn allein, die Angelegenheit zu regeln. Der Häuptling zeigte sich verständnisvoll gegenüber der Zurückhaltung des ›besorgten‹ und ›ermüdeten‹ Prinzen, wie es der junge Bulant ausrichtete, und erwies dem liebenswürdigen Jüngling die Ehre, neben ihm Platz zu nehmen. Er ließ ihm ein Trinkgefäß mit Ochsenblut reichen, das danach in der Gesellschaft des Gastgebers die Runde machte. Der Häuptling trank das dicke rote Getränk als letzter mit einem langen gierigen Schluck, wie man es offenbar von ihm erwartete. Das darauf folgende Mahl bestand aus rohem Tigerfleisch, einer Tigerzunge und dessen Leber, Nieren, Herz und Lunge. In hölzernen Bechern reichte man starke alkoholische Getränke. Trotz der blutigen Delikatessen genoß der Prinz die schreckliche Veranstaltung in löblicher Gelassenheit. Mit Hilfe eines persisch sprechenden portugiesischen Seeräubers als Dolmetscher unterhielt sich der Häuptling höflich mit dem jungen Gast. Als der Barbar erfuhr, daß sich unter der Mogul-Herrschaft auch ein junges, vierzehnjähriges Mädchen befand, das dazu die Tochter Shujas war, schlug er sofort eine Heirat zwischen seinem Sohn und der Prinzessin vor. Bei dem Gedanken an diese Verbindung mit einer Mogul-Prinzessin brach der Häuptling in ein ekstatisches Gelächter aus, in das seine Umgebung aus vollen Hälsen einstimmte.

Bulant, peinlich erschrocken über die Zumutung und das grauenvolle Gelächter, behielt mühsam seine Fassung. Er selbst sollte seinem Vater im Namen des Häuptlings den Vorschlag überbringen. Bulant verhielt sich still; er ahnte die Folgen eines ablehnenden Bescheides. Als der Prinz seinem Vater die Sache vortrug, war die einhellige Meinung, daß diese Anmaßung keinen Augenblick lang erwogen werden konnte, welche Folgen auch daraus erwachsen mochten.
Man führte beträchtliche Kostbarkeiten mit sich, und der Gedanke lag nicht fern, daß man damit fremde Söldner in Arakan anwerben, den Häuptling beseitigen und das Land gewaltsam besetzen konnte.

Das war natürlich eine wahnwitzige, aus der Verzweiflung geborene Idee, wie sie nur meinem so phantasiereichen wie weltfremden Sohn Shuja einfallen konnte. Ich bin noch heute erstaunt über den Bericht; und warum sich die Begleitung des Prinzen, darunter der kluge und tapfere Heerführer Niamat Khan, überhaupt damit befaßte ...
Es sollte auch nicht lange dauern, bis der aufmerksame Häuptling die

Lunte roch. Ein scheinbar zufälliges Umzingeln des Mogul-Lagers war die Folge. Shuja selbst gelang es im letzten Augenblick, in den nahen Dschungel zu entfliehen. Der junge Bulant wurde trotz wilder Gegenwehr weggeschleppt und vor der Residenz des Häuptlings sofort enthauptet. Einige andere, darunter Niamat Khan, traf das gleiche Schicksal. Die Frauen wurden für einige Tage eingesperrt, um dann hinausgetrieben und sich selbst und den wilden Tieren überlassen zu werden. Wer von ihnen überlebte, beging nach alter indischer Tradition Selbsttötung.

Was mit Shuja geschah, blieb im Dunkeln. Es hieß, daß er noch in der Nacht seiner Flucht aufgegriffen und von den Häschern des Häuptlings zerstückelt wurde. Ich selbst erfuhr es von einem doch noch entkommenen Sklaven aus dem Gefolge des Prinzen ...

Um Shujas Ende rankten sich bald wuchernde Legenden. Noch heute heißt es immer wieder, daß er lebe und demnächst erscheinen werde, den Thronräuber Aurangzeb zu verjagen. Wie ich hörte, sollen an die dreißig falsche Shujas gefangengenommen worden sein. Sie alle ließ Aurangzeb von Elefanten zertrampeln.

Die Kriegsbeute, einschließlich der Perlen und Edelsteine von unschätzbarem Wert, fiel in die Hände der burmesischen Stammeskrieger. Ein Teil davon wurde an die holländischen und portugiesischen Freibeuter am Hof von Arakan verteilt. Sie galten nicht nur als engste Ratgeber des Häuptlings, sondern auch als Räuber in der schlimmsten Bedeutung des Wortes.

Damit endet die Geschichte vom Kampf meines Sohnes Shuja gegen sein Kismet. Er wurde vierundvierzig Jahre alt. Ich sehe in dieser Niederlage höhere Ehre als im schimpflichen Überleben. Sie war ein Teil seines Mutes, mit dem er kämpfte und verlor.

Verraten auch von Shaista Khan, dem Bruder seiner Mutter Mumtaz, zog Shuja den wilden Barbarendschungel vor, als daß er sein Knie vor dem jüngeren Bruder Aurangzeb beugte. Sein Plan, nach Burma zu entkommen, blieb eine Einladung an den Tod, ihn zu verschlingen, bevor die Hunde Aurangzebs sich auf ihn stürzten.

In Shujas Augen wäre die Ergebung Verrat an sich selbst gewesen – eine Entscheidung, die seine großen Schwächen aufhebt und beweist, daß Gebrechen durch Tapferkeit und Tugend aufgewogen werden. Shuja war noch nicht alt genug, um von den Huris im Paradies angelockt zu werden, noch war er jung genug, um auf die Vergnügungen dieser Welt zu verzichten.

In unserem Leben regieren weder Weisheit noch Hoffnung – sondern allein das, was die einen Glück, die anderen Gott nennen.

Es gibt ein Vergnügen an mystischen Qualen, das nur der Mystiker kennt. Obgleich ein Verfolgter, blieb mein ältester Sohn Dara Shukoh fest verwurzelt in seinem Glauben an die Einheit der Schöpfung. Er war besessen von seiner geistigen Unabhängigkeit als einem Element des Glaubens, das nicht von seinem Verstand zu trennen war. Als leidenschaftlicher Wahrheitssucher bekannte er sich zu den gemeinsamen Grundlagen aller Religionen. Er lebte das Wort aus dem Koran: *Wer nach Wissen strebt, betet Gott an.*
Daras Zufluchtsort auf der Indus-Insel Bhakkar bedeutete für ihn keine Rettung. Die Nachricht von Shujas geplantem Marsch auf Agra gab ihm einige Hoffnung, doch konnte diese Entwicklung kaum als ein Richtspruch der Vorsehung gegenüber den Missetaten seines Bruders Aurangzeb ausgelegt werden. Hochrangige Heerführer und an die zwanzigtausend Reiter folgten Daras Spuren mit dem Auftrag, ihn zu fangen oder zu töten. Die noch unter seinem Kommando stehenden weit geringeren Truppeneinheiten waren schlecht ausgerüstet, unterernährt und demoralisiert. Sie hatten nichts im Sinn als ihr Zuhause und ihre Familien. Allzu lange hatten sie den Hasen für die sie jagenden Hunde gespielt. Mystizismus mochte hilfreich sein – aber nicht bei schlechtem Wetter. Dara Shukoh tadelte die Ungeduld seiner Unterführer und ihren Unglauben, doch im Grunde war er von ihrer Treue überzeugt.

Als Aurangzebs Heer etwa zwölf Tagemärsche von der vom Indus umströmten Zitadelle entfernt war, entschloß sich Dara zu einem Rückzug nach der alten Stadt Thatta in Sind. Thatta war bekannt als gutes Jagdgebiet, was in diesem Augenblick einen bösen Hintersinn einschloß. Für Dara war häusliche Harmonie die beste Zuflucht; ihn kümmerten nicht die Reize einer Stadt, deren Geschäft die Unmoral war. Eine Pause zum Atemholen für seine Leute war alles, was er anstrebte.

Gerade das aber war ihm nicht vergönnt. Ständig wachsende Desertionen ließen seine Armee zu einem Schatten ihrer einstigen Stärke zusammenschrumpfen. Eine ermattete Soldateska suchte und fand Vergnügungen fragwürdigster Art – Grund genug, das Lager zu verlassen und nach Befriedigung ihrer körperlichen Sehnsüchte auf eine Gelegenheit zu warten, sich entweder als Söldner zu verkaufen oder auf eigene Faust als Plünderer im Lande herumzustreunen. So blieb Dara nichts anderes übrig, als mit seinen restlichen Truppen den Hochwasser führenden Indus zu überqueren, um das verwüstete Rann zu erreichen. Er tröstete sich bei dem Gedanken, daß wenige brave Gefolgsleute immer noch besser waren als eine große Zahl unzuverlässiger.

Da kam die überraschende Nachricht: Aurangzebs Armee habe die Verfolgung aufgegeben, um die Herausforderung von Shujas Vormarsch anzunehmen. Mit Dara konnte man sich noch später befassen, wenn Shuja gefangen und unschädlich gemacht worden war.

Die unvorhergesehene Wende beschenkte Dara mit der Atempause, die er und seine Getreuen ersehnten. Er war überzeugt, daß er das Schlimmste überstanden hatte und mit Hilfe seines Bruders Shuja oder dem Beistand der Fürsten von Rajastan und Gujarat die Streitmacht des verräterischen jüngsten Bruders überwältigen würde.

Beflügelt von diesem Wunschdenken beeilte er sich, seine Truppen mit neuen Rekruten zu verstärken. Er verteilte große Geldsummen unter seine Soldaten als Belohnung für ihre Gefolgschaft und entsprechenden Ansporn für kommende gefahrvolle Tage. Dara schwang sich noch in den Himmel der Hoffnung. Er wollte nicht daran denken, daß auf seinem Weg Glück zu erwarten soviel bedeutete wie Schnee im Sommer oder Korn aus der Spreu zu ernten.

Die bisherige Sorge, vom Feind überrannt zu werden, verfolgte seine ihm noch verbliebenen fast zehntausend Mann nicht mehr. Doch bald ergriff neue Furcht alle Herzen angesichts der wasserlosen Wüste, in die sie sich abgesetzt hatten. Die wenigen Quellen lagen weit auseinander. Der Durst wurde ebenso zur Qual wie der Marsch auf die Hauptstadt Bhuj. Daras Frau Nadira Begum und sein zweiter Sohn Spher Shukoh begleiteten ihn auf dem langen Weg durch die hoffnungslose Einöde. Mehr als ein Jahrhundert zuvor hatte Humayun als erster die Trostlosigkeit solcher Wüstenmärsche kennengelernt. Nun war es Dara, der zusehen mußte, wie seine Männer, einer nach dem anderen, nach Wasser stöhnend zu Boden sanken. Der Prinz und seine Familie teilten ihre geringen Wasservorräte mit den Sterbenden, aber das kostbare Naß reichte nicht aus, alle zu retten. Als seine übriggebliebenen Einheiten endlich Bhuj erreichten, empfing der dortige Raja den Prinzen und seine Familie mit traditioneller Gastfreundschaft. Sie wurden in seinem Palast untergebracht und bereitwillig umsorgt. Eine ganze Schar muslimischer Köche stand zu ihrer Verfügung. Entsprechend alter Sitte bot der Raja dem fünfzehnjährigen Prinzen Spher Shukoh seine um ein Jahr jüngere Tochter Radmini zur Heirat an. Dara begrüßte diesen Vorschlag, und die Hochzeit fand sowohl im muslimischen wie nach hinduistischem Ritus statt. Daras Geschenke an die Braut bestanden aus einem Geschmeide von Golconda-Rubinen, die einmal der Stolz seiner Mutter Mumtaz Mahal gewesen waren. Der Prinz strebte danach, den Raja zu bewegen, ihm die anschließende Provinz Gujarat als Aufmarschgebiet gegen Aurangzeb zu überlassen.

Glücklicherweise traf es sich, daß zu dieser Zeit der Gouverneur von Gujarat Shanawaz Khan war, ein mir Getreuer, der bisher gezögert hatte, sich auf die Seite von Aurangzeb zu schlagen. Dafür mußte der alte Mann später mit Gefangenschaft im Dekkan büßen. Seine Tochter Dilraz Banu war mit Aurangzeb verheiratet worden, doch zerriß ihr bald darauf folgender Tod das einzige Band zwischen unseren beiden Häusern.
Jetzt aber half Shanawaz' unerschütterliche Treue zu mir und meinem Sohn Dara, daß ihm der Raja die Festung von Ahmedabad mit allen Schätzen und ihrer Garnison von fünftausend Mann sowie leichter und schwerer Artillerie übertrug – eine gottgegebene Möglichkeit für meinen Sohn, sich in einem der wichtigsten Gebiete des Reiches festzusetzen. Bald wuchs seine Armee auf vierzigtausend Mann mit den entsprechenden Ergänzungen von Kavallerie, Artillerie und den Elefantenkorps.

Zu den Fürsten von Navanagar und anderen Nachbargebieten wurden Boten entsandt. Sie sollten gemeinsam meine Befreiung und die Entlarvung der mit Aurangzeb verbündeten Verräter zur Rückge-

winnung meines Thrones durchsetzen. Der Erfolg war, daß sich das ganze westliche Reichsgebiet Dara in einer Einigkeit anschloß, die seine Zuversicht in den Himmel hob. Endlich glaubte er sich auf dem ihm bestimmten Weg. Er war überzeugt, mit Shujas Hilfe Aurangzebs Kriegsmaschinerie zerstören und den gemeinsamen Angriff auf Agra unternehmen zu können. Die Tränen von Bhakkar und Thatta waren versiegt. Dara träumte davon, als Sieger an meine und Jahanaras Seite zurückzukehren.
Gerüchte sind manchmal wahrer als die wirklichen Nachrichten. Das eine, das die westlichen Provinzen überschwemmte, war, daß Aurangzeb von Shuja besiegt und Jaswant Singh mit der Entschlossenheit eines Rajputen nach Agra unterwegs sei, mich wieder in den Besitz des Thrones zu setzen und daß Aurangzebs Schicksal ungewiß war. Einige Schwätzer behaupteten, er sei im Kampf getötet worden; andere stellten mit gleicher Überzeugung fest, er sei in den Dekkan entflohen – in der Hoffnung, sich mit Hilfe der dortigen Sultanate zu retten ...

Derlei Parolen waren Musik in Daras Ohren. Mitte Februar marschierte er nach Ajmer, dem Tor zu den Ebenen des Ganges und des Jamuna-Flusses.
In der Überzeugung, daß die Tage des Mißgeschickes vorüber seien und er bald wieder die Stellung einnehmen würde, die ihm Aurangzeb geraubt hatte, gedachte er nach Agra zu eilen, bevor weder Shuja noch Jaswant Singh mit mir in meiner Gefangenschaft Verbindung aufgenommen hatten.
Die Tagträume endeten so schnell, wie sie kamen. Ein entsetzter Bote brachte die Nachricht: Shuja sei in der Folge seiner Niederlage bei Khajura nach Bengalen entflohen, und der siegreiche Aurangzeb marschiere an der Spitze seiner Truppen eilig nach Westen.
In Daras Lager sank alle Hoffnung. Es gab für ihn keine Rückkehr nach Ahmedabad noch einen Ausweg nach Osten hin. Die Furcht vor einem gewaltsamen Zusammenstoß mit der weit überlegenen Armee Aurangzebs, dazu auf ungünstigem Gelände, erschreckte ihn. Shanawaz Khan riet zu einer Verschanzung jenseits eines engen Passes nahe Ajmer – eine taktisch günstige Ausgangsstellung für einen Kampf gegen die Übermacht des Bruders.

Ein schwacher Hoffnungsschimmer kam von neuem auf, als ein Rajputen-Bote Nachrichten von Jaswant Singh überbrachte, in der ihm dieser mit schönen Worten seines Beistandes und brüderlicher Unterstützung der Hindu-Rajas gegenüber der Ungerechtigkeit Aurangzebs versicherte. Obwohl Dara mittlerweile gelernt hatte, weder Engeln noch dem Teufel zu vertrauen, tröstete er sich mit der Hoffnung auf den hilfreichen Beistand der stolzen Rajputen.
Wieder endeten alle Erwartungen in bitterer Enttäuschung. Möglicherweise war Jaswant Singh bereits ein Werkzeug in Aurangzebs Händen und sein Hilfsangebot nicht mehr als der Versuch, ihn in Sicherheit zu wiegen und an der weiteren Flucht zu hindern ...

Aurangzebs unabdingbarer Entschluß blieb nach wie vor, Dara Shukoh zu vernichten, bevor dieser endgültig nach Agra zurückkehrte und er als streitbarer Sieger des Nachfolgekrieges den Pfauenthron bestieg.

Ich habe nicht erfahren, wie es Aurangzeb gelang, den zweimal abtrünnigen Jaswant Singh zu überreden, seine Sache zu begünstigen. Vielleicht waren großzügige Gaben im Spiel, daß dieser zu der Überzeugung kam, ein dritter Verrat könnte die Sünden der beiden vorherigen auslöschen.
In seiner Anstrengung, bis zum letzten Augenblick Stärke zu zeigen, sandte Dara seinen Sohn Spher Shukoh nach Jodhpur mit einem Brief an Jaswant Singh. Er erinnerte den Rajputen an seine früheren Versprechungen und an die ruhmreiche Tradition seines Volkes und knüpfte daran die Bitte, ihm in der Stunde des Gerichts seine Hand zu leihen.
Jaswant Singh indes gedachte sich nicht auf die Seite des Verlierers zu schlagen, zumal ihm Aurangzeb im Falle seiner Neutralität die Regierung von Gujarat versprochen hatte. Die Tage waren vorbei, da ein Rajpute lieber seinen Kopf verlor als sein Wort zu brechen.
Der junge Prinz kehrte mit der Erkenntnis zu seinem Vater zurück, daß Jaswant Singh kein Freund war, sondern ein gefährlicher Verräter. Dara, wieder einmal enttäuscht, aber unbeirrt, tröstete seinen Sohn:
»Alle, die die Sonne bescheint, haben ihren Feind in sich selbst.«

Durch ein Übermaß an Vorsicht wird der Tapferste zum Feigling. Nach dem Rat von Shanawaz Khan zog Dara seine Truppen in einen nahen Gebirgspaß zurück – in der Hoffnung, daß Aurangzeb zögern würde, in einem engen Felsgewirr die Schlacht zu wagen. Doch gerade das spornte Aurangzeb an, sich auf Daras Truppen zu stürzen. Der Kampf dauerte mit wechselnder Heftigkeit volle vierundzwanzig Stunden. Den letzten entscheidenden Schlag führte eine kühne Rajputentruppe, die den Paß umging und den verstreuten Einheiten Daras in den Rücken fiel. Die Schlacht war geschlagen. Noch einmal triumphierte Verrat über unerwartete Leichtgläubigkeit. An die zehntausend Mann blieben tot auf dem Schlachtfeld. Am anderen Morgen fand man den Kopf von Shanawaz Khan mehrere Meilen entfernt von seinem blutüberströmten Rumpf.

Aurangzeb beugte wie üblich nach dem Sieg seine Knie zum Gebet, während Dara Shukoh seine Frauen und was von seinen Schätzen geblieben war, sammelte, um in Richtung Ahmedabad zu fliehen. Sein Kopf war verwirrt, als seine aufgelöste Armee im Nichts verschwand. Das ehemalige Frauenlager bot ein trostloses Bild; die Wächter, Eunuchen und Sklavinnen waren auf die Nachricht von der Niederlage hin wie die Reste von Daras Armee in alle Winde zerstoben.
Die niemals verzagende Mutter und Ehefrau Nadira Begum beruhigte ihren Gemahl mit der zornigen Feststellung: Die Glücksgöttin, die solches Unheil begünstige, müsse eine schwachsinnige Hure sein!

Das Volk von Ajmer, Hindus wie Muslime, aber machte sich daran, den übriggebliebenen Troß zu plündern. Dara entfloh auf dem schnellsten Pferd, das er auftreiben konnte. Die Frauen folgten ihm in ihren Wagen, die Hilfe Allahs als ihres einzigen Beschützers erflehend. Aurangzeb aber bot angeblich hunderttausend Silbermünzen für jeden, der ihm

das Haupt Dara Shukohs in erkennbarem Zustand

überbrachte.

An den Kreuzwegen des Lebens bietet Gott jedem Menschen eine Wahl zwischen Sklaverei und Freiheit. Die wahre Wahl heißt ›Zufall‹, die falsche ›Unglück‹. Mit seiner Entscheidung, nach Ahmedabad zurückzukehren, irrte Dara noch einmal schwer. Ein wenig mehr

Mut hätte ihn vielleicht vor den kommenden Widrigkeiten bewahrt.
In der Verbindung von geringstem Risiko mit der günstigsten Gelegenheit gedachte Dara jetzt doch noch den Weg nach Kandahar und Persien – die letzte Zuflucht besiegter Thronanwärter Hindustans – einzuschlagen.
Als Aurangzeb hörte, daß Dara nach Ahmedabad geflohen war, bemerkte er zu seinem Onkel Shaista Khan:
»Der Heuchler hat seine Nase auf den Nacken verpflanzt. Er kann uns jetzt nur noch durch den Tod entkommen.«
Um sich vor unvorhergesehenen Ereignissen in der Hauptstadt zu schützen, beschloß Aurangzeb, nach Agra zu marschieren – jedoch nicht, bevor er in Rajastan großartige Siegesfeiern zelebriert hatte. Der Palastbereich in Ajmer und seine Gärten waren illuminiert von Tausenden von bunten Lampen, die wie Edelsteine durch die laue Nacht funkelten. An dem für alle Muslime an erster Stelle stehenden Schrein des berühmten Khawa Moin-ud-Din Chishti, wo schon unsere Ahnen wie auch ich gebetet hatten, legte Aurangzeb kostbare Gaben nieder, die, wie er verkünden ließ,

der Widerschein der Reinheit von des neuen Kaisers Herz sind.

Aurangzeb hatte Grund genug,

dem Allmächtigen und Seinen Heiligen, die in Seiner Glorie schwelgen,

dankbar zu sein. Das Ziel eines so langen wie blutigen Weges zum Thron war erreicht.

Die letzte Verfolgung Dara Shukohs wurde Aurangzebs besten Armeeführern, dem Raja Jai Singh und Bahadur Khan, anvertraut. Später sollte sich zu ihnen noch das Schilfrohr Jaswant Singh gesellen, um seinen Verrätereien eine allerletzte hinzuzufügen.
An die Herrscher und Kleinfürsten von Rajastan sandte Aurangzeb Botschaften, um

die Sehnsucht des Kaisers zu übermitteln, daß den Feinden des Reiches keinerlei Zuflucht oder militärische Hilfe gewährt werden möge.

Der Appell sollte klarstellen, daß

jede Verletzung dieser Anordnung als unfreundlicher Akt angesehen wer-

den darf und die auf Abwege geratenen Fürsten sich alle Folgen selbst zuzuschreiben haben.

Die Deutlichkeit dieses Aufrufes fand den erwarteten Erfolg; Dara war von allen verlassen, die einmal zu ihm gehalten hatten. Als erstes schloß Ahmedabad seine Tore vor dem fliehenden Prinzen.

Und dennoch und wieder versuchte Dara, bei dem Rana von Kutch die Erlaubnis zum Durchmarsch durch dessen Gebiet zu erreichen. Der Rana willigte ein – unter der Bedingung, daß der Prinz sich nicht länger als zwei Tage in seinem Bereich aufhalte. Wieder starrte den Flüchtlingen wasserlose Wüste entgegen. Den einzigen Trost spendeten Dara seine unbeugsame Frau Nadira und vor allem der junge Sohn Spher Shukoh. Zwischen Vater und Sohn wuchs in dieser Zeit der letzten Bedrohung eine Art verklärender Liebe. Sie waren beide Teile eines Ganzen, eine nicht nur in der indischen Geschichte ungewöhnliche Zweiheit in der Einheit.

Der stolze Rana von Kutch, der zuvor seine Tochter dem jungen Prinzen zur Frau geben wollte, zeigte sich jetzt angesichts des bescheidenen Häufchens der Flüchtigen von kühler Gleichgültigkeit. Er erschien nicht, um den Schutzsuchenden in seiner Residenz zu begrüßen – im Gegenteil: Die unerwünschten Gäste wurden gebeten, die Stadt nicht zu betreten und direkt zur Grenze zu ziehen. Der jammervolle Zug – ein Wagen, zwei Reiter und vier hungrige muslimische Begleiter – wurde nur noch übertroffen durch seine trostlose Verlorenheit. Der Mangel an Nahrung und Wasser machte den langen Marsch zum grausigen Alptraum. Nadira Begum, die Enkelin des großen Akbar, kochte das armselige Nachtmahl nach Sonnenuntergang. Dara selbst zog an der Spitze seiner Familie meilenweit barfuß durch die glühende Wüste. Nadira, auch sie mit brennenden Füßen, ersehnte wie er den Tod, doch ihr Geist war stärker als der leidende Leib.

Der Gouverneur des Punjab, Khalilullah Khan, hatte von Aurangzeb Anweisung, Daras Marsch nach Norden unter allen Umständen zu verhindern. Für den Prinzen war dies keine Überraschung; er hatte vorausgesehen, daß die einzige Möglichkeit, nach Kandahar und von dort nach Persien zu gelangen, in der Unterstützung der Stammeshäuptlinge von Belutchistan lag. Entsprechend machte er seinen Plan.

Der mit seiner Verfolgung beauftragte Raja Jai Singh verlor in den auch für seine Soldaten gnadenlosen Bergwüsten fast die Hälfte seiner dreißigtausend Mann. Er schrieb an Aurangzeb: Er und seine Truppen seien nicht mehr imstande, den Marsch fortzusetzen. Im übrigen sei sein Auftrag halb erfüllt, denn der Prinz sei aus dem Reichsgebiet vertrieben. Aurangzeb vermutete nicht zu Unrecht, daß der ritterliche Raja meinen Sohn absichtlich in die Stammesgebiete des Punjab hatte entweichen lassen. Nach außen hin nahm Aurangzeb die Begründung des Rajas hin und stimmte seiner Bitte zu. Angesichts der Unsicherheit auf dem Schlachtfeld und der Unberechenbarkeit der Rajputen-Herrscher konnte er sich deutlichen Unmut nicht leisten.

Dara Shukoh unternahm indessen den verzweifelten Schritt, den Indus noch einmal auf Flößen zu überqueren, wo der Strom am gefährlichsten war. Danach beeilte er sich, in das Niemandsland einzudringen, dessen Bewohner als Räuberhorden bekannt waren. Dennoch erregte der trübselige Zustand des prinzlichen Zuges Mitleid unter der Bevölkerung, die in dem neuen Kaiser Aurangzeb einen Mann sah, der seinen Vater gefangen und den Thron widerrechtlich an sich gerissen hatte. Dara war einigen wenigen Häuptlingen bekannt; unter ihnen befand sich Jalik Jiwan, den er einmal in seinen glücklicheren Tagen vor dem Galgen gerettet hatte. Auf seiner Suche nach hilfreichen Freunden schickte der hoffnungsvolle Prinz einen Brief an die afghanischen Würdenträger mit der Bitte um Asyl für wenige Tage in einer ihrer Festungen. Als einziger von ihnen antwortete Malik:

Der große Allah sei gepriesen für die Gelegenheit, die Rolle des Hausherrn spielen zu dürfen für seinen Wohltäter.

Nach blumenreichen Dankesbekundungen für das, was Dara für ihn getan hatte, schwor er, daß er einen Freund niemals den Gefahren der Wildnis und umherstreifender Räuber ausliefern würde. Der Prinz und seine Familie könnten so lange bleiben, wie sie wollten:

Euer Schutz soll mein Stolz und meine Pflicht sein. Ich küsse die Füße eines Fürsten, denn ohne dessen Herz von Gold wäre ich vor langen Jahren ins Grab geworfen worden.

Mit den hochherzigen Reden fing Malik Jiwan den Prinzen tatsächlich in seinem Netz. Der Flüchtling war in einer Lage, die ihm nichts anderes erlaubte, als die undurchsichtige Einladung anzunehmen.
Da traf Dara ein neuer Schlag: Seine tapfere Gemahlin Nadira Begum starb nach allen Strapazen an einem hitzigen Fieber. Es gab nirgends einen Arzt, der ihr Leben hätte retten können. Ihr Tod sollte vielleicht eine Warnung sein vor dem, was noch bevorstand.
Nach allem, was ich erfuhr, war Dara von jetzt an ein lebender Toter. Ein Mann lebt nicht vom Brot allein, sondern von Liebe und Bestätigung. Über zwanzig Jahre lang stand Nadira an seiner Seite wie ein Fels; sie hatte alle seine Freuden und Schmerzen, Hoffnungen wie Enttäuschungen mit ihm getragen, alle Furcht und Tröstungen seiner Seele mit ihm geteilt, wie es meiner Frau Mumtaz niemals auferlegt worden war.

Als es zum Abschied kam, ließ es sich Malik nicht nehmen, den schwermütigen Kronprinzen selbst nach der Festung von Kandahar zu begleiten. Nadiras Körper wurde in dem kleinen Zug mitgeführt. Später brachte man den Sarg auf Aurangzebs Befehl nach Delhi und setzte ihn im Mausoleum unseres Ahnen Humayun bei.
Für Dara schien die Möglichkeit, dem jüngeren Bruder zu entkommen, noch immer denkbar. Doch wieder geschah niedrigster Verrat, der diesmal für die Afghanen einen unauslöschlichen Makel bedeutete: Nach dem Abmarsch aus Kandahar drangen am anderen Morgen zwölf bewaffnete Männer in das Zelt ein, in dem Dara und sein Sohn Spher schliefen, überwältigten sie und legten sie in Ketten. Dara flehte die Räuber an, sie könnten mit ihm machen, was sie wollten, um Gottes willen aber sollten sie seinem unschuldigen Sohn nichts antun! Die königlichen Reisenden wurden zurück ins Fort von Kandahar gebracht, wo man sie in einen abgelegenen Raum sperrte. Dara dankte Gott, daß seine Frau nicht mehr lebte.

Es ist mir nicht bekannt, wann sich Malik Jiwan entschloß, Dara zu verraten. Ich erfuhr, daß Aurangzeb schon den Anschlag plante, bevor Dara Shukoh den Indus überschritt.
Ein weniger dynamischer Kaiser, Humayun, hatte vor fast einem Jahrhundert Delhi über Teheran zurückerobert. Daras Hoffnung, den Erfolg seines Ahnen zu wiederholen, war nicht unbegründet. Doch das Schicksal war wieder einmal gegen ihn.

Auf die Nachricht von Daras Gefangenschaft schickte Jai Singh eine Truppe von fünfhundert Mann nach Kandahar. An ihrer Spitze stand Bahadur Khan, ein General, der vor Haß gegen mich und meinen Lieblingssohn brannte. Eine Schar von stämmigen Pathanen zerrten Dara aus seiner Zelle, um ihn Aurangzebs Soldaten zu übergeben.
Der Prinz war sich bewußt, was das bedeutete. Zu seinen Wächtern sagte er:
»Ein Mann kann nur einmal sterben.«

Am zwanzigsten Juni Sechzehnhundertneunundfünfzig erfolgte nach dem Morgengebet die Auslieferung des an Händen und Füßen gefesselten Prinzen und seines Sohnes. Sie wurden beide auf den Rücken eines armselig hergerichteten Elefanten gesetzt und in den dunklen Dschungel ihrer Bestimmung getrieben. Die beiden Töchter wurden auf ein wackeliges Gefährt verladen; die anderen folgten, in Vierergruppen zusammengebunden.
Daras Gefangenschaft sollte Aurangzebs zweiter – diesmal offizieller – Krönung in Delhi zusätzlichen Triumph bescheren. Der Einundvierzigjährige trug jetzt die mit Perlen und Gold bestickten Gewänder, die die Mogul-Kaiser bei den Thronbesteigungen getragen hatten. Die Feierlichkeiten dauerten bis in den August hinein – den gleichen Monat, in dem mein unglücklicher Sohn Dara und seine Kinder die Vororte von Delhi erreichten. Dem geisterhaften Zug war es nicht erlaubt, die Hauptstadt zu betreten bis, wie es hieß, ein ›angemessener Empfang‹ stattfinden konnte.
In Aurangzebs Vorstellung bedeutete dieser ›Empfang‹ das Ergebnis aller seiner Bemühungen. Er beschloß, auf den besiegten Bruder so viele Demütigungen zu häufen, die ihm nur einfielen, um dem Gefangenen, wie er es vor seiner Umgebung aussprach, ›das Aussehen eines bleichen, büßenden Phantoms‹ zu geben.

Und diesmal empfing ich die Nachrichten von dem Geschehen nicht erst nachträglich und mehr oder weniger unzusammenhängend auf Umwegen durch meine ›Wasserträger‹ oder geheime Verbindungsleute. Diesmal war es mein Sohn Aurangzeb, dem es ein Vergnügen bereitete, mir alles, was sich jetzt in Delhi um und mit meinem Sohn und Enkel ereignete – besser: was man ihnen anzutun gewillt und fähig war, durch direkte Berichte selbst mitzuteilen.

So durfte ich gleichsam den beschämenden Bettelzug in Gedanken miterleben, der sich am fünfundzwanzigsten August durch die Straßen der Hauptstadt bewegte.
Abgerissen und beladen mit schweren Ketten hockte Dara auf dem bloßen Rücken eines verhungerten Elefanten, dem zuvor ein Schlammbad zu dem passenden Aussehen verholfen hatte. Unrasiert, unsauber und unbeteiligt trug er ein mit Ruß beschmutztes und verschwitztes Hemd. Seine Füße waren unbeschuht, sein Kopf unbedeckt. Um die Schultern meines Lieblingssohnes, von dem ich einmal glaubte, daß er nach mir der Großmogul des Reiches sein werde, lag ein mottenzerfressener Schal – ein trauriger Gegensatz zu den Tagen, da er kostbarste, mit Gold, Silber und Edelsteinen von reinstem Glanz bestickte Gewänder getragen hatte, als könne es für einen Kronprinzen nichts anderes geben ...

Das gaffende Volk an den Straßenrändern ergriff eine Ahnung von dem, was das Schicksal einem Thronerben anzutun vermag; viele Menschen, die sich meines allgemein beliebten Sohnes erinnerten, konnten ihre Tränen nicht verbergen. Der Prinz hob nicht ein einziges Mal sein Haupt, um die huldigenden Rufe der alten Getreuen aus der Menge zu erwidern.
Auf einem anderen schattenhaften Elefanten ritt, unmittelbar hinter seinem Vater, der Prinz Spher Shukoh. Auch er nahm die Menschen am Straßenrand nicht wahr. Seine Augen waren starr auf den Vater gerichtet. Seine Liebe zu ihm schirmte den Jüngling ab von allen persönlichen Demütigungen. Jede Bewegung, jede Geste des geliebten und immer bewunderten Vaters stach wie ein Dolch in sein junges Herz. Zweimal schüttelte er seine schweren Ketten, ihm ein Zeichen zu geben, worauf der Wächter seine grobe Keule schwang. Spher Shukoh achtete ihrer nicht und erinnerte den Vater mit heller Stimme an seine eigenen Worte, daß die Straße zum Himmel durch das tiefste Leid führe. Aus der Menge ertönten ›Allah-i-Akbar‹-Rufe zu dem jungen Mann hinüber, worauf er sogleich von dem Elefanten heruntergestoßen und auf einem Maultier zu einem unbekannten Ort verbracht wurde ...

Als Daras Elefant das Große Tor des Roten Fort erreicht hatte, hörte man die Stimme eines uralten Fakirs, der laut ausrief:
»Du Sohn des ruhmreichen Kaisers Shahjahan, o großzügiger, lie-

benswerter Prinz, es ist nicht lange Zeit vergangen, daß du niemals an diesem demütigen Diener Gottes vorüberschrittest, ohne deine Wohltätigkeit zu zeigen. Ich weiß, daß deine erhabene Hand heute nichts mehr spenden kann. Ich will mehr als zufrieden sein, wenn du uns dein Lächeln und ein Gebet schenkst. Gewähre es uns, mein heiliger Prinz!«
Als Dara die Worte hörte, blickte er auf und erkannte das vertraute Gesicht. Er nahm den schlechten Schal ab, den er um seine Schultern trug und warf ihn dem alten Mann zu.
Aurangzeb selbst ließ mir ausrichten, daß er die Szene von einem Balkon des östlichen Palastflügels beobachtet habe. Ihm zur Seite standen seine Schwester Raushanara und sein Onkel, der Bruder meiner Gemahlin Mumtaz Mahal, Shaista Khan. Was hätte sie in dieser Stunde empfunden? Blickte sie aus ihrem weißmarmornen Totenhaus am Jamunafluß herüber – ?

Für den selbsternannten Kaiser war der Augenblick des Triumphes und der Rache gekommen. Mit unheimlicher Ruhe gedachte er, auf den verhaßten Bruder seinen Urteilsspruch herabzuschleudern. Doch da gab Shaista Khan dem Neffen mit leiser Stimme zu bedenken, daß dieser demütigende Akt unter dem ohnedies unruhigen Volk zu seinen Füßen Empörung auslösen könnte. Alle anderen um Aurangzeb, voran seine Schwester Raushanara, verlangten laut die Aburteilung des ›Verräters‹ – die im Grunde *mich* treffen sollte. Ihrer Meinung nach durfte es für einen Abtrünnigen, der das Reich durch seinen Unglauben an den Abgrund gebracht hatte, keine Gnade geben ...
Aurangzeb zögerte, dann wandte er sich um und schritt wortlos in seine Gemächer zurück, um, wie er seiner Schwester zuraunte, Allahs Rat anzurufen.

Indessen warteten unten im Hof Dara Shukoh und sein kleines Gefolge in der Hitze des Nachmittages. Als Aurangzeb endlich aus seinem Gebetspavillon zurückkehrte, gab er bekannt, daß der verabscheuungswürdige Ketzer und sein Sohn, den man wieder zu dem unwürdigen Vater gebracht hatte, in einen Garten drei Meilen außerhalb Delhis geführt werden sollten, um dort die formelle Urteilsverkündung durch sieben der höchsten Mitglieder des Geistlichen Rates zu erwarten. Die Zuschauermenge zerstreute sich schweigend, betend, hoffend oder das Schlimmste befürchtend.

*

Am Abend trat der Geistliche Rat noch einmal zusammen, um sich einstimmig auf den Schuldspruch zu einigen: Die Sünden des Verräters gegen Religion und Staat erforderten die Todesstrafe. Die Bestätigung des Urteils durch die besten Kenner des islamischen Rechts erleichterte Aurangzebs Gewissen.
Die Ausführung des Richtspruches wurde Nagar Beg übertragen, einem Freigelassenen ohne menschliche Regungen, der bereits unter meiner Herrschaft für derlei Aufgaben immer bereitgestanden hatte. Ein leichtfertiger Knabe hätte eher gezögert, eine Fliege zu töten als eines Mannes Nacken mit dem Schwert zu durchschlagen ...

Am frühen Morgen des sechsundzwanzigsten August dieses verfluchten Jahres erschien der Freigelassene, begleitet von einer Schar schwer bewaffneter Männer in Helmen kurz vor Sonnenaufgang an dem Zelt, wo Dara und Spher Shukoh, bewacht von einem Bataillon Soldaten, auf nackten Brettern ruhten.
Nagar zeigte dem Kommandeur die todbringende Vollmacht mit dem Kaiserlichen Siegel und der persönlichen Unterschrift Aurangzebs, worauf ihm sofort erlaubt wurde, das Zelt zu betreten.
Der Freigelassene berührte die Schulter des mit geschlossenen Augen liegenden Prinzen und forderte ihn mit unbewegter Stimme auf, sich zu erheben und sein letztes Gebet zu sagen. Mein Sohn gehorchte dem ihm bekannten Nagar Beg und fragte, ob er gekommen sei, an einem Prinzen des regierenden Mogulhauses sein Amt auszuüben?
Anstelle einer Antwort stellte der ehemalige Sklave fest: Zunächst habe er den Auftrag, den jungen Spher Shukoh zu einem anderen Zelt in der östlichen Ecke des Gartens zu bringen.
Bei dieser Bemerkung sprang der Jüngling auf und warf sich dem Todesboten entgegen. Der Versuch war hoffnungslos. Vier Männer fielen wie Teufel über ihn her und schleppten den Schreienden von seinem Vater fort.

Mein Sohn Dara wurde nach einem verzweifelten Aufbäumen mit schweren Schlägen zu Boden geworfen. Noch einmal forderte man ihn auf, das traditionelle Gebet vor der Hinrichtung zu sagen. Ruhig

bat Dara, daß man den üblichen Gebetsteppich ausbreiten möge, damit er seine Knie vor dem allmächtigen Allah beugen könne.
Nach kurzer Beratung der Bewacher wurde meinem Sohn die Bitte gewährt. Darauf erhob Dara seine Hände, um der Vorsehung seine Dankbarkeit auszudrücken ›für die große Gnade, diesem armen Wahrheitssucher zu helfen, seine Zweifel zu tilgen.‹
Nach einer Weile lautlosen Gebetes rief er laut:
»O großer und gnädiger Gott, nimm Besitz von meinem Körper und meiner Seele. Gewähre mir noch eine Gunst, o Herr: Behüte meinen geliebten Sohn vor aller Furcht und Qual. Belohne ihn, Allmächtiger Allah, mit einem ehrenvollen Leben. Das ist mein letzter und einziger Wunsch. Jetzt bin ich bereit für das Schwert.«

Danach erhob er sich und beugte sein Haupt in der Unterwerfung unter den Willen des Höchsten. Mit einem mächtigen Schlag seines Schwertes trennte der Freigelassene den Kopf vom Rumpf. In der Höhe über ihnen kreisten Geier in Erwartung ihres Mahles, während das Blut des Hingerichteten in einer Lache gerann.
Danach wurde der kopflose Körper meines Lieblingssohnes den ganzen Tag lang, auf einen Elefanten gebunden, durch die Straßen der Hauptstadt geführt, der ich den Namen Shahjahanabad gegeben hatte ...

*

All dies berichtete man mir getreulich im Auftrag Aurangzebs in allen Einzelheiten. Einige Tage danach meldete sich bei mir Itbar Khan und verkündete im Namen meines Sohnes mit böser Betonung:
»Seine Majestät der Kaiser sehnt sich danach, mit seinem erhabenen Vater das einmalige Vergnügen zu teilen und mit ihm gemeinsam seine Augen an einer Gabe aus der Speisekammer der Götter zu weiden.«
Damit winkte er dem ihn begleitenden Sklaven, der ein schweres silbernes Gefäß zu meinen Füßen niedersetzte, auf dessen Deckel ich ahnungslos die eingravierten Worte las:
EINE GABE DER GÖTTER

Mit einem stillen Anruf Allahs ließ ich nach meiner Tochter Jahanara schicken und sie bitten, zu mir zu kommen.
Als sie erschien, bat ich sie, den kostbaren Behälter zu öffnen.

Durch einen Spalt erkannte ich – mehr noch: *roch* ich den Inhalt. Ein gebrochenes glasiges Auge starrte mich an ...

Als ich nach einer geraumen Zeit in den Armen meiner Tochter erwachte, mußte ich mich erst besinnen. Ich wandte mich zur Decke des Gemaches, wo die Goldschnitzereien über den Marmorwänden leuchteten, und betete um Gnade für meine eigenen Sünden.
Ich hörte das fast schreiende Schluchzen Jahanaras und ich sah, wie diensthabende Eunuchen und Sklaven mit den Tränen kämpfend ihre Köpfe senkten. Dann hoben sie mich auf und trugen mich in mein Schlafgemach. Drei Tage und drei Nächte lebte ich nur in meinem Gebet.

Was von Dara Shukoh blieb, wurde später in einem Grab im Bereich von Humayuns Mausoleum in Delhi beigesetzt, wo bereits seine Gemahlin Nadira auf ihn wartete. Ich erfuhr, daß Tausende von Menschen zu diesem Platz pilgern und ihre Hände über den Gräbern im Gebet erheben, die Tapferkeit der Toten und ihre Liebe zu segnen.

Dies war das Ende meines Lieblingssohnes und von mir erwählten Thronerben – und damit auch meiner letzten Hoffnung für den Fortbestand der Mogul-Dynastie in der Nachfolge eines Akbar.

Es gibt Menschen, die zu nichts – und andere, die zu allem fähig sind.

Dara Shukoh zahlte für seine Freisinnigkeit wie für die Unduldsamkeit seines jüngeren Bruders den höchsten Preis, den ein Mensch zahlen kann. Daras Liberalismus war tiefer als der seines großen Ahnen Akbar, seine Phantasie menschenfreundlicher, sein Geist weiser und sein Persönlichkeitsbegriff wie seine menschliche Vielfalt selbständiger. Woran es ihm mangelte und worunter er im Vergleich zu seinem Urgroßvater litt, war die Fähigkeit, seine Gedanken in Ordnung zu bringen und seinen eigenen Glauben wie seinen Schaffensdrang wirksam durchzusetzen. Akbar handelte zuerst und dachte danach; er lebte aus seinem genialen Instinkt. Darah Shukoh verlor sich in Luftschlössern, und wenn es zur Verwirklichung unwiderruflicher und heiliger Einsichten kam, fehlte ihm die Widerstandskraft. Akbars Analphabetentum war seine Stärke; sein sicheres Gefühl war geschärft bis zu seinem Ende. Wäre Dara weniger kenntnisreich und weniger nachdenklich gewesen, hätte er einer der großen Herrscher unserer Dynastie werden können; doch er wurde das Opfer einer gnadenlosen Familienfehde, hevorgerufen durch die Eifersucht und Rachsucht seines eigenen Bruders.

Daras Ende schien auch meine letzte Kraft zu kosten. Als Aurangzeb dank seiner unermüdlichen Berichterstatter in meiner Umgebung von der Verschlechterung meiner Gesundheit erfuhr, schickte er sofort seinen eigenen Arzt nach Agra, um mich zu untersuchen. Als dieser unangemeldet vor mir erschien, wies ich den diensteifrigen Hakim unwillig ab:
»Ich fürchte nicht den Tod, sondern *wie* er zu mir kommt. Verlaß mich und richte meinem Sohn aus, daß mein eigenes Heilmittel der Kummer ist, den *er* mir bereitet hat. Das sollte ihm hinreichende Genugtuung gewähren. Mein Leben dürfte für seine schrecklichen Vergnügungen kaum von Wert sein.«

Ohnmächtig mußte ich in meiner Gefangenschaft erfahren, auf welche Weise Aurangzeb fast die ganze Familie ausrottete – immer in der Angst, die anderen könnten ihm zuvorkommen. Heute weiß ich, daß trotz aller meiner Irrtümer und Fehler diese schreckliche Entwicklung, die ich als Herrscher in ihren Anfängen hätte erkennen müssen und der ich nicht Einhalt zu gebieten imstande war, im Wesen unseres Regierungssystems begründet lag. Es ließ ja die Auffassung gelten, daß ein Prinz, der sich des Thrones bemächtigen konnte, dazu ebenso berechtigt war wie jeder andere. Ein absolutes *Recht* der erblichen Nachfolge gab es niemals. Söhne sind ein Segen – aber es war mein Unglück, das seit unserem Ahnen Babur keiner meiner Vorgänger mit mir geteilt hatte: nämlich mit vier Söhnen gesegnet zu sein, die von dieser unvermeidlichen Rivalität gezeichnet waren.

Aurangzeb – als der Zielbewußteste, weil Unabhängigste – blieb Sieger. Es gab nichts mehr, was ihn in seiner selbst geschaffenen Allmacht zurückhalten konnte. Zeitweise ließ er, der niemals mehr nach Agra kam, mein Schreibzeug beschlagnahmen, da er von meiner Arbeit an diesen Erinnerungen erfuhr. Zum Glück fand mein Schreibsklave Ersatz. Ein anderes Mal erfolgte der Befehl, man solle mir die kostbaren kaiserlichen Hofkleider abnehmen.
Nachdem mir alle meine Edelsteine geraubt worden waren, verlangte es Aurangzeb auch nach meiner Gebetskette, einem erlesenen Stück von sehr großen Perlen. Ich wehrte mich mit ganzer Kraft und schrieb an meinen Sohn:

Weil du dich schämst, beleidigst du mich. Lieber werde ich die Perlen in einem Mörser zerstampfen, als sie dir auszuliefern!

Es war das einzige Mal, daß ich mich durchsetzen konnte.

Das Licht, das die Dunkelheit meiner Trauer durchbrach, war die treue Jahanara. Sie half mir, mich dem Willen Allahs zu unterwerfen. Ich war nun siebenundsechzig Jahre alt, aber sie gab meiner müden, sorgenerfüllten Seele Kraft. Die Außenwelt begann für mich zu versinken. Mein Kummer beschwerte mich immer weniger. Doch trotz meiner Müdigkeit war mir noch nicht das Ende bestimmt. Gerechtigkeit ist nur ein anderer Name für Grausamkeit. Es erschien mir, als habe die Vorsehung sehr wohl die Art und Weise verzeichnet, in der ich selbst vor drei Jahrzehnten den Thron bestieg. Die Menschen können manchmal vergessen; Gott vergißt niemals. Erst jetzt lernte ich es.

Man glaubt allgemein, daß der Haß vorwiegend eine männliche Eigenschaft ist. Frauen verbanden bisher wohl selten Macht mit Grausamkeit – vielleicht, weil es ihnen die Männer nicht erlaubten. In der Geschichte der Moguln von Babur bis Jehangir verloren sich die königlichen Prinzen nur zu oft in Selbstsucht und Ausschweifungen – die Prinzessinnen niemals.
In diesem schrecklichen Thronfolge-Krieg allerdings loderten die Feuer der Feindschaft vielleicht noch furchtbarer im Busen von Schwestern als in der Brust der Brüder. Raushanara, einst die schönste der Töchter von Mumtaz Mahal, steigerte ihren Haß auf die ältere Jahanara bis zur herzlosen Niedertracht. Sie feierte die Hinrichtung ihres Bruders Dara Shukoh mit einem Gelage und verteilte eine Million Kupfermünzen, um ihrer Freude über das grausame Geschehen Ausdruck zu geben.
Jahanara tat alles, damit ich von dieser schamlosen Festlichkeit nichts erführe. Doch ich hatte wie bei allen Angelegenheiten nach wie vor meine ›Wasserträgerinnen‹ und ›-träger‹, die mir von überall her die Nachrichten überbrachten. So erfuhr ich auch, daß Aurangzeb es gewesen war, der dieses Fest angeordnet und finanziert hatte.

Für mich bedeutete Daras Tod das Ende der Macht und Größe des Mogulreiches und seiner Kultur. Von nun an würde sich der furchtlose Heroismus Baburs, der weite und weise Humanismus eines Humayun, die unerschütterliche Toleranz eines Akbar und das großzügige Wohlwollen meines Vaters Jehangir im grenzenlosen Lauf der

Geschichte verlieren, wie es mit meinen eigenen Träumen und Sehnsüchten geschehen wird ...

Der Bürgerkrieg erschöpft und untergräbt auch Aurangzebs großes Erbe wie alle Werte der Vergangenheit. Was bleibt, ist ein Spinnennetz von Feindschaft, Eifersucht, Stammesfehden, rassischen Vorurteilen, extremem Religions-Fanatismus, ein käuflicher, heruntergekommener Adel, ein verarmtes Bauern- und Bürgertum, Entwertung der Künste und Wissenschaften – und dazu ein Gebirge von Gerippen und vergessenen Formen menschlicher Gesittung.

Aurangzeb begann seine Regierung ohne jede Großmut; darum wird er die Auflösung des Reiches nicht aufhalten können – eines Reiches, das mit kluger Großzügigkeit seine jetzigen Grenzen erreicht hatte.

Die berühmte ›ewige Gerechtigkeit‹ erscheint mir als ein allzu freundlicher Trost. Allein der hinduistische und buddhistische Glaube an die Abbüßung des vorherigen Lebens besitzt den Mut, die fromme Lüge beiseitezuschieben ...

*

Was mein eigenes Leben betrifft, so ist es ein Zeugnis für das Gesetz der Vergeltung, so wahr und alt wie der Himmel. Die Natur war für mich in mancher Hinsicht gnädig, und ich habe für meine Sünden durch die siebenjährige Gefangenschaft wohl eine noch verhältnismäßig milde Strafe abzubüßen. Das Taj Mahal bleibt ein Zeichen meines Schönheitsstrebens, das neue Shahjahanabad ein anderes meiner politischen Absichten. Die Große Moschee in Delhi versinnbildlicht vielleicht einen Akt der Buße, den der gnädige Allah zu meinen Gunsten im Buch des Schicksals verzeichnen möge.

Ich war ein Mann von unendlicher Lebensfreude und voller Liebe zu dieser Welt. Der Glanz meines Hofes überstrahlte den meiner Vorväter. Ich förderte die Künste wie kaum jemand zuvor. Meine drei kostspieligen Feldzüge nach Transoxanien verrieten meinen dynamischen Ehrgeiz. Meine Versuche, die Grenzen des Mogulreiches auf die Erbgebiete von Timur und Babur auszudehnen, blieben vergeblich. Gerade hier wollte ich mich als geborener Soldat bewähren. Doch die Beschaffenheit des Landes war gegen mich. Ebenso bedeuteten meine ständigen Kämpfe im Dekkan, im Bundhela, in Rajastan und in Afghanistan mein Streben nach der Herrschaft über Länder, die ich als mein Erbe betrachtete.

Als Lieblingssohn Kaiser Jehangirs gewann ich seine und Nur Jahans

Bewunderung für meine Erfolge als junger Feldherr. Die Rebellion gegen meinen Vater ist eine andere Geschichte. Heute weiß ich, daß meine Erfolge mehr bedingt waren durch überlegene Truppenstärke als durch überlegene Strategie. Die Geschichte ist ein grausamer Lehrmeister.

Nun stehe ich vor dem Ende – nicht nur meiner Aufzeichnungen, sondern auch meiner Tage auf dieser Erde.
Fast sieben Jahre vergingen, seit das Rote Fort von Agra, dem ich den marmornen Glanz seiner Hallen, Höfe und Pavillons gab, zu meinem und meiner Tochter Jahanara Gefängnis wurde. In dem großen Areal steht von Akbars Sandsteinpalästen nur noch einer, der sogenannte *Jehangiri Mahal*. Alles übrige zerstörte ich größtenteils, um für meine eigenen Marmorbauten Platz zu schaffen. Heute wundere ich mich über die Anstrengungen und Kosten, die ich aufbot, mich selbst zu bestätigen.

Jetzt verweile ich jeden Tag in der Abendkühle, wenn das Licht verblüht, in meinem achteckigen weißen Marmorpavillon, dem *Musaman Buri* über dem Jasmin-Turm, meinen Erinnerungen und Meditationen ergeben, und schaue sehnsuchtskrank nach der weißen Traumkuppel hinüber, während meine treue Tochter Jahanara an meiner Seite ist.
Außer ihr blieben mir nur wenige Vertraute aus dem Serail. Die Einsamkeit und erzwungene Tatenlosigkeit wären für mich unerträglich, hätte ich nicht die tägliche Arbeit meiner Erinnerungen, die der treue Schreibsklave nach meinem Diktat aufzeichnet; wobei ich nicht fürchten muß, daß er irgendetwas davon versteht oder gar weitererzählen könnte. Wem auch in der Enge meiner Haft? Später wird Jahanara Sorge tragen, daß diese Blätter, die mein Leben zum Inhalt haben, in Hände übergehen, die sie getreulich bewahren sollen ...

Aurangzeb, der es vorzieht, in Delhi zu residieren, hat Agra niemals mehr besucht. Es scheint, als wäre die alte Hauptstadt für ihn allzu stark von mir und meinem Taj Mahal-Palast geprägt, und es genügt ihm offenbar, sich über mein Befinden von den Ärzten Bericht erstatten zu lassen. Was sonst sollte seine Anteilnahme wachhalten?
Immerhin hat er auf Bitten Jahanaras hin einer Gruppe von Sängern und Tänzern meines einstigen Hofstaates erlaubt, mir mit ihren Kün-

sten die Zeit zu verkürzen. Darunter befindet sich zu meiner Freude auch der einstige schöne Jüngling Momin, der jetzt ein wohlgewachsener Mann ist. Wenn ich ihn sehe, denke ich an die betörenden Verse meines altvertrauten Dichters Hafis:

Einst hast du mehr als jetzt
der Liebe nachgesonnen.
Erinnere jener Nächte dich,
wo mancher süße Mund
von Liebe sprach und den Liebenden,
die sich zugehören!
Der Schönen Antlitz
stahl mir Glauben zwar und Herz,
doch nur der Lieblichkeit und Anmut
galt mein Trachten!
Des Lieblings Schatten fiel mit Recht
auf den Geliebten,
denn ich bedurfte sein
und er begehrte mich.
Noch eh dies grüne Dach
die Kuppel aus Azur sich wölbte,
blickt' ich auf die Bogenbrauen
des Seelenfreundes nur.
Vom ersten Atem des Schöpfungstags
bis zur letzten Nacht der Ewigkeit
blieb meine Lieb' und Freundschaft
unverbrüchlich!
Vergib, wenn in der ausersehenen Nacht
einen Morgentrunk ich nahm;
denn trunken kam der Freund,
auch ein Becher fand sich in der Nische.
Reißt mir der Rosenkranz entzwei,
so sehe es mir nach,
meine Hand hielt den Arm des Mundschenks Saghi,
den mit den Silbergliedern ...
Ein Bettler am Königstor
gab mir ein Wort als Geleit:
›An jedem Tisch, an dem ich saß,
ernährt mich Gott allein.‹

Jetzt darf ich mich, entsprechend meiner Gewohnheit beim morgendlichen Erwachen wie beim abendlichen Zubettgehen an den Darbietungen und Gesängen der jungen Künstler erfreuen.
Von den Mädchen heißt das liebenswürdigste Mayanaz, und wenn ich sie schon nicht mehr besitzen darf, so verschönert sie doch mit ihrem biegsamen Körper und ihrer melodischen Stimme die leeren Stunden in tröstlicher Weise mit ihrer Kunst. Als ich Mayanaz ein paar kostbare Perlen schenken wollte, legte sie diese mit tiefer Verneigung zu meinen Füßen nieder und sagte:
»Eurer Majestät Vergnügen ist meine schönste Belohnung. Steine und Perlen erregen nicht mein Herz, seit Ihr hier zu leben gezwungen seid. Ich tanze und singe zu Eurer Erbauung und Erheiterung. Vergebt Eurer Sklavin, mein Gebieter!«

Unter den steinernen und marmornen Mauern des Forts versuche ich von meinen Gedanken zu bewahren, was des Bewahrens und Erinnerns wert ist. Die riesige Festung ist voll von unnachgiebigen Wachen und Spionen, die jedoch nicht in meine Wohnräume eindringen dürfen. Meine Vertrauten haben sich daran gewöhnt, diese Geschöpfe ihrerseits zu beobachten und zuweilen auch auszuhorchen. Ich selbst bekomme sie nur bei meinen Spaziergängen in den Gärten oder beim Durchgang durch die Pavillons oder Treppenhäuser zu sehen; ihr eigentliches Interesse gilt, wie ich erfuhr, im Grunde immer nur den möglichen Waffen meiner möglichen Befreier oder Verteidiger. Im übrigen sieht mein kaiserlicher Sohn in mir – mehr noch, als es den Tatsachen entspricht – einen an Körper und Seele zerstörten Greis, was glücklicherweise der ungestörten Aufzeichnung meiner Gedanken und Erinnerung zugute kommt.

War ich in meinem früheren Leben wohl niemals ganz frei von Furcht und Verdacht, so gilt das jetzt in geringerem Maß, da ich ja hinter all und jedem nur das Auge und Ohr meines Sohnes Aurangzeb vermuten muß. Die Speisen, die ich esse, werden vorher zweimal von den Köchen, die sie bereiten, selbst gekostet, bevor man sie mir vorlegt. Die Gefahr, vergiftet zu werden, verfolgte meine Vorfahren wie auch mich ohnedies zu jeder Stunde, so daß diese Vorsichtsmaßnahmen nichts Ungewohntes bedeuten.
Es blieb mir auch nicht verborgen, daß Aurangzeb zweimal versuchte, mich, wie er es nannte, ›auf die andere Seite des großen Tores zu

befördern, wo die Ozeane von Feuer die Irreligiosität eines Mannes verspotten‹ ...

Einmal schluckte mein treuer Arzt Hakim Mukarram Khan den tödlichen Trank selbst und starb nach wenigen Stunden, trotz der von ihm sofort eingenommenen Brechmittel. Vor kurzem wurde der Versuch, mich zu vergiften, von niemand anderem als von der reizenden Mayanaz vereitelt. Sie riß mir kurzerhand den Becher mit dem Gebräu aus der Hand, als ich ihn an meine Lippen führen wollte. Wie sich herausstellte, war der Trank von meinem Oberwächter Itbar Khan selbst bereitet worden.

»Bitte, Herr, trinkt nicht!« rief das Mädchen. »Dieser Trank heilt Euch nicht, es sei denn, Ihr wünscht zu sterben. Ich habe noch genügend Lieder für meinen Gebieter, von denen ich weiß, daß er sie gern hören möchte!«

Ich war neugierig. Ein Teil des rot gefärbten Getränkes wurde einem Hund angeboten, der alsbald nach heftigen Krämpfen verendete. Itbar Khan hatte in einem Augenblick allzu selbstsicherer Prahlerei zu Mayanaz bemerkt:

»Morgen wirst du dein Talent nicht mehr an einen verbrauchten alten Mann verschwenden müssen!«

Ich entschloß mich, an Aurangzeb einen Brief zu schreiben:

Mein Sohn, ich sorge mich nicht um den Tod. Was ich fürchte, ist, daß weder Himmel noch Hölle Frieden finden, wenn der Verrat anstelle von Anstand in einem Staatswesen überhand nimmt. Der Pfauenthron ist in Deinem Besitz, aber denke an meine Worte: Du wirst vielleicht nicht mehr lange auf ihm sitzen, wenn in Deiner Machtausübung Deine Diener nicht rechtzeitig in Schach gehalten werden. Jeder von uns muß sterben; das ist Gottes Gesetz. Komm und schlage mir selbst ehrlich den Kopf ab – mit dem Schwert, das bereits befleckt ist von dem edelsten Blut des Reiches. Ich werde mich nicht wehren. Du bist jetzt der Kaiser. Das Leben Deiner Untertanen ist in Deiner Hand. Aber, mein Sohn: Niemand – auch nicht der Kaiser – hat das Recht zu betrügen und sich ehrloser Mittel zu bedienen. Vielleicht habe ich nicht unrecht, wenn ich vermute, daß Itbar Khans Versuch, mich zu vergiften, auf Dich zurückgeht. Ich hätte den Becher mit dem unsauberen Wein gern getrunken, wenn Du ihn mir selbst angeboten hättest. Für mich ist das Leben ohnedies nichts mehr als eine Last. Ich bete für Dich.

Kurz danach erhielt ich Aurangzebs Antwort:

Nicht, daß ich Dich weniger liebe – doch den Islam liebe ich mehr.

Er fügte hinzu:

Bete nicht für mich, sondern, daß Dir der Prophet vergeben möge. Ich bin Sein Beauftragter und Erfüller Seiner Wünsche. Es steht einem Ungläubigen nicht zu, einen Mann meines Vertrauens zu beleidigen.

In seiner Rachsucht so beständig wie der Nordstern, wies Aurangzeb meine Bitte um unkontrollierten Gedankenaustausch mit meinen wenigen Freunden; Verwandten und Mitgliedern des Geistlichen Rates zurück. Ich wußte, daß jedes Buch, jede Mitteilung, die das Fort verließ, zuerst von Itbar Khan und von dem Kommandanten gelesen wird. Kein Eunuch und keine Sklavin des Harems darf ohne Durchsuchung das Fort verlassen. Auch ist ihnen unter Androhung strengster Strafen verboten, irgendeine mündliche Botschaft irgendjemandem innerhalb oder außerhalb der Stadt Agra auszurichten. Vier meiner liebsten Diener wurden bereits dazu verurteilt, von dem eigens dazu erzogenen Elefanten zertrampelt zu werden. Sie hatten versucht, beim persischen Shah um militärische Hilfe für meinen Sohn Dara zu bitten. Nur meinen bewährten ›Wasserträgerinnen‹ gelingt es, mir von Zeit zu Zeit von Getreuen aus den verschiedenen Teilen des Reiches und vor allem aus Delhi im Zwischenboden der Körbe, in denen die Wasserbehälter getragen werden, Nachrichten zukommen zu lassen ...

Und dennoch gedachte ich mich noch immer nicht in mein Schicksal zu fügen. Ich wollte nicht erkennen, daß mir nun selbst zuteil wird, was ich meinem eigenen Vater glaubte antun zu dürfen. Im Gegenteil: Alle Schicksalsschläge förderten nur meine Bindung an die Zeiten meiner weltlichen Macht. Ich war nicht willens, die Juwelen oder die goldenen oder silbernen Schätze aus meinem Besitz freiwillig abzugeben. Als Dara Shukoh aus Delhi floh, gab ich ihm vieles mit. Dafür vertraute er mir nicht nur alle seine restlichen Reichtümer an, sondern auch seine Haremsfrauen, seine Perlen und Diamanten wie die Kostbarkeiten, die er in der Zeit seines Vizekönigtums in den Provinzen zusammengebracht hatte. Für mich bleiben diese Dinge ein geheiligtes, mir anvertrautes Gut, und ich weigerte mich standhaft, es Aurangzeb auszuhändigen. Woraufhin er den Schatzmeister,

Mirza Muhammad Asif, beauftragte, ein Verzeichnis aller Pretiosen in den Gewölben des Roten Forts in Agra anzufertigen. Meine Gegenerklärung war so kurz wie entschlossen:
»Ein Bestandsverzeichnis kann nur mit meinem Blut angefertigt werden. Sage meinem Sohn, daß er den Thron geraubt hat. Ich werde nicht erlauben, daß er mir nun auch noch mein persönliches Eigentum raubt. Mein Entschluß trägt den Stempel eines Gelübdes im Angesicht Allahs.«

Aurangzebs nächste Forderung betraf den Pfauenthron, den ich bei meiner letzten Rückkehr aus Delhi wieder nach Agra mit mir geführt hatte und den er für seine zweite Krönung brauchte. Widerstrebend entschloß ich mich, seinem Begehren stattzugeben. Dem Kammerherrn, der mir mitteilte, er sei gekommen, den kostbaren Herrschersitz abzuholen, um ihn nach Delhi zu überführen, ließ ich wissen:
»Usurpatoren bedürfen keines juwelengeschmückten Thrones. Sie können auf jedem Stuhl sitzen und sich selbst als Könige ausrufen!«
Ich spürte, daß dieser Raub des letzten Symbols meines Kaisertums mehr bedeutete als einen materiellen Verlust.

Vom vierten Jahr meiner Einkerkerung an hatte ich mich immer mehr im Gebet, oder wie die Hindus es nennen, in der Meditation geübt. Zeitweise war ich damit beschäftigt, eine eigene kunstvolle Kopie des Korans anzufertigen, um mir die Suren und Sinnsprüche des Propheten einzuprägen. Doch ich kam nicht weit mit dieser mühseligen Arbeit.
Wenn ich nicht selbst schreibe oder wie jetzt diktiere, gehen meine Gedanken immer wieder zu meiner alten Lieblingsbeschäftigung, dem Planen und Entwerfen von Bauwerken. Dann begebe ich mich auf den Balkon hoch über den Mauern am Jamuna-Fluß und lasse den Blick hinüberschweifen zu meinem Sehnsuchtspalast, der nun entgegen seiner ursprünglichen Bestimmung zum Grabmal geworden ist, und es bereitet mir geringen Trost, daß vielleicht auch ich selbst dort meine Ruhe finden werde, wenn es mein Sohn nicht anders bestimmt ...

Noch darf ich am Abend eines Tages einschlafen in der Hoffnung, das Licht des neuen Morgens zu erleben. Ebenso aber weiß ich, daß für mich die Stunde naht, zu verlöschen und im Nichts des eisklaren, windigen Weltenraumes aufzugehen. Einst war ich eine immer sprudelnde Fontäne von Heiterkeit und verschwenderischer Diskussionen. Nun bin ich der schweigsame Greis, dessen trüber Blick über die weite Flußebene des Ganges und des Jamuna-Flusses wandert. Fast muß ich heute lächeln über den verwegenen Plan, auf der anderen Seite des Wassers das schwarz-marmorne Ebenbild des Taj Mahal zu errichten, das eine silberne Brücke mit dem schneeweißen Kuppelbau verbinden und gleichsam meinen eigenen Schatten des hellen Totentempels bilden sollte. Und ich denke an den Spruch meines Ahnen Akbar am himmelhohen Tor meiner längst verlassenen Geisterstadt Fatehpur Sikri:

Jesus sagt: die Welt ist eine Brücke. Gehe darüber – aber baue kein Haus.

Jahanara senkte lächelnd ihr Haupt, als ich ihr die Zeichnung der schwarzen Kuppel zeigte. Sie leidet mehr als ich, aber sie erlaubt sich in meiner Gegenwart niemals, ihre Trauer zu zeigen. Sie besitzt den Körper einer Frau, aber den Geist eines Mannes. Obwohl besiegt, wird sie niemals eingestehen, daß sie die Rückschläge oder der Haß ihrer Geschwister verbittert haben. Unlängst, an den endlos trägen Abenden, versuchte sie mich zu einer Partie Schach einzuladen, und als ich zögerte, sagte sie:
»Ich weiß, daß du deine Aufgabe im Schreiben siehst. Du zeichnest dein Leben wie einen Palastentwurf. Nur öffnen sich im Schreiben vor dir unendlich mehr und weitere Räume, als ein Haus jemals haben kann. Du zeichnest dein Leben, das auch das der Moguln deiner Familie ist, deiner Jugend und deiner Kämpfe, und ich weiß, daß du, solange du noch diktieren kannst, diese Welt nicht verlassen wirst. Nicht einmal Aurangzeb dürfte es wagen, dich zu stören. Ich werde deine Arbeit bewahren, damit niemand zu unserer Zeit deine Geschichte lesen oder mißdeuten oder verfälschen kann.«
So plaudern wir, wenn mein Kopf und mein Herz müde sind und ich den Schreibsklaven entlassen habe, bis ich auf meinem Lager einschlummere und dann wieder der Morgenruf vom Minarett der Palastmoschee erklingt ...

Meine briefliche Verbindung mit Aurangzeb hatte eigentlich – trotz allem, was uns trennt, niemals aufgehört. Ich fühle mich noch immer als Vater, der es nicht lassen kann, den längst verlorenen Sohn zu ermahnen. Ich muß allerdings gestehen, daß unsere Korrespondenz in den langen Jahren meiner Gefangenschaft immer mehr zu gegenseitigen Anklagen der Abtrünnigkeit herabgesunken ist. Nirgends führen Mißverständnisse zu so mörderischem Haß wie angesichts dessen, den wir Gott nennen. Nirgends sind sich Glaube und Unglaube so nahe wie in dem, was den Menschen über die Qualen dieser Welt hinausführen soll. Es gibt in Aurangzebs und meinen Glaubenslinien keinen Kreuzungspunkt. So zerrann jeder Versuch einer Bindung zwischen Vater und Sohn in fröstelndem Verstummen.

Nicht weniger als neunmal in den letzten Jahren lud ich Aurangzeb ein, zu mir zu kommen. Seine Antwort: Er wolle nicht einen Menschen zu Gesicht bekommen, der zuerst mit dem Prinzen Shuja und dann mit seinem eigenen Sohn Muhammad Sultan konspiriert hätte mit dem Ziel, ihn, Aurangzeb, zu töten. Selbst schuldig, vermutete er immer eine Falle. So mußte auch die Erklärung Jahanaras, er möge seinem Vater

die Möglichkeit nicht verweigern, seinen einzigen noch lebenden Sohn wiederzusehen,

ins Leere stoßen. Meine Tochter erinnerte mich an ein Wort aus dem heiligen Buch der Christen, das sie veränderte:
»Herr, vergib ihm, denn er weiß, was er tut!«

Wie unser Ahne Timur durchtobt Aurangzeb das Gangestal. Er zerstört die heiligsten Tempel der Hindus und errichtet an ihrer Stelle Moscheen. Schon jetzt zählt man allein in Rajastan die brahmanischen Heiligtümer, die ihm zum Opfer fielen, nach Hunderten. Priester werden getötet, die Tempelschätze nach Delhi geführt. Zu Benares erhebt sich Aurangzebs Große Moschee mit dem nadelspitzen Minarett als ewige Kampfansage über den fünftausend Tempeln der Hindus. Die Kunst sinkt von ihrer Höhe, der Baustil wird gröber, gedankenloser, wie man mir berichtet. Bald wird es nichts anders mehr geben als die Wiederholung alter Überlieferung ohne eigenes Leben.

Auch die Bildwerke früherer Zeiten werden in orthodoxem Eifer zerschlagen. Alle Architekten und Kunsthandwerker nicht-muslimischen Glaubens, die an meinem Hof ihr Brot verdienten, schickte Aurangzeb in die Verbannung. Damit ist die Kette zerbrochen, die seit Jahrhunderten die ehrwürdige Tradition der Hindus mit der islamischen Kunst des Reiches aufs innigste verband.

Seit meiner Gefangennahme residiert mein Sohn und Nachfolger in dem von ihm gegründeten Aurangabad, doch seine Hauptstadt ist Delhi. Wie es heißt, haben unter den Söhnen und Enkeln des jetzt Achtundfünfzigjährigen längst wieder die Thronstreitigkeiten begonnen, unter denen das Reich zerbröckeln wird. Mich trifft es nicht mehr. Alles auf dieser Erde hat seine Zeit.

In meinem Zustand bedeutet ein kurzer Augenblick tiefen Schlafes soviel wie früher eine endlose Nacht, deren Gestirne kamen und gingen. Die große Gerechtigkeit fragt nicht, wem sie das Glück des Schlafenkönnens gewährt. Im Schlaf unterscheide ich mich nicht von meinem Sklaven oder meinem Todfeind. Der göttliche Irrsinn der Träume fragt nicht, wen er heimsucht. Erst wenn wir wieder erwachen, finden wir zu unserem begrenzten Ich zurück. Nicht umsonst stellten die alten Griechen Schlaf und Tod als Brüder dar. Einer von ihnen hat gesagt:

Das Leben ist eine Krankheit, von der wir erst im Tod genesen.

Und doch lebt jeder verlorene Gedanke, jeder verlorene Mensch weiter in seinen Spuren. Wir leben und *über*leben zugleich, wie jede Kultur stets von überlebenden Ruinen geprägt ist. Was ich einmal gefühlt, gedacht, ersehnt, erlitten habe, mag einer vergangenen Zeit angehören, die nicht mehr meine Zeit ist. Und doch hat es überlebt – auch wenn es *sich* nur scheinbar überlebt hat. Das Vergangene mag einer ›sinn-los‹ gewordenen Welt angehören, einer überwundenen, vielleicht geleugneten, wie alles, was wir ›Geschick‹ oder ›Geschichte‹ nennen – und doch überlebt es. Es sind historisch tote, aber menschlich-lebendige Elemente, aus denen wir zusammengesetzt sind. Was von mir – vielleicht – bleiben wird, ist ein ›zweckloses‹ Bauwerk am Jamunafluß als Summe eines unvollkommenen, von Sehnsucht und Zwang bestimmten Lebens, beeinflußt von vielen bewußten oder unbewußten Formen – so wie dieses Werk indische, orientalische und europäische Schönheitssehnsucht in sich vereint. Unzählige Menschen haben an seiner Vollendung gearbeitet – doch der Gedanke, aus dem alles entsteht, die eigentliche Form, bleibt die meine.

Das ist mein Erbe und mein Vermächtnis zugleich. Es ist die Kraft, die mich mein Leben lang trug. Ich habe Spiegel um mein Lager aufstellen lassen, so daß ich im Liegen – ich kann mich nicht mehr allein aufrichten – durch die Säulenbogen des Pavillons die schimmernde Marmorkuppel, seine Minaretts und die Dachaufbauten sehe. Und ich weiß: Es ist meine einzige nicht vergebliche Sehnsucht.

Meine Stunden und Tage verrinnen wie die Strahlen der Brunnen in den dort schlafenden Gärten, die außer den Arbeitern und Sklaven niemand mehr betritt. Alles ist Schweigen.

Nun stehe ich am Ende. Muß ich bereuen, daß ich einmal jung und rücksichtslos war, daß ich vor allem mich selbst liebte und nicht mehr erstrebte als das, was ich als meinen Besitz betrachtete?

Das Schwert meines Ahnen Timur, das ich meinem Lieblingssohn Dara Shukoh übergab, war für mich das Symbol meines Lebens. Ich habe an die Macht der Macht geglaubt. Nicht weniger aber habe ich an die Macht der Liebe geglaubt. Ruhte sonst meine Gemahlin Mumtaz im Taj Mahal? Diese ›Krone der Paläste‹ aber bin ich selbst – ich, Shahjahan, der Schatten Allahs auf Erden.

*

Ich schreibe heute das Datum des ersten Januartages des Jahres Sechzehnhundertsechsundsechzig – des zehnten Jahrestages meiner Gefangenschaft. Jahanara ist damit beschäftigt, die Feier anläßlich meines vierundsiebzigsten Geburtstages mit traditionellen Gebeten und Koranlesungen vorzubereiten. Andere Festlichkeiten hat es seit meiner Einkerkerung nicht mehr gegeben.
Die zierliche Mayanaz erkundigte sich bei meiner Tochter, ob sie mir mit dem Vortrag der alten *Durpata*-Gesänge Freude bereiten würde. Ich ließ ihr antworten, daß ich diese indischen Tondichtungen auch als Muslim immer als meditative Gebete um Frieden und Zufriedenheit geliebt habe. Jetzt sehnt sich meine Seele nicht mehr; alles hat seine Ruhe gefunden. Ich weiß, daß ich in kurzem aufgehört haben werde zu atmen. Am letzten Freitag erschien mir nach dem Gebet meine Gemahlin Mumtaz im Traum. Sie sprach nicht; Tränen rannen über ihre Wangen. Sie war ganz jung – wie damals, als mein Vater der zwölfjährigen Arjumand den Diamantring an den Finger steckte. Jetzt kam sie, die Seele meiner Seele, mich zu rufen ...

*

Es fällt mir schwer, weiter zu diktieren. Meine geliebte Tochter, bewahre meinen Wunsch. Werft mich den Geiern vor, legt mich auf die Türme des Schweigens nach dem Brauch der Parsen, wenn Aurangzeb sich weigert, mir einen Platz im Taj Mahal zu geben. Mache dies meinem undankbaren Sohn deutlich. Und sage der zierlichen Mayanaz, daß mich ihr Tanz und ihre Musik immer aufgemuntert haben; es war, als kenne sie meine Gedanken, meine Ängste und meine heimlichen Tränen. Sage ihr, sie solle singen in unhörbaren Tönen, wenn meine Seele endlich diesen unnützen Körper verlassen hat. Sie soll tanzen und singen in Erinnerung an mein ewig junges Weib, mit dessen Treue und Zuwendung es kein Sterblicher aufnehmen kann. Es ist kein Raum mehr für Geburtstagsfeiern. Laßt den Tag unbesungen. Mayanaz mag die Kraft ihrer Fürsprache bei Allah bewahren für meinen Übergang in die andere Welt.

Wenn Gefangene zum Sterben kommen, heißt es, fällt kein Regen. Weder die Sterndeuter noch die Ausleger der Mysterien der Natur lassen sich – nun, da sie sich bewähren könnten – bei mir sehen. Immer waren sie sonst zu freundlichen Auskünften bereit, immer bemüht, mir die Gunst der Planeten zu versichern ...
Sechsundzwanzig Jahre vergingen, seit ich den Mogul-Thron bestieg. Ich weiß, daß sich Aurangzeb in Delhi täglich über meinen Zustand berichten läßt. Auch in der letzten Stunde wird es für ihn keine Versöhnung geben.

Mein oberster Arzt Hakim Tajammal Hussein schlug vor, meine absterbenden Beine mit einem Öl zu massieren, das er in monatelangen Versuchen bereitet hat. Das Ergebnis ist, daß die Körperteile, die mit dem Öl in Berührung kamen, angeschwollen sind. Hohes Fieber und Schmerzen in der Brust quälen mich. Jahanara wacht immer bei mir. Auch jetzt, da ich mich noch immer diktierend abmühe und mein kluger Schreibsklave meine Worte mehr erraten muß, als daß er sie versteht, sitzt meine geliebte Tochter bei mir, mich beobachtend, hoffend und betend.

Die Temperatur steigt.
Mein ausgedörrter Hals ist kaum mehr in der Lage, auch nur einige Tropfen Honig zu schlucken. Ich erinnere mich, daß mir ein Fakir in Bijapur einmal voraussagte: Ich würde an dem Tag sterben, an dem meine Hände nicht mehr nach Äpfeln dufteten. Sie sind trocken wie Staub. Der dunkle Engel wartet.

Mein Geburtstag, der fünfte Januar, ist vorübergegangen, ohne daß jemand dessen gedachte. In meiner Jugend fand ich auf einem alten Bild, das eine Alchimistenküche darstellte, in der angeblich unedles Metall in reines Gold umgeschmolzen wurde, einen Satz, den ich damals nicht begriff:

Ich bin nicht gewesen, der ich war. Nun, da ich sterbe, bin ich es.

Ist der Tod wirklich eine Vollendung? War es das, warum ich meinem Traumpalast, den ich immer in mir trug, zuletzt als Grabmal ausführen ließ? So sind wohl auch Liebe und Tod aufs engste miteinander verbunden.

Man soll meinen treuen Momin rufen. Er möge mir mit seiner wohltönenden Stimme Koranverse vorlesen.

VI

EPILOG

D amit enden die Aufzeichnungen des Kaisers

Abu'l Muzaffer Shihab-al-Din Muhammad Sahib-i-Qiran Sani Shahjahan Padishah Ghazi, Sohn Nur-al-Din Jehangir Padishas, Sohn Omar Sheikh Mirzas, Sohn Abu Sa'ids, Sohn Muhammad Mirzas, Sohn Mirza Shahs, Sohn Amir Timur Sahib-i-Qirans.

Es heißt, der Kaiser erinnerte sich der Worte des Fakirs und roch an seinen Händen. Ein Seufzer kam über seine trockenen Lippen.
Von seinem Lager im Pavillon über dem Jasmin-Turm warf er einen letzten Blick über den Jamuna-Fluß zum Palast seiner Sehnsucht, während er den Versen des Korans lauschte. Dann schloß er seine Augen für immer. Es war am Morgen des zweiundzwanzigsten Januar Sechzehnhundertsechsundsechzig nach christlicher Zeitrechnung.
Jahanara Begum plante eine der Größe ihres Vaters gemäße Beerdigung. Zwanzigtausend Gold- und Silbermünzen sollten über die Bahre geschüttet werden; Aurangzeb aber ließ das Geld beschlagnahmen. Da Jahanara selbst als Gefangene niemandem befehlen durfte, trugen wenige Diener den Leichnam durch das schmale Tor zum Fluß hinab. So verließ Shahjahan, der fünfte der Großmoguln, das Rote Fort zu Agra, dessen marmorne Paläste und Pavillons er geschaffen hatte. Zu früher Morgenstunde wurde sein Körper in der Grabkammer neben seiner Gemahlin Mumtaz Mahal beigesetzt. Es heißt, daß Shahjahans Lieblingselefant Kaliqdad während der Beisetzung tot zusammengebrochen sei.

Von Aurangzeb erging ein Befehl an Itbar Khan, den Befehlshaber des Forts, daß ein Vertrauter ein heißes Eisen über die Füße des Toten führen solle; und wenn der Körper sich nicht rühre, den Schädel bis zur Kehle zu durchbohren, um sicherzustellen, daß der Kaiser wirklich tot sei.

Hofchroniken erwähnen, daß Aurangzeb erst fünfundzwanzig Tage nach der Beisetzung in Agra eingetroffen sei. Er habe kurz Trauer vorgetäuscht und Jahanara geheucheltes Beileid gezeigt, wobei er die Gelegenheit benutzte, ihre Juwelen an sich zu nehmen.

Shahjahans Kenotaph ist das einzige asymmetrische Werk im gesamten Taj Mahal. Die beiden Sarkophage, in denen die Reste des kaiserlichen Paares ruhen, befinden sich in der Krypta genau unter den Schausärgen der ›Dame des Taj‹ und ihres kaiserlichen Gatten.
Auf dem Kenotaph Shahjahans wurde die kalligraphische Inschrift angebracht:

> Das hochansehnliche Grabmal und geheiligter Ruheplatz Seiner erhabenen Majestät, ausgezeichnet als Razwan, der seine Zuflucht im Paradies und seine Heimat im bestirnten Himmel gefunden hat, Bewohner des Landes des Segens, der zweite Herr des Kiran, Shahjahan, der tapfere König. Möge sein Grab für immer von seinem Ruhm künden und möge sein Wohnort der Himmel sein. Er reiste aus dieser Welt des Überganges in die Ewigkeit in der Nacht des 28. des Monats Rajab im Jahr 1076 der Hetchra.

Unter ›Kiran‹ ist die Konjunktion von Jupiter und Venus zu verstehen, unter der sowohl Timur wie auch Shahjahan geboren wurden. Die längliche Erhöhung auf der Oberfläche des Kaisergrabes symbolisiert die Würde des männlichen Geistes: das *Kalamdam* – das kaiserliche Feder- oder Schreibkästchen.
Wie der von Mumtaz Mahal besteht auch dieser Schau-Sarkophag aus einem glänzend polierten Marmorblock von stufenförmigem Aufbau über rechteckiger Plattform. Beide Kenotaphe sind noch feiner und kostbarer als die Wände der Halle und die übrige Architektur in *Pietradura* eingelegt. Ornamente aus Edelsteinblumen, Inschriften und Koranverse bedecken Basis, Seiten und Oberteil.

Shahjahans so schöne wie fromme Tochter Jahanara, ›die die Welt Schmückende‹, die freiwillig seine Gefangenschaft teilte, lebte später in Delhi in einem Gartenhaus des dortigen Roten Forts und starb fünfzehn Jahre nach dem Kaiser. Als ihre letzte Ruhestätte bestimmte sie den Hof des alten Heiligengrabes von *Dargah Nizam-ud-Din*. Dort ruht sie unter einer einfachen, mit Rasen ausgefüllten Marmorumfriedung.

Dara Shukohs Sohn Spher kam nach der Hinrichtung seines Vaters für vierzehn Jahre als Gefangener in die Festung Gwalior. Danach ließ Aurangzeb ihn auf die nahe Agra gelegene Inselfestung Samugarh bringen, die der Kaiser als einen ›Ort des Friedens‹ bezeichnete. Dort verheiratete er den Neffen mit einer seiner eigenen Töchter, die seinen Ärger erregt hatte. So durfte er überleben.

Ebenfalls nach Samugarh verbracht wurden die beiden ältesten Söhne Aurangzebs und drei seiner Töchter, sowie zwei Söhne des Prinzen Murad und vierzehn weitere Nichten und Neffen. Die übrigen Söhne Murads und Dara Shukohs wurden auf Anweisung des Kaisers vergiftet, ebenso fast alle männlichen Verwandten ihrer Frauen, um jeden etwaigen Thronanspruch von vornherein zu verhindern.

*

Der Kaiser Aurangzeb trug vom Tag seiner offiziellen Krönung an nur noch schlichte weiße Kleidung und bekannte sich zur vegetarischen Lebensweise. Seine orthodoxe Askese ergänzte er durch die Einrichtung einer umfangreichen Geheimpolizei, die die fundamentalistischen Glaubensgrundsätze in allen Bereichen des öffentlichen Lebens, von der vorgeschriebenen Form und Länge der Bärte bis zu den Bibliotheken und der Lektüre der Bürger gnadenlos kontrollierte.

Während Aurangzeb täglich sechs – später wurden es neun – Stunden dem Studium des Korans und dem Gebet widmete, wurden sämtliche Hindus als *die Ordnung gefährdende Staatsfeinde* aus allen Ämtern entfernt – bis zu den Gärtnern in den öffentlichen Parks und Staatsgärten.

Im Namen des Korans wurde jegliche Art von Musik verboten, jedes Maler-Atelier ebenso aufgelöst wie die Abteilung der Hof-Geschichtsschreiber. Dafür erhielten die *Muhtasibs* – die Sittenwächter – die Aufgabe, gemeinsam mit der Geistlichkeit

zufällig angehörte Gespräche möglicherweise zweifelhaften Inhalts

anzuzeigen. Neben dem Kaiser regierten von nun an anstelle der früheren vielfältigen Ministerien ausschließlich die Mullahs.

Die gesteigerten Feindseligkeiten zwischen Muslimen und Hindus

sollten zweieinhalb Jahrhunderte später zur Teilung des Subkontinents und zur erschreckenden Niedermetzelung ganzer Gemeinden führen.
Akbar zerbrach den gefährlichen Alleinvertretungsanspruch der Muslime, da er erkannte und anerkannte, daß Indien kein islamisches Reich sein konnte. Aurangzeb zerbrach Indien, indem er handelte, als wäre Indien ein rein islamisches Herrschaftsgebiet.

Shahjahans dritter Sohn Aurangzeb herrschte achtundvierzig Jahre; nur Kaiser Akbar hatte ein und ein halbes Jahr länger regiert. Akbar hatte das Reich um Sind, Berur, Bengalen, Kandesh, Kabul, Kandahar, Kashmir und Belutchistan erweitert. Unter Aurangzeb erfuhr es die größte Ausdehnung.
Der neunundachtzigjährige, kranke Greis wurde zuletzt immer wieder von seinen Gedanken an Dara Shukoh gequält. Der ermordete Bruder geisterte durch Aurangzebs Briefe und durch sein Testament. Darin verzeichnete er:

> *Schwer liegt auf mir der Gedanke, die Macht unseres Hauses in Blut ertränkt zu haben. Was immer ich wollte – nichts gelang.*

Aurangzeb starb, wie er immer gehofft hatte, an einem Freitag nach dem Morgengebet. Es war der zwanzigste Februar Siebzehnhundertsieben. Er wurde wunschgemäß an seinem Sterbeort Khuldabad nahe Daulatabad

> *auf die einfachste Weise bestattet, unter nichts als einem Erdhügel, ohne Dach und Baldachin, der Sonne, dem Wind und dem Regen ausgesetzt, und ohne Namen ...*

In seinem Testament ordnete er zusätzlich an, daß die viereinhalb Rupien, die er kurz vorher durch den Verkauf eigenhändig genähter Mützen verdient hatte, für die Begräbniskosten verwendet und daß die weiteren dreihundertfünf Rupien aus dem Verkauf der von ihm abgeschriebenen Koran-Manuskripte an seinem Todestag an ›heilige Männer‹ verteilt würden ...

Mit den Thronstreitigkeiten unter Aurangzebs Söhnen und Enkeln, dem alten Fluch der Dynastie, begann die Auflösung des Reiches der Großmoguln. Persische Eindringlinge und nordwestliche Stämme der Marathen plünderten Shahjahans herrliche Hauptstadt Delhi.

Im Jahr Siebzehnhundertneununddreißig wurde sie von dem Afghanen Nadir Shah noch einmal verwüstet. Der größte Teil Delhis versank im Flammenmeer, die meisten Bewohner, soweit sie nicht verbrannten, wurden ermordet. Der Pfauenthron und der berühmte Kohinoor-Diamant wurden nach Persien gebracht. Durch dieses Massaker für lange Jahrzehnte zur Bedeutungslosigkeit verurteilt, fiel Delhi im Jahr Achtzehnhundertdrei in die Hände der Engländer. Den letzten Moguln blieb der leere Titel.

Kein Land, kein Kontinent – nicht einmal das von Columbus ›entdeckte‹ Südamerika – sollte auf so tragische Weise dem Fluch des Kolonialismus wie den unversöhnlichen Religionsfehden zum Opfer fallen wie das *Ewige Indien*.

*

Noch immer erscheint der weiße Marmordom, die ›Krone der Paläste‹, wie eine über dem trägen Strömen des Jamuna schwebende unirdische Traumvision.

Doch wer sich dem Bauwerk nähert, muß erkennen, daß sich das makellose Bild trübt: Der einst schneeweiße Marmor wie seine kostbaren Edelstein-Einlagen vergilben und zerbröckeln unter den Abgasen der heutigen Millionenstadt Agra und der Ölraffinerie im benachbarten Mathura. Schwarzer Ruß-Staub legt sich auf die Kuppel und die Mauern des Traumpalastes Shahjahans. Zudem sinken die Fundamente im Schwemmsand des Flusses.

So könnte es in wenigen Jahrzehnten geschehen, daß der einst vom Kaiser geplante *schwarze* Kuppelbau auf eigene Weise wahr wird – aber nicht am drübigen Ufer des Jamuna: Das ›unsterbliche‹ Taj Mahal selbst bliebe – wenn es erhalten bliebe – in einer vergifteten Umwelt nur noch eine dunkle Erinnerung an die Worte des indischen Dichters von der

einsamen Träne auf der Wange der Zeit.

Zeittafel

604 v. Chr.	Lao-tse
551–479 v. Chr.	Konfuzius
um 550–480 v. Chr.	Buddha
427–347 v. Chr.	Plato
336–323 v. Chr	Alexander der Große
327 v. Chr.	Vorstoß Alexanders bis zum Indus
237 v. Chr.	Kaiser Ashoka. Verbreitung des Buddhismus
570–632 n. Chr.	Mohammed
1192 n. Chr.	Afghanen erobern Delhi
1155–1227	Dschingiskhan
1221	Dschingiskhan am Indus
1336–1405	Timur
1483–1530	Babur
1508–1556	Humayun
1510	Albuquerqe in Goa
1542–1605	Akbar der Große
1569–1627	Jehangir
1582	Akbar gibt Fatehpur Sikri auf
1592	5. 1. Geburt Shahjahans
1492	Columbus landet in Amerika
1494	Vasco da Gama landet in Goa
1498	Portugiesische Besitzergreifung von Goa
1609	Gründung der Ostindischen Handelskompanie
1618–1707	Aurangzeb
1618–1648	Dreißigjähriger Krieg
1628	Krönung Shahjahans
1628–1637	Ausbau des Roten Forts in Agra
1631	17. 6. Mumtaz Mahal †
1632–1648	Bau des Taj Mahal
1639–1648	Palastanlagen in Shahjahanabad (Delhi)
1644–1658	Freitagsmoschee in Delhi
1653	Letzte Vollendung des Taj Mahal
1658	Aurangzeb krönt sich zum Kaiser Einzug in Agra

1659	18. 6. Eroberung des Roten Forts in Agra Gefangenschaft Shahjahans
1662	Perlmoschee in Delhi
1666	22. 1. Shahjahan †
1681	Jahanara †
1683	Türken vor Wien
1707	Aurangzeb †
1803	Delhi wird britisch
1947	Unabhängigkeit und Teilung Indien–Pakistan

DIE GROSSMOGULN 1526–1707

Babur
1438–1530
r. 1526–1530

- Humayun 1508–1556 r. 1530–1556
- Kamram
- Askari
- Hindal

- Akbar 1542–1605 r. 1556–1605
- Hakim

- Jehangir (Salim) 1569–1627 r. 1605–1627
- Murad
- Daniyal

- Khusrau
- Parvez
- Shahjahan (Khurram) 1592–1666 r. 1628–1658

- Jahanara 1614–1681
- Dara Shukoh 1615–1660
- Shuja 1616–1660
- Raushanara 1617–1691

- Suleiman Shukoh
- Spher Shukoh

- Muhammad Sultan
- Bahadur Shah
- Asam

r. regierte von ... bis
= verheiratet mit

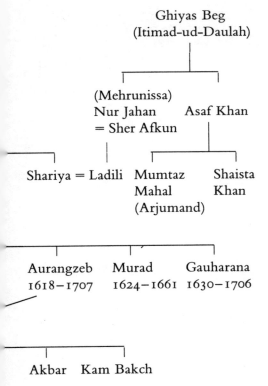

Taj Mahal, Schnitt

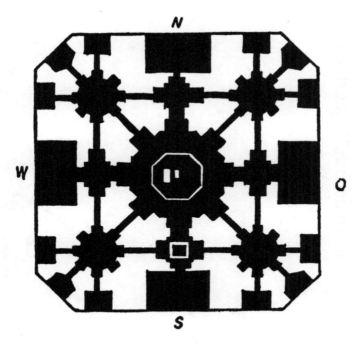

Grundriß des Taj Mahal

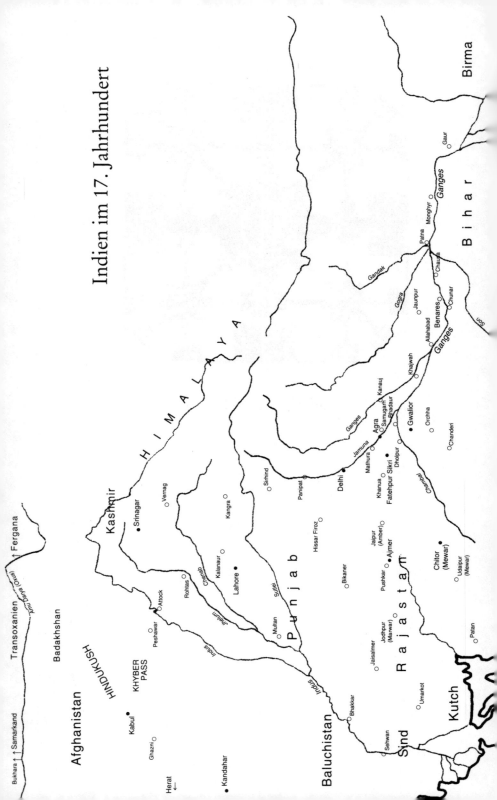

Inhalt

I
DER WEG INS LEBEN
S. 7

II
DER WEG NACH INDIEN
S. 25

III
DER WEG ZUM THRON
S. 83

IV
DER GROSSE MOGUL
S. 213

V
DER GEFANGENE
S. 371

VI
EPILOG
S. 437

ZEITTAFEL
S. 444

KARTE
S. 450

Weitere Bücher von Eberhard Cyran:

ABEND ÜBER DER ALHAMBRA
Historischer Roman
504 Seiten, gebunden

Spanien zur Zeit der Inquisition – ein dramatischer und faszinierender historischer Roman um die Eroberung Granadas durch die »Katholischen Könige« Isabella und Ferdinand und das Schicksal des letzten Emirs und seines Maurenreiches. Mit diesem Aufeinanderprall von Christen und »Heiden« endete 1492 der fast 800jährige Kampf der Spanier gegen die Araber.

»Die mitreißende Erzählkunst Cyrans wird in diesem Roman durch die umsichtige Einarbeitung exakter historischer Überlieferung unterstützt und durch die Ausleuchtung der Hintergründe, Zusammenhänge und Folgeerscheinungen gesteigert.«

Der Literat

LUCREZIA BORGIA
Fluch und Befreiung
248 Seiten, gebunden

Vor dem Hintergrund einer wilden, ausschweifenden Zeit, in der Intrigen, Mord und Totschlag herrschten, wird das Bild von Lucrezia Borgia gezeichnet. Sie, die schon als Kind zu mehreren Ehen gezwungen worden war, stellt als Zwanzigjährige fest, daß sie immer nur als Schachfigur von ihrem Vater und Bruder benutzt wurde. Um diesem Teufelskreis zu entkommen, strebt sie eine Ehe mit einem Fürsten außerhalb Roms an. In der Ehe mit dem ungeliebten Erbprinzen und späteren Herzog von Ferrara ist sie wohl nicht glücklich, hat aber die Möglichkeit, sich für Kunst und Literatur einzusetzen und zu einer Wohltäterin der Armen und Unterdrückten zu werden. Ein farbiges Lebensbild.

EUGEN SALZER-VERLAG, HEILBRONN

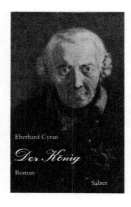

DER KÖNIG
Die schlesische Reise des Henri de Catt
Roman
476 Seiten, 1 Karte, gebunden

Im Spiegel von Friedrichs Vorleser Henri de Catt, in seinen Gesprächen mit dem Monarchen und in denen mit seinen Anhängern und Kritikern zeichnet Eberhard Cyran ein eindrucksvolles Bild vom »Alten Fritz« als Mensch, Monarch, unerbittlicher Heerführer, Literat, Humanist, Musiker und Philosoph während des Siebenjährigen Krieges um Schlesien.

»Wirklich beeindruckend ist dieses mit einem hohen Grad innerer Spannung feinnervig gemalte Bild Friedrichs des Großen, das zu dem Schönsten zählen dürfte, was deutsche Autoren während der letzten Jahre in dieser Art geschrieben haben.«

    Gerhard Beckmann, Süddeutsche Zeitung

ZEIT LÄSST STEIGEN DICH UND STÜRZEN
Roman der letzten Staufer
472 Seiten, 1 Karte, gebunden

Die so grandiose wie erschütternde Tragödie eines zu Höchstem berufenen Herrschergeschlechts aus schwäbischem Stamm, gekennzeichnet von weltweiter Kultur, humanem Streben und schicksalhaftem Untergang.

»Ein besonderer Vorzug der Darstellung liegt darin, daß Cyran die historischen Dokumente selber sprechen läßt und so das unerbittliche Gegeneinander der weltlichen und geistlichen Gewalten eindringlich verdeutlicht. Das Ganze erweist sich als ein lebendiger Anschauungsunterricht in Geschichte.«

    Bert Nagel, Rhein-Neckar-Zeitung

»Cyran beweist Talent darin, dieses gewaltige mittelalterliche Drama mit Spannung und voller Leben zu erzählen.«

    Ekkehard Böhm, Hannoversche Allgemeine

EUGEN SALZER-VERLAG, HEILBRONN

BACHSTELZENBURG
Bild eines Sommers
304 Seiten, gebunden

»... die psychologisch ungemein reizvolle Schilderung eines Nachkriegssommers – der es wohl nicht an autobiographischen Zügen fehlen mag. Der Ich-Erzähler berichtet von einem Sommer kurz nach Ende des letzten Krieges, in dem er – nach Verwundung und ersten turbulenten Erlebnissen nach der Heimkehr – in der Idylle einer ländlichen Umgebung wieder zu sich selbst findet. Parallel dazu laufen im Dorf dramatische Ereignisse ab, die immer wieder auch in sein Schicksal eingreifen.«
Mannheimer Morgen

BEGEGNUNG IN BARI
Friedrich II. von Hohenstaufen
und Franziskus von Assisi
88 Seiten, Pappband,
Salzers Kleine Reihe 257/258

Das Kastell zu Bari wird zum Treffpunkt zweier Jahrhundertgestalten. Eberhard Cyran hat die zeitlose Auseinandersetzung, wo Kaiser und Heiliger, Auge in Auge, argumentieren, ohne Schärfe, aber mit radikaler Offenheit, ebenso eindringlich wie unparteiisch dargestellt.

»Die Lektüre des kleinen Buches ist eine ungemein reizvolle fesselnde Aufgabe und ein geistiges Vergnügen ersten Ranges.«
Der Literat

EUGEN SALZER-VERLAG, HEILBRONN

Weitere fesselnde historische Romane bei Salzer:

Helmut Höfling
DER LÖWE VOM KAUKASUS
Historischer Roman um den
Volkshelden Schamil
440 Seiten, gebunden

»In der ersten Hälfte des 19. Jahrhunderts steigt ein Mann zum Idol seines Volkes auf. Es ist der legendäre kaukasische Volksheld Schamil. Als politisch-religiöser Führer trotzt er dem allmächtigen russischen Zaren. Helmut Höfling legt einen flott geschriebenen Roman vor. Kraftstrotzende Männer, schöne Frauen, farbenprächtige Landschaften und beeindruckende historische Gestalten garantieren spannende Unterhaltung.«

Neue Wiener Bücherbriefe

Elisabeth Heilander
DIE KARTHAGERIN
Historischer Roman um Hannibal
408 Seiten, gebunden

Dieser faszinierende historische Familienroman vor dem Hintergrund des 2. Punischen Krieges erzählt die Geschichte der jungen Karthagerin Antopa. Mit Hannibals Heer zieht sie über die Alpen und gelangt schwerverletzt nach Rom. Dort wird sie Zeugin grausamer Intrigen und menschlicher Größe, begegnet ihrer großen Liebe und wird mehr und mehr zur Römerin ...
Doch die Vergangenheit läßt sie nicht ruhen, sie macht sich noch einmal auf den gefahrvollen Weg in ihre Vaterstadt Karthago.

EUGEN SALZER-VERLAG, HEILBRONN